现代服务组合模式

梁晓蓓　编著

東華大學出版社
·上海·

图书在版编目(CIP)数据

现代服务组合模式/梁晓蓓编著.—上海：东华大学出版社，2014.10

ISBN 978-7-5669-0648-9

Ⅰ.①现… Ⅱ.①梁… Ⅲ.①服务业—管理模式—研究 Ⅳ.①F719

中国版本图书馆 CIP 数据核字(2014)第 251318 号

责任编辑：杜亚玲
封面设计：魏依东

现代服务组合模式
梁晓蓓　编著
东华大学出版社出版(上海市延安西路 1882 号，200051)
出版社网址：http://www.dhupress.net
天猫旗舰店：http://dhdx.tmall.com
句容市排印厂印刷
开本：889mm×1194mm　1/16
印张：15.25　字数：532 千字
2015 年 1 月第 1 版　2015 年 1 月第 1 次印刷
书号：ISBN 978-7-5669-0648-9/F·062
定价：58.00 元

内容简介

本书结合现代服务业发展的必要性和紧迫性，以现代服务组合理论及其在当前最新的电子服务行业（领域）应用模式为主线，分三篇探索性地梳理现代服务组合的基本原理、模型和应用模式。其中，第1篇（基础篇）阐述了现代服务与服务管理、现代服务管理理论基础、现代服务组合研究的文献综述；第2篇（模型篇）探讨了现代服务组合的大系统模型体系、基本数学模型、智能信息处理模糊模型、客户价值与行为模型、模糊自适应控制模型、综合协调预测模型、协调控制模型、协调评价模型等；第3篇（应用篇）进行了现代服务组合在电子商务、移动互联网、物联网及云计算服务行业（领域）应用特点与商务模式的分析。

本书的特点是注重理论分析与实际应用相结合；坚持系统总结与创新探索相结合。本书的大部分内容是作者长期研究成果的总结和提炼，叙述时力求深入浅出，兼顾前瞻性与通俗性，并用大量的应用案例加以说明，便于广大读者阅读理解。本书可供开展现代服务组合研究与应用的企事业单位研究、参考或培训使用，也可作为高等院校相关专业研究生或高年级本科生同类课程的教材或教学参考书。

前言

随着全球化进程的加快和科学技术的快速发展，消费者的价值取向不断变化，产业结构持续演进和软化，经济服务化特征日益显著。知识和技术密集型产业取代劳动和资本密集型产业，"产品经济"逐渐转向"服务经济"，现代服务业成为产业链、价值链和创新链的高端环节。我国正处于工业大国向工业强国的转变阶段，为促进产业结构优化升级，加快经济社会深度转型，构建中国国际竞争新优势，亟待创新现代服务业营销模式，服务组合是重中之重。

服务组合即根据具体需要把相关的服务动态组合并发布为一个可以完成特定任务的新服务。从应用角度，服务的组合可以实现虚拟社区中软硬件的共享；从服务本身的角度，服务的组合实现了组合服务的动态生成，这不仅节省了服务的开发成本，而且提高了服务组件以及基本服务的可重用性和利用率。通过服务组合，现代服务企业能够有效利用企业资源，制定和实施各项具有创新性和针对性的服务措施，在竞争中获得优势，持续发展。

本书结合现代服务业发展的必要性和紧迫性，以现代服务组合理论及其在当前最新的电子服务行业（领域）应用模式为主线，分 3 篇探索性地梳理现代服务组合的基本原理、模型和应用模式。其中，第 1 篇（基础篇）阐述了现代服务与服务管理、现代服务管理理论基础、现代服务组合研究的文献综述；第 2 篇（模型篇）探讨了现代服务组合的大系统模型体系、基本数学模型、智能信息处理模糊模型、客户价值与行为模型、模糊自适应控制模型、综合协调预测模型、协调控制模型、协调评价模型等；第 3 篇（应用篇）进行了现代服务组合在电子商务、移动互联网、物联网及云计算服务行业（领域）应用特点与商务模式的分析。

本书的特点是注重理论分析与实际应用相结合，坚持系统总结与创新探索相结合。本书的大部分内容是作者长期研究成果的总结和提炼，力求深入浅出，兼顾前瞻性与通俗性，并用大量的应用案例加以说明，便于广大读者阅读理解。本书适用于开展现代服务组合研究与应用的企事业单位研究、参考或培训，还能作为高等院校相关专业研究生或高年级本科生同类课程的教材或教学参考书。

本书在课题研究和整理撰写过程中曾得到控制科学与工程、管理科学与工程、工商管理界许多专家学者，以及工业界和互联网界的管理干部和企业家们的大力支持和热情帮助，在此一并表示衷心感谢！由于作者水平有限，再加上现代科技的迅速发展，书中必有不当之处，还望读者批评指正。

梁晓蓓

目　　录

第1篇　基础篇

第1篇　基础篇

1 现代服务与服务管理

1.1 服务与现代服务

1.1.1 服务的概念、特征与类型

1. 服务的概念及内涵

世界各国有关服务概念的界定不下几十种，其中有代表性的有如下几种：

1960 年 AMA（美国市场营销学会）定义为："用于出售或者是同产品连在一起进行出售的活动、利益或满足感。"

1963 年著名学者雷根（Regan）的定义是："直接提供满足（交通、房租）或者与有形商品或其他服务（信用卡）一起提供满足的不可感知活动。"

1990 年北欧学者格鲁诺斯（Gronroos）定义为："服务是指或多或少具有无形特征的一种或一系列活动，通常（但并非一定）发生在顾客同服务的提供者及其有形的资源、商品或系统相互作用的过程中，以便解决消费者的有关问题。"

A.佩恩的界定为："服务是一种涉及某些无形性因素的活动，它包括与顾客或他们拥有财产的相互活动，它不会造成所有权的更换。条件可能发生变化，服务产出可能或不可能与物质产品紧密相联。"

美国营销专家菲利浦·科特勒认为："服务是一方能够向另一方提供的基本上是无形的任何功能和利益，并且不导致任何所有权的产生。它的生产可能与某种有形产品密切联系在一起，也可能毫无联系。"

综合以上各种定义，可将服务定义为：**服务是具有无形特征却可给人带来某种利益或满足感的可供有偿转让的一种或一系列活动。**

如何理解"服务"呢？经分析，服务的内涵可以包括如下：

（1）服务是一种"关系"。服务的提供者与服务的接受者有非常紧密的关系，比如在餐馆点菜，这件事情是顾客自己要做的；菜单是不是非常有礼貌地递给顾客，是服务员要做的，这个过程中就产生了相互的关系。服务的提供者和客户有一种履行契约的方式，不是写在纸上的，很可能是一种期望，这之间是互相信任的关系。在相互关系上面生产出互利的价值。

（2）服务是一个"系统"。咨询是服务业，咨询人员像医生一样，帮你诊断是不是需要减肥，或者怎样跑得快。有些公司业绩非常不好，需要诊断出"病症"，并帮助患者采取措施。从前面的咨询一直到后面的执行和维护，这本身就是一个系统工程，有系统就会有优化，其中就包含了运筹学、博弈学、系统工程学。

（3）服务的对象是"人"。服务一定牵扯到人，光有一个系统是不够的，中间有很多人的要素，人的要素包括客户行为学、心理学、服务环境、客户体验、自动服务等都是需要研究的。怎样能够支持服务呢？

组织的行为学、绩效激励以及服务有效性、服务环境、服务心理学、人员互动等都是非常重要的一环。所以，服务除了内部是一个系统之外，外面则是“活”的东西。

(4) 服务到底是科学、艺术，还是工程？实际上都是。服务学科事实上是研究如何运用科学的方法和原则，管理服务的组织过程和资源，以达到服务的效果和效率的学问。它需要技术的创新、产业的创新、社会和组织的创新，怎样能够在需求上有更多的创新，从而制造出更大的服务经济，这有很多的题目可以做。

2. 服务的特征

服务一般具有以下五种特征：

(1) 不可感知性(Intangibility)

不可感知性包括两层含义：第一，服务与实体商品相比较，服务的特质及组成服务的元素，许多情况下都是无形无质的，让人不能凭触觉或视觉感到其存在；第二，消费者消费服务后所获得的利益，也很难被察觉，或是要经过一段时间后，消费服务的享用者才能感觉出利益的存在。服务的这一特征决定消费者购买服务前，不能以对待实物商品的办法去触摸、尝试、嗅觉、聆听等去判断服务的优劣，而只能以搜寻信息的办法，参考多方意见及自身的历史体验来做出判断。

(2) 不可分离性(Inseparability)

服务的不可分离性即是指服务的生产过程与消费过程同时进行，服务人员为顾客提供服务时，也正是顾客消费、享用服务的过程，生产与消费服务在时间上不可分离。由于服务是一个过程或一系列的活动，故在此过程中消费者与生产者必须直接发生联系，消费者不参与服务生产过程就不能享受服务。这一特征要求服务消费者必须以积极的、合作的态度参与服务生产过程。如医疗服务，病人接受治疗，只有主动地诉说病情，医生才能做出诊断，并对症下药。

(3) 品质差异性(Heterogeneity)

服务品质差异性是指服务的构成成分及其质量水平经常变化，难于统一认定的特性。服务的主体和对象均是人，人是服务的中心，而人又具有个性，人涉及服务方和接受服务的顾客两个方面。服务品质的差异性既有服务人员素质的差异所决定，也受顾客本身的个性特色的影响。不同素质的服务人员会产生不同的服务质量效果，同样同一服务人员为不同素质的顾客服务，也会产生不同的服务质量效果。全国劳动模范李素丽的售票服务不仅给人购买的方便，还使乘客感受到自尊、温暖、体贴和愉悦；相反，素质低下的售票员会给人带来烦恼、冷淡、不安全感。顾客的知识水平、道德修养、处世经验、社会阅历等基本素质，也直接影响服务质量效果。服务品质的差异性会导致“企业形象”混淆而危及服务的推广。同一企业的若干分店，如果是销售产品，易于统一企业形象；如若销售服务则会产生各分店服务质量优劣不等的差异性，由于这种差异性的存在，提供劣质服务的分店对整个企业带来的负面影响将大大超过大多数优质服务分店所形成良好企业形象而产生负面效应。

(4) 不可贮存性(Perishability)

服务的不可贮存性是指服务产品既不能在时间上贮存下来，以备未来使用，也不能在空间上，将服务转移带回家去安放下来，如不能及时消费，即会造成服务的损失。如车船、电影、剧院的空位现象，其损失表现为机会的丧失和折旧的发生。服务的不可贮存性是由其不可感知性和服务的生产消费的不可分割性决定的。服务的不可贮存性也为加速服务产品的生产、扩大服务的规模提出了难题。

(5) 所有权的不可转让性(Absence ownership)

服务所有权的不可转让性是指服务的生产和消费过程中不涉及任何东西的所有权的转移。服务在交易完成后便消失了，消费者所拥有的对服务消费的权利并未因服务交易的结束而产生像商品交换那样获得实有的东西，服务具有易逝性。这一特征是导致服务风险的根源。

在上述 5 种特征中，不可感知性是最基本的特征，其他的特征都是由这一基本特征派生出来的。服务的这 5 个特征从各个侧面表现了服务与实体商品的本质区别。服务的特征如图 1－1 所示。

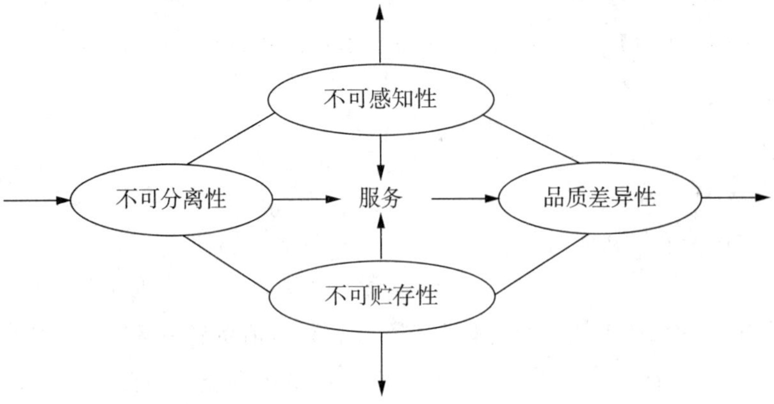

图 1－1 服务特征连续谱

3. 服务的类型

服务依据不同的划分标准，可以进行不同的分类。

(1) 服务推广顾客参与程度分类法

依据顾客对服务推广的参与程度，可将服务分为三大类：

高接触性服务：高接触性服务是指顾客在服务推广过程中参与其中全部或大部分的活动。

中接触性服务：中接触性服务是指顾客只是部分地或在局部时间内参与其中的活动。

低接触性服务：低接触性服务是指在服务推广中顾客与服务的提供者接触较少的服务，其间的交往主要是通过仪器设备进行的。

(2) 综合因素分类法

从服务的综合因素着手，分别从不同的侧面进行分类。

依据提供服务工具的不同分为两类：以机器设备为基础的服务和以人为基础的服务。

依据顾客在服务现场出现必要性的大小分为两类：必须要求顾客亲临现场的服务和不需要顾客亲临现场的服务。

依据顾客个人需要与企业需要的不同分两类：专对个人需要的专一化服务和面对个人需要与企业需要的混合性服务。

依据服务组织的目的与所有制分四类：盈利性服务（以营利为目的服务）、非盈利性服务（以社会公益服务为目的服务）、私人服务（所有制为私人所有的服务）和公共服务（以社会主义全民所有制和集体所有制为主体、面对全社会公益事业的服务）等。

(3) 服务营销管理分类法

依据服务活动的本质分四类：作用于人的有形服务，如民航、理发服务等；作用于物的有形服务，如航空货运、草坪修整等；作用于人的无形服务，如教育、广播等；作用于物的无形服务，如咨询、保险等。

依据顾客与服务组织的联系状态分四类：连续性、会员关系服务，如银行、保险、汽车协会等；连续性、非正式关系的服务，如广播电台、警察保护等；间断的、会员关系的服务，如电话购买服务、担保维修等；间断的、非正式关系的服务，如邮购、街头收费电话等。

依据服务方式及满足程度分四类：标准化服务，选择自由度小，难以满足顾客的个性需求，如公共汽车载客服务等；易于满足要求但服务方式选择自由度小的服务，如电话服务，旅馆服务等；提供者选择余地大，而难以满足个性要求的服务，如教师授课等；需求能满足且服务提供者有发挥空间的服务，如美容、建筑设计、律师、医疗保健等。

依据服务供求关系可分为三类：需求波动较小的服务，如保险、法律、银行服务等；需求波动大而供应基本能跟上的服务，如电力、天然气、电话等；需求波动幅度大并会超出供应能力的服务，如交通运输、饭店和宾馆等。

依据服务推广的方法可分为六类：在单一地点顾客主动接触服务组织，如电影院、烧烤店；在单一地点服务组织主动接触顾客，如出租汽车等；在单一地点顾客与服务组织远距离交易，如信用卡公司等；在多个地点顾客主动接触服务组织，如汽车维修服务、快餐店等；在多个地点服务组织主动接触顾客，如邮寄服务；在多个地点顾客和组织无距离交易，如广播站、电话公司等。

1.1.2 现代服务的概念与特征

1. 现代服务的概念

前文已经对服务进行了概念界定，即服务是具有无形特征却可给人带来某种利益或满足感的可供有偿转让的一种或一系列活动。现代服务仍然属服务范畴，所不同的是，与传统服务相比较，现代服务有着更为明显的"知识密集"表现，而且服务理念、服务手段以及服务绩效都有了很大的进步。因此对现代服务的概念理解并不困难，现代服务就是在新经济时代，将现代经济、管理理念与高科技相融合，为社会生产与生活提供富含知识、富有效率的服务，以创造价值、满足需要的一种或一系列服务活动（或过程）。

2. 现代服务的特征

首先，作为服务范畴的现代表现，现代服务仍然具备服务的五大基本特征。

其次，与传统服务相比较，现代服务具有如下特征：

(1) 融入了全新的服务理念；

(2) 依托先进的信息技术和网络技术；

(3) 知识密集；

(4) 人力资本贡献度大大增加。

1.2 服务业与现代服务业

1.2.1 服务业及其类型

以服务为对象的供给与需求活动及服务生产者和服务消费者，构成了服务业。

1985 年 5 月，中华人民共和国国务院办公厅转发国家统计局的报告，将第三产业分为两大部门，即流通部门和服务部门。其中流通部门为第一层次，包括交通运输业、邮电通讯业、商业饮食业、物资供销与仓储业。第二至第四层次为服务部门，第二层次是为生产、生活服务的部门，包括金融业、保险业、地质普查业、房地产业、公用事业、居民服务、旅游业、咨询信息服务业、各类技术服务业；第三层次是为提高科学文化素质服务的部门，包括教育、文化、广播、电视、科研、卫生、体育、社会福利；第四层次是为社会公共需要服务的部门，包括国家机关、政党机关、社会团体、军队、警察。

在服务营销管理活动中，基于人们对复杂服务业的管理的需要，通常将其分类予以简化，形成简便、通行的服务业分类法，具体包括以下七大类：公用事业（煤气、电力、供水）；运输与通信（铁路、乘客陆运、货品陆运、海运、空运、邮政、电信）；分销业（批发、零售、经销商和代理）；保险、银行和金融（保险业、银行业、金融业、产权服务业）；工商服务及专业性、科学化服务（广告、顾客咨询、营销研究、会计、法务、医药和牙医、教育服务、研究服务）；娱乐与休闲业（电影和剧院、运动和娱乐、旅馆、餐馆、咖啡厅、俱乐部、伙食包办）；杂项服务（修配、理发、家政、干洗）。

在人们的经济交往活动中，常依据服务业的经济性质，把服务业划为五类：

1. 生产服务业

生产服务业指直接和生产过程有关的服务活动行业，包括厂房、车间、机器等劳动手段的修缮和维护，作业线的装配和保养等；经营管理活动，如生产的组织、工时的运筹，劳动力的调整，以及计划、进度、报表的编制等。

2. 生活性服务业

生活性服务业是指直接满足人们生活需要的服务活动行业，包括加工性质服务，具有提供一定物质载体的特点，如饮食、家用器具的修理等；活动性服务，即不提供物质载体，而只提供活动，如旅店、理发等；文化性服务，如戏剧、电视、电影、舞蹈等文化娱乐活动及旅游活动中的服务。

3. 流通服务业

流通服务业是指商品交换和金融业领域内的服务行业，包括生产过程的继续，如保管、搬运、包装等；交换性服务业，如商业的销售、结算等商业活动服务；金融服务业，如银行、保险、证券等行业。

4. 知识服务业

知识服务业是指为人类的生产和生活提供较高层次的精神文化需求的服务业，包括专业性服务业，如技术咨询、信息处理等；发展性服务业，如新闻出版、报纸杂志、广播电视、文化教育等。

5. 社会综合服务业

社会综合服务业是指不限于某个领域的交叉性服务活动行业。包括公共交通业：运输业、航运业等；社会公益事业：公共医疗、消防、环境保护等；城市基础服务：供电、供水、供气、供暖、园林绿化等。

1.2.2 现代服务业

1. 现代服务业的涵义

按服务领域、服务档次和服务内涵，服务业可以分为一般传统服务业、现代化的传统服务业和现代化服务业，每个里面又分低端、中端和高端。越往现代服务业方向发展就越有规模化表现，尤其是网络化特征。一个银行可以在国内设立很多网点，可以在国际设立很多网点，网点借助 IT、ERP 等很多软件使得它的整个信息传递效率非常高，可以在很短的时间内完成结算，它还是以个体的形态出现。但是在个体当中可以看到包容很多单位，而且是一个复杂的网络结构的形式，能够在广阔的领域当中传递服务信息或者物品。

现代化的传统服务业当中出现一种现象，商品的制造者也扩大了自己的服务功能，把服务作为提高商品附加值很重要的内容。一个制造商对于服务创新的重视程度超过了以往的重视程度，甚至在这方面的投入一定程度上超过了对于很多产品的投入。

现代化的服务业跟现代化的传统服务业比较有什么不一样？现代化的传统服务业提供了一个服务

的流程，现代化的服务业是流程当中的某一个环节变成一个行业，原来是一个研发环节现在可以成为一个专业的研发公司。每个大企业都有呼叫中心(Call Center)，客户服务中心是一个独立的行业，而所有的公司都不需要自己做客户服务，可以委托外包给客户服务公司来做。

现在所谓的现代服务业很大程度上是指传统服务业的现代化。现代服务业不同于传统服务业，人才的水平都是高知识或者高专业化的，当我们进入到现代服务业的时候，它的一个特点在某一个专门技术服务领域的细节化程度和深化程度达到空前的水平。以前单单那个领域当中再把它能够细分成若干个岗位，在每个细节还有专门的专业职位、专门的工程师在那儿研发、组织管理，在那儿进行执行，从而使得在现代服务业当中服务的细节化和专业化的概念跟传统服务业相比上了一个新的高度。

最重要的不一样，以前对传统服务业来说只是一个环节，在现代服务业当中是一个流程。如果纯粹来看现代服务业和传统服务业最大的区别有两个方面，深度专业化、整合性，以深度专业化为核心所进行的整合。

在现代服务业的基本模式中，其专业化程度最高；但市场化的程度却低于一般的传统服务业，而高于现代化的传统服务业。因为在现代服务业当中虽然它没有基于特权形成垄断的模式，但是通常在市场上会形成少数相对集中的领导者，它的垄断化程度也是处在中等的，由市场形成的相对优势地位，从而客观上形成市场上集中的能力，而且它的资源规模也是较大的。

如果一般的传统服务业的分布模式是很零散的，到了现代化的传统服务业时其规模和整合程度就提升了；而到了现代服务业的时候就可以看到是以有机整合的方式，通常形成一定的整合形态，能够把各种各样的社会资源整合到它的服务链里面。

在现代服务业中有两个关键概念，一个叫做成熟的专业细分，第二个叫做专业共享能力。银行之间互相竞争，但是把各自的结算中心外包给同一个公司来做是没有问题的，可以具有高度的整合能力，实现全面的专业外包。现在大量的现代化传统服务业中，企业规模做得很大，但是总觉得自己的服务附加值很大，老想自己做，这个不是现代服务业的理念，而是传统理念。还有一个概念就是比第三方更先进的第四方。第三方有实体，第四方的平台当中可以更多发挥整合协调的作用。刚才说的呼叫中心形态，可以提供很多的服务，但是还是基于使用大量的劳务，有形的成本还是比较高的，这个可看作是现代服务业当中的低端形态。目前中国还不太发达，还是自己拥有呼叫中心。研发外包是终端服务，高端的全球结算中心和专业化的软件外包公司在全世界有一百多个，都不在中国，印度已经有八个。

服务行业里面会发展出来第四方的公司，如果在现代化的服务业当中，服务业很大程度上还是服务于商品或者服务于有形的，到了第四方物流的时候有一个很明显的形态，就是以服务业的形态把原来服务业当中的流程更加细分化，这是我们说的比较理想的现代服务业的形态。

现代服务业管理模式中间一个非常重要的就是具有新的创业者和新的投资者，能够建设具有高度集成能力的服务型企业。我们现在还没有，或者现在有了包括阿里巴巴、携程，但是还不够多，规模也还不够大。在这个基础上现代服务业单一发展出一个环节还不够，多环节形成一种所谓现代服务业体系，那才能够跟所有的制造业一样，制造业在产业链当中投资成本最低，运营效率最高。现代服务业也是一样，多环节均具有这样的意识，我们所面临的客户均具有较强的外包意识，现代服务业的概念才能得以成立。

2. 现代服务业的类型

按主要功能和对象分类、按现代服务领域科技的作用分类、借鉴国际产业划分标准，我们将服务业划分为四大类：

(1) 基础服务：包括通信服务和信息服务；

(2) 生产和市场服务:包括金融、物流、批发、电子商务、农业支撑服务以及中介和咨询等专业服务;

(3) 个人消费服务:包括教育、医疗保健、住宿、餐饮、文化娱乐、旅游、房地产、商品零售等;

(4) 公共服务:包括政府的公共管理服务、基础教育、公共卫生、医疗以及公益性信息服务等。

3. 现代服务市场

现代服务市场是一个广义的概念,所涉及的行业不仅包括现代服务业的各行各业,而且包括物质产品交换过程中伴生的服务交换活动。现代服务市场所涉及的服务业的范围包括下述方面:金融服务业、公用事业、个人服务业、企业服务、教育慈善事业、各种修理服务、社会公共需要服务部门和其他各种专业性或特殊性的服务行业。

1.3 电子服务

1.3.1 电子服务的定义

电子服务是现代服务中的一种特定的服务。关于电子服务(E－Service),目前还没有一个统一的、业界广泛接受的定义。电子服务是一个丰富而立体的概念,不同角度的研究者都可以从自己的兴趣角度来定义。就字面上分析,电子服务可以理解为“电子化的服务”。下面分别探讨电子化和服务两个概念的含义:

(1) 关于电子化。“电子化”中的电子显然不是简单地指电路中的电子,而是取电子商务、电子政务、电子市场等词中比较模糊的指代与集成电路、互联网等内容相关的意义,是一个较为抽象的符号,并随着科学技术的进步将越来越抽离其原有意义。因此认为,电子是指对信息的数字化处理方式,因为只有数字化才能以极低成本实现大规模精确的传输和处理。更进一步脱离技术层面深入探讨,可认为:“电子化”是指代对信息的低成本的快速获取和处理方式。

(2) 关于服务。服务是个多义词,如为人民服务中的“服务”是指不带有功利色彩的奉献,而服务业中的服务则是一种行业划分。这里可将服务的意义抽象为在所有涉及多方完成的人类交互活动,某些角色向另一些角色提供劳动;这种劳动会带来供应方或者需求方状态的变化;这种状态变化包括拥有信息、知识的变化,包括有形物品(如物流)或无形资产(如金融)状态的变化。

综上分析,覃征等提出一个电子服务的定义:“利用电子计算机和网络完成服务,即在特定人类交互活动中某些角色向另外角色提供的不牵涉具体物品转移而致带来角色状态(包括个体属性、个体拥有的信息和知识等)改变的劳动。”

从这个定义中可以看到:

(1) 利用电子计算机完成服务劳动必须复用现有的软件资源。人类近30年来已经开发了无数软件用于代替人们的各种重复性、事务性的劳动,取得了大量的成果。然而,大量的软件由于平台的更替、接口的改变和文档的缺失无法再利用;电子服务并不是要开发新的软件,而是要将这些软件资产盘活并加以良好的利用。

(2) 利用互联网承载服务中的交互。如何在全世界范围内发现和利用已经被计算机软件所实现和提供了的服务劳动,如何改进和集成这些软件服务,是对互联网提出的新应用需求,必然引起新的互联网革命。

以上分析可以进一步指出电子服务研究的基本目标是:

构造一个可以通过标准协议访问的互联网上的软件服务集合,并能使机器自动发现服务的功能,调用和集成服务到已有应用中，也可以将多个服务组合成更复杂的服务。

1.3.2 电子服务的体系结构

从概念上来说，电子服务本质上是将网络、传输协议和安全细节留给特定的实现来处理。电子服务的体系结构一般是基于服务供应商、服务请求者、服务中间商这三个角色和发布、查询、绑定这三个动作而构建的。

1. 服务供应商

提供符合契约的服务，并将它们发布到服务代理。

2. 服务请求者

也叫服务消费者，其发现并调用其他的软件服务来提供商业解决方案。服务请求者通常称为客户端，但也可以是终端用户应用程序或其他服务。

3. 服务中间商

也是服务发布方，作为储存库、电话黄页或票据交换场所，产生又服务供应商发出的软件接口。

这三个角色是根据逻辑关系划分的，在实际应用中，角色之间很可能有交叉：一个服务既可以是服务供应商，也可以是服务请求者，或两者兼而有之。

服务供应商通过查询服务发布方而让用户或其他服务知道某个服务的存在及其相关信息；服务消费者通过查询找到合适的电子服务；调用是服务消费者实际使用服务的过程。

1.3.3 电子服务的特征

电子服务有以下特征：

1. 服务的封装性(Encapsulation)

将服务封装成用于业务流程的可重用组件的应用程序函数，它提供信息或将业务数据从有效的、一致的状态向另一个状态简化，封装隐藏了复杂性。服务的应用编程接口保持不变，使用户远离具体实施上的变更。

2. 服务的重用(Reuse)

服务的可重用性设计显著地降低了成本。为了实现可重用性，服务只在待定处理过程的上下文工作，独立于底层实现和客户需求的变更。

3. 服务的互操作(Interoperability)

互操作通过服务之间既定的通信协议进行，主要有同步和异步两种通信机制。电子服务提供的服务互操作特性更利于其在多个场合被重用。

4. 服务是自治的(Autonomous)功能实体

服务由组合模块组成，是自包含和模块化的。电子服务非常强调架构中提供服务的功能实体的完全独立自主的能力，以及实体的自我管理和恢复能力。常见的自我恢复技术，如事务处理、冗余部署和集群系统等，在电子服务中至关重要。

5. 服务之间的松耦合度(Loosely Coupled)

服务请求者到服务供应商的绑定与服务之间是松耦合的，服务请求者不知道提供者实现的技术细节(如程序设计语言、部署平台等),往往通过消息调用操作,请求消息和响应,而不使用相关文件格式。这种松耦合使会话一端的软件可以在消息模式保持不变、不影响另一端的前提下发生改变。

6. 服务是位置透明的(Location Transparency)

服务是针对业务需求而设计的,需要反映需求的变化,即敏捷设计。也就是说,用户完全不必知道响应自己需求的服务的位置,甚至不必知道具体参与响应的服务。

1.3.4 电子服务系统及其特点

按照电子服务的体系结构和相关标准构造的软件系统,可以称之为电子服务系统。

作为电子服务的载体,电子服务系统具有以下特点:

1. 开放性

由于采用了消息通信方式,电子服务可以穿越防火墙通过互联网相互访问,任何电子服务都可以与其他服务交互。服务实现也是开放的,可以用任何语言编写。因此开发者不需要更改开发环境就能开发新的电子服务,同时还可以不必考虑服务的视线语言、运行环境等具体实现细节,在新的服务中使用已有的服务。

2. 部署普遍性

电子服务不仅在计算机网络上出现,而且正在电话、汽车、家用电器等设备中出现;不久的未来,电子服务将普遍存在于社会生活的各个领域。

3. 开发便利性

电子服务的相关协议标准的完全开放性使得工具开发商能够快速地推出开发工具箱,从而使开发者能快速创建和部署自己的服务,可降低服务的开发费用,加快开发速度。

1.4 服务科学

长期以来,国内外的学科体系中,有与第一产业相对应的"农学",也有与第二产业相对应的"工学"及相关学科,但却没有与第三产业(以服务业为突出)相对应的"服务学"。如今已经跨入到新经济时代,我们对服务学的学科构建设想可以直接以当前为基点,进入现代服务学的研究。国际商务公司(IBM)在这方面的研究中首开先河。现代服务学是以服务科学为研究对象和核心内容的一门学科。

IBM 把"服务科学"称之为"SSME"——Services Sciences, Management, and Engineering。其四个关键词是——服务、科学、管理和工程。

IBM 提出创建新的服务学科的目标是创建一个服务领域来发展和贯彻技术应用以帮助商家、政府和其他组织改进目前的服务,并进入全新的机遇领域。该领域要求彻底了解如何创建和交付可以重复利用的资产以便更加容易地重复执行和更加有效地交付服务。这是服务科学的基础。这个新的学科将把计算机科学、运筹学、产业工程、商务战略、管理科学、社会和认知科学以及法律科学目前正在进行的工作相结合,发展以服务为主导的经济所要求的技能。

在 IBM 看来,服务科学并不等同于现行服务行业意指的概念,而是更多以融合信息技术的形式出现。服务业从诞生之日起就包罗万象——除了制造业和农业,剩下的皆属服务业。这一行业产品的共性即为——主要产品并非有形的某件物品,而只是履行的服务。服务业包罗万象的性质同时也使得现今日益涌现的服务业的机会变得模糊:公司不仅提供了越来越多的服务而非产品,公司同时也将其本身作为一系列内部服务来管理,在许多情况下,他们自己决定哪些服务是自己的专长,而哪些服务又可以由外面的专家来提供更好。

"服务科学"的由来——新的业务模式、流程、战略和劳动力的管理方式的发展本身即可被视为一系列服务。

为了界定"服务科学"的研究范畴,IBM 早在 2004 年 5 月就聚集了 100 多位著名的商务和工程院校的教授,他们和 IBM 的科学家和顾问一起审视不断变化的商业环境,探究"服务科学"发展的状况。

专家们注意到了不断变化的商业环境,他们认为包含着以下要素:

(1) 世界各地的首席执行官们重新开始关注公司收入的增长,而不是仅依靠降低成本来提高盈利;他们正逐渐认识到公司灵活性和反应力的重要性,同时他们也正寻求采取紧急行动来解决关键的与人有关的问题。他们所要面对的主要挑战是:增加收入、增强竞争力、提高内部组织的反应力。

(2) 从发明革新到有选择的商务实践,再到逐渐扩大运用范围,这一周期正大幅缩短。正是在这样的背景下出现了信息服务经济。

(3) 竞争的全球化:商界、政界和学术界的多点交融,从生物技术到交通、能源、电信、信息技术及公共事业的全球各行业多点交融。

(4) 公司和客户之间平衡点的变化:从发明革新到形成商品的周期缩短迫使公司寻求新的途径以使自己提供有别于竞争对手的商品或服务,为客户创造新的价值来吸引客户。

(5) 信息技术推动生产更快的处理器、更大的存储容量和带宽,使得接入网络和集成的设备数量呈几何增长。

在此背景下,专家们做出预测,"服务科学"是推动商务和技术专家联合创新的新方法。首先,服务科学可以将计算机科学、运筹学、产业工程、数学、管理学、决策学、社会科学和法律学等既定领域内的工作相融合,创建新的技能和市场来提供高价值的业务绩效转型服务(BPTS)。其次,随着标准化时代的到来、互联网的普及及其可靠性的提高,企业内部和企业之间的交易变得更加容易、成本更低,技术可以实现新型的公司内部和外部服务。第三,仅靠技术本身并不足以帮助公司创建全新的和创新的商业设计、服务和产品来使得它们的业务与众不同、获得发展及应对迅速变化的环境,只有技术和业务紧密地结合才能实现公司的这种愿望,但前提是两者必须进行有机的结合。在许多情况下,新的技术会促进新的商业设计,而反过来,新的商业设计亦会引发新的技术革新。第四,商业与技术相融合的方法要求有很高的专业技术,但是很明显,不可能每一个机会都要求一名博士研究人员。促进技术和商务更紧密结合需要新的技能和技能组合以及平衡应用这些技能的方法,这些技能和应用方法必须从大学起开始教授。服务科学可以提供技能、训练工作人员,设计平衡模型和方法。

人们达成的中心思想就是一致同意需建立一个新的学科以推动下一轮创新,这一学科将吸收利用各个商学院、工程学院和计算机科学学院的现行研究工作。实际上,这一学科将尝试把商务运作和规划应用到科学领域,反过来科学家参与到商业世界中。这一学科将把大量的科学研究应用到服务中(有别于制造),因此把它称为"商务服务科学"更为准确,或者"业务转型科学",因为它不仅需要开发人员、技术和战略要素,还需要开发目前和未来的商务流程。

1.5 现代服务管理

1.5.1 管理思想的发展与走势

哈罗德·孔茨在其名著《管理学》中，整理了不同阶段的管理思想及其贡献，见表1-1。关于管理思想、管理理论方面的知识可以阅读孔茨的《管理学》。

表1-1 管理思想的出现与发展

姓名和年份(大致)	管理思想与贡献
弗雷德里克·泰勒(1911年)	公认的"科学管理之父"。主要观点是通过提高效率来提高生产率，并且通过科学方法的应用来增加工人的工资。强调应用科学，创造集体的协调和合作，达到最大的产出量和培养工人的能力。
亨利·L·甘特(1901年) 吉尔布雷思夫妇(1900年)	甘特发明了"甘特图"，强调培训的必要性。要求对工人的科学选用，以及劳动者和管理者之间"协调合作"。弗兰克·吉尔布雷思是从事时间研究和动作研究的著名先驱者，莉莲·吉尔布雷思是一位工业心理学家，集中注意在人的工作方面和理解工人的个性与需要。
亨利·法约尔(1916年)	被称为是"现代经营管理之父"。将工业活动划分为六个方面：技术的、商业的、财务的、安全的、会计的和管理的。承认对管理者教育的必要。系统地讲述了管理的11个原则，如职权和职责相应、命令的统一，等级链和合作精神等。
雨果·芒斯特伯格(1912年) 沃尔特·迪尔·斯科特(1911年) 马克斯·韦伯(1946年) 维尔弗雷多·帕累托(1896～1917年) 梅奥和罗特利斯伯格(1913年)	把心理学应用于工业和管理。 把心理学应用于广告、市场和人员管理。 被称为是在组织和管理方面的"社会系统方法之父"。 行政管理理论。 在西方电气公司下面的霍桑工厂从事著名的研究：工作小组的社会态度和相互关系对业绩的影响。
切斯特·巴纳德(1938年)	管理人员的任务是在一个正式组织中维护好一个协作系统。提出了一种管理的广泛的社会系统方法。
劳伦斯·彼得(1969年) 威廉·大内(1981年) 托马斯·彼德斯和罗伯特·沃特曼(1982年)	观察到人们终于被提升到他们不能胜任的职位和级别上。 讨论了在美国的环境中采用了某些日本的管理实践。 查明他们所考虑的最佳公司的特征。

资料来源：Some information in this table is based on Clauds S. Geroge, Jr. *The History of Management Thought* (Englewood Cliffs, N. J.: Prentice-Hall, 1972) 转引自哈罗德·孔茨、海因茨·韦里克著，张晓君等编译，管理学(第10版)，经济科学出版社，1998年，P20。

专家分析表明，未来的管理理念将有十大表现：全球化；驾驭电子商务；客户关系管理；供应链管理；知识管理；精益企业；开发服务业务；公司治理结构；发展领导力和管理变革。

1.5.2 服务理念的盛行与价值

在相当长的时期里，对"服务"这一概念的理解存在模糊的认识。"服务"一般只是指社会成员之间相互提供方便的一类活动。通常可分为有偿地、直接或间接地提供方便的经济性劳动服务。由于服务是最典型的非物质生产，因而服务的商品性、使用价值和交换价值问题一直受到怀疑。“服务”并未被当做一个特定的经济学范畴来看，而是将其当做一个资产阶级的世俗观念对待。长期以来，我们虽然每天都在讲“为人民服务”，但不说为顾客服务。“服务”只能有革命性，而不能有商品怀。因而，服务行业的落后，就是不可避免的了。

党的十一届三中全会以后，党中央制定了发展经济的方针，并在理论上正式提出了“第三产业”这一经济概念，并指出了发展第三产业的重要性。改革开放以来，我国的服务行业得到了巨大发展。以商业服务为为例，国有企业为主导的商服业飞速增长，在全国许多大中城市，都兴建了设施先进、商品齐全的综合性百货商场，集体的、个体的商业，服务业网点也如雨后春笋破土而出，为加快商品流通，为人民生活提供各种服务都起了很大作用。特别是遍布全国各地的农村集市，更为繁荣市场、方便人民生活做出了贡献。它不仅解决了农村商业网点少的矛盾，还为工厂企业的产品提供了巨大市场，又向城市人民提供了各地的农副特产，丰富了人民的生活。现在我国城乡商业服务网点少、人民生活不便的状况已得到了根本改变。随着改革开放的深入和国民经济的发展，我们的商业服务业一定会得到更大的发展。商业服务业有狭义和广义之分。狭义的商服行业包括商业、饮食服务业等，广义的还包括文化、教育、艺术、出版、卫生、金融、邮电等部门。科学技术的发达，使商业服务也向深度和广度发展。我们的教育事业，有了新的飞跃，文化、出版事业空前繁荣，交通运输业也有了很大改观，铁路、公路建设有了新的发展，各地又纷纷建设了高速公路，使交通运输的困难得到缓解，邮电通讯发展更快，电话拥有量已成倍增长，通信卫星的使用，改变了通讯难的落后状况。近年来，我国还迅速崛起了一些新型的从事社会服务、生产服务和生活服务的行业，主要包括情报信息服务、咨询服务、广告服务、旅游服务等。

1. 情报信息服务

是指对各种情报信息进行收集、整理、加工、传递、储存，并为社会的经济、科学、文化、教育、国际交往等领域的部门和单位提供服务。情报信息服务对加强社会各部门、各行业、各单位之间的信息交流和相互联系，促进工作效率和社会生产力的进一步提高起着重要作用。从发展趋势看，由于近年来超大规模集成电路、宇宙通讯和光电通讯等新技术的发展，今后，情报信息——计算机——通讯三位一体的情报信息服务将会进一步发展，并由社会扩大到个人。

2. 咨询服务

是指一种知识智能专业化的服务行业。它通过向政府、公共事业、群众团体、企业及社会各个领域有偿地转让它所掌握的各种情报、科学技术知识、经营管理经验等开展自己的业务活动。咨询服务在为社会和企业领导人提供决策和依据，促进企业提高经营管理水平和经济效益等方面起着重要作用。有的咨询机构，向有关厂矿提供咨询，为企业创造数以亿元计的利润；有的使濒于绝境的企业起死回生；有的使企业产品更新换代，适应国内外市场的需要。与此同时，咨询机构也为自身创造了财富。咨询服务的开展，为我国的科学技术的进步和企业的发展做出了很大贡献。而从发展趋势看，今后咨询服务的重点可能会逐渐向能源开发、环境保护、国际贸易等领域发展。

3. 广告服务

是指为企业设计商品销售并进行宣传的知识性行业。广告服务对传播市场信息、促进商品流通、开展企业竞争、扩大商品销售起着重要作用。广告已走进了广大人民的生活，广告通过各种传播媒介出现。广告业在我国已有很大发展。可以预见，广告在我们的社会生活和日常生活中将会发挥越来越大的作用。

4. 旅游服务

是指为人们观光游览提供导游、运输、饮食、住宿、娱乐等服务的行业。我国有壮丽的山川，悠久的历史文化，有众多的名胜古迹，不光吸引了广大的国内的旅游者，还吸引了大量外国友人和海外侨胞、港澳同胞。旅游服务对增加外汇收入、发展与旅游相关的产品、繁荣国内经济等方面起着重要作用。旅游还能陶冶人们的情操，激发人们的爱国热情。同时，吸引外国友人来华旅游，可以让他们更好地了解中国，了解悠久的中国历史文化，增进各国人民和我国人民的友谊。

1.5.3 服务管理的定义与特征

服务管理思想来自于几个不同的学科领域，其中对服务管理视角有重要影响的包括营销、生产作业管理、组织理论和人力资源管理、服务质量管理等学科，此外还有来自企业管理人员和咨询人员的贡献。实践方面的研究起初受到北欧在管理和转变服务企业方面经验的重大影响，特别是斯堪的那维亚航空公司(SAS)。也有部分贡献散见于其他学科，如经济学。

由于服务管理的来源广泛且尚未综合为统一的管理理论，至今还没有为人们广为接受的定义。实际上，多数学者回避对定义的深入讨论。不过，Gnonroos(1990)曾提出过一个相对全面的定义：

所谓服务管理是指：认识在消费或使用组织提供物(offerings)时顾客得到的效用以及服务单独地或与实体产品(或其他有形物)一起如何对该效用产生贡献，也就是说，认识全面质量在顾客关系中是如何被感知以及各方(组织、顾客、其他各方和社会)的目标。

Albrecht(1988)提出了一个简短的定义，“服务管理是将顾客感知服务质量作为企业经营第一驱动力的一种总体的组织方法”。尽管在该定义中没有包括很多具体的详细的信息，但是它也清楚表明了服务管理的关键层面。

服务管理视角意味着管理重点的转移。具体来说，主要的转变包括：(1) 从基于产品的效用向顾客关系中的总效用的转变；(2) 从短期交易向长期关系的转变；(3) 从核心产品质量或产出的技术质量向持续的顾客关系中的全面顾客感知质量的转变；(4) 从把产品技术质量的生产作为组织关键过程向把开发和管理全面效用和全面质量作为关键过程的转变。

上面的定义和管理重点的转移充分展示了服务管理的含义和重要性。服务管理的特征包括：一般管理视角、顾客导向、综合方法、关注质量和内部开发与强化。从本质上看，服务管理：(1) 是一种一般管理视角，应该用来指导所有管理领域的决策，而不仅仅是为某个职能如顾客服务提供管理原则；(2) 是顾客驱动或市场驱动的，而不是内部效率标准驱动；(3) 是一种综合视角，强调组织内部跨职能合作的重要性，而不是强调专业化和劳动分工；(4) 质量管理是服务管理内在的组成部分，而不是一个孤立的问题；(5) 员工的内部开发和强化他们对企业目标和战略的投入是成功的战略性的先决条件，而不仅仅是行政管理任务。

1.5.4 现代服务管理理念

服务管理学科创始人之一、芬兰学者格罗鲁斯(Groonros)在服务管理国际论坛上指出，在知识经济时代，“服务”具有无法替代的重要意义，知识经济就是服务经济。他率先提出了“服务管理”这一概念，从而成为服务管理学科的创始人之一。

格罗鲁斯认为，在知识经济时代，信息和知识的保存、加工和传输更加便捷，在服务业，更多的是运用自己的知识为大众服务，如律师、医生等。我们面临的问题是如何以优良的服务向顾客提供更有价值的产品，因此服务在知识经济时代具有无法替代的意义，信息和知识不过是促进服务经济发展的“助燃剂”。在服务经济时代，引导投资、培训服务管理和营造好的投资环境是政府服务应当担负的三个重要作用。

服务是涉及范围广、相关因素多的复杂的系统工程。生产与服务系统都可以视为转换系统，工厂实现物理和化学转换功能，交通实现货物和乘客的空间转移功能，商业完成商品的交换功能，仓储业承担存储功能，医院和汽修厂具有恢复功能，通信业具有信息的传递功能等，因此，服务系统同样存在管理问题，管理的内容分为两个层次：第一层次是服务战略管理，即在对企业内部环境分析的基础上，以市场需求为导向确定服务企业的总目标和发展方向，解决企业全局性和长远性发展问题。第二层次是职能管理，即在企业目标的指导下，解决如何以最合理的成本生产出高质量服务产品的问题。

服务企业的职能管理包括以下内容：

(1) 市场需求预测。这是正确决策的基础和前提。通过预测把握服务需求的变化趋势，使服务企业更好地规划自己的服务能力，适应消费者需求。

(2) 服务质量管理。它是服务管理的重点之一，其基本目标是提高顾客满意度，通过持续不断地开展改善服务质量的活动，力争做到服务产品功能性、经济性和舒适性的统一，最大限度满足顾客的需求。

(3) 服务机构的定位和布局。这是决定服务企业经营成败的关键，历来为服务行业的决策者所重视。在综合考虑各种影响因素的基础上，科学合理的确定服务机构地理位置，并优化其内部服务设备的布局，为服务对象提供方便、快捷的服务，为服务企业带来丰厚的回报。

(4) 服务项目管理。其目标是在资源约束条件下，通过对服务项目中各种活动的合理安排，科学调度使用资源，在规定时间内以最低的成本为顾客提供高质量的服务。

(5) 服务系统中的库存管理。运用经济订货批量模型和收益管理策略降低库存损失，达到以最低的库存费用获得最大收益的目的。

(6) 实现服务供给与需求的均衡，在服务需求预测的基础上，合理调整服务设施的能力以适应消费者需求，或者采用灵活的定价策略引导消费者。

(7) 现代管理方法和手段在服务管理中应用，包括决策技术、信息技术和系统优化技术等。

小结

本章介绍了服务的基本概念、内涵、特征及其关系，服务的几种不同分类方法及具体类型，以及现代服务的概念及特征；讨论了服务业与现代服务业的含义及其类型；分析了 IBM 提出的服务科学(SSME)的定义及内涵；探讨了服务管理的定义与特征，以及现代服务管理的新理念。

参考文献

[1] 何维达. WTO 与中国产业升级[M]. 北京：中国审计出版社，2001
[2] 陈燮君. 学科学导论：学科发展理论探索[M]. 上海：三联书店上海分店出版，1991
[3] 汤兵勇，刘凤鸣. 服务管理[M]. 北京：化学工业出版社，2013
[4] 陈雄、张又山. 商业服务艺术与规范[M]. 哈尔滨：黑龙江人民出版社出版，1991
[5] 菲利浦·科特勒. 市场营销管理(第六版)[M]. 广东省财贸干部管理学院市场学翻译组译. 广州：科学技术文献出版社，1991
[6] 哈罗德·孔茨. 管理学(第九版)[M]. 北京：经济出版社，1995
[7] 柴小青. 现代服务管理[M]. 北京：企业管理出版社，2002

[8] 周长军. 中国服务经济[M]. 南昌:广西人民出版社,1990

[9] 黄维兵. 现代服务经济理论与中国服务业发展[M]. 西南财经大学出版社,2003

[10] 古斯塔夫松、约翰逊. 服务竞争优势:制定创新型服务战略和计划[M]. 刘耀荣译. 北京:中国劳动社会保障出版社,2004

[11] 张金昌等. 21世纪的企业治理结构和组织变革[M]. 北京:经济科学出版社,2000

[12] 保罗·大卫. 执行力[M]. 白山译. 西安:中国长安出版社,2003

[13] 肖金立. 现代计算机网络技术[M]. 北京:电子工业出版社,2002

[14] 哈罗德·科兹纳. 项目管理:计划、进度和控制的系统方法(第10版)[M]. 北京:电子工业出版社, 2010

[15] 孙强,左天祖,刘伟. IT服务管理:概念、理解与实施[M]. 北京:机械工业出版社, 2004

[16] 池仁勇,等. 项目管理(第2版)[M]. 北京:清华大学出版社, 2009

[17] Clifford F. Gray, Erik W. Larson. Project Management (Second Edition) [M]. 北京:人民邮电出版社,2003

[18] http://baike.baidu.com/view/65955.htm

[19] http://wenku.baidu.com/view/d90823dfad51f01dc281f170.html

[20] Bendik Bygstad, Gjermund Lanestedt, ICT based service innovation - A challenge for project management [J], International Journal of Project Management, Volume 27, Issue 3, April 2009, P234 - 242.

[21] Liz Lee-Kelley, Kin Leong, Loong, Turner's five-functions of project-based management and situational leadership in IT services projects [J], International Journal of Project Management, Volume 21, Issue 8, November 2003, P 583 - 591.

[22] 郑勋. 货代企业开展现代物流服务的项目管理 [J]. 水运管理, 2004,26(11)

[23] 詹姆斯.A.菲茨西蒙斯. 服务管理:运作、战略与信息技术[M]. 北京:机械工业出版社,2003

2 现代服务管理理论基础

2.1 现代服务管理的现代服务学基础框架

前文介绍了IBM定义的术语——SSME，作为服务首先要有服务科学作为一种基础，服务工程作为技术层面的支撑，服务管理作为经营活动指导，这样一来，服务才形成完整的学科体系——现代服务学。现代企业面临着更为复杂多变的环境，集中主要资源从事自己的核心业务才是企业的优选，其他问题可以通过外包(outsourcing)等方式由专业化的服务机构来解决。IBM就是这样的服务机构，它为企业提供企业战略、企业流程、人员管理和基础技术等全面的专业化、标准化服务，IBM将此称为企业行为转型服务(Business Performance Transformation Services，BPTS)，或者又可称为商业绩效脱胎换骨服务。据估计，BPTS将有5000亿美元的潜在市场。

根据IBM的实践和商业关键内容，可以构建一个简单的BPTS模型(如图2-1)，即为现代服务学的基础框架模型。现代服务以提供企业战略服务为中心，同时向企业流程服务、企业人员管理服务和基础技术服务领域扩展。

图2-1 BPTS模型示意图

下面将就BPTS所包含的四个方面关键商业要素进行具体介绍。

2.1.1 企业战略服务

不同的企业面临着不同的环境，会制定适应发展需要的不同的企业战略。不过，已经有人开始对普遍适用的、一般性战略类型进行研究，寻找并阐述对战略产生影响的因素，包括分析战略决策与决策所带来的效益之间的因果关系。一些概念性框架可以用来解释这种状况，为未来的决策提供指引。当然，从科学性和艺术性的比较来看，企业战略的制定更倾向于艺术性，需要更复杂的基于知识和经验的人力资本投入。因为，人们对企业在动态环境中发展的理解和把握是有限的，企业必然涉及“人”的要素和非决定性程序，受到严格控制的实验在功能性事务中难以执行，企业战略的成功会受到执行及其他多种因素的影响。所以说企业战略的制定需要更多的艺术性。

然而，我们可从复杂的企业运作环境中提炼出主要因素，形成一个简化的企业战略框架，使得决策更趋于科学。这就是现代服务学所能提供的企业战略服务，其主要任务就是寻找战略决策与相应结果的因果关系。利用足够的细节和结构化信息可以进行定量分析，如果简化，则可以进行定性分析和形象化描述，这样就可以兼顾两种情况。

企业战略服务模型包括以下几个方面：

(1) 将企业描述成各种结构良好的组件模块，为程序化决策奠定良好基础。

(2) 探究各种决策的内涵并提出形象化的框架建议。

(3) 搭建包括众多企业流程模型的软件系统。

(4) 形成量化分析框架，并进行评估。

通过以上所述的企业战略服务，能为各式各样的决策提供相应支持。这其中当然也会面临着一个挑战，就像一套家庭计划不能适应所有场合一样，企业战略模型会从高度的非结构化(对形象描述有用)变化到高度的结构化状态(对定量分析及预测有用)。目前的很多模型只在前一种形式上有所发挥。想象一下，如果比照元素周期表的形态，也许能建构一个高度结构化、形象化的策略表，将已知的策略要素按照可能的预测结果进行排列，当然也允许因要素缺失而产生的一定误差。

对现代服务学来说，构建一个包含各种商业要素的元素周期表，有着不小的难度。最重要的第一步，就是对有用的模型及其支持工具进行研究，并且要分析不同企业设计和进行组件化的功效。即使建立了高效的模型结构，使其变得可行，并且说服企业领导采用这种模型还需要花大气力。教会技术人员领会管理者的真正意图、引导商务人员处理好基本的经验观念与工具生成的结论之间的关系，这些问题也是需要面对并妥善解决的。

2.1.2 企业流程服务

决策驱动着企业发展。事实上，多数决策在不完全信息的状态下做出，或者没有对所有的数据进行处理。技术革新带来了一场“实时”数据分析的潮流(如 ERP、电子商务等)，伴随着无线射频技术及相应设备等的应用，这种趋势还将持续很长一段时间。但是只是到了最近，当计算机处理能力达到一定水平后，才可以运用精密算法将各种数据生成相应的解决方案，此时有效的决策才有可能高效、自动的产生。持续企业优化(Continual business optimization，CBO)通过精确的数学模型和算法对企业相关信息进行计算，以支持企业所涉及的各个领域的决策，如预测、供应计划、定价等。

成功实施持续企业优化，需要专长于诸多领域，如建模，利用适当的数学工具和软件库进行程序开发，理解真实的企业流程及其基础 IT 设施。这些专长在学术性研究团队、企业顾问或销售队伍中是难以见到的，但将这些领域的专长需要在 CBO 的研究与实施过程中连接、组装到一起，对于企业来说是至关重要的。

成功实施持续企业优化的第二个要求相对简单一点，那就是 CBO 的应用必须能带来正确的解决方法。但企业界人士都会明白，正确的解决方法往往并不是十分明显而轻易获得的，而错误的方案却经常摆在面前。所以 CBO 的实施，至少不能形成错误的解决方案而引起用户的拒绝，尤其是在对工具生产决策方式有抵制情绪的地方更要注意。

由现代服务学引领的协作努力，能克服企业持续优化过程中面临的不同学科之间分裂不统一、理论与实际相脱节的问题。

现代企业面临着越来越激烈的竞争、更高的成本，合作伙伴与供应商之间的协作关系更为密切，这些问题对公开的商业标准产生了迫切需求。比如说，在卫生保健领域，既要提高服务质量，又要控制成本，这就需要对患者、保险公司和医院所持有的病历进行整合以确保统一；在电子行业，大规模生产客户需要的产品的情况越来越多，这就要求供应链记录各个环节的客户的“按需配置”数据；在零售行业，由新技术(如 RFID)所产生的大量数据，需要与商业流程及供应链进行整合，以获得优化效果。其他行业也面临着同样的挑战，如果离开对企业流程的描述与重构，没有哪个行业能解决好所存在的问题。

纵观这些挑战，我们能发现商业伙伴与所谓的“生态”伙伴(指企业所在领域内的相关伙伴企业)之间更密切的整合关系，这形成了一种新的企业运作模式：一种更富有弹性、更敏捷、更灵活的扩展型实体。为了将这种想法变成现实，我们就必须努力构建并推行商业标准。目前一些企业已经开始这方面的工作，如 RosettaNet 公司在电子行业、Accord 公司在保险业、SWIFT 在银行业及 HL7 在卫生保健行业，都有这类动作。

在这样的商业标准得到广泛接受之前，仍然存在着诸多问题。关于垂直性行业在标准采纳方面的相似性研究，也将促进他们的演变与接受。关键问题如下：一些经济管理模型要包含商业标准，甚至可能由商业标准而产生；标准要中肯，且适应时间的变化；为现有的企业实体确定恰当的角色，包括那些行动缓慢或者在标准接受上存在问题的企业；有清晰的矩阵和关键绩效指标来衡量标准的实施是否成功。

对商业标准采纳和关键绩效指标方面的实践这两个重要问题进行研究，对支持和发展商业标准是十分有用的。对前者的研究，需要解决的问题包括：选择行业中出现的标准，确定采用的标准的一般性模型，把握成功采用并实施商业标准的先决条件。对关键绩效指标的研究，能衡量出扩展型企业所获得的价值量。关键绩效指标实际上是一种标准类集，是测量企业价值的通用方法。

在现有的商业学科和信息技术学科中，已经做了这样的工作。现代服务学将两者在同一个领域中集中起来进行研究，能加快企业发展，防止互相脱节。

2.1.3　企业人员管理服务

如果企业的 CEO 们十分关注企业成长和创新，那么企业就会变得更敏捷、更灵活、更有适应性。但他们很快就会发现，只有适应企业的员工，才能达到目的。企业员工的技能以及他们适应领导和变化的能力，决定了企业流程重组和业务转型的成果。

与此同时，工作的性质会不断变化。当企业与供应商、合作伙伴以及客户之前的交互性越来越强时，企业会决定流程中哪些环节由自己运作，哪些环节外包，此时组织的边界就会变得越来越模糊。互联互通、自动化和技术革新整合使得扩展型企业能动态地重新配置其业务关系，以应对市场、资源、技能的不断变化。这意味着，为这个企业工作的人和这些人的工作方式、组织方式将起决定性作用。这提出了一些新问题：

(1) 当业务发生变化时，人们怎样才能快速发展出新的适应需要的技能呢？

(2) 企业在新的领域，如何有效地训练分散在各个地方的性格迥异的员工呢？

(3) 如果技术在不断改变以适应商务需要，那绩效测量的方法如何才能同步？

(4) 我们是否能够在经验、技能、文化甚至个性的基础上，对扩展型企业中的人力资源需求和管理进行数学建模与优化？

(5) 如何保证员工个人积极工作和得到合理的报酬？

现实中技能、工作类型、工作方式更趋于流动性，人力资源及其相关因素(如劳动生产率)的测量结果变得越来越有趣。在人力资源的管理工作中，我们必须使以下三个重要因素相互协调：组织的、个人的和地方政府的。尽管政府可能不是组织和个人的直接的伙伴，但我们应该考虑这样的情景，当生产力提高为地方带来了大规模的失业，而又没有合适的良好的工作流向时，政府可能就能发挥重要角色了。这种情形会导致政治上和立法上的反冲力，抵消了一部分生产力提高的收益。

人力资源管理只有在运作中对企业、员工个人以及国家同时发挥作用，才会被视为成功，三者之间的不均衡状态的潜在结果，将是对人力资源管理的极大挑战：在整个国民经济甚至全球经济体系中，创造持续的提高生产力的动力，同时提高员工的工作满意度，创设更多高技能、高收入的工作岗位。

2.1.4 基础技术服务

1. 基础技术服务概述

对于广大企业用户，稳定的系统运维离不开厂商的技术支持，在系统运维出现紧急情况的时候，特别需要专业的技术队伍迅速、高效地解决难点技术问题。微软企业基础技术支持服务总结了企业信息系统运维中最基本的技术支持需求，量身订制了四种固定费率及内容的服务包，由技术客户专员（Technical Account Specialist）远程提供各类客户沟通、资源调协的服务，从而使微软雄厚的技术支持力量顺畅地为企业用户服务。其具体服务包组成如下：

（1）客户管理。本服务将由微软专人（技术客户专员）协调微软技术资源来提供。通过服务使用介绍、支持计划、阶段报告等方式，使用户充分了解微软服务提供状况，并有效的规划、利用服务资源以配合企业的信息化建设。另外，技术问题提升管理、24 小时服务资源的协调等使用户提出的技术支持需求总能够得到及时、有效、彻底地解决。

（2）问题解决支持。微软在上海设有全球技术中心，300 多位工程师分不同的产品组向全球用户提供技术支持服务，而每个产品组都有源代码级的工程师，他们在微软总部接受了严格的培训，拥有产品源代码，可以根据用户的问题症状作应用纠错服务，甚至就微软产品本身的问题提供热修复。目前，对于定义为 1 类或 A 类的严重情况，即："业务受严重影响，客户核心（关键性任务）业务程序完全受损并无法适当继续工作，需要立即着手解决"的问题，微软将提供 7 天 24 小时不间断支持，并在 30 分钟内提供初始响应。用户还可以选择另外付费的紧急现场支持服务，以更快解决问题。

（3）支持协助。在服务资源充足的情况下，微软可以向用户提供更广泛的各类技术咨询、培训和技能传递。如：系统优化、安全增强建议、备份策略、特定主题技术培训等。使用户可以"防患未然"，进一步提供系统的稳定性和可用性。

（4）信息服务。TechNet 为每月一期的技术光盘，含有大量技术文档、知识库、补丁和试用版产品。微软高级支持站点是微软仅对高级企业客户开放的技术资料网站，含有多媒体在线讲座、专家圆桌会议、内部技术资料、最新技术动态等丰富内容。信息服务使用户能够及时了解微软技术的发展动态、深层的技术资料，从而始终处于微软技术发展的前沿。

2. 企业绩效管理（Business Performance Management，BPM）

企业绩效管理集中于采用技术基础设施以确保服务的高质量完成。BPM 包括六个核心活动，其运作过程是这六项活动的持续改进循环过程。

（1）企业需求建模；

（2）运用合适的 IT 工具实施模型；

（3）运行自动化的模型；

（4）监测企业的后续行为；

（5）分析各种事件并寻找其产生原因；

（6）基于分析改进模型、资源和流程。

企业绩效管理与面向服务的体系结构（Service-oriented architecture，SOA）密切相连。SOA 为 BPM 系统提供了一系列适合于变化需求的相关 IT 服务，包括三个主要部分：对调用功能的服务请求，为功能性请求提供服务，以及将两者进行有效连接。由于 Web 服务的发展，一种拥有标准技术的 Web 协议能使软件的应用与服务之间很好地连接与交互，确保了 SOA 体系的运行效率。

企业绩效管理发展和采用也存在两大问题与挑战:其一是在BPM的实施与投资回报的观察测量之间存在着相当的时滞。只有在实施BPM中做出了相当大进步的企业,才能认识到一定的存款和增长的机会。实际上,初始投资会减少存款。只有在随后的阶段,金融优势才慢慢出现。其二是感知-反馈系统的潜在变化性。基于实时信息的更新,将会夸大直至过分强调一些因素的作用,以至于扭曲了实际结果。将企业目标与可用的IT基础设施有效连接起来,尤其是要把很多不同的应用软件、数据源及商业流程进行整合以创造BPM专业标准时,存在着不小的风险。

3. 信息集成

在信息时代,企业管理者所要处理和面对的信息以天文数字的方式在增加,即时决策的数量也急剧上升。其原因,同时也是解决方案,在于只有新的分析和统计方法才能使得网络释放出来的大量信息变得有用。信息集成整合服务着力于在恰当的时间、以合适的方式为决策者提供正确的信息,以使决策更高效、更有远见。

信息集成服务应包括以下几个方面:积极提取、分析成型数据与非成型数据,从非成型数据中理性分析出不确定性数据,保证数据的隐秘性,综合采用自动分析系统与人员分析,创造能支持决策、支持体系的系统。

4. 安全与隐私

安全与隐私曾经被看成是两种相关但不同的技术问题,然而最近,它们已经成为商务活动的主要问题,主要是用来处理可能的威胁,很少是用来创造机会。安全与隐私更多应该关注商业风险分析与管理,而到现在为止,多数人还只是关心技术如何用于阻止网络攻击或是保护个人信息,比如说防火墙、杀毒软件、监控软件等。安全与隐私问题面临着不少挑战,例如缺少衡量企业安全与隐私系统的投资回报的可接受模型;对安全隐私等的传统理解使得人们很难将IT系统之内的安全实践总结为商业模式;人们往往认为安全与隐私是事后处理的事情,这种固执的看法是企业的隐患,极有可能产生误导、费力甚至腐败等法律问题;缺少相应的科研资金等。

2.2 现代服务管理的经济学基础

服务作为经济范畴,是指从事为消费和为生产服务的劳动或活动即从事某一服务具体劳动提供某一服务使用价值,同时由一定量的抽象劳动形成一定量的服务价值。这就是服务经济。服务人员进行服务劳动,生产服务产品为消费者购买,这种劳动就是经济学意义的服务,这种劳动过程就是服务产品生产过程或称之为服务过程。服务业是由一定的服务劳动者运用一定设备、工具和材料等,使之能提供一定的服务产品为人民生活服务和为生产服务的行业,即专门从事服务商品生产和供给社会服务商品的行业。服务业生产一定的服务商品,即向社会提供一定的服务商品或一定的使用价值,需要一定的投入,包括物质投入和劳动投入。在社会主义计划商品经济的条件下,这不能是无偿的,它必须通过与货币交换而得到补偿,而补偿的这个价值要比投入成本大,这个增大了的余额就是利润。可见服务业是一种经济企业,众多的服务业就构成了服务经济。服务经济就是为人民生活服务和为生产服务的经济,它是我国社会主义国民经济不可缺少的组成部分,是分析服务或服务劳动在其劳动过程中和交换关系上具有的客观经济性质而产生出来的。

2.2.1 服务经济学

服务经济学是研究在服务产品的生产和流通过程中发生的人与人之间的经济关系及其规律的学科。服务是一个极为广泛的概念，服务经济学研究的对象和范围是生产和经营服务产品的服务业的经济活动。

服务经济学是一门新兴学科。从20世纪30年代，英国经济学家费希尔在《安全与进步的冲突》一书中提出“第三产业”的概念以后，人们开始对第三产业进行理论研究。第三产业又称服务产业，所以也是对服务经济理论研究的开始。

第三产业是农业、工业以外的包括文教卫生、政府机关等在内的各行各业的总称，内容十分庞杂。服务产品的生产和再生产，是服务业的经济活动中人与人的相互关系的基石，服务经济学就是以这些关系作为主要的研究对象。

在商品经济条件下，服务产品是商品。同一般商品一样，服务产品的二重性是由创造服务产品的服务劳动的二重性决定的，即服务劳动的具体形式创造使用价值，服务劳动作为人类脑力和体力的支出形成价值。服务产品的价值论是劳动价值论的一部分，是对劳动价值论的补充和发展，也是服务经济学的理论基础。

服务产品是由服务企业或个体劳动者生产和经营的。大多数服务劳动者在企业或经济组织中进行劳动，个体劳动者是少数。企业活动中的各种经济关系是由服务业生产资料的所有制性质决定的生产资料，或以货币为代表的生产资金，是服务业发展的前提。

由于服务产品的生产和经营的具体表现形式是服务者对消费者直接的服务，他们的劳动积极性对生产和流通的发展比其他部门更有决定意义。因此，服务经济学特别注意研究如何调动劳动者的积极性，以提高劳动生产率和经济效益。

服务产品作为商品必须进入市场才能实现自身的物质替换和价值补偿。服务企业的生产和经营活动也是以市场为舞台。因此，对服务产品市场的研究，也是对服务业内部和外部的纵横交错的经济关系的研究。同时，由于服务产品的特殊性，决定了服务产品市场不同于实物产品市场。

例如，服务产品市场的弹性很大，是由于自我服务与社会服务经常处在相互替代的变动之中。服务企业或单位若要扩展市场、开拓市场，必须使自己的服务产品适销、优质、廉价。因此，对服务业进行计划指导，也要以服务产品市场的特点为依据。

服务经济学不是孤立地考察服务业的经济活动，而是在它同国民经济各个部门的相互联系中，考察它的生产和再生产的全过程，考察它发生、发展的客观必然性。服务业为社会生产、流通和消费服务，它的产品是当作生产资料和消费资料进入生产、流通和消费领域。

它为了满足自己再生产的需要，又要从其他部门取得必需的生产资料和生活资料。这个过程，就是服务业同国民经济各个部门相互作用的过程。社会生产越发展，国民经济各个部门、社会生活各个方面对服务业的需要越大，同服务业的关系也就更为密切。

服务经济学是一门部门经济学。它既研究服务经济活动中各种基本理论，也研究服务业经营过程中的实际问题，从理论探讨中找出促进服务产品生产和交换发展的规律。

服务业是由生产和经营服务产品的行业构成，几乎有一种(类)服务产品就有一个服务行业。服务经济学只是研究各个行业中的一些普遍性的、共同性的经济问题。各个行业根据自己的特点进行研究，形成各自的经济学，如旅店经济学、广告经济学等。服务经济学同这些分支学科的关系是互相补充、共同发展的关系。

2.2.2 服务的价值与使用价值

1. 服务的价值

马克思的劳动价值论认为，产品的价值由产品中所包含的劳动量决定，劳动创造价值。马克思指出，社会化生产中的劳动过程，是一种分工协作的共同劳动，即总体劳动，凡与生产产品直接或间接有关的劳动，包括科技人员和管理人员的劳动，都是总体劳动中必要的构成部分，都创造价值。根据这个观点，在市场经济条件下，服务业的产品，不论是有形还是无形产品，都会形成价值。

从马克思关于价值与使用价值的关系出发来加以理解，服务首先是一个劳动过程，或是以某种形式体现的活动。这种劳动过程与人类商品生产过程的劳动一样，也是人的脑力和体力的消耗过程，因此具有价值，不同的只是服务的价值大多不是以实物形式体现的。从逻辑上说，既然服务业提供的服务产品具有使用价值，那么，只要这种服务产品是为交换而生产的，它作为用于交换的劳动产品就同商品一样具有使用价值和价值这两个因素。服务提供现实的使用价值，主要表现在它提供和生产出一个具有使用价值的具体的服务产品，这种产品无论是有形还是无形，都体现了具体服务产品中的社会必要劳动耗费，而对这种服务劳动的补偿，就形成了服务商品的价值。

当然，具体到服务业的各种劳动的价值，应当做具体分析。这里试举几例：

(1) 流通服务的价值

这一类服务的价值，由于其使用价值直接同有形商品的生产有关，故能够直接追加或转入相关的商品价值中去。在服务业中，商品运输、分类、包装、保管等劳动，属于生产过程在流通领域的继续，是创造价值的劳动，这是马克思肯定过的，也是大家公认的。因为这些活动为商品的使用价值的保存、完善、改变空间和在消费过程中的充分实现提供了服务。这些服务只要是在经济上必要的和在合理的限度内的，只要不是投机倒把所引起的额外活动，它们所耗费的劳动就都形成价值，成为商品价值的组成部分。

(2) 科教文卫类服务的价值

有人认为科研、教育、文化、卫生等部门不属于物质生产部门，因而这些部门的劳动不创造价值。其实，这些部门的劳动不仅创造价值，而且能创造更多的价值。比如科研工作者的劳动是高度复杂的创造性的劳动，与一般劳动相比，可以在相同的时间内创造更大的价值，这种价值通过科研成果在生产中的运用体现出来。教师的劳动实际上也是科学劳动的一部分，通过他们的劳动，文化知识、科学技术得以传播、继承和发展，教师的劳动凝结为专业技术人才和劳动者的劳动能力，成为劳动力价值的重要构成部分，因此，教师的劳动应被看作创造价值的劳动。歌唱家的精彩演出满足了人们精神方面的需要，有利于恢复或增强其他部门劳动者的体力、脑力和进行劳动的精神动力；医疗卫生部门提供保护和增进劳动者健康、预防和治疗疾病方面的服务，为保证劳动者更有效地进行劳动提供支持。这些部门的劳动都应被看作创造价值的劳动，所不同的是，有的价值凝结在物质产品中，有的价值凝结在其他部门劳动者的身体中，并通过其他劳动者的劳动得到体现。

(3) 其他类服务的价值

金融、保险、咨询、会计、信息服务等其他类服务的价值，虽然同有形商品生产过程的关系没有那么直接，但从整个国民经济来看，它们所起的作用也许更大，它们所形成的价值应直接加入到整个社会的新价值中去，成为全社会新创造价值的重要组成部分。比如金融业、保险业、教育、体育、卫生保健等服务部门的劳动.是现代市场经济中总体劳动的有机组成部分，甚至成为现代生产的血液、神经，以致一旦离开它们，整个社会生产就无法进行。这些部门服务的价值在于提高创造物质使用价值的社会能力和水平，尤其是在新技术革命突飞猛进、人类已经进入知识经济社会的今天，这一类服务业的重要性越来越突出。

总之,既然服务产品可以同其他实物商品相交换,那么它交换的基础便是价值,因此服务的价值就具有客观性。否定服务与一般商品一样具有价值的客观性,从而否定服务的价值是错误的。事实说明,服务产业同其他产业进行商品交换,彼此在物质形式和价值形式上都得到了补偿。否则,全社会的商品生产和交换都会受到这种没有价值的“商品”的破坏。

2. 服务的使用价值

马克思说:“服务就是商品,服务有一定的使用价值(想象的或现实的)和一定的交换价值。”在《剩余价值学说》中,马克思还指出:“一般说来,服务也不外乎这样一个用语。用以表达劳动所提供的特殊使用价值,和每个其他商品都提供自己的特殊使用价值一样。但是,它成了劳动的特殊使用价值的特有名称。因为它不是在一个物品的形式上,而是在一个活动的形式上提供服务。”

概括起来,服务与一般商品一样,其使用价值也可以体现在以下各方面:

(1) 服务产品作为消费资料可以满足人们的生活需要。人们的生活需要一般可分为生存需要、发展需要和享受需要。当一个劳动者提供的服务被消费者购买时,服务便具有使用价值。

(2) 服务产品作为生产资料可以满足生产需要。例如在现代社会,为生产者提供信息,能增加公司的生产率和提高工作效率。为生产服务的行业,既包括围绕企业生产进行的,也包括一些相对独立的产业服务;在现代市场经济条件下,它们的扩张与生产经营活动的关系变得更加复杂并且紧密相连。

(3) 服务的使用价值也是社会物质财富的表现形式。在发达国家,说科学技术服务和信息服务是财富,绝不会有人怀疑。事实上,现在世界上很多国家和地区,都把发展服务的生产作为增加国民财富的重要方面。

除以上几点外,服务的使用价值还有一些特殊的体现:第一,在现代市场经济社会,各种各样的专业化服务,对于全社会而言都有节约劳动时间的功能。第二,具有提高社会劳动生产率的特殊功能,通过建立起了生产、流通和消费的服务体系.从而推动了经济迅速发展。第三,密切各部门、各地区经济联系。服务业的许多部门,如交通运输、邮电通讯、商业金融、咨询广告、信息流通等行业,实际上是社会经济的循环系统和神经系统。第四,许多服务的使用价值有延展性,并不随着消费活动的终止而结束。

与一般商品相比,服务作为一种特殊使用价值,有一个最突出的特点,那就是服务是运动形态的使用价值,实际上就是服务劳动者的生产过程。

2.2.3 服务市场的产业结构与绩效

1. 服务产业发展的阶段理论

(1) 罗斯托的经济增长阶段理论。罗斯托根据经济史的一些事实,提出了经济发展的五个阶段理论。根据经济发展水平,任何社会都可以归入下面五种情况之一:传统社会、起飞前准备阶段、起飞阶段、成熟阶段、大众高消费阶段。在这五个阶段中,服务与服务产业的发展及其重要性,由低到高递进。在传统社会生产力主要集中在农业,服务产业还处于萌芽阶段;起飞准备阶段是一个转型期社会逐步趋向商业化,服务业发展开始抬头,大量的农业劳动力向工业、交通、贸易和服务业转移;起飞阶段,传统产业实现了工业化,步入了现代化进程,新的价值结构已经形成并占据了主导地位,生活的服务化开始深入人心,服务业的发展进入了一个全新的阶段;成熟阶段,也可以说是一个“纯技术阶段”,此间高科技的发展使各个行业都收益颇丰。服务产业的发展也进入飞速发展时期,成为国民经济发展中占主导地位的产业。服务产业已经超过了工业和农业,成为三次产业的主体;大众高消费阶段,人们的衣食住行的需要得到完全满足，人口高度城市化，就业劳动力高度“白领化”，物质资料极大丰富。人们的需求已经从物质的需求转向了服务的需求。社会全面进入了服务型社会。国民经济的发展也已全面步入服务经济与体验经济时代。在这个阶段，服务和体验成为商业发展的关键。

(2) 贝尔的三阶段理论。美国社会学家丹尼尔·贝尔提出了“后工业社会”理论为核心的人类社会发展的三阶段理论，分别是前工业社会、工业社会和后工业社会。在前工业社会，生产率低下，剩余劳动力多且素质差，所以服务业主要为个人和家庭服务。在工业社会，则以与商品有关的服务业(商业)为主。在后工业社会，以知识型服务和公共服务为主。并进一步分析了后工业社会的特征：①后工业社会是服务社会；②知识、科技和技术在社会生活中占据主要地位；③专业人员和技术人员具有突出的重要性；④价值体系和社会控制方式发生了很大变化。总之，按贝尔的后工业社会理论，服务业在经济发展的各阶段中，基本发展历程为：个人服务和家庭服务——交通通讯以及公共设施——商业、金融和保险业——休闲性服务业和集体服务业。

2. 服务产业与经济结构的变动理论

(1) 现代经济增长与产业结构的变动——库茨涅兹模式。西蒙·库茨涅兹认为现代经济增长具有如下特征：人均产值持续增长，人口加速增长，生产结构和社会结构发生巨大变化。在此基础上，他进一步总结，现代的经济增长实际上就是经济结构的变化。它不仅仅是一场工业革命，还是一场农业革命和交通通讯革命为主要代表的服务业的革命。在资源的流向上，现代经济增长的过程并不仅是各种资源向工业部门流动，更主要的是服务业在这一过程中吸纳的劳动力最多，工业化过程并不仅是工业化过程，而是“工业服务化”的过程。

(2) 服务与工业的关系——产业服务化与服务产业化理论。20 世纪 80 年代，一些西方经济学家认为现代工业已经不再是传统的工业，而是新工业。在它们中又分成两种观点，一种认为工业将变成“服务密集”，任何服务产品的生产都会融入越来越多的服务为中间投入要素，无论什么产业将逐渐的转向服务化发展；另一种观点认为服务产业的生产方式将摆脱过去的小生产方式而融入更多的工业生产方式，服务将向产业化发展。

2.3 现代服务管理的管理学基础

2.3.1 管理哲学

现代服务业的发展离不开管理，在管理活动中，首先要强调的就是管理理念，又称为管理哲学。服务管理的管理学基础首先就有必要明确以“服务意识”为管理的出发点，即服务理念。

2.3.2 市场战略

依靠服务来获得竞争优势已经不仅仅是一种趋势，它开始被实实在在地应用于经济生活中。不管是在传统的服务性行业还是在制造业领域，通过服务来创造更多收益的方法无疑是最行之有效的一种。作为组织的领导者，你的任务就是要为你的下届谋划出战略性的服务方案，从而使你的组织既转变了服务的方式又可不断地提高服务的质量；作为一线的管理人员或负责技术的工程师，你的责任就是更好地了解你的顾客的需求，同时能有效地帮助他们解决实际问题，因为顾客的目的无非是为了提高他们自身的生活质量。不管你是主管领导还是工作人员，你的责任都是要尽最大的可能为顾客提供优质的服务。

靠服务获得竞争优势的理念通俗易懂:即用划算的服务为顾客排忧解难,这样才可保证你的顾客对其消费的产品保持忠诚的消费态度。

战略重点与市场关系结合起来,形成了清晰的服务管理思想演变的转变。

阶段A处于20世纪70年代的前段时期,战略重点放在产品价值和单一的商品交换上,4P营销模式是与顾客和消费者建立关系的基本模式;阶段B处于20世纪80年代前后,业务中有了更多的服务计划,而且工作重点开始放在了服务的总体价值上,它的产生是以针对个体顾客所产生的突发性服务事件或业务发展的关键时刻为背景的,此时的服务是在顾客定制成为一个附加但却可行的环境中与顾客共同制造出的产品。事实上就是把组织发展的战略重点从提供什么样的服务转移到了如何制造并提供服务上来。

当组织对顾客的人生观和价值观有了一个新的认识之后就过渡到阶段C。通过对顾客忠诚度、一对一的营销模式、客户关系管理(CRM)以及顾客学习机制等概念的运用,组织的业务结构进行了重组并生成了令客户满意的、循环发展的业务项目,从而赢得良好的信誉,同时也为组织获取更大利润。我们的体会就是,那些成功地建立起有价值的顾客关系的组织都存在某些相似之处:他们都有一套自己独特的密切相关的服务活动,它们为顾客提供了针对其各种问题的、相应的、综合有效的解决方案。

伴随着新千年的到来,组织进入了阶段D,在该阶段,组织的资源和潜力通过更为广阔的业务网络和合作联盟体现出来。在此阶段,将你的组织与顾客、竞争者和合作伙伴加以区别的传统界限已经变得非常模糊,而且也越来越不重要了。由于业务已经发展到要为顾客提供更为广泛的、全面的价值体验的程度上来了,所以很明显,单靠一家组织是不可能具有这种强大的竞争能力和实力的,而一个组织要想在自己原有能力范围内向所有顾客提供全面的服务要面临很大的困难。阶段D给我们的最大启示是:一度界限分明的战略应重新定义,这样才能建立起广泛的业务网络和合作联盟以适应不断发展变化的世界的需要。

以上阶段发展到最终就形成了斯持兰德维克所说的阶段E,即生成了受价值驱动的智能化公司。如果遵循框架中的这个过程进行发展将会看到,信息技术将可以有效地将形式上独立存在的组织联系在一起,同时还把这些组织与顾客联系在一起,从而形成一个完整的、有效的服务群体。

2.3.3 组织变革

在经济知识化、网络化、全球化的推动下,企业组织正在经历着一场变革。从当前情况来看.主要有三大趋势,一是围绕提高企业应变能力、价值增值能力,进行企业流程再造,划小核算单位,使组织制度层级化、组织规模小型化;二是努力降低企业管理层次,加强横向联系,建立虚拟企业和团队组织,使组织结构扁平化、网络化;三是重新调整企业与市场的关系.调整企业供应链.建立战略联盟,使企业组织结构不断调整。

1. 网络型组织

网络型组织的本质就是认识到知识、信息、能力和偏好的分布不均匀性,在此基础上构造一种新型的组织结构,目的就是加强人与人的合作,加强信息的交流,加强知识传播,加强能力的互补。这种组织结构在形式上具有网络型的特点,即联系的平等性、多重性和多样性。

企业劳动的性质发生了变化,企业内部的组织结构形式也必然会发生变化。劳动性质变化的基本特点是:创造性的自由劳动成分和复杂劳动成分增加,而重复性的简单劳动(命令式的、标准化的劳动)成分减少。

创造性劳动的性质有:信息和知识密集性及不均匀性、与兴趣和爱好有关、权力和责任本地化等。

新的企业组织形式必然要与创造性劳动的要求相一致，或者更准确地说，新的企业组织形式至少要在某些方面与创造性的自由劳动的要求相一致，而在另一些方面与重复性的简单劳动的要求相一致。

企业内部的网络型组织结构是对传统的层级式命令的直线制组织结构的改变。由于企业劳动中仍然有大量的重复性简单劳动，因而传统的层级式命令的直线制组织结构不可能完全消失，但网络型组织结构是新型的行政组织关系——是行政管理和非正规管理的混合与杂交。企业内部的网络型组织结构是不确定的，这家公司与那家公司的网络型组织可能并不一样。网络化组织使同时发挥自由与合作的优势变成可能。

2. 学习型组织

一个企业在其成长过程中，往往是处在十分复杂的动态变化之中，信息时代更是如此。因此，一个企业的经营成功，不仅在于经营者能否在某一时期找到一种适合于本企业的生产方式和管理模式，更重要的是经营者能否不断地根据环境变化而做适应性的调整。西方管理学者称这种能力为组织学习能力。美国麻省理工学院斯隆管理学院的一群专家学者在佛瑞思特(Forrester)和彼得·圣吉(Peter M. Senge)等人的领导下，开创了学习型组织的研究，其目的在于建立一些实用的方法和工具，帮助企业组织建立一种适应变化的学习能力。他们指出，1970 年美国财富杂志列出的 500 家大企业排行榜的公司，到了 20 世纪 80 年代却有三分之一已经销声匿迹，其原因就在于这些企业组织没有具备强大的学习和自适应发展的能力。因此，未来最成功的企业将会是“学习型组织”，未来唯一持久的优势，是有能力比竞争对手学习得更快。

正如人具有学习能力一样，企业组织也会学习。学习型组织是一种通过不断学习，自适应环境、自我调整、自我生存和发展的组织，是能够有力进行集体学习，不断改善自身收集、管理与运用知识的能力，以获得成功的一种组织。

3. 虚拟企业

虚拟企业是将企业外部优势资源通过临时的、可靠的、节约成本的方式组织起来形成新的竞争优势或商业机会的一种经营模式。

现代工商企业“是把大规模生产过程和大规模分配过程结合于单一的公司之内而形成的”。随着经济知识化、网络化和全球化的进程，以及市场从供不应求向供过于求的转化，企业继续沿袭工业化时期所形成的企业组织和管理模式已不能适应个性化、小批量和全球竞争的新形势。激烈的市场竞争，要求企业进行工作方法、组织方法和管理思想等方面的创新，因为创新是企业所拥有的唯一竞争优势，而创新活动的周期越来越短，一个企业不可能从产品设计开始直到满足顾客需要为止各个环节的业务都由自己来干，那样做也是没有市场竞争力的，设计和生产脱钩，生产加工和销售脱钩，企业自己变成具有某一方面优势的小核心组织，已是企业发展的必然趋势。在这种形势下，将单个企业的优势以比较灵活的方式结合起来，建立比较松散的、动态的跨企业间合作关系，就形成了虚拟企业。

4. 战略联盟

在经济全球化、市场一体化趋势越来越强化的格局下，竞争使一些有经济实力的企业，特别是大型企业与跨国公司为了生存发展，必须寻求新的竞争手段。一方面，在竞争压力下企业不断增强其自身的核心竞争力，不断调整组织结构提高自己适应能力，另外一方面，在互联网、经济全球化的推动下，企业之间开始了新的合作，战略联盟就是新时代企业之间合作的一种重要形式。

战略联盟是企业之间或企业的部门之间为实现某一目的而以协议或联合组成新机构的方式而形成的联盟，是一种松散的、动态的和开放的企业间组织形式。

2.3.4 执行力

执行力是决定企业成败的一个重要因素，是21世纪构成企业竞争力的重要一环。在激烈竞争的市场中，一个企业的执行力如何，将决定企业的兴衰。

无论是在中国还是在其他国家，执行力是每一个企业当前所面临的首要问题　执行力是一整套行为和技术体系，它能够使公司形成自家独特的竞争优势。那些长期以来的绩优公司以及最新崭露头角的企业，无一不是具有出类拔萃的执行能力。

观察那些执行力强的组织，我们会发现它们有一些共同点：

(1) 执行力组织内部都建立了一种执行力文化，在这种执行力文化框架下，领导者亲自参与到企业当中，这些领导者对他们的企业及员工有着全面的了解，他们深入企业，对所有的人都坦诚以待。在企业内形成了一种良好的氛围。在这种氛围中，每个人更注重实质性的内容，而不是走过场。

(2) 执行力组织的薪酬设计更多地与业绩联系起来，并且对业绩的衡量不仅仅是以单纯的数字为标准，而是更注重一个人的潜力，以及为公司所做的贡献。换句话说，他们对那些具有执行力的人给予更多的精神及物质上的回报。

(3) 在执行力组织中，人员、战略、运营三个核心流程是紧密联结在一起的。而在传统的组织中，这三个部分往往被割裂开来，于是出现了这样的情况：企业有很好的战略，也做好了充分准备，然而最终却遭到失败，这也是那些具有相似策略的公司为什么结果却不一样的原因。在执行力组织中，这三个核心流程被有机地结合在一起，因而能够使企业的战略及运营计划最终取得成功。

(4) 执行力组织的领导者们都有一些共同的特点：他们首先对自己的企业有着深刻的了解，他们经常给员工提供培养和指导，他们通过报酬将执行力不同的员工区别开来，他们都有着坚韧的情感强度。他们亲力亲为，参与企业的一切活动，他们以一种开放的对话将所有员工凝聚在一起，为了共同的目标而努力。

(5) 执行力组织很注意评估，他们对战略计划、运营计划定期进行评估，对前一段工作进行总结，找出不足与优势，并分析今后可能面临的变化，从而及时修正计划与目标。他们对人才的评估更注重他们的执行能力，在评估对他们进行培养和指导，发现高潜力人才，从而建立起完善的领导人才输送渠道。

没有执行力的企业注定不会长久，他们必然在激烈的竞争环境中败下阵来，只有那些建立了执行力文化的组织才可能长久发展，基业长青。

小结

本章介绍了IBM提出的现代服务学基础框架模型，以及其中各关键商业要素的主要任务及其内涵；阐述了服务经济学的定义和研究内容，服务价值与使用价值的定义和内涵，服务产业发展的阶段理论及其经济结构的变动理论；探讨了管理哲学、市场战略、组织变革和执行力等基本理论方法。

参考文献

[1] 柴小青．现代服务管理[M]．北京：企业管理出版社，2002

[2] 陈燮君．学科学导论：学科发展理论探索[M]．上海：三联书店上海分店，1991

[3] 汤兵勇，刘凤鸣．服务管理[M]．北京：化学工业出版社，2013

[4] 哈罗德·孔茨. 管理学(第九版)[M]. 北京:经济出版社,1995
[5] 周长军. 中国服务经济[M]. 南宁:广西人民出版社,1990
[6] 黄维兵. 现代服务经济理论与中国服务业发展[M]. 成都:西南财经大学出版社,2003
[7] 古斯塔夫松,约翰逊. 服务竞争优势:制定创新型服务战略和计划[M]. 刘耀荣,译. 北京:中国劳动社会保障出版社,2004
[8] 张金昌. 21世纪的企业治理结构和组织变革[M]. 北京:经济科学出版社,2000
[9] 保罗·大卫. 执行力[M]. 白山译. 西安:中国长安出版社,2003
[10] 詹姆斯·A.菲茨西蒙斯. 服务管理:运作、战略与信息技术[M]. 北京:机械工业出版社,2003
[11] 叶万春. 服务营销学[M]. 北京:高等教育出版社,2001
[12] 哈克塞弗,等. 服务经营管理学(第2版)[M]. 北京:中国人民大学出版社,2005
[13] 瓦拉瑞尔·A,泽丝曼尔. 服务营销[M]. 北京:机械工业出版社,2002
[14] 韦福祥. 服务质量评价与管理[M].北京:人民邮电出版社,2005
[15] 格罗鲁斯,等. 服务管理与营销[M]. 吴晓云,译. 上海:复旦大学出版社,1998
[16] 格罗鲁斯. 服务管理与营销(第2版)[M]. 韩经纶,译. 北京:电子工业出版社,2002

3 服务组合研究概述

3.1 服务组合简介

3.1.1 服务组合发展背景

随着全球化进程加快和科学技术的快速发展，消费者的价值取向不断变化，产业结构持续演进和软化，经济服务化特征日益显著。知识和技术密集型产业取代劳动和资本密集型产业，“产品经济”逐渐转向“服务经济”，现代服务业成为产业链、价值链和创新链的高端环节。我国正处于工业大国向工业强国的转变阶段，为促进产业结构优化升级，加快经济社会深度转型，构建中国国际竞争新优势，亟待创新现代服务业营销模式，服务组合是重中之重。

现代服务业客户需求日趋异化，对准时制的期望越来越高，追求更大的服务柔性和更高的产品价值。随着现代服务的深入普及，消费者不再满足简单的一般性服务，更关注服务质量，并对信息资讯、网络传媒及互动娱乐等新兴服务产生需求。以信息服务为主要代表的现代服务的多样化和专业化，不单纯是技术开发或市场推广，更重要的是服务模式的转变。如何尽快提高国际竞争能力，达到能够和世界现代服务先进水平基本可以平等竞争的发展水平，是每个现代服务企业亟待解决的问题。为实现差异化发展战略、提升核心竞争力，企业必须快速响应客户需求，适应市场环境和竞争态势的变化，充分利用共享资源，加快换代服务功能，创新服务模式，为客户提供多层次、高可扩展性的服务。

由于客户需求的个性化趋势的增强，为客户提供满足其需求的服务组合产品将成为实施差异化战略企业的一种必然选择。客户需求作为拉动服务供应链运作的原动力，需要对其进行适当的分析，并通过实际的服务组合产品来满足这种需求。例如，上海某有机食品服务供应商以目前的 VIP 客户管理实际的需要，提出问题，准确理解，正确表达，将客户需求通过合理编码分类正确，以便提供相应的服务。目前，该服务供应商已有客户编码二十多个，分别代表不同的服务组合内容，已开始逐步启用，达到极好的服务效果。再如，上海电信 114 号码百事通分公司已成为全新的语音信息咨询服务平台，通过电话、互联网、IPTV 等服务通道为广大用户提供本地综合的生活信息咨询服务，同时也为企业及商家提供商品发布。114 号码百事通把满意客户需求作为服务的唯一标准，把全面提升企业价值和客户价值作为服务的第一追求，积极推行“五领先”服务，赢得了广大客户的普遍满意。

由销售单一产品转为提供服务和成套解决方案，企业可有效满足客户异化的消费需求，增强客户忠诚度的同时提升企业核心竞争力。服务组合的营销模式方兴未艾，重组后的我国电信业尤具代表性。中国电信一直经营固定电话和宽带业务，自 2008 年起，中国电信一方面将固定电话、宽带和移动通信等多项服务业务组合推广，利用传统经营固定电话和宽带业务优势带动新兴移动通信业务发展；另一方面，将技术领先的 3G 网络服务和畅销的终端产品进行捆绑，实现产品和服务的增值。此外，作为一种新兴技术和商业模式,云计算产业已由导入和准备阶段转向小规模应用。在政府的监管下,云计算服务运营商与软硬件、网络基础设施服务商,云计算咨询规划、交付、运维和集成服务商,以及终端设备厂商等共同集成了云计算服务的产业生态链,实现云计算服务组合,为客户提供云计算组合服务。

近几年在“云计算”思潮席卷全球的科技环境下,有一种新的科技力量在默默成长着,并日益显示出其无可比拟的强大力量,带来了一个全新的科技时代,即为“大数据时代”。

大数据在国外的运用已较为普遍。在政府、金融等关键部门,所有的决策如果没有数据的支撑,就很难获得通过或执行。“大数据”已经逐渐成为管理、业务、生产、营销中不可或缺的组成部分;“大数据行为”也越来越成为提升劳动生产率的常态。国内各级政府已经认识到大数据的重要性,在搜集和存储海量数据方面做了大量细致的工作,并高度重视大数据的开发利用工作。国内各大高等院校也纷纷建立数据分析和数据挖掘的专业实验室,不少大学开设了数据分析和数据挖掘的课程,也有大学已经与社会上的大数据项目结合,共同完成大数据的相关项目。零售连锁企业、金融业和电信业等都已在大数据挖掘与营销创新方面获得很多成功的案例,也因此获得了极为丰厚的回报。作为高科技代表的互联网产业,更是一马当先,在开发利用大数据方面独占鳌头。特别在电子商务领域,如阿里巴巴、腾讯、百度等均已经在运用大数据资源提升业绩,并已经获得初步成功。从目前情况看,如何整合并利用好大数据已经成为未来政府和各经济实体事业成败的关键所在。

大数据正在引发全球范围内深刻的技术和商业变革。在商业模式上,大数据意味着前所未有的业务与服务创新的机会。而在大数据时代现代服务业客户需求日趋异化,对准时制的期望越来越高,追求更大的服务柔性和更高的产品价值。为实现差异化发展战略、提升核心竞争力,企业必须运用大数据技术快速分析和响应客户需求,适应市场环境和竞争态势的变化,充分利用共享资源,加快换代服务功能,创新服务模式,为客户提供多层次、高可扩展性的服务。

3.1.2 服务组合示意模型

服务组合即根据具体需要把相关的服务动态组合并发布为一个可以完成特定任务的新服务。从应用角度,服务的组合可以实现虚拟社区中软硬件的共享;从服务本身的角度,服务的组合实现了组合服务的动态生成,这不仅节省了服务的开发成本,而且提高了服务组件以及基本服务的可重用性和利用率。通过服务组合,现代服务企业能够有效利用企业资源,制定和实施各项具有创新性和针对性的服务措施,在竞争中获得优势,持续发展。

现代服务业服务组合的示意模型如图 3.1 所示。基于面向服务的体系结构,服务组合是根据特定的业务目标,在一定的规则、条件和资源约束下,发现已存的合适粒度的基本服务,并按照其功能、语义及逻辑关系有机合成,以提供满足客户需求、具有聚合功能的新服务的过程。不同目标客户的需求多样,对服务产品的要求各异,结构简单、功能有限的单个服务难以满足。开放动态的市场环境下,提高服务的复用性、灵活性和模块性,实现服务组合,是满足客户期望的有效途径。

服务组合涉及服务发现、服务选择、服务质量和安全策略等方面,需综合考量功能性需求、行为限制和非功能性特征等。功能性需求描述服务组合所提供的行动或能力,行为限制明确了各组件服务的相互作用或排序等约束条件,非功能性特征包括服务质量(Quality of Service, QoS)、成本和可扩展性等[1]。现代企业的竞争目标是客户而非竞争对手,应统筹考虑服务组合的层次性与可扩展性、动态性与自适应性,面向客户的多样化、粗粒度个性需求,基于企业可实现的服务组合长度、宽度和深度,设计满足客户 QoS 需求的服务组合。

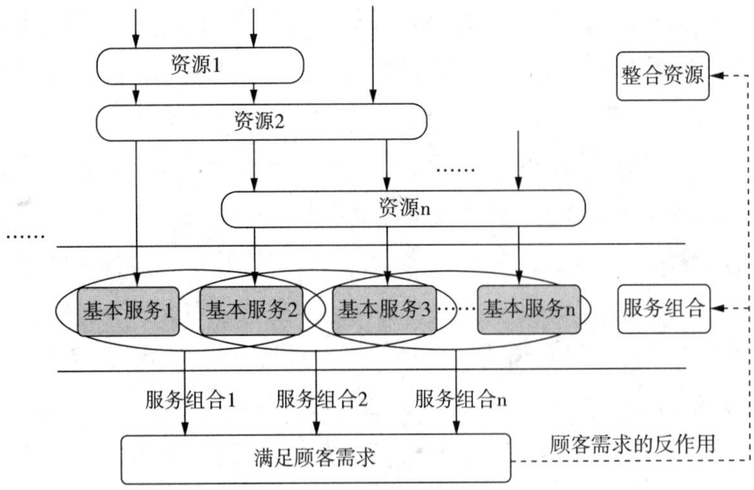

图 3.1 服务组合示意模型

满足功能需求的前提下，保证服务组合的 QoS 是满足客户需求的关键。客户需求具有不确定性、易变性和时效性等特征，且服务组合多样，其相关属性难以验证。服务组合的构造和运行具有很大的不确定性，服务组合的质量不仅取决于单个服务的质量，更取决于集成和交互的方式，都对服务组合的可信性检验提出了严峻挑战。关键服务组合时空分布多元且异构，任何错误将导致潜在的巨大损失，服务组合个体的动态发布、失效、删除、调整和更新，以及服务组合运行所依赖的软硬件条件和网络环境可能的实时变化，也导致服务组合的整体质量动态变化，难以稳定维持和控制。服务组合的可靠性评估，成为进一步推动其优化发展的需要[2]。有必要分析开放、动态的服务环境，针对单个组件服务及服务组合的复杂特征，深入研究服务组合的质量控制。

3.2 服务组合研究现状及分析

文献资料检索和分析显示，国内外关于现代服务企业客户需求管理与服务组合相关的研究取得了一定成果，涵盖了客户需求获取和细分方法、服务组合定量描述方法、服务组合非功能指标分析求解方法，以及云计算服务组合的相关方法等方面。

3.2.1 客户需求获取和细分方法

Rehnberg[3]提出了在市场细分情况下，通过信息搜集的方法获取用户需求的方法。J Q Jin[4]等提出在制造单元控制系统中采用 SPMM 方法获取用户需求。Linda[5]认为应首先理解最终用户、潜在用户和忠实用户，在此基础上扩展用户需求，开发对各种用户需求共享的系统。随着本体理论的提出[6]，学者转向研究基于领域本体的需求描述方法[7]、[8]。金芝等[9]在基于领域知识的需求信息获取方法基础上，提出了基于本体的需求自动获取框架[10]。周伟[11]进一步提出了基于领域本体的需求描述框架，建立了结构化的本体集和统一设计的面向对象的领域模型。刘静等[12]采用一阶逻辑思想为需求描述建立了一套术语和定理，描述了需求中概念、属性、约束及其间的关联关系。仝勖峰[13]应用聚类分析法，根据客户忠诚度等指标，合理聚类复杂的客户需求。赵宏霞[14]从差异化服务出发，根据客户的需求特征或需求层次对客户进行了细分，并预测客户的需求。商建东[15]将人工智能和 Internet 网络技术应用于客户需求的提取与分析过程，建立了产品客户需求分析综合工具的系统结构。李升林[16]利用企业产品历年的销售数据和调查结果，形成关于产品的数据仓库，挖掘出客户需求的规则和模式，并进行需求模糊推理和市场模拟。谭建荣[17]将神经网络引入设计检索的研究中，提出了基于神经网络的设计检索模型。

3.2.2 Web 服务组合方法

当前，工业界和学术界从不同角度对 Web 服务组合进行了大量研究，提出了 Web 服务组合的各种技术和系统。在工业界，Microsoft 和 IBM 等巨头纷纷研究基于 Web 服务的产品。Microsoft[17]提出了 XLANG 业务流程定义语言，使得使用它的 BizTalk Server 平台能够动态的对供应链业务流程进行集成；IBM[18]提出了 WSFL 业务流程定义语言，运用于 WebSphere 平台中，从而实现了业务流程的动态集成；Microsoft、IBM 和 BEA 等公司[19]共同制定了 Web 服务的业务流程执行语言 BPEL4WS (Business ProcessExecution Language for Web Services)，它是 IBM 的 WSFL 和 Microsoft 的 XLANG 的结合物，已提交 W3C 作为标准，目前已成为最重要的业界规范。

在学术界，围绕着 Web 服务中的服务发现、服务描述、服务质量、服务安全等方面，也开展了一系列的研究工作。文献[20]介绍了 SELF-SERV 服务组合平台，提出了基于 P2P 的复合服务执行模式；SWORD[21]是美国斯坦福大学研制的 Web 服务组合系统，SWORD 使用基于规则的专家系统判断使用现有的 Web 服务是否能够产生满足用户需求的复合服务；文献[22]将用 DAML-S 描述的 Web 服务转化为一组线性逻辑公理，将用户的查询请求转化为一个线性逻辑公式，并提出了使用线性逻辑证明进行服务组合的方法。文献[23]提出了一种适合业务用户使用的大粒度服务组合方法，利用服务组合模板并结合多约束下的参数进行求解，以一种大粒度、可重用的方式组合业务服务。文献[24]提出了一个基于回溯树的 Web 服务自动组合方法，采用分步分治的思想进行服务的自动组合。Web 服务可以看成是一个独立的软件模块，软件工程中一些原则、技术、思想同样可以应用于 Web 服务组合。典型的软件工程方法如 Web Component[25]或者程序自动生成[26]的方法 。

总的来说，上述较有代表性的几种 Web 服务组合方法中，工业界侧重于提出描述 Web 服务组合的语言，开发相关编辑工具和执行引擎，学术界则侧重于从语义推理、人工智能规划等方面研究 Web 服务的自动组合。工业界提出的技术方法具有较好的工程可实施性，但是存在着组合开发难度大，容易出错，开发的系统灵活性、可扩展性差等问题。而学术界的方法在一定程度上可实现 Web 服务自动组合，但是远未达到通用的自动组合需求，距离真正实用还存在距离。

3.2.3 服务组合定量描述方法

第一类是不依赖规范的定量描述方法，直接对服务组合规范所共有的流程控制结构进行定量描述。代钰等[18]提出“服务组合依赖图”，分别描述顺序、并发、条件选择、数据依赖等组合模式，并分析了服务质量。Zeng 等[19]以有向无环图表示服务组合问题，并将服务选择问题转化为线性规划问题。徐新卫、丁秋林[20]定义了“执行路径图”来建模服务组合的控制流，并据此给出了服务质量的计算方法。Gao 等[21]应用离散马尔科夫链建模 Web 服务运行的控制流，并进行了性能分析。刘伟、鱼滨[22]运用计划评审图的结构建模服务的动态组合，给出了计算可用性、可靠性、响应时间等服务质量指标的方法。F. Buccafurri[23]将组合服务的消息流嵌入工作流网 WF-NET，并分析了执行时间、代价、可用性等指标。邵凌霜等[24]提出一种可扩展的 Web 服务管理框架，进而给出了服务质量分析的方法。C. Hughes[25]分析了顺序、并发、选择等流程模式下服务执行时间分布函数的差异。张佩云等[26]运用自动机建模建立了顺序、并发、循环、选择等几种组合模式，并给出了结构活动质量特性的分析方法。李扬等[27]利用“服务层叠网”建模分析服务组合，进而设计了服务质量的分析方法。这类方法简单直观，模型的规模较小，便于直接套用马氏过程、排队论、排队网络等模型，但脱离了具体的服务组合规范，所描述的实例与真实的服务组合存在差别，只能在结构活动的层面上进行描述。

第二类是基于规范的定量描述方法，如 M. Marzolla[28]提出了将 BPEL 转换为随机 PETRI 网的方法，能够对大部分结构活动和几种消息模式进行建模，类似的工作见文献[29]~[31]；马小宁[32]提出基于 Web 服务组合的业务流程集成思想，建立了基于与/或树的服务组合模型。骆有隆[33]借鉴竞争环境下的选址方法，用语义相似度与 QoS 相似度概念来表示服务组合的语义距离，提出了一个竞争市场中的服务组合选择模型。尤后兴[34]以 Web 服务组合为背景，根据客户的服务质量需求，探讨基于多维 QoS 的跨企业定制服务组合，提出一个可扩展的多维服务质量控制模型。聂规划[35]通过关联规则算法进行挖掘实验，得到 Web 服务组合中基本服务间的关联规则，并分析与计算了服务关联性强度，优化 Web 服务组合。张磊[36]提出了以 Agent 代理 Web 服务，以 Agent 组织研究 Web 服务集成中的业务流程的方法，并给出了基于 Agent 的 Web 服务组合模型。王勇[37]将信任概念和信任度引入到服务组合中，提出一种信任感知的组合服务动态选择方法，建立了相应的数学模型，研究了服务组合的选择问题。文献[38]、[39]运用“性能评估进程代数”对 WS-CDL 进行定量描述。D. Prandi[40]将 PI 算子扩展为随机进程代数算子 COWS，能对 BPEL 和 WSCI 进行定量描述。文献[41]~[43]运用时间自动机描述了 WS-CDL 中服务进程个体的演化。R. Lanotte[44]将基于 WSCI 的服务组合描述为层次化的时间自动机。文献[45]~[47]运用时间 UML 定量描述 BEPL 中的五种结构活动，并设计了流程完成时间和可靠性的分析算法。N. Sato[48]运用有向无环图对基于 BPEL 的服务组合概率进行描述，并提出了可靠性分析方法；文献[49]~[53]运用随机模型检测技术，对基于 WS-CDL 和 BPEL 的服务组合流程演化进行了概率描述。这类方法同真实的服务组合结合较紧密，能够较完整的描述实际规范中的各种要素，但没有描述或仅部分描述比较复杂的要素，没有考虑突发和意外事件出现时的运行情况，只能反映正常运行时的服务质量。

3.2.4 服务组合非功能指标的分析求解方法

非功能指标的分析方法，大致可分为实测、模拟和数学分析三大类[54]。C. McGregor[55]开发了 Web 服务运行时的工具 JWSPerf，能从运行日志信息中提取出性能记录，类似的方法也见于文献[56]。M. Lallali 等[57]引入了一种测试平台，能从测试用例中提取出消息交互的时间记录，并据此分析组合服务的性能。S. Koizumi 等[58]将 BPEL 转换为 WS—TEFSM 模型并用测试的方法分析组合服务的服务质量。A. Charfi[59]运用计算机模拟分析 BPEL 流程的服务质量。Chen 等[60]以时间 UML 为中间模型描述了基于 BPEL 的服务组合，并将中间模型转换为连续马氏过程，分析了服务吞吐率。根据 S. Becker[61]等的定义，可信度是软件对功能性和非功能性需求的满足程度，服务质量在保证软件系统的质量上扮演关键角色。文献[62]、[63]将 GSPN 作为中间模型，描述基于 WSCI 和 BPEL 的服务组合，并用连续时间马氏过程分析了服务组合的“流程正常完成时间”。

3.2.5 云计算服务组合的相关方法

现有研究多集中于虚拟化、标准化、并行计算和开源计算等云计算技术，从企业或者组织管理角度研究云计算服务系统商业运营的较少[64]。云计算服务系统的商业成功在很大程度上是通过开发合理的定价机制和服务组合实现，对于云计算服务商来说，完成一个合乎商业利益的定价策略，已经成为必不可少的关键环节[65]。现有云计算服务大多仅遵循一个简单的定价方案，即对不同资源类型给定固定的价格，包括按使用量支付定价、认购定价、分级定价和每单位定价等模式[66]。传统的固定价格策略无法准确地反映供需关系和市场条件的变化，文献[67]~[69]重点研究时间、需求、价格影响下云计算服务的动态定价机制，根据客户认可的产品和服务的价值或者供需状况，动态调整商品价格，通过价格控制云计算服务的供需关系，并得出不确定动态环境下云计算服务的最优定价，实现云计算服务商收益的最大化。近年来，以客户为中心，利用其感知价值对信息产品定价的思想得到了广泛认同[70]。Frank Fischer等[71]提出，作为一种服务供应链，云计算是服务运营商和众多服务供应商等不同利益主体构成的合作型系统。代桂平[72]建立网格服务组合的系统模型，给出模型中各组件的定义，分析其中的合作博弈关系，证明纳什讨价还价解的存在性，给出了求解算法。陈冬林[73]指出，云服务组合的研究主要集中于服务组合和组合拍卖两方面，从云服务的多层次角度研究服务组合问题，建立了云服务组合交易模型，提出了云服务组合—服务组合匹配—组合拍卖—第三方交易管理的理论方法体系。BIAO[74]提出了建立服务组合拍卖平台，允许提供商通过选择合作伙伴共同提供云服务，设计伙伴选择机制与算法[75]。赵晓永[76]研究了基于不完备用户偏好信息的云服务组合问题，提出一种不完备偏好信息权重的确定算法，通过云计算平台上验证了算法的有效性。

小结

本章介绍了服务组合的基本概念、特征及其发展背景，以及服务组合的示意模型；探讨了国内外关于现代服务企业客户需求管理与服务组合相关研究成果，包括客户需求获取和细分方法、服务组合定量描述方法、服务组合非功能指标分析求解方法，以及云计算服务组合的相关方法等方面。

参考文献

[1] Zachary J. Oster, Syed Adeel Ali, Ganesh Ram Santhanam, Samik Basu, Partha S. Roop. A Service Composition Framework Based on Goal-Oriented Requirements Engineering, Model Checking, and Qualitative Preference Analysis [C]. In: Liu C, Ludwig H, Toumani F, Yu Q, editors, Service-Oriented Computing: Springer Berlin Heidelberg, 2012: 283 - 297

[2] Jorge Cardoso, Amit P. Sheth, John A. Miller, Jonathan Arnold, Krys Kochut. Quality of service for workflows and web service processes [J]. Journal of Web Semantics, 2004, 1(3): 281 - 308

[3] Rehnberg, John. Market segmentation and user requirement analysis with alternative information sources [D]. Lulea: Lulea University of Technology, 2000

[4] J Q Jin, IT Franks M Loftus. A method for the acquisition of users requirements indiscrete manufacturing cell systems[J]. Computer Integrated manufacturing Systems, 1998, 11(3): 229 - 242

[5] Linda Macaulay. Cooperation in understanding user needs and requirements[J]. Computer Integrated manufacturing Systems, 1995, 8 (2): 155 - 165

[6] Chandrase B, What are ontology, and why do we need them? [J]. IEEE Intelligent Systems, 1999(4): 20 - 25

[7] Uschold M, The enterprise ontology [J]. The knowledge engineering review, 1998, 13(1): 31 - 89

[8] 陈刚，陆汝钤，金芝. 基于领域知识重用的虚拟领域本体构造[J]. 软件学报，2003，14(3): 350 - 355

[9] 陆汝钤，金芝，万荣林，夏幼明. 基于领域知识的需求信息获取[J]. 软件学报，1996，7(3): 137 - 144

[10] 金芝.基于本体的需求自动获取[J]. 计算机学报，2000，23(5): 486 - 492

[11] 周伟.基于本体的 C4ISR 系统需求描述框架研究[J]. 一体化联合作战与军事运筹研究，2005(11):75 - 78

[12] 刘静，袁卫卫，罗雪山. 领域本体研究初探[J]. 情报指挥控制系统与仿真技术，2004(2):16 - 21

[13] 仝勖峰. 大规模定制中应用聚类分析法获取客户需求[J]. 航空制造技术，2006(9):77 - 81

[14] 赵宏霞. 面向客户需求的神经网络挖掘方法[J]. 管理评论，2005，11(17): 23 - 30

[15] 商建东. 智能支持的顾客需求分析与综合工具开发关键技术[J]. 机械工程，2003,4(24)：56 - 60

[16] 李升林. 基于数据挖掘的需求分析的研究[J]. 计算机辅助工程,2002(2):89 - 93

[17] 谭建荣,齐峰. 基于模糊客户需求信息的设计检索技术的研究[J]. 科技进步与对策,2005,4(41):68 - 71

[18] 代钰,杨雷,张斌,高岩. 支持组合服务选取的 QoS 模型及优化求解[J]. 计算机学报,2006,29(7)：1167 - 1178

[19] Liangzhao Zeng, Boualem Benatallah, Anne H.H.Ngu, Marlon Dumas, Jayant Kalagnanam, Henry Chang. QoS-Aware Middleware for Web Services Composition [J]. IEEE Transactions on Software Engineering, 2004, 30(5): 311 - 327

[20] 徐新卫,丁秋林.基于 QoS 上下文的 Web 服务动态合成[J].华南理工大学学报:自然科学版,2007,35(1)：106 - 111

[21] Gao A, Yang D, Tang S, Zhang M. Mining Models of Composite Web Services for Performance Analysis[C]. In: Lee M, Tan K-L, Wuwongse V, editors. Database Systems for Advanced Applications, Springer Berlin Heidelberg, 2006:828 - 837

[22] 刘伟,鱼滨.基于 QoS 的动态服务组合研究[J].计算机技术与发展,2007,17(5):140 - 143

[23] F.Buccafurri, P.De Meo, M.Fugini, R.Furnari, A.Goy, G.Lax, P.Lops, S.Modafferi, B.Pernici, D.Redavid, G. Semeraro, D.Ursino. Analysis of QoS in cooperative services for real time applications[J]. Data & Knowledge Engineering, 2008, 67(3):463 - 484

[24] 邵凌霜,李田,赵俊峰,等. 一种可扩展的 Web Service QoS 管理框架[J]. 计算机学报,2008,31(8):1458 - 1470

[25] Conrad Hughes, Jamie Hillman. QoS Explorer: A Tool for Exploring QoS in Composed Services[C]. In: Jamie H, editors. IEEE International Conference on Web Services, 2006:797 - 806

[26] 张佩云,黄波,孙亚民. 基于语义与 QoS 全局感知的 web 服务组合[J]. 东南大学学报:英文版,2008,24(3): 296 - 299

[27] 李扬,怀进鹏,郭慧鹏,杜宗霞. 一个基于服务层叠网的分层服务组合框架[J]. 软件学报,2007,18(12):2967 - 2979

[28] Marzolla M, Mirandola R. Performance Prediction of Web Service Workflows [C]. In: Overhage S, Szyperski C, Reussner R, Stafford J, editors. Software Architectures, Components, and Applications, Springer Berlin Heidelberg, 2007: 127 - 144

[29] 门鹏,段振华.广义随机 Petri 网下的组合 Web 服务建模与评价[J].西安交通大学学报,2008,42(8):967 - 971

[30] Byg J, Jørgensen K, Srba J. TAPAAL: Editor, Simulator and Verifier of Timed-Arc Petri Nets [C]. In: Liu Z, Ravn A, editors. Automated Technology for Verification and Analysis, Springer Berlin Heidelberg, 2009: 84 - 89

[31] Byg J, Jørgensen K, Srba J. An Efficient Translation of Timed-Arc Petri Nets to Networks of Timed Automata [C]. In: Breitman K, Cavalcanti A, editors. Formal Methods and Software Engineering, Springer Berlin Heidelberg, 2009: 698 - 716

[32] 马小宁，董宝田，李乾. 基于 Web 服务组合的企业业务流程集成研究[J]. 物流技术，2009，28(9)：134 - 136

[33] 骆有隆，聂规划. Web 服务集成商在竞争环境下的产品决策研究[J]. 武汉理工大学学报:交通科学与工程版，2011，35(5)：1027 - 1030

[34] 尤后兴. 基于多维 QoS 的跨企业定制服务模型[J]. 科技广场，2010，08：189 - 191

[35] 聂规划，罗迹，陈冬林. 面向 Web 服务组合推荐的关联规则研究[J]. 武汉理工大学学报:信息与管理工程版，2012，34(5)：588 - 591

[36] 张磊,姜大立,李德,等. 第三方物流信息系统中基于 agent 的 Web 服务组合研究[J]. 物流技术，2011，30(2)：123 - 126

[37] 王勇,代桂平,侯亚荣. 信任感知的组合服务动态选择方法[J]. 计算机学报,2009,32(8)：1668 - 1675

[38] Martin Wirsing, Rocco De Nicola, Stephen Gilmore, Matthias Holzl, Roberto Lucchi, Mirco Tribastone and Gianlugi Zavattaro. Sensoria Process Calculi for Service-Oriented Computing[J]. Trustworthy Global Computing, 2007(5): 30 - 50

[39] Wei Song, Xiaoxing Ma, Chunyang Ye, Wanchun Dou, Jian Lu. Timed Modeling and Verification of BPEL Processes Using Time Petri Nets[C]. In Byoungju Choi, editor, Proceedings of the Ninth International Conference

on Quality Software, Jeju, Korea, 2009: 92 - 97

[40] Prandi D, Quaglia P. Stochastic COWS[C]. In: Krämer B, Lin K-J, Narasimhan P, editors. Service-Oriented Computing - ICSOC 2007: Springer Berlin Heidelberg, 2007: 245 - 256

[41] Diaz G, Pardo J-J, Cambronero M-E, Valero V, Cuartero F. Automatic Translation of WS-CDL Choreographies to Timed Automata[C]. In: Bravetti M, Kloul L, Zavattaro G, editors. Formal Techniques for Computer Systems and Business Processes: Springer Berlin Heidelberg, 2005: 230 - 242

[42] Zhang P, Muccini H, Zhu Y, LI B. Model and verification of WS-CDL based on UML diagrams[J]. International Journal of Software Engineering and Knowledge Engineering. 2010, 20(08): 1119 - 1149

[43] Yahui Lu, Li Zhang, Jiaguang Sun: Towards trace semantics for WS-CDL with alignments[C]. In Proceedings of the 2008 ACM symposium on Applied computing, 2008: 95 - 99

[44] Lanotte R, Maggiolo-Schettini A, Milazzo P, Troina A. Modeling Long-Running Transactions with Communicating Hierarchical Timed Automata[C]. In: Gorrieri R, Wehrheim H, editors. Formal Methods for Open Object-Based Distributed Systems, Springer Berlin Heidelberg, 2006: 108 - 122

[45] Zarras A, Vassiliadis P, Issarny V. Model-Driven Dependability Analysis of WebServices[C]. In: Meersman R, Tari Z, editors. On the Move to Meaningful Internet Systems 2004: CoopIS, DOA, and ODBASE, Springer Berlin Heidelberg, 2004: 1608 - 25

[46] Giner Alor-Hernandez, Isaac Machorro-Cano, Juan Miguel Gomez, Jesus Cruz Ahuactzi, Ruben Posada-Gomez, Myriam Mencke, Ulises Juarez-Martinez: Mapping UML Diagrams for Generating WS-CDL Code [C]. In Proceedings of the 2009 Third International Conference on Digital Society, 2009: 229 - 234

[47] Bocciarelli P, D'Ambrogio A. Model-Driven Performability Analysis of Composite Web Services[C]. In: Kounev S, Gorton I, Sachs K, editors. Performance Evaluation: Metrics, Models and Benchmarks, Springer Berlin Heidelberg, 2008: 228 - 246

[48] Sato N, Trivedi KS. Stochastic Modeling of Composite Web Services for Closed-Form Analysis of Their Performance and Reliability Bottlenecks[C]. In: Krämer B, Lin K-J, Narasimhan P, editors. Service-Oriented Computing-ICSOC 2007: Springer Berlin Heidelberg; 2007: 107 - 18

[49] Gallotti S, Ghezzi C, Mirandola R, Tamburrelli G. Quality Prediction of Service Compositions through Probabilistic Model Checking[C]. In: Becker S, Plasil F, Reussner R, editors. Quality of Software Architectures Models and Architectures: Springer Berlin Heidelberg; 2008: 119 - 34

[50] Danilo Ardagna, Carlo Ghezzi, Raffaela Mirandola. Model Driven QoS Analyses of Composed Web Services[C]. Service Wave, 2008: 299 - 311

[51] Zuling Kang, Hongbing Wang: Verifying WS-CDL-Based Web Services Collaboration by Model Checking[C]. SERVICES I, 2009: 554 - 561

[52] Wing Lok Yeung: Mapping WS-CDL and BPEL into CSP for Behavioural Specification and Verification of Web Services[C]. ECOWS, 2006: 297 - 305

[53] Hongbing Wang, Chen Wang, Yan Liu: A Logic-Based Approach to Web Services Composition and Verification[C]. SERVICES II, 2009: 103 - 110

[54] Ana C.C. Mashado, Carlos A. G.Ferraz:. JWSPerf: A Performance Benchmarking Utility with Support to Multiple Web Services Implementations[C].AICT-ICIW, 2006: 159 - 165

[55] Carolyn McGregor, Josef Schiefer. A Framework for Analyzing and Measuring Business Performance with Web Services[C]. CEC, 2003: 405 - 412

[56] Shiping Chen, Bo Yan, J. Zic, Ren Liu, Ng, A. Evaluation and Modeling of Web Services Performance[C]. ICWS, 2006: 437 - 444

[57] Mounir Lallali, Fatiha Zaidi, Ana Cavalli. Timed Modeling of Web Services Composition for Automatic Testing[C]. SITIS 2007: 417 - 426

[58] Seiichi Koizumi, Kazuya Koyama. Workload-aware business process simulation with statistical service analysis and timed Petri net[C]. ICWS2007: 70 - 77

[59] Anis Charfi, Benjamin Schmeling, Mira Mezini: Reliable Messaging for BPEL Processes[C]. ICWS 2006: 293 - 302

[60] Liqiong Chen, Zhiqing Shao, Guisheng Fan, Hanhua Ma: A Method for Analyzing and Predicting Reliability of BPEL Process[C]. JSW 2009 4(1): 11 - 18

[61] Steffen Becker, Wilhelm Hasselbring, Alexandra Paul, Marko Boskovic, Heiko Koziolek, Jan Ploski, Abhishek Dhama, Henrik Lipskoch, Matthias Rohr, Daniel Winteler, Simon Giesecke, Roland Meyer, Mani Swaminathan, Jens Happe, Margarete Muhle, Timo Warns. Trustworthy software systems: a discussion of basic concepts and terminology [J]. ACM SIGSOFT Software Engineering Notes, 2006, 31(6):1 - 18

[62] Yunni Xia, Jun Chen, Mingqiang Zhou, Yu Huang. A Petri-net-based approach to QoS estimation of Web Service Choreographies[C]. APWEB-WAIM 2009, 2009:113 - 124

[63] Yuxiang Dong, Yunni Xia, Qingsheng Zhu, Yu Huang. A stochastic approach to predict performance of web service composition[C]. IEEE ISECS 2009, 2009: 460 - 464

[64] Jaakko Jäätmaa. Financial Aspects of Cloud Computing Business Models. Department of Business Technology[D], School of Economics, Aalto University, 2010

[65] Weinhardt, C., Anandasivam, A., Blau, B., Borissov, N., Meini, T., Michalk, W. & Stosser, J. Cloud Computing - A Classification, Business Models, and Research Directions[J]. Business Models & Information Systems Engineering, 2009, 1(5): 391 - 399

[66] Youseff, L., Butrico, M. & Da Silva, D. Toward a Unified Ontology of Cloud Computing[J]. Proceedings of 2008 IEEE Grid Computing Environments Workshop, 2008. 1 - 10

[67] Anandasivam A., Buschek S., Buyya, R. A Heuristic Approach for Capacity Control in Clouds[J]. Commerce and Enterprise Computing, 2009. 90 - 97

[68] Mario Macias, J. Oriol Fito, Jordi Guitart. Rule-based SLA Management for Revenue Maximisation in Cloud Computing Markets. Barcelona Supercomputing Center and Universitat Politecnica de Catalunya, 2009

[69] Linhai He, Jean Walrand. Pricing and Revenue Sharing Strategies for Internet Service Providers[J]. Selected Areas in Communications, 2006, 24(5): 942 - 951

[70] Harmon, R., Demirkan, H., Hefley, B. & Auseklies, N. Pricing Strategies for Information Technology Services: A Value-Based Approach[J]. Proceedings of 42nd Hawaii International Conference on System Sciences, 2009. 1 - 10

[71] Frank Fischer, Dr. Freda Turner. Cloud Computing as a Supply Chain. Business Operations-Systems Perspectives in Global Organizations[D], Walden University, 2009

[72] 代桂平. 网格服务组合任务调度的合作博弈模型[J]. 北京工业大学学报,2012,38(03): 380 - 384

[73] 陈东林,马明明,吕秋云. 云服务组合交易模型研究[J]. 武汉理工大学学报:信息与管理工程版, 2011, 33(3): 456 - 459

[74] BIA S. A hybrid algorithm for partner selection in market oriented cloud computing[C]. International Conference on Management and Service Science, 2009: 1 - 4

[75] Amir V D, Sayed—Gholam H T, Rajkumar B. An effective architecture for automated appliance management system applying ontology-based cloud discovery[C]. IEEE/ACM International Conference on Cluster, Cloud and Grid Computing. 2010: 104 - 112

[76] 赵晓永,杨扬,孙莉莉,等. 基于不完备用户偏爱信息的云服务组合研究[J]. 计算机工程, 2012, 38(11): 8 - 10

第 2 篇　模型篇

4　现代服务组合的大系统模型体系

为了更好地促进现代服务组合模式的风险管理与协调发展，本章运用大系统的理论和方法[1]~[4]，按照现代服务组合模式协调发展总体目标，从系统总体角度出发，探讨现代服务组合模式风险管理的大系统控制途径，建立一系列相应的数学模型，对现代服务组合模式风险管理的现状和将来进行定量评价、预测与控制。

4.1　经济大系统及其控制方式

4.1.1　经济大系统的特点

什么是“大系统”？至今尚无精确严格的定义，在当前经济条件下经常涉及的一些大系统主要有：现代化大型企业的多级计算机和管理控制系统；地区性或全国性的大电力网的调度管理和最优运行系统；国民经济的计划管理系统；大油田的开发与管理系统；大型工程、科研项目的组织与管理控制系统；大型钢铁、电力、化工、炼油、机械、纺织等企业的生产控制与经营管理系统；区域环境检测、保护与污染防治系统；等等。

一般地，所谓经济大系统，是有关经济社会领域的大规模复杂系统，它具有以下特点[4]：

1. 规模庞大

以电力系统为例，它可以分为发电、输电 、交电、配电、用电等五个组成要素(或称分系统)。因此，一个大型电力系统要包括许多发电所、变电所，由纵横几千里的输电配电线路联结起来，向成千上万分布很广的地区用户供电，这是典型的大规模系统。

2. 结构复杂

经济大系统内部通常是多层次的，故其内部结构是非常复杂的。如国民经济系统是由工业、农业、建筑业、交通运输业、商业等产业部门组成的，而这些分系统又是由其他许多子系统组成的复杂系统。又如工业系统包括采掘工业、电力工业、冶金工业、机械工业、化学工业、轻工业等行业。这些部门、行业相互依存，相互联系，使整个国民经济内部形成一个由多层次结构综合而成的错综复杂的结构体系。

3. 功能综合

经济大系统所具有的功能往往是多样性和综合性的，例如，在冶金、化工、石油等大型企业的管理控制系统中，具有工艺过程控制、资源综合利用、环境污染纺织、企业经营管理等多方面的综合功能。

4. 因素众多

经济大系统的影响因素特别多，不仅要受众多外部环境的干扰，而且其内部的噪声也很多，在众多的影响因素中既有物的因素，又有人的因素；既要受经济的影响，又要受到社会、文化等因素的影响。这就使经济大系统常带有较大的随机性。

4.1.2 大系统多变量协调控制基本原理

大系统控制论的基本思想是综合和整体优化，是大型控制、管理、信息系统的建模、分析、设计的方法学。这种理论的特点是：兼收并蓄、覆盖面很宽，有严整的逻辑体系和程序，定量和定性的信息都可采用，且根据输入信息的宽精度阈限，可得出具有一定精度的结论。如何基于大系统理论建立合理的数学模型是分析复杂大系统十分重要的一步。

大系统控制论的基本内容包括广义模型化、大系统分析、大系统综合三个方面。

1. 广义模型化

要研究大系统的共性，重要的方法就是系统的"模型化"，即建立真实系统的模型。由于大系统的主动性、不确定性、不确知性因素，在大系统模型化方面难以用传统的数学模型描述。传统控制理论和运筹学通常为线性、常系数、低级别或低维系统提供了有效的分析和综合的方法，而大系统控制论可以通过线性化、集总化、降低模型阶数或维度的方法进行模型简化。

广义模型化的主要思想是：灵活运用数学模型、知识模型和结构模型的相互结合以形成一个集成的模型。通过系统识别、人工智能、图论结合，建立一个综合模型；引用人工智能专家系统技术和模糊数学方法，将控制和受控对象模型有机结合，建立控制者模型、主动系统模型、不确知系统模型；基于大系统的结构特征，分析其粒度及层次结构，运用"变粒度"方法建立"多层状态空间""多重广义算子"等变粒度模型；将人工智能方法引入智能识别技术，建立不确定系统、发展中系统的自学习，自适应，自组织智能的发展模式。

2. 大系统分析

为了改进现有大系统的运行状态，综合提升运行效益，首先需要对目标进行定性与定量的系统分析，以便于对系统现有状态进行评估，对系统未来发展趋势进行预测。利用广义模型进行如下分析：

(1) 控制结构分析。分析协调发展大系统基本结构是集中控制、分散控制还是递阶控制；结构变型是属于多级控制、多层控制还是多段控制以及结构如何进化。

(2) 可协调性分析。大系统控制、管理、决策的关键问题是协调，即各子系统、子系统的相互配合、相互制约的问题。这一点关系到系统的可控性、可观性及协调化问题。

(3) 稳定性分析。大系统由诸多小系统构成，因此，研究"大～小"系统稳定性关系分析与组合稳定化问题具有重要的实际意义，包括平衡态稳定性、输入/输出稳定性分析。

(4) 能通性分析。信息结构"能通性"是协调发展大系统可控性、可观性、可协调性的前提条件，包括控制观测信息结构能通性、信息结构能通性、输出信息结构能通性等。

3. 大系统综合

在系统分析的基础上进行系统综合，即按照协调发展的目标和任务要求，根据资源和环境条件，制定适用的协调发展控制策略、管理体制和决策方案，实现大系统协调发展的最优化、协调化、智能化。

大系统综合也称为大系统集成，即根据资源和环境条件，在系统分析的基础上，适当调整协调控制策略、管理制度和决策程序，按照目标任务要求的协调发展，实现各子系统协调发展。大系统综合主要分为：

(1) 最经济结构综合。在给定技术约束提案条件下，设计大系统的最经济控制、最经济观测结构，使所支付经济支付代价最小，或所获取的经济效益最大。

(2) 启发式优化技术。人工智能的启发式知识推理技术与大系统理论的多级动态或静态方法相结合,形成大系统智能优化技术。

(3) 大系统协调控制。在多变量协调控制理论的基础上,建立大系统递阶协调控制或分散协调控制。

(4) 智能控制与智能管理。结合人工智能、控制理论、管理科学,建立多级模糊控制、多级专家系统,实现系统协调发展的智能控制、智能管理和智能决策。

4.1.3 经济大系统的控制方式

大系统的控制方式主要有以下三种[4]:

1. 集中控制方式

集中控制方式如图 4.1 所示,其特点是由一个集中控制机构(常称为集中控制器)对整个控制系统进行控制。

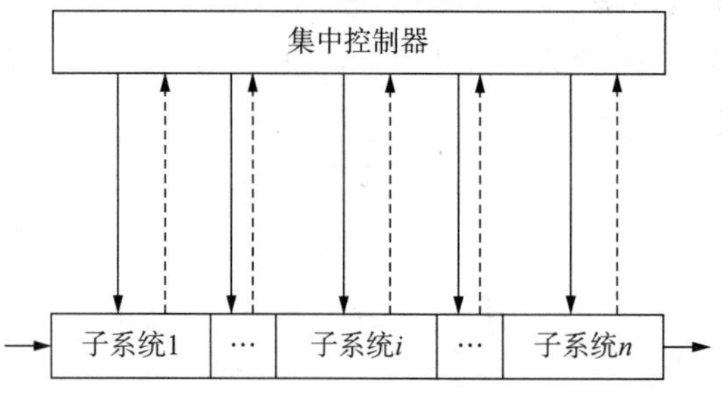

图 4.1 集中控制方式示意图

在这种控制方式中,把各个子系统的信息、系统的各种外部影响,都集中传送到集中控制器进行统一加工处理。在此基础上,集中控制器根据整个系统的状态和控制目标,直接发出控制指令,控制和操纵所有子系统的经济活动。这种方式实际上通过高度集中来解决经济系统的控制问题,完全的计划经济就是一种典型的例子。

集中控制方式的结构比较简单,指标控制统一,便于整体协调,当系统规模不很大且信息处理的效率和可靠性很高时,能够进行有效及时的整体最优控制。但是,随着系统规模扩大及复杂化,这种方式会暴露不少弊病,主要是系统空间维数很高造成优化困难,信息传输费用高且造成处理失误、缺乏灵活性、适应性与可靠性等。

2. 分散控制方式

分散控制方式如图 4.2 所示,其特点是由若干分散的控制器来共同完成大系统的总目标。

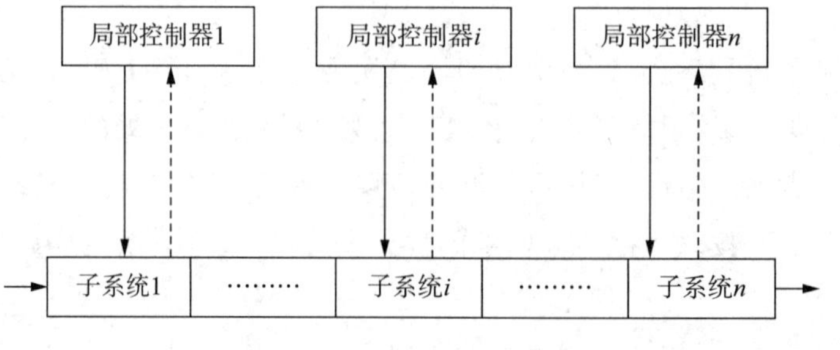

图 4.2 分散控制方式示意图

这种控制方式将构成大系统的各个子系统，分别用独立的局部控制器来控制，每个控制器只观察系统局部的输出，并控制系统的局部输入，按照局部最优的原则对子系统进行控制，共同完成大系统所需要达到的目的，完全的市场调节就是此控制方式的典型例子。

分散控制方式不但有利于各子系统的优化，并且系统对于环境变化具有较高的适应性和灵活的应变能力；但其对各局部之间的协调比较困难，横向联系较差，往往由于过分强调局部目标，忽略与其他子系统的关联而损坏整体利益，因此不易实现总体优化。

3. 多级递阶控制方式

这种控制方式是在上述两种方式的基础上取长补短发展起来的，其特点是将整个大系统按照一定的方式分解为若干个子系统，既考虑各子系统之间的内在联系，又不作为一个集中系统来处理，而是协调各子系统的任务，使他们相互配合、相互制约，以实现整个系统的全局优化。以三级递阶结构为例，其结构方式如图 4.3 所示。

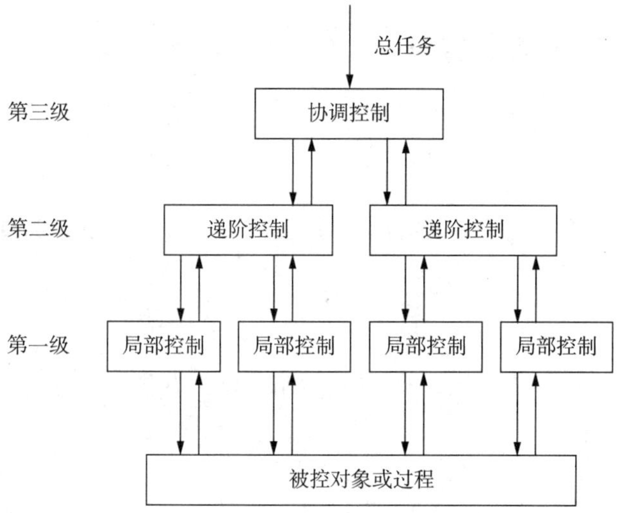

图 4.3 多级递阶控制方式示意图

其中：第一级为局部控制级（最优决策级），它直接控制大系统的各局部的小系统；第二级为递阶控制级（中间决策级），它对第一级各子系统进行协调控制；第三级为协调控制级（最高决策级），它对第二级进行协调控制，根据大系统的总目标，通过递阶结构，完成大系统管理与控制的总任务。

除此之外，还有多层控制方式、多段控制方式等，这里就不详细介绍了，以下重点讨论多级递阶控制。

4.2 多级递阶控制的内容、特征及应用

4.2.1 多级递阶控制的主要内容

多级递阶控制方式的主要内容是大系统的分解与协调。

1. 大系统的分解

大系统分解的基本思想是在最优化的过程中，先将高阶大系统划分为若干个低阶子系统，然后用通常的最优化方法使各子系统最优化，大系统分解时，要解决两个问题：(1)目标函数（性能指标）的分解；

(2)模型关联的分解。实际上,常见的情形是大系统最优化的总目标是可以分离的,例如大系统的目标函数是各子系统的目标函数之和;而大系统的模型是相互关联的,例如大系统的状态变量之间总存在着相互影响。因此,大系统的分解主要是解决系统模型关联的分解问题,主要分解方法有非现实法与现实法[1]、[2]。

2. 大系统的协调

作为大系统最优化的第二步,就是协调,即在分解后各子系统局部最优化的基础上,使总目标函数极小(大)化,以实现大系统的全局最优化,由此设计第二级协调控制器。在协调中,要解决的问题即是:根据什么原则,选取什么协调变量,对各子系统进行协调控制,由此决定协调器的结构方案。最基本的协调原则有:(1)关联平衡原则;(2)关联预估原则。这两种协调原则中,都是按协调偏差反馈闭环控制,只是所选取的协调变量不同而已。

近年来,在这方面又有一些新的研究成果(如模糊关联平衡法、鲁棒指数控制法等)[5]~[8]。

4.2.2 多级递阶控制的基本特征

多级递阶控制主要有以下的基本特征[4]:

1. 结构上的特征

递阶由安排在一个金字塔形结构里所有决策单元组成,各级决策单元都具有一定的决策能力,从而形成一个多级决策结构。

2. 目标上的特征

多级递阶控制系统有一个整体目标,而与各级控制相应又有各级目标;各子系统的局部目标与系统的整体目标最终将取得协调。

3. 信息上的特征

递阶结构中相邻级上的决策单元之间有信息的垂直往返传送,但自上而下的决策信息具有优先权。另外,在同一级中也可能存在各子系统间的信息交往。

4. 时间上的特征

在多级递阶控制系统中,级越低,时间尺度越短(如以小时、日、旬或月计);级越高,时间尺度越长(如以月、季度或年度计)。

4.2.3 多级递阶控制在经济管理中的应用

(1) 在宏观层面上,多级递阶控制是对国民经济进行协调控制的主要手段。

国民经济是一个极其庞杂、多层次、多因素的经济大系统,它包括社会各生产部门和其他劳动部门,包括千百个部门、行业和地区以及数以百万计的企业等基层单位的经济活动。这些部门、行业、地区和企业,在生产、分配、交换、消费等社会再生产的各个环节上,相互依存、相互制约,有着千丝万缕的联系。任何一个产品,都是很多部门、很多地区、很多企业共同劳动的成果。因此在宏观上,必须运用多级递阶控制方式对整个国民经济进行协调控制,才能做到统筹兼顾,合理安排,使各部门、各地区、各基层单位能相互配合,各得其所,从而保证社会再生产过程的顺利进行。

当前在网络经济环境下,跨国的电子商务大系统的运行更是需要运用多级递阶控制方式进行协调控制,以利于电子商务的健康顺利发展[9]~[12]。

(2) 在中观层面上，多级递阶控制有利于产业组织结构的合理化，是促进产业技术进步的重要途径。

现代市场经济是沿着生产社会化的方向不断发展起来的。在发展过程中，如何把作为国民经济细胞的企业有机组织起来，建立合理的产业组织结构，对一个国家经济技术的发展和经济效益的提高影响极大。而多级递阶控制方式，则为合理组织企业间的分工协作、优化产业组织结构，提供了有益的思路。

(3) 在微观层面上，多级递阶控制是改善企业经营管理的一种有效方法。

作为改善经营管理的一种有效方法，多级递阶控制也是企业系统常用的控制方式。尤其是随着现代企业规模的不断扩大和生产过程的日益复杂化，以及企业经营管理计算机化的发展，多级递阶控制方式在企业中的应用已越来越广泛。例如，独立董事制度的效率约束和激励机制[13]、企业集团可持续发展的协调控制[14]、电子商务环境下的企业增长战略[15]~[18]、民营企业的技术创新及其综合评价[19]等。

4.3　现代服务组合的大系统递阶结构

现代服务组合问题涉及社会保障、金融保险、房地产、现代服务业各个具体行业领域，还触及人的思想观念和社会文化。因而，现代服务组合是一项庞大复杂的社会经济系统工程，除具有典型大系统的一般特点(即：规模庞大、结构复杂、功能综合及因素众多等)外，还有其自身特点。因此，为了更好地促进现代服务组合的风险管理与协调发展，运用大系统的理论和方法[1]~[4]，按照现代服务组合协调发展总体目标要求，以及现代服务组合风险大系统自身与其相关环境(如：社会保障环境、金融保险环境、法律环境等)的规律，从宏观总体角度出发，探讨现代服务组合风险管理的大系统控制途径，建立一系列相应的数学模型，对现代服务组合风险管理的现状和将来进行定量评价、预测与控制，以便找出不协调因素，进行对策性研究，可供政府决策部门的宏观调控和科学决策参考使用，具有较大的理论意义与实用价值。

按照大系统的多级递阶结构思想[4]，对于现代服务组合大系统，可以考虑设计并建立其多级递阶结构[20]，如图 4.4 所示。

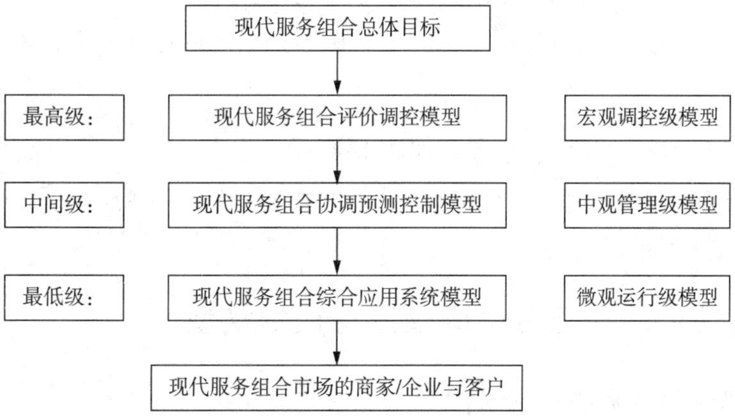

图 4.4　现代服务组合多级递阶结构示意图

其中，最低级为现代服务组合综合应用系统模型，这是一类微观运行级模型，主要功能是为现代服务组合大系统中各子系统(如社会保障子系统、金融保险子系统、房地产子系统、财政税收子系统等)进行局部控制，直接面向现代服务组合市场的商家(企业)与客户提供各种综合配套的服务，促进交易成功，并产生效益。

中间级为现代服务组合协调预测与控制模型，这是一类中观管理级模型，主要功能是为现代服务组合大系统进行总体风险协调管理控制，运用协调预测模型与协调控制模型，分析协调各子系统之间的联系，通过最优化手段，既对各子系统协调控制，又为最高级提供现代服务组合的综合数据信息与最优策略方案。

最高级为现代服务组合评价调控模型，这是一类宏观调控级模型，主要功能是为现代服务组合大系统进行综合评价控制，通过递阶结构和协调发展指数模型等，建立相应的综合评价指标与实施方案，以实现现代服务组合风险管理与协调发展的总体目标。

这三个递阶控制级融成一体，可在定性分析指导下提出相应的风险管理指标体系（其中的各项指标按其不同性质与功能又可分为状态指标和控制指标），并通过建立适当的广义定量模型，求得各项具体结果。

4.4 现代服务组合大系统的各级模型简介

4.4.1 最低级：现代服务组合综合应用系统模型

1. 现代服务组合的智能信息处理模糊模型

以现代服务组合模式为背景，探讨了其思维决策过程的输入输出信息，针对抽象思维、形象思维和直觉思维三种思维形式的不同特征，运用各种方法建立起相应的模糊模型，并运用少数派博弈的思想建立了思维过程的综合协调判断模型（详见第 6 章的讨论）。

2. 现代服务组合的客户价值与行为模型

针对现代服务组合的客户关系管理问题，重点关注现代服务组合的客户价值与行为模型（详见第 7 章的讨论）。

3. 现代服务组合的 L-R 模糊数自适应控制模型

针对现代服务组合的风险管理控制问题，提出了基于 L-R 模糊数的现代服务组合自适应管理控制模型与算法（详见第 8 章的讨论）。

4. 现代服务组合的 T-S 模糊自适应控制模型

针对现代服务组合的风险管理控制问题，提出了基于 T-S 模糊模型的现代服务组合自适应管理控制模型与算法（详见第 9 章的讨论）。

4.4.2 中间级：现代服务组合协调预测与控制模型

1. 现代服务组合的协调预测模型

关于各类社会经济指标的预测，已有许多常用的方法。然而考虑到现代服务组合大系统中各指标之间的相互影响及协调作用，因此在进行单项指标预测之后，还要充分注意到其他指标与其的协调关系，并可采用以下形式的协调预测模型[23]

$$x_{ij}^{*}(k+1)=x_{ij}^{0}(k+1)+f_{ij}[u_{st}(k),x_{st}(k),k] \quad \begin{matrix} s=1,\cdots,n;t=1,2,\cdots,n_s; \\ i=1,\cdots,n;j=1,2,\cdots,n_i \end{matrix} \tag{4.1}$$

其中：$x_{ij}^{*}(k+1)$ 为第 i 个子系统第 j 个状态指标的协调预测值；$x_{ij}^{0}(k+1)$ 为该指标的单项预测值，其预测方法应视具体情况选择适当的定性或定量预测方法（也可为定性与定量相结合的综合预测方法）；$u_{st}(k)$ 为第 s 个子系统第 t 个控制指标；$f_{ij}[\cdots,\cdots,\cdots]$ 为协调校正函数，是协调预测模型的重要组成部分，其功能是在单项指标预测基础上，作为协调关系影响作用的校正或补偿，其具体形式可有多种，需视实际情况而定，但必须反映各指标之间的协调关系。例如，有时可采用以下一种较简单形式

$$f_{ij}[\cdots,\cdots,\cdots]=\beta_{ij}(k+1)[G_{ij}(k+1)-x_{ij}^{0}(k+1)] \quad i=1,\cdots,n;j=1,2,\cdots,n_i \tag{4.2}$$

其中 $\beta_{ij}(k+1)$ 为时变校正系数，$G_{ij}(k+1)$ 为协调引导变量，其表达式有各种形式（详见第 10 章的讨论）。

2. 现代服务组合的协调控制模型

对于现代服务组合大系统，由于受人的主观意识影响较大，再加上各种信息的不完备性或模糊性，采用大系统理论中已有的分解协调控制算法难度很大。为此，可从现代服务组合风险管理的实际出发，讨论其协调控制问题。在建模时，先从每个子系统模型研究入手，进而得出其整体模型结构[24]。这里的主要思路如下：

设 $X_i(k)$，$U_i(k)$ 分别为第 k 时刻第 i 个子系统 n_i 维状态指标向量与 m_i 维控制指标向量，$i=1,2,3,4$；分别对应前述的四个子系统。即

$$X_i^T(k)=\{x_{i1}(k),x_{i2}(k),\cdots,x_{in_i}(k)\}$$

$$U=\{u_{i1}(k),u_{i2}(k),\cdots,u_{im_i}(k)\}$$

其中：$x_{ij}(k)$、$u_{il}(k)$ 分别为第 i 子系统相应的状态指标与控制指标，$j=1,2,\cdots,n_i$；$l=1,2,\cdots,m_i$
于是，由文献[6] 的讨论，可确定第 i 子系统的状态方程结构如下

$$X_i(k+1)=A_i(k)X_i(k)+B_i(k)U_i(k)+C_i(k)Z_i(k)+V_i(k) \quad i=1,\cdots,n \tag{4.3}$$

其中 $Z_i(k)$ 为 P_i 维的关联向量，即

$$Z_i(k)=\sum_{j=1}^{4}\{D_{ij}V_i(k)+E_{ij}X_i(k)\} \quad i=1,\cdots,n \tag{4.4}$$

这里 D_{ij}、E_{ij} 为常数矩阵，而 $A_i(k)$、$B_i(k)$、$C_i(k)$ 为相应时段的时变系数矩阵，$V_i(k)$ 为 n_i 维的随机误差向量。进一步，可得出现代服务组合大系统的整体模型结构。

为讨论方便将式(4.4) 代入式(4.3)，再经适当整理推导，可得模型的简化形式为：

$$x_{ij}(k+1)=\varphi(k)\theta_{ij}(k)+v_{ij}(k) \quad i=1,\cdots,n;j=1,2,\cdots,n_i \tag{4.5}$$

其中：$\varphi^T(k)=\{X_1^T(k),X_2^T(k),X_3^T(k),X_4^T(k),U_1^T(k),U_2^T(k),U_3^T(k),U_4^T(k)\}$

$\theta_{ij}(k)$ 为经整理后相应的时变参数向量，$v_{ij}(k)$ 为相应的随机误差。

依据掌握的历史数据，对经简化后的模型式(4.5) 中的时变参数 $\theta_{ij}(k)$ 采用适当方法进行参数估计与预测后，可在此基础上进行状态指标的自适应预测与控制，并进一步进行自适应协调控制（详见第 11 章的讨论）。

4.4.3 最高级：现代服务组合的评价调控模型

1. 现代服务组合的协调评价指数模型

在现有研究工作基础上，运用大系统的综合思想，研究一类反映协调发展水平的新的综合指标协调

评价指数，并建立相应的定量模型[21]、[22]。这个指标应是协调发展指标体系经适当处理后的一种无量纲指标，可以直接或间接地反映协调发展的总体性能。经分析和研究可知，该指数模型的构成要素应有两个：(1) 反映“协调”程度的要素 —— 协调度；(2) 体现“发展”水平的要素 —— 发展量。

为此在建立现代服务组合协调评价指标体系基础上，需先对各子系统指标收集到的数据信息进行预处理。即对每个指标 $x_{ij}(k)$（$i=1,\cdots,n$，分别对应所讨论的各子系统；j 代表第 i 个子系统的指标排序；k 表示不同的年份）分别作规范化处理，转化为对应的无量纲指标 $y_{ij}(k)$。

再从大系统的协调原则中采用“关联预估原则”[4]，每个状态变量（指标）$x_{ij}(k)$ 的协调变量 $a_{ij}(k)$ 应取此时实际的关联变量 $z_{ij}(k)$，即 $a_{ij}(k)$ 形如

$$a_{ij}(k)=z_{ij}(k)\sum_{l}g_{ij}^{l}x_{ij}^{l}(k)\quad i=1,\cdots,n;j=1,2,\cdots,n_i \tag{4.6}$$

此处 g_{ij}^{l} 为关联系数；l 为 $z_{ij}(k)$ 有关联的指标数标记，$l=1,2,\cdots$，（详见文献[4]讨论）；n_i 表示第 i 个子系统的指标数；$k=1,2,\cdots,N$，N 表示样本数。将 $a_{ij}(k)$ 适当变形后作为协调度 $c_{ij}(k)$，它表示了外部其他指标对 $x_{ij}(k)$ 的总影响程度，可间接反映 $x_{ij}(k)$ 的协调程度。而经过规范化处理的无量纲指标 $y_{ij}(k)$ 本身就表示了 $x_{ij}(k)$ 在样本时间内（$k=1,2,\cdots,N$）的发展水平，故就直接取 $y_{ij}(k)$ 作为发展量。

最后采取一种“改进的加权加法评分法”，将权重系数取上述的协调度 $c_{ij}(k)$，指标的标值取上述的发展量 $y_{ij}(k)$；如此把两者有机结合起来，得到的协调发展指数 $D(k)$ 的基本形式为

$$D(k)=\sum_{i,j}c_{ij}(k)y_{ij}(k) \tag{4.7}$$

从式(4.7)可知，$D(k)$ 同时受协调度 $c_{ij}(k)$ 和发展量 $y_{ij}(k)$ 两者影响，并由这两者所确定；既能反映总体的协调程度，又能体现总体的发展水平，基本可达到预期的要求（详见第 12 章 12.1 的讨论）。

2. 现代服务组合的模糊变系数规划模型

由分析现代服务组合相关因素的协调关系入手，研究其协调发展规律与趋势，建立了模糊变系数规划模型（详见第 12 章 12.2 的讨论）。

3. 现代服务组合的模糊多目标评价模型

由提高现代服务组合的风险管理水平入手，研究其多种发展目标的规律与趋势，建立了模糊多目标评价模型（详见第 12 章 12.3 的讨论）。

小结

本章由分析现代服务组合相关因素的协调关系入手，研究其协调发展规律与趋势，从而初步建立一系列现代服务组合的风险管理与协调发展模型。由于这一系列模型充分考虑到现代服务组合大系统的动态时变特性，注重理论联系实际，模型结构与具体算法较规范，既有较强的理论依据，又便于实际操作，故有着较广泛的应用前景。

参考文献

[1] Jamshidi M. 大系统建模与控制[M]. 北京：科学出版社，1987

[2] 席裕庚. 动态大系统方法导论[M]. 北京:国防工业出版社,1988

[3] 王寿云,于景元,戴汝为. 开放的复杂巨系统[M]. 杭州:浙江科技出版社,1996

[4] 汤兵勇. 市场经济控制论[M]. 北京:中国环境科学出版社,1997

[5] 王春晓,李俊民. 不确定关联大系统对时变参数的自适应控制[J]. 控制与决策,2004,19(6):687-690

[6] 顾佳晨,万百五. 基于模糊模型的大系统关联平衡法的收敛性[J]. 自动化学报,2004,30(2):207-213

[7] 徐玉洁,廖福成,刘贺平. 一类不确定大系统的鲁棒指数控制[J]. 应用基础与工程科学学报,2004,12(3):315-321

[8] Liu Biyu, Gui Weihua and Wu Min, Passivity of interconnected control systems with time-delays based on decentralizedcontrol[J], Control Theory & Application,2005, 22(1):52-56

[9] 汤兵勇,梁晓蓓. 电子商务大系统的协调发展模型探讨[J]. 黑龙江大学自然科学学报,2002,19(2):29-32

[10] 汤兵勇,杨坚争,梁晓蓓,李丹. 电子商务统计研究与应用现状分析[J]. 第三届全国"管理统计教学与应用研究"研讨会论文集. 中国,西安,2004.8:1-7

[11] Ni Weikang, Liang Xiaobei, Xiong Jinan, Tang Bingyong, The Essentials To Develop SCM And Its Strategies In China[J], 黑龙江大学自然科学学报,2003,20(1):41-44

[12] 汤兵勇,梁晓蓓. 基于管理统计的协调发展模型探讨[J]. 第二届全国"管理统计教学与应用研究"研讨会论文集,中国,上海,2003.11:15-19

[13] 梁晓蓓,刘兴华,汤兵勇. 我国独立董事制度的效率约束与激励机制探[J]. 东华大学学报:社会科学版,2004,4(1):10-13

[14] 王文杰,汤兵勇,梁晓蓓. 企业集团可持续发展的协调控制[J]. 东华大学学报:自然科学版,2001,27(3)

[15] 梁晓蓓,汤兵勇. 网络经济时代的企业增长战略探讨[J]. 东华大学学报:社会科学版,2003,3(3):50-53

[16] Tang Bingyong, Liang Xiaobei, Development Strategy Management of Small Enterprises under Electric commerce [J], 2002 International Workshop on Management Theory and Application under Electric Commence, 2002, 11:621-627.

[17] Shen Furong, Liang Xiaobei, Tang Bingyong, Strategy Management and Transfer of Small Enterprises under Electric commerce[J], 黑龙江大学自然科学学报,2003,20(1):38-40

[18] Xiaobei Liang, Bingyong Tang. Transferring strategic decision-making support of small enterprises under electric commerce[J].2004 中国(福州)国际电子商务学术交流大会论文集, 2004.5:505-507

[19] 汤兵勇,梁晓蓓,王文杰. 民营企业的技术创新及其综合评价[J]. 中国"民本经济"国际研讨会论文集,中国,温州,2003.12:269-273

[20] 梁晓蓓,汤兵勇. 组合养老保险的风险管理控制模型研究[J]. 应用基础与工程科学学报,2004,增刊:276-279

[21] 汤兵勇. 协调发展指数及其测算方法初探[J]. 统计与咨询,1995(1):24-25

[22] 汤兵勇. 协调发展指数模型[J]. 系统工程理论方法应用,1996(3):18-22

[23] 汤兵勇,陈亚荣. 市场需求的协调预测方法及应用[J]. 预测,1997,16(1):37-39

[24] 汤兵勇. 一类动态大系统的协调控制模型[J]. 控制与决策,1995,10(2):104-108

5 现代服务组合的基本数学模型

由于现代社会经济系统的变化规律十分复杂，使得仅用一种服务模式来解决服务问题很难得出满意的结果，所以要提出现代服务组合模式。这种模式能够综合许多不同服务模式的优点，以得到“最佳”的服务效果。

事实上，人们在选择现代服务模式时，一般是对各种现代服务模式的未来效果进行精算分析与预测，从中选出较好的现代服务模式。这里的所谓选择，有明显的预测成分。于是我们可运用组合预测[1]~[12]或综合预测[13]~[23]的思想，对各种不同的现代服务模式建立各自相应的预测模型，利用所有预测模型的预测结果，经过适当的组合而形成较为理想的未来预测的现代服务结果，把这种方法称为现代服务组合的数学模型。

以下从理论上给出三种现代服务组合的基本数学模型（模式），即加权平均服务组合基本模式、最小二乘服务组合基本模式和多层递阶[11]服务组合基本模式，并对其性质进行分析。

5.1 加权平均服务组合基本模式

5.1.1 基本概念

设 S 为一个动态的服务组合系统，F 为各种服务组合模式对应的模型族，其中的模型可由数学表达式 M_i 来确定，即

$$F=\{M_i,i\in I\} \text{ 或}\{M\}$$

其中 I 为指标集合。

这里仅考虑时间离散系统，k 为离散时间（如：年、月、日），$y(k)$ 为 S 的输出，$u(k)$ 为输入，不失一般性，假设模型 $M,M\in F$，可写成向前一步预报形式。

$$M:y(k)=f_M[Y_{k-1}^{k-n},U_{k-1}^{k-n},\theta,v(k),k] \tag{5.1}$$

其中 θ 为参数，$v(k)$ 为随机噪声，且

$$Y_{k-1}^{k-n}=\{y(k-1),\cdots,y(k-n)\}$$

$$U_{k-1}^{k-n}=\{u(k-1),\cdots,u(k-m)\}$$

n 和 m 为模型阶数。

设

$$Z_k^{k-N}=\{\overline{Y}_k^{k-N},U_k^{k-N}\}$$

是长度为 $N+1$ 的观测数据集，其中$\overline{Y}_k^{k-N}$ 为输出或输出预测值的集合，Z 为所有可能的观测数据的集合。

引出下列的指标函数 J

$$J:Z\times F\rightarrow R_{+}=[0,\infty]$$

可由下式来确定

$$J=J(Z_k^{k-N},M)\quad Z_k^{k-N}\in Z,M\in F \tag{5.2}$$

一般的，J 为匹配误差或预测误差，所以 $J(Z_k^{k-N},M)$ 的值就是 Z_k^{k-N} 和 M 的不匹配水平。

如果集合$\{M_1,M_2,\cdots,M_k\}\subset F$，满足

$$J(Z_k^{k-N},M_i)\leqslant\delta,i=1,2,\cdots,h$$

则称 $M_i,i=1,2,\cdots,h$ 是$\delta-$可行的。

5.1.2 加权平均服务组合模式

设 $a_i\geqslant 0,\sum_{i=1}^{k}a_i=1$

置

$$y(k)=M(k)=\sum_{l=1}^{k}a_lM_l(k) \tag{5.3}$$

其中

$$M_l(k)=f_{M_l}[Y_{k-1}^{k-n},U_{k-1}^{k-m},\theta_l,v(k),k]$$

于是 $M(k)$ 可写成

$$M(k)=f_M[Y_{k-1}^{k-n},U_{k-1}^{k-m},\theta,v(k),k]$$

故模型(5.3) 称为可行模型 $M_1,M_2\cdots,M_h$ 的加权平均服务组合(预测) 模式，其预测模型为

$$\hat{y}_w(k+p\mid k)=\sum_{l=1}^{k}a_lM_l(k+p\mid k) \tag{5.4}$$

其中$\hat{y}_w(k+p\mid k)$为向前 p 步的输出$y(k)$的预测值，$M_l(k+p\mid k)$为模型$M_l(k)$的向前 p 步的预测值。可以证明[1]

对加权平均服务组合(预测) 模式而言，预测误差

$$\varepsilon_w(k+p\mid k)=y(k+p)-\hat{y}_w(k+p\mid k)$$

满足

$$|\varepsilon_w(k+p\mid k)|\leqslant\max_{1\leqslant l\leqslant h}|\varepsilon_l(k+p\mid k)|$$

其中

$$\varepsilon_l(k+p\mid k)=y(k+p)-M_l(k+p\mid k)\quad l=1,2,\cdots,h$$

由此可见，加权平均服务组合(预测) 模式的预测结果并无明显改进。

5.2 最小二乘服务组合基本模式

这里考虑两种情形，第一种情形是服务组合模式由原始模型 $M_1(k),\cdots,M_k(k)$ 构成；第二种情形是服务组合模式由预测模型 $M_1(k+1\mid k),\cdots,M_k(k+1\mid k)$ 构成。

5.2.1 第一种情形

这种情况下，服务组合模式被称为原始模型的最小二乘服务组合（预测）模式，可写成

$$y(k)=\sum_{l=1}^{h}\beta_l M_l(k) \tag{5.5}$$

其中 $M_1(k),\cdots,M_h(k)$ 是 $\delta-$ 可行的模型，$\beta_1,\cdots,\beta_h$ 为未知参数。如果令

$$\beta=(\beta_1,\cdots,\beta_h)^{\tau}$$

$$\varphi(k)=(M_1(k),\cdots,M_h(k))^{\tau}$$

则式(5.5)可写成

$$y(k)=\varphi(k)^{\tau}\beta \tag{5.6}$$

未知参数向量 β 可由下面的递推算法进行估计

$$\hat{\beta}(k)=\hat{\beta}(k-1)+G(k)\{y(k)-\varphi(k)^{\tau}\hat{\beta}(k-1)\}$$

$$G(k)=\frac{P(k-1)\varphi(k)}{\lambda+\varphi(k)^{\tau}P(k-1)\varphi(k)} \tag{5.7}$$

$$P(k)=\frac{1}{\lambda}[I-G(k)\varphi(k)^{\tau}]P(k-1)$$

其中 $\hat{\beta}(k)$ 为时刻 k 时 β 的估值，λ 为遗忘因子，$0\leqslant\lambda\leqslant1$，$I$ 为单位矩阵，初始值 $\hat{\beta}(0)$ 和 $P(0)$ 可适当的选取。

如果取 $\lambda=1$，则 $\hat{\beta}(N)$ 满足下式

$$J(\hat{\beta}(N))=\min_{\beta}J(\beta)$$

其中

$$J(\beta)=\sum_{k=1}^{n}(y(k)-\varphi(k)^{\tau}\beta)^2$$

$J(\beta)$ 是熟知的最小二乘的准则函数，在这里称其为均方匹配误差。如果 $\tilde{\beta}=(\tilde{\beta}_1,\tilde{\beta}_2,\cdots,\tilde{\beta}_h)^{\tau}$ 满足 $\tilde{\beta}_l\geqslant0,l=1,2,\cdots,h$ 和 $\sum_{l=1}^{h}\beta_l=1$，那么，显然有

$$J(\hat{\beta}(N))\leqslant J(\tilde{\beta})$$

于是可以得到：最小二乘服务组合模式的均方匹配误差小于加权平均组合模式的均方匹配误差。

最小二乘服务组合(预测)模式为

$$\hat{y}(N+p \mid N)=\sum_{l=1}^{h}\hat{\beta}_l(N)M_l(N+p \mid N) \tag{5.8}$$

其中

$$\hat{\beta}(N)=(\hat{\beta}_1(N),\cdots,\hat{\beta}_h(N))^{\tau}$$

$\hat{y}_l(N+p \mid N)$ 为输出 $y(k)$ 的向前 p 步的预测值。

5.2.2 第二种情形

这里,仅考虑向前一步预测的情形。服务组合模式被称为预测模型的最小二乘服务组合(预测)模式,可写成

$$y(k+1)=\sum_{l=1}^{h}\beta_l M_l(k+1 \mid k) \tag{5.9}$$

其中 $M_1(k+1 \mid k),\cdots,M_h(k+1 \mid k)$ 为 δ—可行的预测模型,$\beta_1,\cdots,\beta_h$ 为未知参数,式(5.9)可写成

$$y(k+1)=\varphi(k+1)^{\tau}\beta \tag{5.10}$$

其中

$$\varphi(k+1)=(M_1(k+1 \mid k),\cdots,M_h(k+1 \mid k))^{\tau}$$

$$\beta=(\beta_1,\cdots,\beta_h)^{\tau}$$

如果已知观测数据为

$$(y(k),\varphi(k)) \quad k=N_0+1,N_0+2,\cdots,N$$

则未知参数 β 的估值 $\hat{\beta}(k)$ 可有递推算法得出

$$\hat{\beta}(k)=\hat{\beta}(k-1)+G(k)\{y(k)-\varphi(k)^{\tau}\hat{\beta}(k-1)\}$$

$$G(k)=\frac{P(k-1)\varphi(k)}{(\lambda+\varphi(k)^{\tau}P(k-1)\varphi(k))}$$

$$P(k)=\frac{1}{\lambda}[I-G(k)\varphi(k)^{\tau}]P(k-1)$$

$$k=N_0+1,\cdots,N \tag{5.11}$$

向前一步的服务组合预测形式为

$$\hat{y}(N+1 \mid N)=\sum_{l=1}^{h}\hat{\beta}_l M_l(N+1 \mid N) \tag{5.12}$$

5.3 多层递阶服务组合基本模式

多层递阶服务组合模式是最小二乘组合模式的一种改进,这里考虑关于预测模型的服务组合模式,

其基本形式为

$$y(k)=\sum_{l=1}^{h}\beta_l M_l(k \mid k-1) \tag{5.13}$$

其中$M_l(k+1\mid k),\cdots,M_k(k+1\mid k)$为$\delta-$可行的向前一步预测模型，$\beta_1,\cdots,\beta_h$为未知时变随机参数，如果置

$$\varphi(k)=(M_1(k+1\mid k),\cdots,M_h(k+1\mid k))^\tau$$

$$\beta=(\beta_1,\cdots,\beta_h)^\tau$$

则式(5.13)可写成

$$y(k)=\varphi(k)^\tau\beta \tag{5.14}$$

如果已知观测数据为

$$(y(k),\varphi(k))\quad k=N_0+1,N_0+2,\cdots,N$$

则有下述的递推算法得到β的估值$\hat{\beta}(k)$

$$\hat{\beta}(k)=\hat{\beta}(k-1)+\frac{\varphi(k)}{\|\varphi(k)\|^2}\{y(k)-\varphi(k)^\tau\beta(k-1)\} \tag{5.15}$$

如果矩阵

$$H(h)=\begin{bmatrix}\varphi(N_0+1)^\tau\\ \varphi(N_0+2)^\tau\\ \cdots\\ \varphi(_0^N+h)\tau\end{bmatrix}$$

是可逆的，则算法(5.15)的初始值$\hat{\beta}(N_0)$可由下式获得

$$H(h)^{-1}\hat{\beta}(N_0)=Y$$

其中

$$Y=[y(N_0+1),\cdots,y(N_0+h)]^\tau$$

假设β的估值序列为

$$\hat{\beta}(N_0+1),\hat{\beta}(N_0+2),\cdots,\hat{\beta}(N)$$

则

(1) 应用适当的辨识方法，依照上述的估值序列，确定出参数$\beta(k)$所满足的模型。

(2) 应用所建立的模型得出$\hat{\beta}(N)$的向前一步预测值

$$\hat{\beta}(N+1\mid N)=(\hat{\beta}_1(N+1\mid N),\cdots,\hat{\beta}_h(N+1\mid N))^\tau$$

于是多层递阶服务组合(预测)模式为

$$\hat{y}_M(N+1\mid N)=\sum_{l=1}^{h}\hat{\beta}_l(N+1\mid N)M_l(N+1\mid N)$$

$$=\varphi(N+1)^{\tau}\hat{\beta}(N+1 \mid N) \tag{5.16}$$

可以证明下面的结论：

结论：假设

$$\sup_{1\leqslant l\leqslant h} | M_l(N+1 \mid N) | < c \qquad \text{a.s}$$

其中c是一个正常数，如果对每一个$\varepsilon>0$存在一种参数估值$\hat{\beta}(k)$的预测方法，使得估值$\hat{\beta}(N+1 \mid N)$满足

$$\| \hat{\beta}(N+1)-\hat{\beta}(N+1 \mid N) \| \leqslant \varepsilon/(c\sqrt{h}) \qquad \text{a.s}$$

其中

$$\hat{\beta}(N+1)=\hat{\beta}(N)+\frac{\varphi(N+1)}{\|\varphi(N+1)\|^2}$$

$$\cdot\{y(N+1)-\varphi(N+1)^{\tau}\hat{\beta}(N)\} \tag{5.17}$$

则可有

$$| y(N+1)-\hat{y}_M(N+1 \mid N) | < \varepsilon \qquad \text{a.s}$$

证明：注意到

$$\hat{\beta}(N+1)=\hat{\beta}(N)+\frac{\varphi(N+1)}{\|\varphi(N+1)\|^2}$$

$$\cdot\{y(N+1)-\varphi(N+1)^{\tau}\hat{\beta}(N)\}$$

可得

$$\begin{aligned}\varphi(N+1)^{\tau}\hat{\beta}(N+1 \mid N) &= \varphi(N+1)^{\tau}\hat{\beta}(N)+\varphi(N+1)^{\tau}\varphi(N+1)\\ &\quad\cdot\{y(N+1)-\varphi(N+1)^{\tau}\hat{\beta}(N)\}/\|\varphi(N+1)\|^2\\ &=\varphi(N+1)^{\tau}\hat{\beta}(N)+y(N+1)-\varphi(N+1)^{\tau}\hat{\beta}(N)\\ &=y(N+1)\end{aligned}$$

故

$$\begin{aligned}y(N+1)-\hat{y}_M(N+1 \mid N) &= \varphi(N+1)^{\tau}\hat{\beta}(N+1)-\varphi(N+1)^{\tau}\hat{\beta}(N+1 \mid N)\\ &=\varphi(N+1)^{\tau}(\hat{\beta}(N+1)-\hat{\beta}(N+1 \mid N))\end{aligned}$$

应用哥西($Cauchy$)不等式可得

$$\begin{aligned}| y(N+1)-\hat{y}_M(N+1 \mid N) | &= | \varphi(N+1)^{\tau}(\hat{\beta}(N+1)-\hat{\beta}(N+1 \mid N)) |\\ &\leqslant \|\varphi(N+1)\| \, \|\hat{\beta}(N+1)-\hat{\beta}(N+1 \mid N)\|\\ &\leqslant \sqrt{h}.c \, \|\hat{\beta}(N+1)-\hat{\beta}(N+1 \mid N)\|\\ &<\varepsilon\end{aligned}$$

由这个结论可见，只要由算法(5.17)得到的参数预测值$\hat{\beta}(N+1 \mid N)$和参数估值$\hat{\beta}(N+1)$误差充分小，那么就可使多层递阶服务组合(预测)模式的预测误差足够小，亦即用多层递阶服务组合(预测)模式解决多模型动态系统的预测问题可以减少预测误差。

小结

本章从对未来服务组合效果进行精算分析与预测的角度出发，在理论上提出了服务组合模式的创意；给出了三种具体的服务组合基本模式，即加权平均服务组合模式、最小二乘服务组合模式和多层递阶服务组合模式，并对其性质进行分析。

参考文献

[1] J. M. Bates and C. W. J. Granger, Combination ofForecasts[M]. 1969, (6)

[2] Francis X. Diebold and Peter Pauly. Structural Change and The Combination of Forecasts[J]. Journal of Forecas-ting, 1987, (1)

[3] David C. Sehmittlein, Jinho Kim and Donal D G. Morrison, Combining Forecasts: Operational Adjustments to Theoretically Optimal Rules Management Science [M]. 1990, (9)

[4] G.Anandalingam and Lian Chen, Bayesian Forecast Combination and KalmanFiltering[J]. International Journal of System Science, 1989, (8)

[5] Charles W. Bischoff,The Combination of Macroeconomic Forecasts [J]. Journal of Forecasting, 1989, (3)

[6] 唐小我. 经济预测与决策新方法及其应用研究[M]. 成都:电子科技大学出版社,1997

[7] 张国平. B-G 组合预测理论剖析[J]. 预测,1988(5)

[8] 谢如贤,成盛超,吴健中. 变权重组合预测模型的建立与应用[J]. 预测,1992(4)

[9] 王应明,傅国伟. 基于不同误差准则和范数的组合预测方法研究[J]. 控制与决策,1994,9(1)

[10] 马永开,唐小我,杨桂元. 非负权重最优组合预测方法的基本理论研究[J]. 运筹与管理,1997,6(2):1-8

[11] 陈华友. 基于预测有效度的组合预测模型研究[J]. 预测,2001,20(3):72-73

[12] 陈华友,盛昭翰,刘春林. 调和平均的组合预测方法之性质研究[J]. 系统工程学报,2004,19(6):620-624

[13] 黄岩波. 一种综合预测方法[J]. 预测,1987(3)

[14] 韩志刚. 动态系统预报的一种新方法[J]. 自动化学报,1983,19(3):161-168

[15] 韩志刚. 结构随机变化系统的多层递阶预报[J]. 自动化学报,1990,16(5):39-45

[16] 韩志刚,汤兵勇等. 市场预测的多模型多方法综合模式[J]. 预测,1992,11(2):41-47

[17] 韩志刚等. 动态系统预报的多模型多算法综合模式[J]. 系统工程学报,1991,16(2):27-33

[18] Han Zhigang. The Syntheyic Predicyion Pattern of Multiple Model Systems[J]. Journal of System Science and System Engineering, 1993,2(1): 75-83

[19] 汤兵勇,C.W.Kenneth Keng. 纺织品市场销售额的综合预测模式[J]. 纺织学报,1997, 18(4):60-63

[20] 韩志刚,蒋爱平,王洪桥. 自适应辨识、预报和控制——多层递阶途径[M]. 哈尔滨:黑龙江教育出版社,1995

[21] 汤兵勇. 市场经济控制论[M]. 北京:中国环境科学出版社,1997

[22] 汤兵勇,路林吉,王文杰. 模糊控制理论与应用技术[M]. 北京:清华大学出版社,2002

[23] 汤兵勇,程储旺,钟麦英. 鲁棒经济控制理论与方法[M]. 上海:中国纺织大学出版社,2000

6　现代服务组合的智能信息处理模糊模型

在现代服务组合的管理控制中，由于被控制对象是人，一种以系统整合为核心的人本管理正在逐渐发展起来。其中，大量的是人的思维活动过程，这实际上是一种典型的智能信息处理过程。这一过程中所涉及的信息，除一小部分精确信息外，有相当大部分是模糊智能信息。因此需要按模糊信息处理方法[2]，从人脑思维过程的一般规律研究入手，建立相应的综合模糊模型体系，通过一系列模糊模型来近似地描述和模拟人的智能活动[3]~[7]，这对于促进现代服务组合的管理控制水平提高，无疑具有重要的理论意义与较大的使用价值。

本章仅以现代服务组合的管理控制为背景，就思维过程的输入输出信息、三种思维形式对应的模糊模型做初步探讨，并研究提出了现代服务组合思维过程的少数派博弈智能体模型。

6.1　思维过程的输入输出信息

当前人们对思维活动过程的研究已逐渐深入，随着人脑日益成为多结构、多层次、复杂而高级的思维器官，人的思维能力和思维形式也相应得到了提高和发展。其中思维形式不仅包括抽象思维和形象思维，还包括直觉思维；每个思维活动过程又往往是两种或三种思维形式先后交替或综合在起作用。

典型的思维活动过程可以看做是一种智能信息处理过程[2]，并可分解为四个具体过程：(1)智能信息的加工即认识过程；(2)智能信息的传输即交流过程；(3)智能信息的存储即记忆过程；(4)智能信息的使用即决策过程。这样的一种过程也可看做由某些输入信息，经加工处理后产生的一种或几种输出信息，即可采用大系统控制理论的建模思想，把人脑看作黑箱，侧重研究一类思维过程输入输出关系及表现出的外部行为、功能与结果，建立起输入输出信息指标体系，研究其中模糊信息的定量化处理方法，并建立其相应的综合模糊模型。

一般地，经过整理的思维活动过程可按思维目标划分为判断型、表述型、存储型和决策型[2]。由于在现代服务组合的管理控制中，主要涉及的是判断型和决策型思维过程，以下就这两种思维过程作简要介绍。

6.1.1　判断型思维过程

判断型思维过程是以某一客体事态为目标，其终端环节是判断。这种思维过程虽然还可分为若干种具体形式(如：推论式、设证式、收缩式、逼近式、模拟式等)，但其基本形式无非就是以下三个思维环节的组合：

疑问——推理——判断

以选择现代服务组合为例，此处第一个环节疑问即为“问题的提出”，包括最初对现代服务组合各种模式的简单判断，或直接由主观分析做出，或可通过搜集各种现代服务组合方式的信息而得；也包括相关的各种服务组合的素材等，将这些材料摆在一起，作为论据，然后进行推理。推理本身既可能是单一环节又可能是许多个前后衔接的复合环节，并且视每人具体问题或特征（包括：性格、文化程度、生活条件、家庭状况、工作性质、身体状况等）的不同，采用不同的思维推理形式（有时是交替或综合使用）来选择各自的现代服务组合。推理得出的结论就是目标要求的判断，但这种判断应是几种思维形式推理后的综合协调结果。例如有时理性思维占上风，会做出较稳妥的现代服务组合的选择；有时又会受某些朋友的影响，做出较冲动的选择；最后经过较充分的分析比较，才会做出某种综合协调后的选择。

6.1.2 决策型思维过程

决策型思维过程是以某种行动为目标的思维过程，也可分为如下具体方式。

1. 选择式

其主要思维结构形式是以下环节的复合：

搜集——比较——对应——决定——验证

同样以选择现代服务组合为例，这里搜集可以有各种各样的现代服务组合信息的馈入形式。馈入的信息表示存在两个或更多现代服务组合选择可能性组合的空间。然后就对这几种可能性选择模式进行比较，特别是以长远的或当前的利害关系为标准，或者另选其他标准进行比较，做出选择。最后根据选择结果，采取对应的措施，付诸行动，并在实际行动中收集反馈，做出验证。

2. 反馈式

其主要结构形式是：

决定——搜集——修正——验证

在有些情况下（特别是在市场竞争十分激烈或时间非常紧急的情况下），客观条件不容许人们在行动前进行选择或充分考虑对策，要马上投入行动（例如，某部门要求其员工在很短的时间里做出对某种养老保险模式的选择）。因此一开始，人们只能仓促地做出同意行动的决定；然后在行动中，才开始搜集信息（包括行动后的反馈信息），并设法加以补充与修正，使之不断完善。

在思维活动过程中，人们具有完善的思维机制，能灵活运用自己的知识，并用各种思维形式处理问题。按照一般理解，人的有意识、有目标思维形式有：(1)抽象思维；(2)形象思维；(3)直觉思维。

针对这三种思维形式的不同特征，可运用各种方法建立起相应的模糊模型[8]~[12]，以下分别介绍。

6.2 抽象思维的模糊逻辑推理模型

抽象思维又称逻辑思维，是在感性认识的基础上，通过概念、判断、推理，正确或不正确地反映事物的本质，揭示事物内部联系的思维形式。在实际选择现代服务组合问题的抽象思维中，人们较多的使用模糊概念和模糊推理，故可采用模糊逻辑方法进行近似推理。

不失一般性，考虑如下的两个输入一个输出的模糊系统[9]：

输入：x 是 A' and y 是 B'

R_1：如果 x 是 A_1 and y 是 B_1 则 z 是 C_1

also R_2：如果 x 是 A_2 and y 是 B_2则 z 是 C_2

⋮

also R_n：如果 x 是 A_n and y 是 B_n则 z 是 C_n

输出：z 是 C'

其中 x，y 和 z 是代表系统状态和控制量的语言变量，A_i、B_i、和 C_i分别是 x，y 和 z 的语言值。x，y 和 z 的论域分别为 X，Y 和 Z。

以选择现代服务组合为例，此处的模糊控制规则“如果 x 是 A_i *and* y 是 B_i则 z 是 C_i”的模糊蕴含关系 R_i定义为

$$R_i = (A_i \text{ and } B_i) \rightarrow C_i \tag{6.1}$$

即

$$\begin{aligned}\mu_{R_i} &= \mu_{(A_1 \text{ and } B_i \rightarrow C_i)}(x,y,z) \\ &= [\mu_{A_i}(x) \text{ and } \mu_{B_i}(y)] \rightarrow \mu_{C_i}(z)\end{aligned} \tag{6.2}$$

可表示为两种状态下、按照不同的情况有不同的现代服务组合的选择方案，由此形成 n 条模糊推理控制规则。考虑总的模糊蕴含关系为(取连接词“also”为求并运算)

$$R = \bigcup_{i=1}^{n} R_i \tag{6.3}$$

最后求得推理的结论为

$$C = (A' \text{ and } B') \circ R \tag{6.4}$$

“∘”是合成运算符，通常采用最大－最小合成法。于是可以这样的模糊推理运算方法得出相应的现代服务组合的选择方案。在复杂情形下，有时还会遇到复合模糊蕴涵命题等，此处不再详述。

6.3 形象思维的模糊模式识别模型

形象思维(包括经验思维)主要采用典型化的方式进行概括，并依赖形象材料及经验模式来进行思维。以选择现代服务组合为例，则是依赖相关的国内外服务组合资料及经验模式来进行思维(或思考)，以此来进行归类模式识别选择。因此可借助于模式识别的思想来建立模糊模式识别模型[7]。

以选择现代服务组合为例，模糊模式的识别工作原则可分以下三步进行：

1. 特征抽取

设 U 是待识别的养老保险对象的全体，它是一个集合，U 中的对象 u 常可用有限个参数值 u_i($i=1,2,\cdots,m$)来刻划其某个特性。从某养老保险对象 u 中提取与识别有关的诸特征(如包括：性格、文化程度、生活条件、家庭状况、工作性质、身体状况等)，并测出 u 在各特征上的具体数据(或将其定性的特征表现通过适当的方法定量化)，将 u 转换为模式

$$P(u) = (u_1, \cdots, u_m) \tag{6.5}$$

2. 建立隶属函数

假设有 n 个模糊集 A_1，$\cdots A_n$(代表 n 种养老保险模式的类型)，当一个识别算法作用于对象 u 时，就

产生隶属度 $\mu_{\underset{\sim}{Aj}}(u)(j=1,2,\cdots,n)$，表示对象 u 属于类型 A_j 的程度。

3. 识别判决

按某种归属原则对 u 进行判决，指出其应归属于哪一种养老保险模式类型。常用的归属原则有：

1）最大原则　若有 $j_0\in(1,2,\cdots,n)$，使 $\mu_{\underset{\sim}{Aj_0}}(u)=\max[\mu_{\underset{\sim}{A1}}(u),\cdots,\mu_{\underset{\sim}{An}}(u)]$，则认为 u 相对隶属于 A_{j_0} 判决 u 归属 A_{j_0} 所代表的那个类型。

2）水平性原则　规定一个水平 $\lambda\in[0,1]$，记 $a\overset{\Delta}{=}[\mu_{A_1}(u),\cdots,\mu_{A_n}(u)]$，若 $a<\lambda$，则作"拒识"的判决，应查找原因另作分析；若 $a\geqslant\lambda$，则认为识别可行；如果总共有 $\mu_{A_{j1}}(u),\cdots,\mu_{A_{jk}}(u)\geqslant\lambda$，则判决 u 属于 $A_{j1}\cup\cdots\cup A_{jk}$（即为这些模糊集的并集）。

在应用中常将这两个原则结合起来使用。如当 $a<\lambda$ 时，拒识；而当 $a\geqslant\lambda$ 时，按最大原则判决。

6.4　直觉思维的模糊状态方程模型

直觉思维又称灵感思维，是思维中"主体直觉"居主导地位的一种思维形式。直觉（灵感）是显意识与潜意识相互作用的产物，其基本特征有突发性[8]、偶然性、独创性、模糊性和普通性等，其中比较突出的是突发性和模糊性。

直觉的突发性，从时间上看，是指它突如其来；从产生的效果来看，是意识不到，感到突然。但这都与潜意识推论有关，这种推论结果从"潜式"到"显式"，是一种信息跃迁现象。而直觉的模糊性，主要表现在直觉思维的输入输出信息上。要近似地模拟直觉思维的这种非逻辑推论，就需针对其特征来建立基于 L-R 模糊数的直觉思维的模糊状态方程模型[9]。

考虑时变的离散时间模糊系统。设 $\underset{\sim}{x}(k)$、$\underset{\sim}{u}(k)$、$\underset{\sim}{y}(k)$ 分别表示某模糊系统在时刻 k 的 n 维模糊状态、r 维模糊输入与 m 维模糊输出，若对这些模糊变量均采用上述的 L-R 型模糊数表示，即有

$$\underset{\sim}{x}(k)=(x(k),\underline{x}(k),\overline{x}(k))_{LR},\underset{\sim}{u}(k)=(u(k),\underline{u}(k),\overline{u}(k))_{LR},\underset{\sim}{y}(k)=(y(k),\underline{y}(k),\overline{y}(k))_{LR}$$

其中，$x(k)$、$u(k)$、$y(k)$ 分别为确定性的系统状态、输入与输出（即为主值），$\underline{x}(k)$、$\underline{u}(k)$、$\underline{y}(k)$ 分别为对应的左枝展形，$\overline{x}(k)$、$\overline{u}(k)$、$\overline{y}(k)$ 分别为对应的右枝展形。

在此基础上，以下来构造相应的模糊状态方程模型。不失一般性，当考虑模糊系统是线性时，其状态方程为

$$\underset{\sim}{x}(k+1)=A(k)\underset{\sim}{x}(k)+B(k)\underset{\sim}{u}(k) \tag{6.6}$$

$$\underset{\sim}{y}(k)=C(k)\underset{\sim}{x}(k) \tag{6.7}$$

其中，$A(k)=(a_{is}(k))_{n\times n}$、$B(k)=(b_{il}(k))_{n\times r}$、$C(k)=(c_{ji}(k))_{m\times n}$ 为相应的确定性时变参数矩阵。

若置：$\underset{\sim}{x}^T(k)=\{\underset{\sim}{x}_1(k),\underset{\sim}{x}_2(k),\cdots,\underset{\sim}{x}_n(k)\}$，$\underset{\sim}{u}^T(k)=\{\underset{\sim}{u}_1(k),\underset{\sim}{u}_2(k),\cdots,\underset{\sim}{u}_r(k)\}$，

$\underset{\sim}{y}^T(k)=\{\underset{\sim}{y}_1(k),\underset{\sim}{y}_2(k),\cdots,\underset{\sim}{y}_m(k)\}$，则式(6.6)、(6.7)可按分量改写成

$$\underset{\sim}{x}_i(k+1)=\sum_{s=1}^{n}a_{is}(k)\underset{\sim}{x}_s(k)+\sum_{l=1}^{r}b_{il}(k)\underset{\sim}{u}_l(k)\quad i=1,2,\cdots,n \tag{6.8}$$

$$\underset{\sim}{y}_j(k)=\sum_{i=1}^{n}c_{ji}(k)\underset{\sim}{x}_i \quad j=1,2,\cdots,m \tag{6.9}$$

若将式(6.8)代入式(6.9)，如此反复代入下去，当初始状态 $\underset{\sim}{x}(0)$ 已知时，则经适当整理，可有以下形式

$$\underset{\sim}{y}_j(k)=\sum_{s=1}^{n}\alpha_s^j(k)\underset{\sim}{x}_s(0)+\sum_{l=1}^{r}\sum_{p=1}^{k}\beta_{lp}^j(k)\underset{\sim}{u}_l(k-1) \quad j=1,2,\cdots,m \tag{6.10}$$

其中，$\alpha_s^i(k)$ 为适当整理合并后的初始状态的时变参数，$\beta_{lp}^j(k)$ 为相应时滞的模糊输入变量$\underset{\sim}{u}_l(k-p)$ 的时变系数。

若通过适当的阶数辨识方法，已确定了系统输入的时滞为 d 时，则式(6.10)可写成以下典型的模糊输入输出模型形式

$$\underset{\sim}{y}_j(k)=\sum_{s=1}^{n}\alpha_s^j(k)\underset{\sim}{x}_s(0)+\sum_{l=1}^{r}\sum_{p=1}^{d}\beta_{lp}^j(k)\underset{\sim}{u}_l(k-p)+\underset{\sim}{e}_j(k) \quad j=1,\ 2,\cdots,\ m \tag{6.11}$$

其中，$\underset{\sim}{e}_j(k)$ 为相应的模糊随机噪声。

以选择现代服务组合为例，当对某一类新的现代服务组合的社会反响直觉思维作调研分析时，若发现其出现某些突变特征(如：过分热烈或过分冷落)，就可依据社会调研的模糊数据，用上述的模糊状态方程模型来表示，然后从中得到这类现代服务组合的社会直觉思维的输出信息，进而做出定性与定量的预测结果[11]。

6.5 现代服务组合思维过程的少数派博弈智能体模型

由前所述，在实际现代服务组合的思维活动过程中，往往是几种思维形式先后交替或综合在起作用，对于这样一类典型的复杂适应系统，进而需在此基础上，运用多智能体建模方法[13]~[22]，建立现代服务组合思维过程的少数派博弈智能体模型[23]、[24]。

6.5.1 少数派博弈基本模型

基于智能体建模的复杂适应系统研究已引起了广泛的关注，一个重要的应用是资本市场收益率时间序列的波动性研究。事实上金融保险市场是一个典型的复杂适应系统，正是市场参与者的行动聚合形成了市场本身，市场环境反过来又影响投资决策，形成反馈、自组织现象和进化性。

少数派博弈模型是多智能体的进化模型[13]、[14]，是研究资本市场复杂性的重要方法。该模型的智能体有非常简单的定义，但大量的智能体却产生了复杂的外在特征，如智能体的合作性及系统效率。

少数派博弈(MG)是封闭的动态系统。假设有 N(奇数)个智能体，$\mu(t)\in P$ 是时刻t 时的公共信息，P 是可能的信息集(与记忆位数 M 有关)。为了从 $\mu(t)$ 产生决策，每个智能体都有 S 个策略(行动准则)$a^{i,s}$，$(i=1,\cdots,N,s=1,\cdots S)$，这些行动准则是从信息集 P 到行动集的映射，而可能的行动只有 -1 和 1。分别代表卖和买某种金融衍生产品(如：养老保险产品)，也就是说 $a_{i,s}^{\mu}=-1$ 或 1。每个策略 $a^{i,s}$ 有一个累积积分 $U_{i,s(t)}$，记录了这个策略的成功率。在时刻 t，每个智能体选择自己积分最多的策略 $s_i(t)$

$$s_i(t)=\arg\max_{s=1,\cdots,S}U_{i,s}(t) \tag{6.12}$$

每个智能体的行动为

$$a_i(t)=a_{i,si(t)}^{\mu(t)} \tag{6.13}$$

所有行动的聚合形成全局结果 $A(t)$，称之为“呈现”(attendance)

$$A(t)=\sum_i a_i(t) \tag{6.14}$$

公共信息更新为

$$\mu(t+1)=[2\mu(t)+(1+\operatorname{sgn}A(t)/2] \quad MOD \quad P \tag{6.15}$$

每个智能体的积分更新为：

$$U_{i,s}(t+1)=U_{i,s}(t)-a_{i,s}^{\mu(t)}\operatorname{sgn}[A(t)] \tag{6.16}$$

式(6.12) ～ 式(6.16) 组成了完整的 MG 基本模型。

6.5.2 拥挤现象和市场波动

少数派博弈模型研究的一个重点是系统的效率，也就是 $A(t)$ 的波动性，如果波动大，说明更多的智能体经常处在多数派中，系统损失了总的积分。$A(t)$ 的波动 σ^2 为

$$\sigma^2 \equiv \langle A^2\rangle = \lim_{t_0,T\to\infty}\frac{1}{T}\sum_{t=t_0+1}^{t_0+T}A^2(t) \tag{6.17}$$

这里$\langle\cdot\rangle$ 代表 A^2 在时间上的均值。

如果智能体随机选择行动的话，由于行动$a_i\in\{-1,1\}$，所以$\sigma^2\sim N$，而当$\frac{\sigma^2}{N}<1$时可以称智能体有合作现象。在模型中，每个智能体都没有其他智能体的信息，合作能力只能从全局信息中学习所得。

为了分析少数派博弈模型的价格行为，建立一个简易的市场机制模型，定义价格 P 为：

$$P(t+1)=P(t)e^{\frac{A(t)}{N}} \tag{6.18}$$

在这里，$a_i=1$ 代表行动“买”，而$\frac{A(t)}{N}$ 为收益率。

6.5.3 加速进化的少数派博弈

为分析智能体的进化特征，可扩展模型，增加一个参数，即积分 $U_{i,s}$ 的记录期限 H，每个智能体的每个策略只记录过去 H 步的积分情况。式(6.16) 变为

$$U_{i,s}(t+1)=U_{i,s}(t)-a_{i,s}^{\mu(t)}\operatorname{sgn}[A(t)]-U_{i,s}(t-H) \tag{6.19}$$

记录期限 H 和记忆长度M 并无关系，H 可以大于M，也可以小于M。对应于资本市场也有逻辑上的合理性，虽然智能体决策时只能记忆 M 步历史信息，但它近期所得收益的记录当然可以保存的期限长一些，一旦智能体更为“智能”时，它可以为了策略的进化，主动选择 H 的大小。不同 H 的情况下，智能体选择“买”的数量如图 6.1 与图 6.2。

图 6.2 中，选择买入的人数的波动比图 6.1 要小的多，也就是说在其他条件相同时，减小积分期限竟然加强了智能体的合作程度。信息量的减少反而产生更好的整体效果，可以解释为在进化的竞争系统中，智能体及时更新策略的有效性。

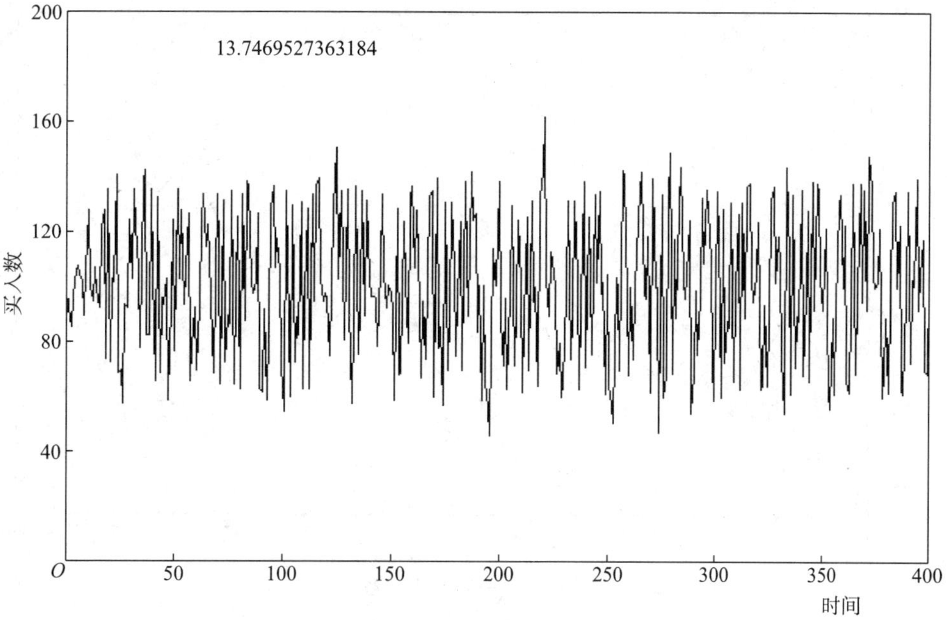

图 6.1　$H=18$ 时买入人数

($M=4$，$N=201$，$S=4$，横轴是仿真步数，纵轴是智能体选择买入的人数，$\frac{\sigma^2}{N}=13.75$)

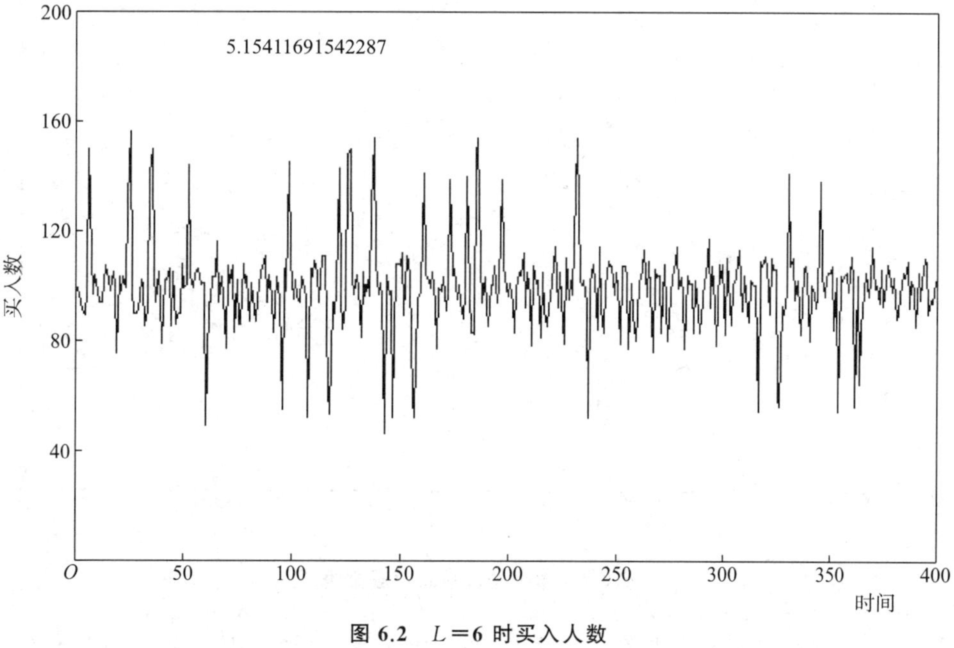

图 6.2　$L=6$ 时买入人数

($M=4$，$N=161$，$S=4$，$H=5$，$\frac{\sigma^2}{N}=5.15$)

进一步仿真，让 H 从 20 减少到 1，看$\frac{\sigma^2}{N}$的趋势，如图 6.3 所示。

从图 6.3 可以明显看出，随着 H 的减少，$A(t)$的波动整体上有减小的趋势，但当 H 太小时又有所增加，也就是说，H 在一定的范围内效果比较好。

由此可见，在拥挤阶段减小积分期限可以使系统整体效率提高。事实上，在混合的系统中，当具有不同积分期限的智能体共同博弈时，智能体的收益率是有差别的。我们用智能体决策的成功率作为其收益率，决策成功率的统计区间不限于 H 的范围内，将包括整个仿真期间，结果如图 6.4。

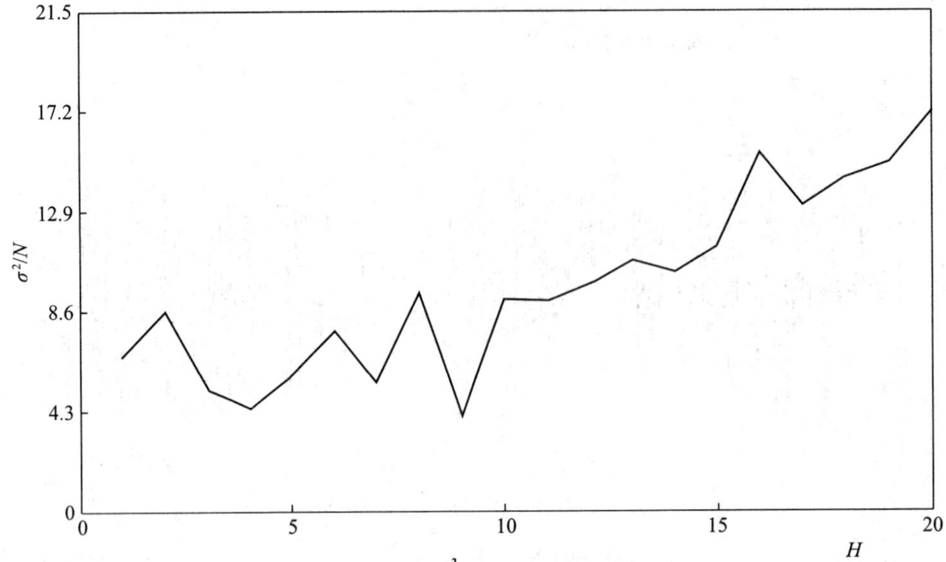

图 6.3 $\frac{\sigma^2}{N}$对应 H 曲线

($N=201, M=4, S=4$)

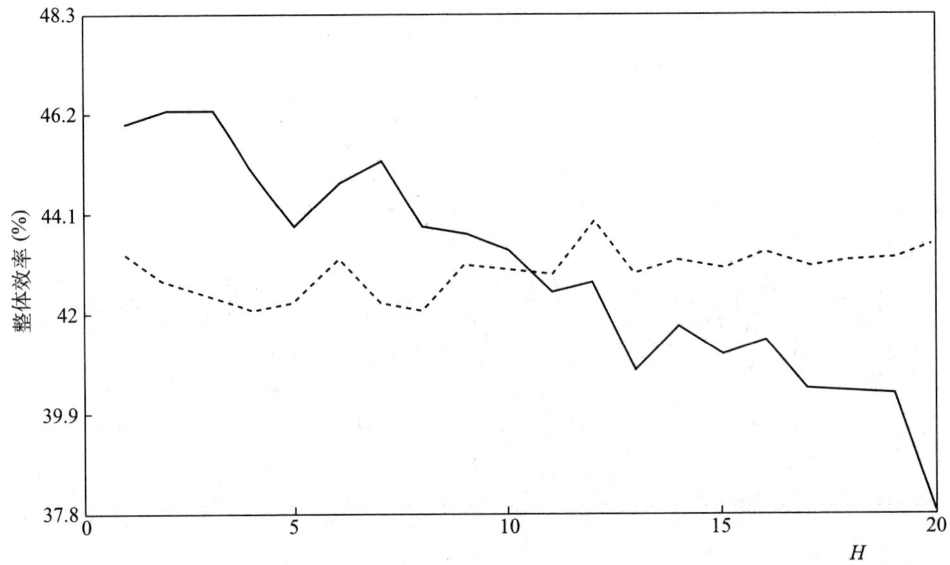

图 6.4 整个仿真期间对应曲线

系统中有 30%的智能体的积分期限可以改变,图中用实线表示,H 从 1 到 20;其余 70%的智能体 H 固定为 10,图中用虚线表示。

图 6.3 和图 6.4 可以明显的表明,智能体选择合适的积分期限可以同时提高智能体自身的收益及整体的效率,具有不同积分期限的智能体共同博弈时,拥有较优积分期限的智能体表现得更好。

所有智能体的决策最终产生了系统本身的复杂性,而系统的进化又要求个体智能体策略的进化,这种自组织的系统特性在资本市场分析中具有重要价值。

小结

本章以现代服务组合的管理控制为背景，就人的思维过程的输入输出信息类型、三种思维形式对应的模糊模型进行了探讨，并运用少数派博弈的思想建立了现代服务组合思维过程的综合协调判断模型 。

参考文献

[1] 劳伦斯·汤普森. 老而弥智—养老保险经济学[M]. 孙树菡译. 北京:中国劳动社会保障出版社,2003

[2] 黄崇福,王家鼎. 模糊信息分析与应用[M]. 北京:北京师范大学出版社,1992

[3] Mohua Banerjee, Sushmita Nitra, Sankar K Pal. Rough Fuzzy MLP: Knowledge encoding andClassification[J], IEEE Trans on Neural Networks, 1998, 9 (6): 1203 - 1216

[4] Sankar K Pal, Sushmita Nitra, Pabitra Mitra. Rough-fuzzy MLP: Modular evolution, rule generation, and evaluation [J], IEEE Trans on Knowledge and Data Engineering, 2003, 15 (1): 14 - 25

[5] Lingras P L. Fuzzy-rough and rough-fuzzy serial combinationa in neuro-computing[J]. Neurocomputing, 2001, 36 : 29 - 34

[6] Sushmita M, Pabitra M, Sankar K Pal. Evolutionary modular design of rough knowledge-based network using fuzzy attributes[J], Neurocomputing, 2001,36 (1 - 4): 45 - 66

[7] 汤兵勇. 模糊模型的辩识及应用[M]. 北京:中国环境科学出版社,1994

[8] 凌复华. 突变理论及其应用[M]. 上海:上海交通大学出版社,1987

[9] 汤兵勇,路林吉,王文杰. 模糊控制理论与应用技术[M]. 北京:清华大学出版社,2002

[10] Xiaobei Liang, Bingyong Tang. Knowledge management-based fuzzy model set of intelligent information processing under electric commerce[J]. The Second China and U.S. Advanced Workshop in Electronic Commerce 2004(第二届中美电子商务高级论坛论文集), 2004.6:570 - 572

[11] 梁晓蓓,汤兵勇. 一类组合养老保险模式的智能信息处理模糊模型[J]. 黑龙江大学自然科学学报,2004,21(2): 39 - 43

[12] 梁晓蓓,汤兵勇. 基于知识管理的智能信息处理模糊模型库[J]. 第三届全国"管理统计教学与应用研究"研讨会论文集,中国,西安,2004(8):22 - 27

[13] D. Challet, Y.C. Zhang, Physica A 246 (1997) 407

[14] D. Challet, Y.C. Zhang, Physica A 256 (1998) 514

[15] N.F. Johnson, M.L. Hart and P.M. Hui, Physica A 269 (1999) 1

[16] P. Jefferies, M.L. Hart, P.M. Hui, and N.F. Johnson, Eur.Phys.J.B 20 (2001) 493

[17] D. Challet, M. Marsili and R. Zecchina, International Journal of Theoretical and Applied Finance Vol. 3, No. 3 (2000) 451

[18] A. Cavagna, J.p. Garrahan, I. Giardina and D. Sherrington, International Journal of Theoretical and Applied Finance Vol.3, No.3 (2000) 455

[19] K. Lee, P.M. Hui, N.F. Johnson, Physica A 321 (2003) 309

[20] K.F. Yip, P.M. Hui, T.S. Lo and N.F. Johnson, Physica A 321 (2003) 318

[21] M. Hart, P. Jefferies, N.F. Johnson and P.M. Hui, Physica A 298 (2001) 537

[22] A.W. Brian, Science, 284 (1999) 107

[23] Xinghua Liu, Xiaobei Liang. Bingyong Tang. Minority Game and Anomalies in Financial Markets[J]. Physica A 333 (2004) :343 - 352

[24] 刘兴华,梁晓蓓,汤兵勇. 行为金融学和投资者信念模型[J]. 黑龙江大学自然科学学报,2003,20(2):48 - 54

7　现代服务组合的客户价值与行为模型

由于客户需求的个性化趋势的增强，为客户提供满足其需求的服务组合产品将成为实施差异化战略企业的一种必然选择。客户需求作为拉动服务供应链运作的原动力，需要对其进行适当的分析，特别要关注客户价值和行为，并通过实际的服务组合产品来满足这种需求。

7.1　客户价值发现原理

7.1.1　客户价值

对客户价值的理解是企业管理的关键。很大程度上企业都把客户价值理解为客户盈利能力，客户价值与客户忠诚度是密切相关的。如果没有评价客户价值的要素标准，就无法使企业的客户价值最大化，因为不知道哪个最低哪个最大。

如果不知道客户的价值，企业就很难判断什么样的市场策略是最佳的。因为企业不知道自己的客户现在值多少钱，所以可能正在浪费企业的资源，或者已经投资过度了，企业可能不知道什么样的客户是有价值的，也不知道企业应从竞争对手那里抢过多少客户。这样一来，企业就很盲目。假如每一个客户生来都是一样的，有着同样的价值，这也就不成问题。但是实际上情况并非如此，在企业的客户群中，客户的盈利能力是有很大区别的。各种市场广告和促销活动在每一个客户上分摊后级别是差不多的，但是不同的客户产生的影响可能是积极的也可能是消极的。但是一般而言，在客户身上花的钱越多，他们保持更高的价值的可能性就越大。

客户价值的研究包括客户盈利能力和增量客户价值两大方面。

1. 客户盈利能力

客户忠诚度与客户价值是密切相关的，保持客户的忠诚度将对客户价值产生极深的影响。忠诚度高的客户是指那些持续购买公司产品或服务的客户，这样稳固的关系给企业带来极大的利润。因为企业无需在这些忠诚度高的客户身上投入新的营销费用，而且客户认可了公司并建立起一种良好的关系，所以客户会更多地推荐其他人来购买甚至愿意支付额外的费用以获得最好的服务。

很大程度上企业都把客户价值理解为客户盈利能力，当然也可以理解为客户带来的销售收入。但是以客户收入作为客户价值，它不能分辨出哪些客户是真正重要的。有一部分客户是可以带来很大的收入，但是因为这种客户要求很多的额外的服务从而产生很大的服务成本，而且它可能要求的价格折扣也更高，从而造成收入可能很高，可是盈利率可能很低，甚至是负利润。从企业发展的战略角度来看，在企业追求市场份额和扩大规模而暂时不关注利润的时候，短期内是可以的，但是长期在这类客户身上投资是不明智的。因此，无论任何时候，企业应该将注意力集中在有利可图的客户身上。

客户价值不仅仅要分析客户的现有价值，还要分析客户的潜在价值，也就是未来的盈利能力。例如,当房地产企业为推出新楼盘做了大量的市场推广活动后,现场展厅的销售代表会发现他们为接待大量的潜在客户的来电和来访而忙得焦头烂额。看起来这是一个很好的事情,但是问题是企业的所有客户都要从这些潜在客户中来的,而不是所有的客户乃至所有的潜在客户生来都是一样的。

一些来电的或者来访的潜在客户很快就对企业的楼盘不感兴趣了,另一些可能感兴趣的时间长一些。一些潜在客户可能会一次性购买多个单元,而另一些可能只买一套最小的单元。有一些潜在客户一开始只认购了一套,但很快他们就会成为企业的大客户。很显然,如果能够把潜在客户按照他们的潜在价值排序,这是非常有用的。

这些问题,房地产公司的销售或者市场人员也可能给出答案,但是这些答案可能是盲目的,或者是主观的。如果能够为他们提供这种潜在客户价值的分析对他们的业务很有帮助。而预测客户的潜在价值,需要有两个主要要素,一个是潜在客户的行为特征和发展成客户行为特征的历史数据,一个是计算客户价值的标准。然而对于一个企业来说,评估一个客户的现有价值已经比较困难了,预测客户将来的价值和潜在价值是更困难的事情。

2. 增量客户价值

增量客户价值的分析是很有意义的,不妨先理解一下增量价值的定义和意义。在现有的市场和销售措施的基础上客户价值得到提升,但是客户价值提升的计算存在两种情况,一种是客户提升后的客户价值,一种是客户因为此次提升而增加的客户价值,而增加的这个客户价值就是增量客户价值。

同样是房地产公司,市场部门在进行客户细分和客户价值定位后,在黄金客户区隔中组织了一次市场活动,提供优惠大礼包。问题就出现了:这些客户在促销活动前已经是高价值的客户了,而促销活动后还是高价值客户,那么企业在这些客户身上获得的利润增加了吗?如果这次促销活动使这些客户产生的营业收入增加了,但是在计算这次促销活动的费用后这些增加的收入最终是利润还是负利润?

所以,企业最关注的是房地产公司由于促销活动而产生的增量价值。这也是决定向媒体付钱的评估标准以及效果考核的评估标准。

通过以上的举例,可以看出,客户的增量价值就是客户由于获得了优惠促销而增加的营业收入减去促销成本后而得到的利润。虽然计算客户的增量价值更加困难,但是通过分析客户的增量价值,会发现这部分高增量价值的客户实际上他们的生命周期价值远远大于现在的价值。

增量客户价值的分析也可以提示市场和销售部门哪些活动对哪些客户可以不作啦,既然花钱了也不增加就不要继续在这些没有增量客户价值的客户身上花钱。

7.1.2 帕累托价值法则

维尔弗雷多·帕累托是经典精英理论的创始人,社会系统论的代表人物,意大利经济学家、社会学家,对经济学、社会学和伦理学做出了很多重要的贡献,特别是在收入分配的研究和个人选择的分析中。他提出了帕累托最优的概念,并用无异曲线来帮助发展了个体经济学领域。他的理论影响了墨索里尼和意大利法西斯主义的发展。帕累托因对意大利20%的人口拥有80%的财产的观察而著名,后来被约瑟夫·朱兰和其他人概括为帕累托法则,后来进一步概括为帕累托分布的概念。

一般情形下,产出或报酬是由少数的原因、投入和努力所产生的。原因与结果、投入与产出、努力与报酬之间的关系往往是不平衡的。若以数学方式测量这个不平衡,得到的基准线是一个80/20关系;结果、产出或报酬的80%取决于20%的原因、投入或努力。例如,世界上大约80%的资源是由世界上15%的人口所耗尽的;世界财富的80%为25%的人所拥有;在一个国家的医疗体系中,20%的人口与20%的疾病,会消耗80%的医疗资源。80/20原则表明在投入与产出、原因与结果以及努力与报酬之间存在着固有的不平衡。这说明少量的原因、投入和努力会有大量的收获、产出或回报。只有几件事情是重要的，大部分都微不足道。

80/20 关系提供了一个较好的基准。一个典型的模式表明，80％的产出源自 20％的投入；80％的结论源自 20％的起因；80％的收获源自 20％的努力。帕累托法则包含在任何时候对原因的静态分析，而不是动态的。使用 80/20 原则的艺术在于确认哪些现实中的因素正在起作用并尽可能地被利用。80/20 这一数据仅仅是一个比喻和实用基准。真正的比例未必正好是 80％：20％。帕累托法则表明在多数情况下该关系很可能是不平衡的，并且接近于 80/20。

帕累托法则极其灵活多用。它能有效地适用于任何组织、任何组织中的功能和任何个人工作。它最大的用处在于：当你分辨出所有隐藏在表面下的作用力时，你就可以把大量精力投入到最大生产力上并防止负面影响的发生。

帕累托法则要遵守下列事项：

- 鼓励特殊表现，而非赞美全面的平均努力；
- 寻求捷径，而非全程参与；
- 选择性寻找，而非巨细无遗的观察；
- 在几件事情上追求卓越，不必事事都有好表现；
- 小心选择事业和雇员，如果可能，就自己当老板；
- 只做我们最能胜任且最能从中得到乐趣的事；
- 从生活的深层去探索，找出那些关键的 20％，以达到 80％的好处；

7.1.3 客户价值分析方法与发掘过程

根据企业客户价值评价标准的探讨，客户价值评价体系应该从客户当前价值和潜在价值两个方面进行设计。

在整个客户生命周期上管理客户价值是 CRM 的基本思想，因此，企业在评价客户有价值与否时，不仅要参照该客户当前的价值表现，更重要的是依据其对该客户潜在价值的预测判断。客户当前价值决定了企业当前的盈利水平，是企业感知客户价值的一个重要方面。客户潜在价值关系到企业的长远利润，是直接影响到企业是否继续投资于该客户关系的一个重要因素。

当前价值计算评价可以从直接计算和指标评价两个角度分别考虑。直接计算是通过严格的数学计算得到当前价值的具体数值，指标评价是通过相关指标的评价间接获得当前指标的评价值。

从直接计算的角度，当前价值中的货币价值就是要计算在评价阶段内客户实际产生的净利润大小。这一计算过程主要是在 ABC 成本分析的基础上进行盈利核算，陈明亮对这一过程进行了详细探讨。但是，上述盈利分析是一个复杂的计算过程，特别是对于难以用 ABC 成本分析法进行处理的企业。因此，虽然从理论上这一方法是可行的，但在实际企业实践上却是难以操作的，所以有必要借助另外一种方法来间接评价客户当前的货币价值。

从指标评价的角度，这里提出用毛利润、购买量、服务成本三个指标来间接描述评价客户当前的货币价值。其中，毛利润等于客户实际支付的价格减去平均生产成本，购买量是客户在评价阶段内购买产品的累计数量，服务成本是企业在该段时间内服务该客户所花费的投入。毛利润指标主要反映了客户实际支付价格的高低，购买量指标间接反映了客户在分摊生产成本上的差异，服务成本直观显示了不同客户在客户服务投入上的不同。因此，这三个指标可以全面地对客户现阶段的净利润进行描述，这是因为：

$$\text{净利润}=\text{客户实际支付价格}-\text{实际分摊的生产成本}-\text{固定营销成本}-\text{可变营销成本(即服务成本)} \tag{7.1}$$

而固定营销成本，如广告投入等，对于每一个客户都是相同的。因此，得到

$$\begin{aligned}\text{净利润} &= f(\text{客户实际支付价格，实际分摊的生产成本，可变营销成本})\\ &= f(m(\text{毛利润}),g(\text{购买量，服务成本})\\ &= h(\text{毛利润，购买量，服务成本})\end{aligned} \tag{7.2}$$

其中函数 f 表示客户实际支付、实际分摊的生产成本以及可变营销成本与客户净利润之间的函数关系；函数 m 表示毛利润与客户实际支付价格之间的函数关系，客户实际分摊的生产成本是客户购买量的函数，用 g 来表示。

公式(7.2)的推导过程说明，毛利润指标主要反映了客户实际支付价格的高低，购买量指标间接反映了客户在分摊生产成本上的差异，服务成本直观显示了企业对于客户服务的投入。需要特别解释的是这里的毛利润是指单位商品的毛利润，购买量是客户在评价阶段内购买产品的累计数量，服务成本是企业在该段时间内服务该客户所花费的投入。

客户潜在价值计算评价也可以从直接计算和指标评价两种方法得到。潜在价值的直接计算与当前价值的直接计算含义相同，即通过数学推导计算得到潜在价值的具体数值。潜在价值的指标评价与现有价值的指标评价含义一致，即通过相关指标得到潜在价值的一个评价值。

从直接计算的角度来讲，客户未来潜在价值集中表现为该客户在剩余生命周期中的货币价值，即该客户在剩余生命周期中所产生的净现金流的大小，也即其长期价值的大小，该值越大，客户的潜在价值也就越大。

从指标计算评价的角度讲，客户关系的一些特征描述变量，如满意度、忠诚度、信任度和信用等，也能在一定程度上预测该客户今后一段时间内潜在价值的变化。

这些关系特征变量中，最有说服力的是忠诚度和信任度，客户满意度的预测效果受到置疑。根据陈明亮关于客户生命周期曲线特征的描述理论的研究，客户忠诚度和信任度的表现常常伴随着潜在价值的同方向的变动，从客户关系的建立、发展、稳定到衰退，客户的忠诚/信任也经历了一个类似的形成、加强、稳定到解体的过程。与此同时，客户价值(净现金流)也与忠诚/信任的波动同步形成一个倒“U”型变化曲线，即客户生命周期“U”型变化曲线，即客户生命周期曲线。这说明客户当前的忠诚/信任度可以在一定程度上预测该客户在今后一段时间内价值的间接计算评价变化。如果该客户当前的忠诚/信任度较高，则可以说，在此后的一段时间内，其货币价值有上升的趋势，反之，则有下降的趋势。客户关系特征变量的意义之一也就在于它为企业提供了一种判断客户未来潜在价值的简洁途径。另外，对于存在货币信贷关系的客户关系而言，企业对于客户信用的评价，通过预测未来交易风险的途径间接反映了企业对该客户未来潜在价值的间接评价。客户信用度越高，企业与之继续交易的风险越低，潜在价值的预期值上升；反之，客户信用度越低，企业与之继续交易的风险越高，其潜在价值的预期值下降。不过，客户忠诚/信任度、信用度所提供的这种间接预测，只能对该客户未来短期时间段使用，对于客户剩余生命周期潜在价值的预测，这种间接方法还不适用，这是因为客户的非货币价值是一个受关系双方互动影响的变量，用一个阶段的静止评价，难以窥探价值变化的全貌，这是该方法的局限性，也是用昌吉价值判断客户潜在价值的优势所在。

因此，对于客户价值评价指标体系的设计，通过对当前价值和潜在价值的直接、间接计算评价，可以得到四个不同的评价指标体系。

对客户当前价值和潜在价值加权求和就可以得到客户价值的评价值。如果当前价值为直接计算得到的具体货币数值,则需要进行无量纲处理。潜在价值的直接计算与此类似处理。

7.2 客户体验设计理论

7.2.1 客户网络体验设计

仿佛在一夜之间,“客户体验”这个词就传遍了世界。在戴尔公司总部,差不多每间办公室都写着一句口号:“客户体验:把握它”。数千名员工脖子上挂着嵌有照片的工卡,上面写着戴尔公司的使命:在服务的市场传递最佳客户体验。惠普的口号是全面客户体验。美国德州仪器甚至取消了市场部,取而代之的是“接近最终客户”部门。在联想,你也会发现,“全面客户体验” 成了每个员工的口头禅。

面临着新的经营环境和竞争范式,越来越多的企业开始想方设法寻找新的途径,以维持企业的盈利能力。这就是为什么众多的公司如惠普、通用电气、星巴克、戴尔、索尼、微软、联想、海南航空和等企业纷纷推行全面客户体验的原因。

虽然这些公司大多对管理时尚比较反感,但它们都毫无疑问地接受了全面客户体验,因为全面客户体验这一创新能够促进公司提升客户利润贡献度和客户满意、增加市场份额、减少运营成本,而最终提高投资回报率。不同的企业、不同的学者从不同层面、不同角度解释全面客户体验。从不同的层面来看,全面客户体验涉及了企业战略管理和运营管理两个层面。

在企业战略层面,全面客户体验包含了客户份额、客户细分、以客户为中心重组盈利模式、基于客户共享的策略联盟等核心概念。这些概念是企业从“以产品为中心”转型为“以客户为中心”的“心法”,保证了企业能够找到有价值的客户和踏上快速成长的战略路径。

在企业运营层面,全面客户体验包含了客户关键满意因素、全面接触点管理、“以业务流程再造”等核心概念。这些概念和实践是“以客户为中心”的“手法”,它们保证了“以客户为中心”不是继续停留在纸面上、口头上,而是落实到每一个员工每一天所做的每一件事上。

对全面客户体验的理解,必须要将战略层面和运营层面结合在一起。有些企业和专家偏于战略层面的理解,以追求客户份额为战略目标,而以细分的价值客户为中心,重组了业务模式,但是收效甚微,甚至减低了客户满意度,所有业务的盈利能力全面下降。其中的主要原因就是运营层面“缺钙”,没有执行力,导致了当业务模式拓展时,出现管理疏忽、流程混乱、质量下降等不利局面。

而有些企业和专家偏于运营层面的理解,以追求客户满意度为绩效目标,而不断改进流程、提高质量、赠送附加服务等。但是,客户满意度是上升了,利润却没有增长,甚至下降了。其中的主要原因就是战略层面“近视”,没有战略眼光,导致大量满意度很高的客户却没有给企业带来任何利润;同时由于缺乏集成的业务组合,无法获取客户的延伸购买,高的客户满意度竟然没有转化为经营利润。

从不同的角度来看,全面客户体验涉及了信息技术、传播学、心理学和管理学等学科,可以说全面客户体验是一个交叉而又综合的理论体系。但是,很多学者和咨询顾问,在嘲笑许多公司职能型组织因专业、利益各异而经常扯皮,减低工作效率时,也犯了同样的错误,仅仅站在自己专业的角度定义“全面客户体验”。

一些学者和咨询顾问将全面客户体验定义为对客户理智、感性、联想、回忆等的研究和管理。该定义显然太偏于心理学,把全面客户体验这一最佳营销实践搞得像雾像雨又像风,过于虚无,无法为企业提供实务操作方法。首先，客户的理智、感性、联想、回忆等是无法衡量的，无法衡量的东西就无法管理。其次，即使通过一些复杂的计量模型将这些东西衡量出来，也毫无意义，因为人的理智、感性、联想、回忆等太不稳定。

有一些学者和咨询顾问将全面客户体验定义为促使公司更好地满足顾客需求的方法。这是一个很不错的定义，但是并不完美。全面客户体验最富有吸引力的地方，在于其将客户满意度转化为股东价值。很多企业用一般客户来衡量客户满意度和客户价值。虽然他们随后采取了一些行动，实施了一些项目，但因针对全部客户，其效果被稀释殆尽，无法满足高价值客户的需求。而全面客户体验通过客户利润贡献度分析和客户差别管理策略，使企业针对最有价值的客户展开改进满意度的工作，提高其利润贡献。如果所有这些定义和理解都只是部分正确，那么，什么才是全面客户体验的最好定义和理解呢？以我们自身的理论研究和咨询实践，并结合一些成功导入全面客户体验的公司的最佳实践，可以把全面客户体验定义为一种增进盈利能力的模式，如图 7.1 所示。

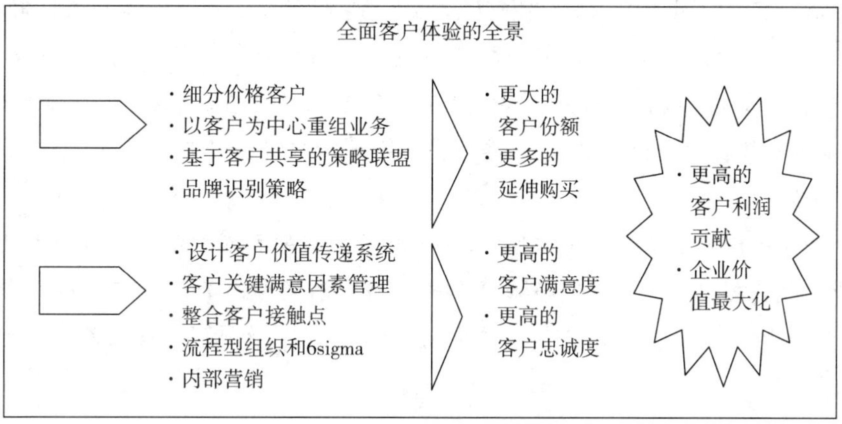

图 7.1　全面客户体验的全景

全面客户体验是一种基于价值客户的价值营销模式，它通过对价值客户需求的理解，确立富有竞争力的业务组合，并通过一套整合的传递系统，将业务组合中所体现的价值完美地交付给客户，使客户满意度和忠诚度得以提升，从而达成提升客户利润贡献的目标。

7.2.2　客户关系维系

客户是企业生存和发展的基础，市场竞争的实质其实就是夺取更多的客户资源。《哈佛商业评论》的一项研究报告指出：再次光临的客户可带来 25%～85%的利润，而吸引他们的主要原因是服务质量，其次是产品，最后才是价格。维系现有客户(Customer Retention)，保持客户忠诚度是 CRM 营销策略成功实施的关键。

1. “漏斗”原理

在以往的企业营销活动中，有相当一部分企业只重视吸引新客户，而忽视保持现有客户。这可以用“漏斗”原理来解释。由于企业将管理中心置于售前和售中，造成售后服务中存在的诸多问题得不到及时解决，现有客户大量流失，企业为保持销售额，必须不断补充“新客户”，如此不断循环。企业可以在一周内失去 100 个客户，同时又得到另外 100 个客户，表面上看销售业绩没行受到任何影响，而实际上，争取这些新客户的成本显然要比保持老客户昂贵得多，从客户赢利的角度考虑，是非常不经济的。按照“漏斗”原理的模式来经营的企业，如果说在卖方市场上还不至于出现大的问题，在竞争激烈的买方市场上却会举步维艰。

2. 客户维系的作用

客户资源已经成为企业利润的源泉:一个企业只要多维系5%的客户,则利润可有显著的增加。因为现有客户购买量大,消费行为可预测,服务成本较低,对价格也不如新客户敏感,而且还能提供免费的口碑宣传。维护客户忠诚度,使得竞争对手无法争夺这部分市场份额,同时还能保持企业员工队伍的稳定。总之,客户维系可以给企业带来如下好处。

(1) 从现有客户中获取更多客户份额

企业由于着眼于和客户发展长期的互惠互利的合作关系,提高了相当一部分现有客户对企业的忠诚度。忠诚的客户愿意更多地购买企业的产品和服务,忠诚客户的消费,其支出是随意消费支出的两到四倍。而且,随着忠诚客户年龄的增长、经济收入的提高或客户企业本身业务的增长,其需求量也将进一步增长。

(2) 减少销售成本

企业吸引新客户需要大量的费用,如各种广告投入、促销费用以及了解客户的时间成本等。但维持与现有客户的长期关系的成本却逐年递减。虽然在建立关系的早期,客户可能会对企业提供的产品或服务有较多的问题,需要企业做出一定的投入,但随着双方关系的进展,客户对企业的产品或服务越来越熟悉,企业也十分清楚客户的特殊要求,所需的关系维护费用就变得十分有限了。

(3) 赢得口碑宣传

对企业提供的某些较为复杂的产品和服务,新客户在作购买决策时会感觉有较大的风险,这时他们往往会咨询企业的现有客户。而具有较高满意度和忠诚度的老客户的建议往往具有决定作用,他们的有力推荐往往比各种形式的广告更为奏效。这样,企业既节省了吸引新客户的销售成本,又增加了销售收入,提高企业的利润。

(4) 员工忠诚度的提高

这是客户维系策略的间接效果。如果一个企业拥有相当数量的稳定客户群,也会使企业与员工形成长期和谐的关系。在为那些满意和忠诚的客户提供服务的过程中,员工体会到自身价值的实现,而员工满意度的提高将导致客户服务质量的提高,使客户满意度进一步提高,形成一个良性循环,如图7.2所示。

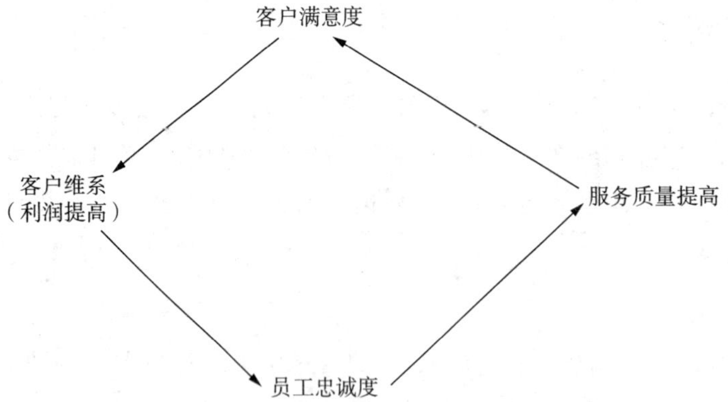

图7.2 客户维系策略对员工忠诚度的影响

3. 客户维系策略的组成

(1) 提高客户保持率

提高客户保持率的关键是通过确定客户愿意与企业建立关系的本质和内容然后加强客户与企业关系中认为重要的方面。例如,考察一位光顾特殊服装商店的客户,她认为特殊赞赏和特殊对待活动有价值，而对价格根本就没有敏感性，这时可以采用“指定某位店员为她服务，这位店员知道她的尺寸和品位，当有新品到货时会与她联系。”这种活动比“在特定日子里全场给予15%的折扣”更能维持与她的关系。

(2) 分析客户的转换成本

如果客户转到竞争对手那儿购买，她必须放弃什么？然后评估忠诚回报活动是否对你企业的优秀客户十分重要。如果重要，那么你企业就需要开发这种活动，从而降低优秀客户受到竞争对手诱惑的可能性。所以如果客户认为转换成本高，那么忠诚回报活动就能提高客户维系的可能性和提高企业的盈利能力。但是如果客户认为转换成本不高，那么高费用的忠诚活动只能成为企业换取短期市场份额提升的应急之举，常常会使企业陷入困境。

(3) 实施特殊赞赏活动

确定企业是否面临为优秀客户开发和实施特殊赞赏和特殊对待活动的挑战。如果客户希望受到关心和赞赏，那么特殊赞赏活动就能提升客户保持率。奖励活动通常蜕化成价格折扣或返回的一种替代形式(如常旅客回报活动中的回程票)。然而，企业的优秀客户通常认为其他形式的利益比金钱回报更有价值。例如，特殊赞赏和特殊对待活动给予客户“铂金”等级待遇(如可提前登机，检票时直呼客户姓名)，客户认为这比类似奖励飞行历程券和升级至头等舱等回报方式利益要有价值的多。

(4) 加强与客户的情感联系

深入开展营销研究，了解客户爱好和情感联系；了解向客户提供与情感联系相关的利益。然后通过加强客户与企业的情感联系，以及口碑推荐的附加利益，联谊活动可提升客户保持率。

(5) 组织团体活动

实施团队之前，确定客户是否认为团队活动有意义；分析企业是否有明显的“品牌个性”。若有，可考虑组织团体活动。成功的团体活动能提高转换成本，客户会认为整个团体必须成为保护团体利益的组织。

(6) 建立学习关系

实现知识学习活动之前，确认客户同意使用客户信息来建立个性化的关系；利用获得的客户信息，建立学习关系，向客户提供个性化利益。当客户发现与其他企业建立关系的成本很高时，学习活动通常能提升“客户黏性”。

4. 客户维系策略的层次

Leonard Berry 和 A.Parasrarran 提出了客户维系策略的三个层次，无论在哪一层次上实施客户维系策略，都可以建立不同程度上的企业与客户间的关系，同时也意味着为客户提供不同的个性化服务。

(1) 第一层次

维系客户的手段主要利用价格刺激来增加客户关系的财务利益。在这一层次，客户乐于和企业建立关系的原因是希望得到优惠或特殊的照顾。如酒店对常客提供高级住宿；航空公司可以倡导给予经常性旅客以奖励；超级市场对老客户实行折扣退款等。尽管这些奖励计划能改变客户偏好，但却容易被竞争对手模仿，因此不能长久保持与客户的关系优势。建立客户关系不应该是企业单方面的事情，企业应该采取有效措施使客户主动与企业建立关系。

(2) 第二层次

既增加财务利益，又增加社会利益，而社会利益优先于财务利益。企业员工可以通过了解单个客户的需求，使服务个性化和人性化，来增加企业和客户的社会性联系。如在保险业中，与客户保持频繁联系以了解其需求的变化，逢年过节送一些卡片之类的小礼物以及共享一些私人信息，都会增加此客户留在该保险公司的可能性。

信息技术能够帮助企业建立与客户的联系:企业及其分支机构通过共享个性化客户信息数据库系统,能够预测客户的需求并提供个性化的服务,而且信息能够及时更新。无论客户走到哪里,都能够享受特殊的服务。这样,客户与整个企业(包括分支机构)建立了社会性的联系,其意义远比财务上的联系重要。

另外,社会性关系还受到文化差异的影响,长久的关系是亚洲文化中不可或缺的部分,这与美国人过于强调时间和速度形成了鲜明对照。在北美,培养客户关系主要在于产品、价格和运输方面的优势;而在亚洲,虽然上述因素不可忽视,但业务往来中非经济因素占据了主导,培养营销人员和客户间彼此信赖和尊重的关系显得尤为重要。需要强调的是,在产品或服务基本同质的情况下,社会关系能减少客户“跳槽”现象的发生,但它并不能帮助企业克服高价产品或劣质服务。

(3) 第三层次

它在增加财务利益和社会利益的基础上,附加了更深层次的结构性联系。所谓结构性联系即提供以技术为基础的客户化服务,从而为客户提高效率和产出,这类服务通常被设计成一个传递系统。如企业可以为客户提供特定的设备或网络系统,以帮助客户管理订货、付款、存款等业务;而竞争方要开发类似的系统需要花上几年时间,因此不易模仿。良好的结构性联系为双方提供了一个非价格动力,并且提高了客户转换供应商的成本,同时还会吸引竞争者的客户,从而增加企业收益。

7.3 客户分类与行为分析

并不是所有的客户都想与某个企业保持长期的关系,客户的购买决策往往受到价格、质量、价值和服务、时间等多个复杂因素的影响。正如有的学者认为的那样,一般情况下,客户可能划分为两种类型,即交易型客户(Transaction Buyer)和关系型客户(Relationship Buyer)。一个交易型客户只关心商品的价格,这些客户没有忠诚度可言。另一种类型的客户是关系型客户,这些客户希望能够找到一个可以依赖的商品或服务提供者,他们寻找一家能够提供可靠商品或服务的友好的企业,这个企业认识他、记住他、并能帮助他,与他建立一种关系,一旦他们找到了这样的提供者,他们就会一直到那里购买商品或服务,如果服务得当,他们不介意该企业稍高于企业竞争对手的费用,甚至会终生在此企业购买商品或服务。所以,企业无须与所有的客户建立关系,重要的是弄清楚两个不同的问题:企业的客户是什么类型?这种类型的客户是多少?其实,这就是企业面临的客户分类问题。

7.3.1 客户分类

客户分类是将客户基于简单的要素标准进行分类。这个阶段的客户细分变量包括:地理因素、社会因素、心理因素和人口因素。通过不同的客户细分变量来进行典型的或者代表性的细目分类,从而将客户细分为不同纲目的客户集合,再进行精确的定位。

例如,利用客户的购买动机类型可以进行如下四种类型购买者的客户分类:

(1) 消费型购买者,即自己购买,自己消费。这类购买者注重商品本身的性能、品牌、价位、服务等,并依据个人的偏好选购商品。

(2) 加工型购买者,即购买之后将所购物品或者服务改造、加工、制造成为新的产品或者服务。这类购买者关心的是产品或者服务的质量、供货条件等,购买决策程序比较复杂。

（3）贸易型购买音，即商人，买入是为了卖出。他们关心的是“利”，即是否有利润空间。

（4）委托型购买者，即政府采购、军事采购、集团采购等。购买的目的是为别人消费而购买。这类购买者关心的是能够方便省时地完成采购程序。

基于客户购买动机类型的分类，对以使企业简单而有效地针对不同分类的客户提供不同的产品相服务、或者体现同一产品和服务的不同价值，这是最简单的针对个体客户分类的一对一营销方式。

7.3.2 客户行为分析与分类管理

在客户细分之后，需要进行价值定位，分辨高价值和低价值的客户细分集合。根据企业关注的不同点通过不同的变量对客户细分集合进行价值定位，选定最有价值的细分客户。客户价值定位变量包括：客户销售收入、客户利润贡献、忠诚度、推荐成交量等，客户价值定位可以采用 ABC 法和客户金字塔来实现。

归纳起来客户分类管理中主要包括以下内容：

（1）确定细分客户集合的标准。细分客户集合的标准有：客户个性化资料、客户消费量与频率、客户的消费方式、客户的地理位置、客户的职业、客户的关系网等。

（2）进行不同客户集合的信息的进一步分析。分析客户的消费特点、购买行为、消费走势、对产品服务的期望值、所需要的产品或服务价格组合等，并对这些信息进行深加工。

（3）针对不同客户集合进行差别化管理。确定不同客户集合对企业的价值、重要程度，并针对不同客户集合的消费行为、期望值等制定不同的销售服务策略。

（4）建立并完善资源配置系统。资源配置系统至少应包括以下内容：企业资源统计、调配系统，企业资源配置渠道，企业资源配置中的管理等几个部分。还需要在动态资源管理系统中加入市场资源、销售资源、管理资源和人才资源等内容。资源配置系统是企业对客户分类管理的拓展，对于不同价值、不同消费需要的客户集合。企业应为他们配置不同的市场、销售、服务和管理资源。

目前把客户划分成不同类型主要依据的标准有：

（1）客户对企业的重要程度：在客户关系管理中，企业常常按照客户对企业的重要程度进行客户类型的划分。例如采用 ABC 分类法进行客户类型划分，可以将客户划分成贵宾型客户、重要型客户和普通型客户三种客户类型，如表 7.1 所示，

表 7.1 用 ABC 分类法对客户进行划分

客户类型	客户名称	客户数量比例	客户为企业创造的利润比例
A	贵宾型	5%	50%
B	重要型	15%	30%
C	普通型	80%	20%

需要注意的是，表 7.1 所列的数字仅为一般参考值，对于不同行业、不同企业的数值实际上是各不相同的。比如在银行业中，贵宾型客户数量可能占到客户总数量的 1%，但为企业创造的利润可能超过 50%；而有些企业，如宾馆的贵宾型客户数量可能大于 5%，为企业创造的利润却可能小于 50%。

这种划分，较好地体现了营销学中的“80 ∶ 20”法则。即 20%的客户为企业创造了 80%的价值。当然在 80%的普通型客户中，还可以作进一步划分。有人认为，其中有 30%的客户是不能为企业创造利润的，但同样消耗着企业许多资源。因此，有人建议把“80 ∶ 20”法则改为“80 ∶ 20 ∶ 30”法则，即在 80%的普通客户中找出其中 30%不能为企业创造价值的客户，采用相应的措施，使其要么向重要型客户转

变,要么中止与企业的交易。比如有的银行对交易量很小的散客,采取提高手续费的形式促使其到其他银行办理业务。

(2) 客户忠诚度。按照客户对企业的忠诚度来划分,可以把客户分成潜在客户、新客户、常客户、老客户、忠诚客户等。

- 潜在客户是指对企业的产品或服务有需求,但尚未开始与企业进行交易,需要企业花大力气争取的客户;
- 新客户是指那些刚开始与企业开展交易,但对产品或服务还缺乏全面了解的客户;
- 常客户是指经常与企业发生交易的客户,尽管这些客户还与其他企业发生交易,但与本企业的交易数量相对较高;
- 老客户是指与企业交易有较长的历史,对企业的产品或服务有较深的了解,但同时还与其他企业有交易往来的客户;
- 忠诚客户则是指对企业有高度信任,并与企业建立起了长期、稳定关系的客户,他们基本仅在本企业消费。

一般来说,客户的忠诚程度与客户和企业交易的时间长短和次数的多少有关,只有忠诚的客户才能长时间、高频度地与企业发生交易,而且不同忠诚度的客户对企业利润的贡献有较大的差别,如图 7.3 所示。

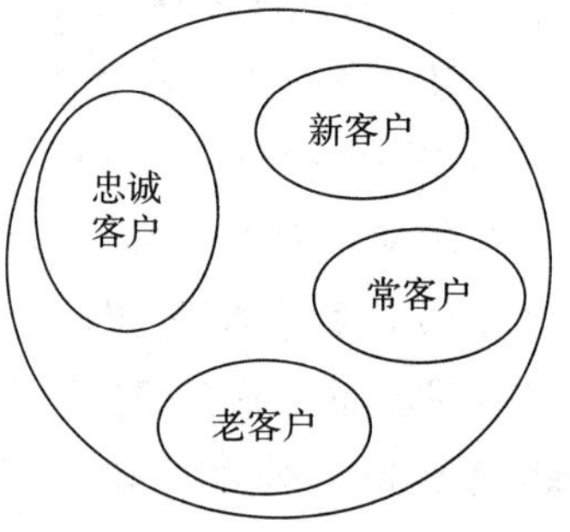

图 7.3 不同客户创造的利润分布图

此外,客户的忠诚程度是不断发生变化的,只要企业对客户的服务得当,能赢得客户的信任,潜在客户就可以变成新客户,新客户可以变成常客户,常客户可以变成老客户,老客户可以转化成忠诚客户;反过来也是如此,如果企业不注意提高客户服务水平,随意损害客户的利益,就有可能使新客户、常客户、老客户和忠诚客户中止与企业的交易,转而投向企业的竞争对手。

(3) 客户价值。在客户关系管理中,经过对现有客户数据的分析、整理,基本可以做到识别每一个具体的客户,可以从客户信息中找到多个方面相同或相似的客户群体,而且这些不同的客户群体对企业的重要程度、对企业的价值是不同的。按照客户价值分类,找到最有价值的客户,是企业最重要的工作。许多企业已经开始意识到通过价值区别来对客户进行分类管理,以便获得更多的利润。例如。一般普通的移动通信客户对于移动运营商的价值贡献远远不如类似于国家电视台这样的大客户。反过来,如果移动运营商为普通移动通信客户提供的服务标准同为国家电视台提供的服务标准一样,那么该移动运营商的经营行为是不明智的。另一方面,普通移动通信客户对服务的需求结构与期望值也同国家电视台提出的服务要求是不一样的。

据统计,现代企业 57%的销售额是来由 12%的重要客户,而其余 88%中的大部分客户对企业是微利甚至是无利可图的。因此,企业要想获得最大程度的利润,就必须对不同客户采取不同的策略。这在快速交易的业务中,如金融服务、旅游、电信和零售等行业尤为明显,这些行业中已有很多企业正在运用复杂的数据模型技术来了解如何更有效地分配销售、市场和服务资源,以巩固企业同最重要客户的关系。

对企业而言,各个客户在下述 5 个方面所表现出来的价值是不同的:

- 累计销售额:体现了客户在本企业的购买量。如果一个客户购买企业的产品越多,对企业市场价值实现的贡献就越大,反之则越小。

● 终身潜在销售预期：企业在挖掘客户的价值时，不仅要考虑客户当前的价值，还应该考虑客户的未来价值，如图 7.4，因为有些客户虽然目前还是一个小客户，但是将来他们有可能发展成一个大客户。这涉及怎样看待一个客户的"终身价值"的问题。

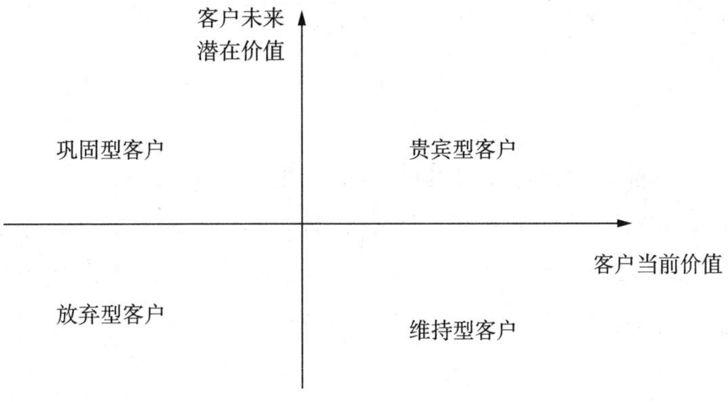

图 7.4 客户价值的变动

● 需求贡献：传统的营销模式中，客户价值等于销售额。而在今天，通过对个别客户的喜好进行深入的研究，最后综合相似客户的喜好，建立一个源于客户的全新需求组合，以此进行产品或服务的改进，并开展营销服务是提高客户满意度的重要前提，因此客户的价值不仅包括销售额，也包括其对需求的贡献，那些常常对企业提出比别人更多要求的客户与出手豪爽的客户相比，同样富有价值。因为他们的要求以及易变的态度为企业研究客户需求和行为提供了更多的数据。

● 利润贡献：显然，对企业的利润贡献大的客户就是有价值的客户。

● 信用等级：反映客户在付款状况上的信用程度，如果一个客户能及时付款，其信用就好，等级就高，对企业的贡献就不言而喻。

7.4 客户行为模型

对客户行为进行分析和总结，可将其划分为三大模型：标准人模型、心理印记模型和消费行为内驱因素模型。

7.4.1 标准人模型

"标准人"是在医学、法律等领域经常使用的概念，它是指将被研究群体的一些共性特征或是显著特征汇聚在单个"标准"的虚拟"人"身上，在概念援引及相关研究过程中用该"标准人"来代表被研究群体整体，以达到简单化、清晰化、系统化、标准化的目的。

每个客户群体都有区别于其他群体的显著特征，将这些显著特征抽提出来，浓缩到一个"人"的身上，客户研究工作将更加标准化和系统化，客户研究结果的展示也更为直观和立体，这对加深对细分客户群特征的理解认识非常有益。标准人模型涉及的特征主要包括：自然特征、影响力特征、文化特征、生活轨迹和品牌特征等。

1. 自然特征

自然特征主要指客户的人口属性特征和地理位置特征等，表现客户的基本属性信息，如姓名、年龄、性别、身份标志、学历、职业、收入、地区等。

2. 影响力特征

影响力特征主要指该细分人群在生活态度、价值观(尤其指对时尚事物)及交往行为等方面的特点,以及在相互影响方面的特征(如是更多受群内影响还是受其他人群影响?是处于领导者还是跟随者地位?)等;

3. 文化特征

文化特征是通过研究标准人所偏好的文化产品及文化内容来实现,并将文化特征映射到心理层面从而挖掘出他们深层次的需求。通过研究某一细分人群标准人在不同文化载体上所偏好的相似文化风格和内容特征,可以找到这些文化产品背后共性的文化内涵,并结合心理印记分析得到相关的解释与原因。文化特征主要包括偏好的书籍、喜欢的音乐类型、电影偏好、阅读的报纸杂志、网络接触特征等。

4. 生活轨迹

生活轨迹包含两方面,一个是生活内容轨迹特征,另一个是行为轨迹特征。可分别以体验内容、生活场景为纵向及横向维度建立起客户群生活内容分析模型,得到目标客户群的生活内容特征。其中,将客户的体验内容细分成音乐、影视、游戏、饮食、健身、社交、信息、文化和手机等种类,将客户的生活场景细分为上学或放学途中、上课或开会时(包括中间短暂间歇)、娱乐消遣、旅游、上网、繁忙/私隐等种类;分别以生活场景、行为地点为纵向及横向维度建立起客户群行为轨迹分析模型,分析得到目标客户生活轨迹特征,其中,将客户的生活场景细分为上学或放学途中、上课或开会时(包括中间短暂间歇)、娱乐消遣、旅游、上网、繁忙/私隐等,将客户的行为地点分成学校、写字楼、停车场、公交/地铁等。

5. 品牌特征

品牌特征侧重于研究如果向标准人提供具有某一品牌的电信产品组合,所需要包含的主要精神与内容元素。主要有四个方面组成:体验及主要宣传诉求点、外在特征与形象、内容侧重点、使用习惯偏好。

通过标准人模型对特定客户群的共同特征抽样进行提取,构建一个具有所有这些共性特征的标准人,可能人群内的每个人都与此标准人有所差异,但是此标准人突出展现了人群的共性,从而降低了由于部分特征分散造成的影响,为深入研究细分客户群体提供了良好的工具,在市场细分和客户深入研究间搭上了一座桥梁。

7.4.2 心理印记模型

根据心理学的研究结果,对于一个人来讲,他在成年之后的一些行为、处事方式、以及一些相应的消费方式上,更多的受到他成年之前所经历的事情的一些影响及所形成的一些不同阶段的心理印记的影响,所以通过心理印记的研究,来发掘相应的客户的一些需求。“心理印记模型”是指为了挖掘细分客户的心理需求,基于生物学和心理学中的复演说,从人类种群发展的历史入手分析个体心理发展的特征,并且结合个体心理发展自身的阶段性特点,提出描述个体心理特征的印记模型。印记模型包含四个印记窗口,在每个印记窗口,都有某一类社会生活中的关键性大事件会在个体心理中留下影响终身的印记。这四个印记分别为:生存印记、认知印记、团体印记和社会印记,它们会对客户的行为,包括消费心理和行为轨迹产生非常大的影响。由于出生年代相近的人群所经历的外界主要影响相似,因此这些影响力较大的外界因素可对这类人群产生相似类型的印记,从而使此类人群呈现出一定的共同特征。

心理印记模型侧重于挖掘相似社会背景、成长经历人群的共性印记,通过这些共性印记的分析,得到对整个这一人群的具有营销价值的研究结果。图 7.5 就是心理印记分析模型。图中将 20 世纪 60—70 年代出生的人群和“80 年代初”人群做了一个简单的分析对比。

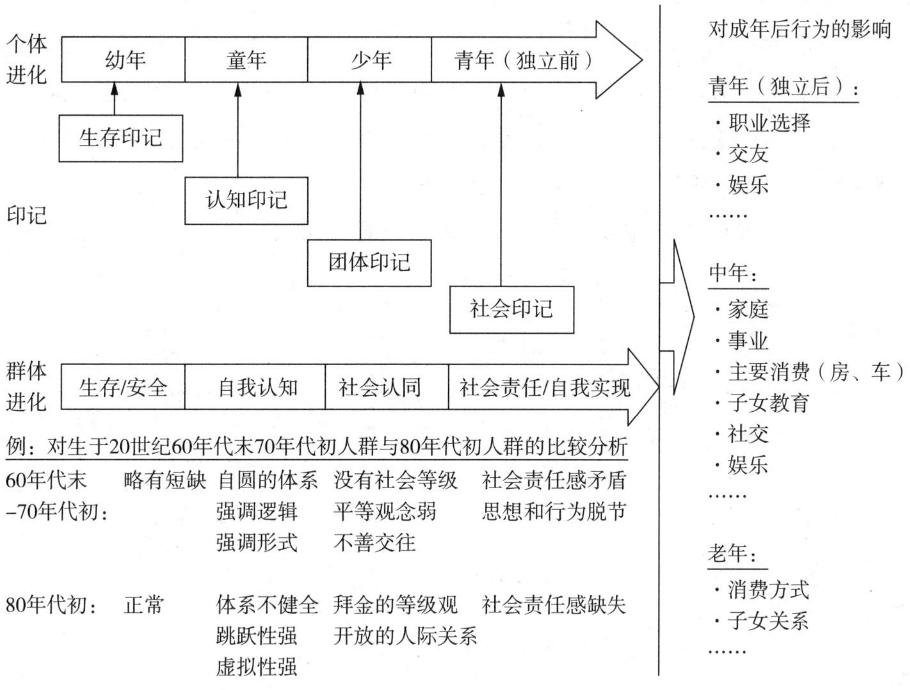

图 7.5　心理印记模型

“印记模型”提供了在相同年龄段、相同人生经历的人群的共同特征提取和分析的理论依据，也为识别分析不同年龄段、不同经历的人群的特征提供分析的方法。“心理印记模型”为分析“标准人模型”中提取的客户特征，进一步细化客户特征提供理论支持，以发掘主流特征形成的深层次原因。如：我们可以发现 20 世纪 60—70 年代出生的群体具有喜欢罗大佑、赵传的歌曲的群体特征，通过“心理印记模型”的特征细化分析，我们会发现这是一群追随国外娱乐流行潮流而成长起来的一代人，是在中国开放以后，中国的娱乐水平拉近与国外差距中成长的一代，他们在少年时代缺乏对娱乐的享受，现在对娱乐的追逐是在补偿童年的损失，因此这类人的娱乐主流是怀旧。于是回溯到对 60—70 年代的群体的特征描述的时候，就可以明确这些人具有典型的怀旧娱乐消费倾向。

心理印记模型能够深入而有效的分析客户群特征形成的深层次原因，为目标人群的特征分析提供理论支持。因此，“心理印记模型”在为目标客户群开展营销活动与营销策略的制定上有一定的指导意见。在建立增值业务客户行为精细化营销体系中，根据心理印记模型的分析，对各细分人群的结果进行深入分析，为各细分群体的特征分析与营销策略要点的提出提供参考依据。

7.4.3　消费行为内驱因素模型

客户的业务订购行为和使用行为均需客户决策，在这里认为客户是理智的个人，能够理智的对未来实践的方向、目标及其方法、手段的选择做出自己的决定。客户决策是一个客户从内在需求、到受到外界激励、到最终产生消费行为的复杂的过程。对客户进行消费行为和消费心理的分析有助于理解客户决策的内在机理。消费行为描述了客户如何制定购买决策、如何使用和处理购买的产品或服务的过程，它还包括影响购买因素的分析和产品的使用等信息。消费行为所描述客户在需求、购买、使用产品或服务过程中，其心理现象产生、发展和具有的一般性的规律性。也就是说，同样可以尝试从客户行为所反映的内在驱动因素进行客户细分。可以认为客户电信消费行为＝客户的内在人格为核心驱动＋消费观念＋消费能力＋社会交往状态。

客户消费行为内驱因素模型认为，客户的消费行为可从客户自身即作为个体“人”、“人与物”以及“人与人”的角度来分析，客户行为以内在人格为核心驱动，人性格层面的核心特点是人的精神体现；消费观念与消费能力反映客户的消费行为特征，而社会交往状态主要表现为人的社会交往特点及人在社会中所扮演的主要角色的状态会影响其消费。社会交往反映客户的交际能力与影响特征，受到外界的行为特性影响；消费观念与消费能力表现为客户的消费核心价值观、经济能力、消费意识等，能够进一步反映客户的内心行为特性，人格特性主要以消费观念和消费能力来加以显示，可参见图 7.6。

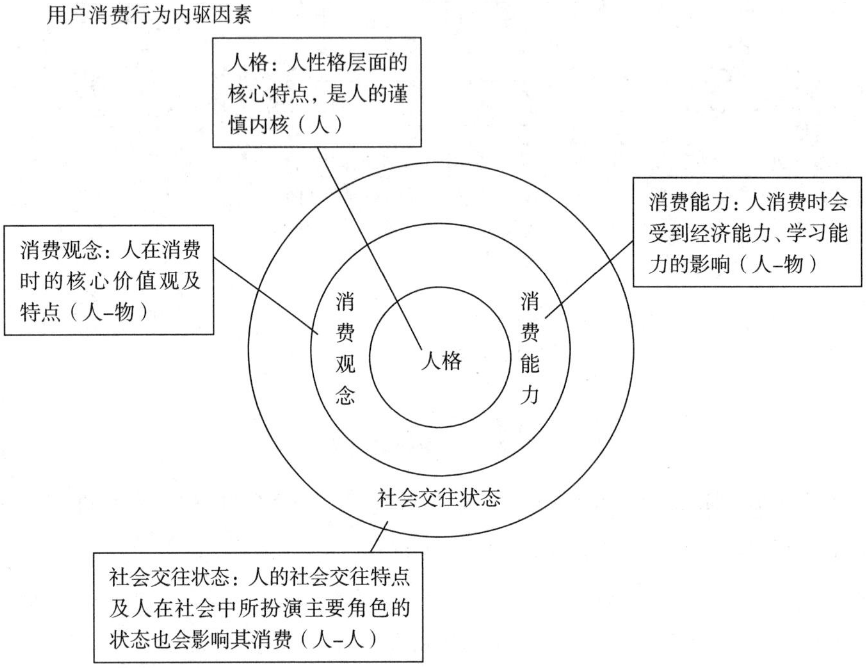

图 7.6 客户消费行为内驱因素模型

客户消费行为内驱因素模型主要用于客户特性的描述，作为行为属性标签和人性特点的客户细分的验证与理论依据。

小结

本章基于现代服务组合面向客户的需要，探讨了客户价值的定义及客户价值分析方法，介绍了客户体验设计理论和客户维系策略的组成；阐述了基于购买动机类型的客户分类，讨论了客户行为分析与分类管理方法，分析了三种类型客户行为模型及其特征。

参考文献

[1] Romano N C. Customer relationship management in information systems research [J]. Proceedings of the America's Conference on Information Systems(AIS2000). Longbeach, California,USA, 2000, 811-819

[2] Tihomir Vranesevic, Claudio Vignali, Daniella Vignali. Culture in defining consumer satisfaction in marketing [J]. European Business Review, 2002,Vol.14 No.5, p.364-374

[3] 王健康,寇纪淞. 客户关系管理价值链研究[J]. 管理工程学报,2002,16(4):51-54

[4] 齐佳音,李怀祖. 客户关系管理(CRM)的体系框架分析[J]. 工业工程,2002,5(1):42-45

[5] 汤兵勇,梁晓蓓. 客户关系管理[M]. 北京:电子工业出版社,2010

[6] 何荣勤. CRM原理设计实践[M]. 北京:电子工业出版社,2003

[7] 孟凡强,王玉荣. CRM行动手册—策略、技术和实现[M]. 北京:机械工业出版社,2002

[8] 董金祥,陈刚,尹建伟. 客户关系管理CRM[M]. 杭州:浙江大学出版社,2002

[9] 王广宇. 客户关系管理(CRM)—网络经济中的企业管理理论和应用解决方案[M]. 北京:经济管理出版社,2001

[10] 田同生. 客户关系管理的中国之路[M]. 北京:机械工业出版社,2001

[11] 吕廷杰,尹涛,王琦. 客户关系管理与主题分析[M]. 北京:人民邮电出版社,2002

[12] 弗雷德里克·纽厄尔. 网络时代的顾客关系管理[M]. 北京:华夏出版社,2001

[13] 约翰·麦凯恩. 信息大师—客户关系管理的秘密[M]. 上海:上海交通大学出版社,2001

[14] 朱安群. 客户关系管理与数据挖掘[M]. 北京:中国财政经济出版社,2001

[15] 宝利嘉. 客户关系管理解决方案:CRM的理念、方法与软件资源[M]. 北京:中国经济出版杜,2002

[16] [美]辛德尔. 忠诚营销:e时代的客户关系管理[M]. 阚澄宇,译. 北京:中国三峡出版社,2001

[17] Xiaobei Liang, Daoli Zhu, Da Ruan, Bingyong Tang, The Customer Loyalty Fuzzy Adaptive Control and Its Application in The Power System[J], CIRUITS AND SYSTEMS FOR SIGNAL PROCESSING, INFORMATION AND COMMUNICATION TECHNOLOGIES, AND POWER SOURCES AND SYSTEMS, VOL 1 AND 2, PEOCEEDINGS: 1036-1039. Málaga, Spain, May 16-19, 2006

[18] 李小圣. 客户关系管理一本通[M]. 北京:北京大学出版社.2008

[19] 罗伯兹-弗埃尔波斯. 超越客户:客户关系管理十项修炼[M]. 北京:水利水电出版社.2007

[20] 郑玉香. 客户资本价值管理[M]. 北京:中国经济出版社,2005

8　现代服务组合的 L-R 模糊数自适应控制模型

现代服务组合模式在实际运作中，会遇到许多管理控制问题，由于有人的参与，一般的管理控制方法效果不佳。模糊控制[1]~[10]模仿了人的控制经验，实现了人的某些智能，取得了良好的控制效果，代表了新时代极有生命力的智能化发展方向[11]~[19]。本章重点讨论基于 L-R 模糊数[1]~[3]的现代服务组合自适应控制模型与方法。

8.1　L-R 型模糊数

8.1.1　参考函数[1]、[3]

定义 8.1：实数集 R 上的一个函数，记作 L（或 R），如果满足：

(1) $L(0)=1$；

(2) $L(x)=L(-x)$；

(3) L 在 $[0,+\infty)$ 上递减；

则将其称为参考函数。

常用的参考函数有：

(1) $L(x)=\max(0,1-|x|^p)$

$$=\begin{cases}1-xp, & 0\leqslant x\leqslant 1;\\ 1-(-x)p, & -1\leqslant x<0;\\ 0, & \text{其他}\end{cases} \tag{8.1}$$

其中，$p>0$

(2) $L(x)=e^{-|x|p},\quad p>0$ (8.2)

(3) $L(x)=\dfrac{1}{1+|x|^p},\quad p>0$ (8.3)

(4) $L(x)=\begin{cases}1 & \text{当 } x\in[-p,+p],\\ 0 & \text{其他}\end{cases}$ (8.4)

其中，$p\geqslant 0$，特别地，当 $p=0$ 时，$L(x)$ 称为点态函数。

8.1.2　L-R 型模糊数定义[1]~[3]

定义 8.2：一个模糊数 M 称为 L-R 型模糊数（简称 L-R 数），如果

$$\mu_M(x)=\begin{cases}L(\dfrac{m-x}{\alpha}),\\ R(\dfrac{x-m}{\beta}),\end{cases} \tag{8.5}$$

其中 L,R 都是参考函数,由于其地位不同,称 L 为左枝,R 为右枝;m 称为主值;α,β分别称为左、右展形。一般地,L-R 型模糊数可简记为

$$M=(m,\alpha,\beta)_{LR} \tag{8.6}$$

并约定α=0(或β=0)时,L(或 R)取点态函数。于是,普通实数 m 可认为是展形为 0 的 L-R 数。即 $m=(m,0,0)_{LR}$。

8.1.3 L-R 型模糊数运算

定理 8.1:设 $M=(m,\ \alpha,\ \beta)_{LR}$,$N=(n,\ \gamma,\ \delta)_{LR}$,$P=(n,\ \gamma,\ \delta)_{RL}$,

(1) 加法:$M+N=(m+n,\ \alpha+\gamma,\ \beta+\delta)_{LR}$ (8.7)

(2) 纯量乘法:设λ是一个实数

$$\lambda M=\begin{cases}(\lambda m,\lambda\alpha,\lambda\beta)_{LR}, & 当\ \lambda>0;\\ (\lambda m,-\lambda\beta,-\lambda\alpha)_{LR}, & 当\ \lambda<0\end{cases} \tag{8.8}$$

当λ=−1 时,令$(-1)M=-M$。

(3) 减法:$M-P=M+(-p)=(m,\alpha,\beta)_{LR}+(-n,\delta,\gamma)_{LR}=(m-n,\alpha+\delta,\beta+\gamma)_{LR}$ (8.9)

注意,当 $L\neq R$ 时,M 与 N 不能相减(若相减所得不是 L-R 数)。

(4) 乘法:$M\cdot N\approx(mn,\ m\gamma+\alpha,\ m\delta+n\beta)_{LR}$ (8.10)

符号“≈”表示“近似等于”,下同。

(5) 除法:$\dfrac{M}{P}\approx(\dfrac{m}{n},\dfrac{\delta m+\alpha n}{n^2},\dfrac{\gamma m+\beta n}{n^2})_{LR}\quad(n\neq 0)$ (8.11)

注意当 $L\neq R$ 时,M 与 N 不能相除。

(6) $\widetilde{\max}$ 和 $\widetilde{\min}$

$\widetilde{\max}(M,\ N)\approx(m\vee n,\ \alpha\wedge\gamma,\ \beta\vee\delta)_{LR}$ (8.12)

$\widetilde{\min}(M,\ N)\approx(m\wedge n,\ \alpha\vee\gamma,\ \beta\wedge\delta)_{LR}$ (8.13)

其中∨,∧分别是普通的 max, min 运算。

(7) 顺序:⩽ 和⊆

$$M\leqslant N\Leftrightarrow m\leqslant n,\ \alpha\geqslant\gamma,\ \beta\leqslant\delta \tag{8.14}$$

$$M\subseteq N\Leftrightarrow m+\beta\leqslant n-\delta 或\ M=N \tag{8.15}$$

这两种序“⩽”和“⊆”都满足自反性、反对称性和传递性,因而都是偏序,但都不是全(线性序),即两个 L-R 数在这种序意义上未必能比较大小。

为使用方便,将 L-R 数记为 $\underset{\sim}{m}=(m,\underline{m},\overline{m})_{LR}$。一个矩阵若其中每个元素都是 L-R 数,则称为 L-R 矩阵,记作 $\underset{\sim}{A}=(\underset{\sim}{a})_{ij}$。有关普通矩阵的记号、运算和顺序的规定都可自动地推广到 L-R 矩阵上来,此处不再赘述。

8.2 基于 L-R 模糊数的模糊状态方程

考虑时变的离散时间模糊系统。设 $\underset{\sim}{x}(k)$、$\underset{\sim}{u}(k)$、$\underset{\sim}{y}(k)$ 分别表示某模糊系统在时刻 k 的 n 维模糊状态、r 维模糊输入与 m 维模糊输出，若对这些模糊变量均采用上述的 L-R 型模糊数表示，即有

$$\underset{\sim}{x}(k)=(x(k),\underline{x}(k),\overline{x}(k))_{LR}$$

$$\underset{\sim}{u}(k)=(u(k),\underline{u}(k),\overline{u}(k))_{LR}$$

$$\underset{\sim}{y}(k)=(y(k),\underline{y}(k),\overline{y}(k))_{LR}$$

其中，$x(k)$、$u(k)$、$y(k)$ 分别为确定性的系统状态、输入与输出（即为主值），$\underline{x}(k)$、$\underline{u}(k)$、$\underline{y}(k)$ 分别为对应的左枝展形，$\overline{x}(k)$、$\overline{u}(k)$、$\overline{y}(k)$ 分别为对应的右枝展形。

在此基础上，以下来构造相应的模糊状态方程模型[21]~[24]。

8.2.1 线性情形

当考虑模糊系统是线性时，其状态方程为

$$\underset{\sim}{x}(k+1)=A(k)\underset{\sim}{x}(k)+B(k)\underset{\sim}{u}(k) \tag{8.16}$$

$$\underset{\sim}{y}(k)=C(k)\underset{\sim}{x}(k) \tag{8.17}$$

其中，$A(k)=(a_{is}(k))_{n\times n}$、$B(k)=(b_{il}(k))_{n\times r}$、$C(k)=(c_{ji}(k))_{m\times n}$ 为相应的确定性时变参数矩阵。

若置

$$\underset{\sim}{x}^T(k)=\{\underset{\sim}{x}_1(k),\underset{\sim}{x}_2(k),\cdots,\underset{\sim}{x}_n(k)\}$$

$$\underset{\sim}{u}^T(k)=\{\underset{\sim}{u}_1(k),\underset{\sim}{u}_2(k),\cdots,\underset{\sim}{u}_r(k)\}$$

$$\underset{\sim}{y}^T(k)=\{\underset{\sim}{y}_1(k),\underset{\sim}{y}_2(k),\cdots,\underset{\sim}{y}_m(k)\}$$

则式(8.16)、式(8.17)可按分量改写作

$$\underset{\sim}{x}_i(k+1)=\sum_{s=1}^{n}a_{is}(k)\underset{\sim}{x}_s(k)+\sum_{l=1}^{r}b_{il}(k)\underset{\sim}{u}_l(k)\quad i=1,2,\cdots,n \tag{8.18}$$

$$\underset{\sim}{y}_j(k)=\sum_{i-1}^{n}c_{ji}(k)\underset{\sim}{x}_i j=1,2,\cdots,m \tag{8.19}$$

若将式(8.18)代入式(8.19)，有

$$\underset{\sim}{y}_j(k)=\sum_{i=1}^{n}c_{ji}(k)\left[\sum_{s=1}^{n}a_{is}(k-1)\underset{\sim}{x}_s(k-1)+\sum_{l=1}^{r}b_{il}(k-1)\underset{\sim}{u}_l(k-1)\right]j=1,2,\cdots,m \tag{8.20}$$

再将式(8.18)代入式(8.20)，如此反复代入下去，则有

$$\begin{aligned}\underset{\sim}{y}_j(k)=&\sum_{i=1}^{n}c_{ji}(k)\left\{\sum_{s=1}^{n}a_{is}(k-1)\left[\sum_{p=1}^{n}a_{sp}(k-2)\underset{\sim}{x}_p(k-2)+\right.\right.\\&\left.\left.+\sum_{q=1}^{r}b_{sq}(k-2)\underset{\sim}{u}_q(k-2)\right]+\sum_{l=1}^{r}b_{il}(k-1)\underset{\sim}{u}_l(k-1)\right\}\\=&\cdots\quad\cdots\quad\cdots\\=&\sum_{i=1}^{n}c_{ji}(k)\left\{\sum_{s=1}^{n}a_{is}(k-1)\left[\sum_{p=1}^{n}a_{sp}(k-2)\left(\sum\cdots(\cdots\right.\right.\right.\end{aligned}$$

$$\left(\sum_{g=1}^{n} a_{dg}(0)\,\underset{\sim}{x}_{g}(0)+\sum_{h=1}^{r} b_{dh}(0)\,\underset{\sim}{u}_{h}(0)\right)+\cdots\Big)\cdots\Big)\cdots$$

$$+\sum_{q=1}^{r} b_{sq}(k-2)\,\underset{\sim}{u}_{q}(k-2)\Big]+\sum_{l=1}^{r} b_{il}(k-1)\,\underset{\sim}{u}_{l}(k-1)\Big\}\quad j=1,2,\cdots,m \tag{8.21}$$

当初始状态 $\underset{\sim}{x}(0)$ 已知时,则经适当整理,可将式(8.21) 改写为以下形式

$$\underset{\sim}{y}_{j}(k)=\sum_{s=1}^{n}\alpha_{s}^{j}(k)\,\underset{\sim}{x}_{s}(0)+\sum_{l=1}^{r}\sum_{p=1}^{k}\beta_{lp}^{j}(k)\,\underset{\sim}{u}_{l}(k-1)\quad j=1,2,\cdots,m \tag{8.22}$$

其中,$\alpha_{s}^{i}(k)$ 为适当整理合并后的初始状态的时变参数,$\beta_{lp}^{j}(k)$ 为相应时滞的模糊输入变量 $\underset{\sim}{u}_{l}(k-p)$ 的时变系数。

若通过适当的阶数辨识方法,已确定了系统输入的时滞为 d 时,则式(8.22) 可写成以下典型的模糊输入输出模型形式

$$\underset{\sim}{y}_{j}(k)=\sum_{s=1}^{n}\alpha_{s}^{j}(k)\,\underset{\sim}{x}_{s}(0)+\sum_{l=1}^{r}\sum_{p=1}^{d}\beta_{lp}^{j}(k)\,\underset{\sim}{u}_{l}(k-p)+\underset{\sim}{e}_{j}(k)\quad j=1,2,\cdots,m \tag{8.23}$$

其中,$\underset{\sim}{e}_{j}(k)$ 为相应的模糊随机噪声。

8.2.2 非线性情形

考虑更一般的情况,离散时间模糊系统的状态方程可表示为

$$\underset{\sim}{x}(k+1)=g\,[\underset{\sim}{x}(k),\underset{\sim}{u}(k)] \tag{8.24}$$

$$\underset{\sim}{y}(k)=h\,[\underset{\sim}{x}(k)] \tag{8.25}$$

类似前面线性情形的讨论,经适当的推导与整理,也可有以下一般的模糊输入输出模型为

$$\underset{\sim}{y}_{j}(k)=\underset{\sim}{f}_{j}\,[\underset{\sim}{u}_{l}(k-p),\theta_{j}(k),l=1,2,\cdots,r;p=1,2,\cdots,d]+\underset{\sim}{e}_{j}(k)\quad j=1,2,\cdots,m \tag{8.26}$$

其中,$\theta_{j}(k)$ 为相应的时变参数向量。

若记

$$\underset{\sim}{U}_{k-1}^{k-d}=\{\underset{\sim}{u}(k-1),\underset{\sim}{u}(k-2),\cdots,\underset{\sim}{u}(k-d)\}$$

则式(8.26) 也可改写作

$$\underset{\sim}{y}_{j}(k)=\underset{\sim}{f}_{j}\,[\underset{\sim}{U}_{k-1}^{k-d},\theta_{j}(k)]+\underset{\sim}{e}_{j}(k)\quad j=1,2,\cdots,m \tag{8.27}$$

8.3 模糊状态方程的参数辨识

对于时变模糊系统的模型来说,由于其参数是时变的,故要求掌握参数的“全部”值。即依据已有的观测数据资料,时变参数辨识的手续应由两部分组成[20]、[26]:

(1) 对参数的“过去”和“现在”值进行跟踪估计;

(2) 对参数的“将来”值进行预报。

以下分别讨论之。

8.3.1 时变参数估计算法

不失一般性,先考虑线性情形下的时变模糊系统模型式(8.23)

$$\underset{\sim}{y}_{j}(k)=\sum_{s=1}^{n}\alpha_{s}^{j}(k)\,\underset{\sim}{x}_{s}(0)+\sum_{l=1}^{r}\sum_{p=1}^{d}\beta_{lp}^{j}(k)\,\underset{\sim}{u}_{l}(k-p)+\underset{\sim}{e}_{j}(k)\quad j=1,2,\cdots,m$$

若置

$$\underset{\sim}{\varphi}^T(k)=\{\underset{\sim}{x}_1(0),\underset{\sim}{x}_2(0),\cdots,\underset{\sim}{x}_n(0),\underset{\sim}{u}_1(k-1),\underset{\sim}{u}_1(k-2),\cdots,\underset{\sim}{u}_1(k-d),\underset{\sim}{u}_2(k-1),\cdots,\underset{\sim}{u}_2(k-d),\cdots,\underset{\sim}{u}_r(k-1),\cdots,\underset{\sim}{u}_r(k-d)\}$$

$$\theta_j^T(k)=\{\alpha_1^j(k),\alpha_2^j(k),\cdots,\alpha_n^j(k),\beta_{11}^j(k),\beta_{12}^j(k),\cdots\beta_{1d}^j(k),\beta_{21}^j(k),\cdots,\beta_{2d}^j(k),\cdots,\beta_{r1}^j(k),\cdots,\beta_{rd}^j(k)\}$$

且

$$\underset{\sim}{\varphi}(k)=[\varphi(k),\underline{\varphi}(k),\overline{\varphi}(k)]_{LR}$$

则式(8.23)可改写为

$$\underset{\sim}{y}_j(k)=\theta_j^T(k)\underset{\sim}{\varphi}(k)+\underset{\sim}{e}_j(k)\quad j=1,2,\cdots,m \tag{8.28}$$

于是,由已掌握的模糊输入与输出的数据,可有以下类似的参数估计推广梯度算法[20]

$$\hat{\theta}_j(k)=\hat{\theta}_j(k-1)+\frac{\varphi(k)}{\|\varphi(k)\|^2}\cdot\{y_j(k)-\hat{\theta}_j^T(k-1)\varphi(k)\}\quad j=1,2,\cdots,m \tag{8.29}$$

其中,$\hat{\theta}_j(k)$表示$\theta_j(k)$的估值,$y_j(k)$为$L-R$型模糊数$\underset{\sim}{y}_j(k)$的主值。

再考虑一般情形下的时变模糊系统模型式(8.27)

$$\underset{\sim}{y}_j(k)=\underset{\sim}{f}_j[\underset{\sim}{U}_{k-1}^{k-d},\theta_j(k)]+\underset{\sim}{e}_j(k)\quad j=1,2,\cdots,m$$

则相应地有以下的参数递推估计公式

$$\hat{\theta}_j(k)=\hat{\theta}_j(k-1)+\frac{\delta}{\|\nabla_{\hat{\theta}_j(k-1)}f_j[\cdot,\theta_j]\|^2}\cdot\nabla_{\hat{\theta}_j(k-1)}f_j[\cdot,\theta_j]\cdot\{y_j(k)-f_j[\cdot,\hat{\theta}_j(k-1)]\}\quad j=1,2,\cdots,m \tag{8.30}$$

其中,δ为适当选取的常数[20],通常$\delta=0.8\sim1.2$;$f_j[\cdot,\cdot]$为$L-R$型模糊数$\underset{\sim}{f}_j[\cdot,\cdot]$的主值;而

$$\nabla_{\hat{\theta}_j(k-1)}f_j[\cdot,\theta_j]=\left.\frac{\partial f_j}{\partial\theta_j}\right|_{\theta_j=\hat{\theta}_j(k-1)}$$

8.3.2 时变参数预报算法

为对未来的时变参数进行预报,一般可对通过式(8.29)或式(8.30)得到的"过去"和"现在"的参数估值序列$\{\hat{\theta}_j(1),\hat{\theta}_j(2),\cdots,\hat{\theta}_j(N)\}$($N$为现在时刻)进行分析(具体问题往往可对其分别处理),寻找其规律,通过适当的数学手段,建立时变参数$\theta_j(k)$(或其每一分量)的预报公式,进而得到参数的一系列预报值$\hat{\theta}_j^*(N+1),\cdots,\hat{\theta}_j^*(N+h)$,$h$为预报步长。其中,几种常用的时变参数预报算法有:均值近似法、定常增量法、定常因子法、多层自回归模型递阶法、及分段周期变量法等[27]~[30]。实际的参数预报,可根据参数估值序列的规律,选用不同的方法进行。

8.4 与参数估计对偶的模糊自适应控制

类似文献[23]的思路,可得出上述时变模糊系统的与参数估计对偶的模糊自适应控制算法[25]、[30]。

对线性情形下的时变模糊系统模型式(8.23),若置

$$\underset{\sim}{x}^T(0)=\{\underset{\sim}{x}_1(0),\underset{\sim}{x}_2(0),\cdots,\underset{\sim}{x}_n(0)\}$$

$$\underset{\sim}{u}^{T}(k-1)=\{\underset{\sim}{u}_1(k-1),\underset{\sim}{u}_1(k-2),\cdots,\underset{\sim}{u}_1(k-d),\underset{\sim}{u}_2(k-1),\cdots,$$

$$\underset{\sim}{u}_2(k-d),\cdots,\underset{\sim}{u}_r(k-1),\cdots,\underset{\sim}{u}_r(k-d)\}$$

$$\alpha_j^T(k)=\{\partial_1^j(k),\alpha_2^j(k),\cdots,\alpha_n^j(k)\}$$

$$b_j^T(k-1)=\{\beta_{11}^j(k),\beta_{12}^j(k),\cdots,\beta_{1d}^j(k),\beta_{21}^j(k),\cdots,$$

$$\beta_{2d}^j(k),\cdots,\beta_{r1}^j(k),\cdots,\beta_{rd}^j(k)\}$$

则式(8.23) 可改写为

$$\underset{\sim}{y}_j(k)=b_j^T(k)u(k-1)+a_j^T(k)\underset{\sim}{x}(0)+e_j(k)\quad j=1,2,\cdots,m \tag{8.31}$$

于是,相应的参数估计公式可改写为

$$\hat{a}_j(k)=\hat{a}_j(k-1)+\frac{x(0)}{\|x(0)\|}\cdot\{y_j(k)-b_j^T(k)u(k-1)$$

$$-\hat{a}_j^T(k-1)x(0)\}\quad j=1,2,\cdots,m \tag{8.32}$$

其中,$\hat{a}_j(k)$ 表示 $a_j(k)$ 的估值 $u(k)$ 与 $x(k)$ 分别为 $\underset{\sim}{u}(k)$ 与 $\underset{\sim}{x}(k)$ 的主值,故而与参数估计(8.32)对偶的模糊自适应控制算法为

$$\underset{\sim}{u}(k)=\underset{\sim}{u}(k-1)+\frac{\hat{b}_j(k+1)}{\|\hat{b}_j(k+1)\|^2}\cdot\{\underset{\sim}{y}_j^*(k+1)-\hat{b}_j^T(k+1)\underset{\sim}{u}(k-1)$$

$$-\hat{a}_j^T(k+1)\underset{\sim}{x}(0)\}\quad j=1,2,\cdots,m \tag{8.33}$$

其中,$\hat{a}_j(k+1)$ 与 $\hat{b}_j(k+1)$ 为相应的参数预报估值。

同样地,对一般情形下的时变模糊系统模型式(8.27),则与参数估计式(8.30) 对偶的模糊自适应控制算法为

$$\underset{\sim}{u}(k)=\underset{\sim}{u}(k-1)+\frac{\beta_k}{\|\nabla_{u(k-1)}f_j[\underset{\sim}{u}(k-1),k]\|^2}\cdot\nabla_{u(k-1)}f_j[\underset{\sim}{u}(k-1),k]\cdot$$

$$\cdot\{\underset{\sim}{y}_j^k(k+1)-\underset{\sim}{f}_j[\underset{\sim}{u}(k-1),\hat{\theta}_j(k+1),k]\}\quad i=1,2,\cdots,m \tag{8.34}$$

其中,β_k 是适当的常数列。

8.5 应用实例[31]

考虑服务组合系统的数学模型如下

$$\underset{\sim}{y}(k)=b_0^T\underset{\sim}{\mu}(k)+\underset{\sim}{\varphi}^T(k)\theta(k), \tag{8.35}$$

其中,$\underset{\sim}{y}(k)$ 和 $\underset{\sim}{\mu}(k)$ 分别是系统的输出(某服务组合产品的销售额) 与输入(社会经济影响因素);

$$\underset{\sim}{\mu}^T(k)=\{\underset{\sim}{\mu}_1(k),\underset{\sim}{\mu}_2(k),\underset{\sim}{\mu}_3(k),\underset{\sim}{\mu}_4(k),\underset{\sim}{\mu}_5(k),\underset{\sim}{\mu}_6(k)\}.$$

$\underset{\sim}{\mu}_j(k)(j=1,2,3,4,5,6)$, b_0是非零的常数向量。令

$$\underset{\sim}{\varphi}^T(k)=\{\underset{\sim}{y}(k-1),\underset{\sim}{y}(k-2),\underset{\sim}{w}_1(k),\underset{\sim}{w}_2(k)\},$$

$$\underset{\sim}{\theta}^T(k)=\{\underset{\sim}{a}_1(k),\underset{\sim}{a}_2(k),\underset{\sim}{a}_3(k).\underset{\sim}{a}_4(k)\},$$

这里 $\underset{\sim}{w}_1(k)$, $\underset{\sim}{w}_2(k)$ 是影响因子,可以是确定值或模糊值。依据历史数据,$\underset{\sim}{\theta}(k)$ 可以由参数估计公式 (8.29) 得到。

分析 $\{\widehat{a_i}(k)\}$ $(i=1\sim4)$,对$\{\widehat{a_1}(k)\}$ $\{\widehat{a_2}(k)\}$ $\{\widehat{a_3}(k)\}$,采用分段周期变量法可得到

$\widehat{a_1}^*(23)=0.1065,\widehat{a_1}^*(24)=0.2149,\widehat{a_1}^*(25)=0.1204,\cdots$.

$\widehat{a_2}^*(23)=0.3306,\widehat{a_2}^*(24)=0.4832,\widehat{a_2}^*(25)=0.4199,\cdots$,

$\widehat{a_3}^*(23)=0.1024,\widehat{a_3}^*(24)=0.1427,\widehat{a_3}^*(25)=0.1313,\cdots$,

对$\{\widehat{a_4}(k)\}$，采用多层自回归模型递阶法，可以得到 $\widehat{a_4}^*(23)=0.2398,\widehat{a_4}^*(24)=0.2414,\widehat{a_4}^*(25)=0.2435,\cdots$

进一步，有以下的自适应控制算法

$$\underset{\sim}{\mu}(k)=\underset{\sim}{\mu}(k-1)+\frac{b_0}{\|b_0\|^2}\cdot\{\underset{\sim}{y}^*(k)-b_0^{\mathrm{T}}\underset{\sim}{\mu}(k-1)-\underset{\sim}{\varphi}^*(k-1)\}, \tag{8.36}$$

设 $\underset{\sim}{y}^*(k)$ 是 k 时刻希望的输出值。例如，$\underset{\sim}{y}^*(k)=(490,\ 0.5,\ 0.3)\ (k=23)$，则由 (8.36)，有

$$u(23)=\{(189.44,0.42,0.32),(128.51,0.29,0.36),(143.94,0.32,0.24),(158.68,0.37,0.42),(182.87,\ 0.45,\ 0.32),(171.44,\ 0.42,\ 0.35)\}$$

类似地，可得到 $u(24)$，$u(25)$，…，等等。

小结

本章针对现代服务组合模式的风险管理控制问题，研究提出了基于 L－R 模糊数的自适应管理控制算法，并给出了仿真应用实例。

参考文献

[1] 汤兵勇. 模糊模型的辨识及应用[M]. 北京：中国环境出版社，1994

[2] Mitsuo Yamashiro, The madian for a L-R fuzzy number[J]. Microelectron, Relia, 1995,35 (2)

[3] 吴望名等. 应用 Fuzzy 集方法[M]. 北京：北京师范大学出版社，1987

[4] Pappis, C.P., Application of a measure of proximity to fuzzy control algorithms[J]. European Journal of Operational Research,1992, 59(2):330－332

[5] Munakata, T., Jani, Y., Fuzzy systems: An overview[J]. Communications of the ACM, 1994, 37(3):68－76

[6] Stylios, G., Sotomi, J.O., A neoro-fuzzy control system for intelligent overlock sewing machines[J]. International Journal of Clothing Science and Technology, 1995, 7(2/3):49－55

[7] Zadeh, L. A., Fuzzy control: A personal perspective[J]. Control Engineering, 1996, 43 (10):51－52

[8] Hellendoorn, H., After the fuzzy wave reached Europe[J]. European Journal of Operational Research, 1997, 99(1): 55－71

[9] Huddleston, T., Keep complex processes under control[J]. Chemical Engineering, 1998, 105(10):116

[10] Xu, L., A fuzzy multiobjective programming algorithm in decision support systems[J]. Annals of Operations Research, 1988, 12:315－320

[11] Chou, C., Lu, H., Design of a real-time fuzzy controller for hydraulic servo systems[J]. Computers in Industry, 1993, 22(2):129－142

[12] De Korvin, A., Strawser, J., Siegel, P.H., The application of control system to cost variance analysis[J]. Managerial Finance, 1995, 21(3):17－35

[13] Wang, Y.T., Chang, C.C., Fuzzy control of an electrohydraulic fatigue testing system[J]. International Journal of Materials & Product Technology, 1998, 13(3/6):184－194

[14] Chai, T., Tong, S., Fuzzy direct adaptive control for a class of non-linear systems[J]. Fuzzy Sets and Systems,

1999, 103(3):379 - 387

[15] Feng. S., Xu, L., Decision support for fuzzy comprehensive evaluation of urban development [J] . Fuzzy Sets and Systems, 1999, 105(1):1 - 12

[16] Mir, S., Elbuluk, M., Husain, I., Torque-ripple minimization in switched reluctance motors using adaptive fuzzy contro[J]. IEEE Transactions on Industry Applications, 1999, 35(2):461 - 468

[17] Zadeh, L. A., Information and Control, 1965, 8:338 - 353

[18] Dubois, D., Prade, H., Fuzzy Sets and Systems—Theory and Applications[M]. New York:Acad Press.1980

[19] Qian, J.(Japan), Translated by Zhao, R., The ABC of fuzzy system theory[M]. Beijing Normal University Press.1982

[20] 韩志刚. 多层递阶方法及其应用[M]. 北京:科学出版社,1989

[21] Tang Bingyong, Identification of Model with Fuzzy Inputs in Social and Economic System[J], IFAC1986"建模、决策与对策及其在社会问题中的应用"国际学术会议论文集. 北京,1986.8:585 - 592

[22] 韩志刚. 同参数估计对偶的自适应控制算法[J]. 控制理论与应用,1992,9(6):374 - 379

[23] 王文杰,汤兵勇. 基于模糊参数辨识的自适应控制及其应用[J]. 第二届全球华人智能控制与智能自动化学术年会论文集. 西安:1997:1815 - 1819

[24] Tang, B., Xu, L., Wang, W., An adaptive control method for time-varying systems[J]. European Journal of Operational Research,2000, 124:342 - 352

[25] 汤兵勇. 一类动态大系统的协调控制模型[J]. 控制与决策,1995,10(2):104 - 108

[26] 韩志刚. 动态系统时变参数的辨识[J]. 自动化学报,1984, 10(4):330 - 337

[27] 汤兵勇. 关于动态系统时变参数的预报算法[J]. 黑龙江大学自然科学学报,1983,(1):18 - 25

[28]汤兵勇. 关于动态系统时变参数预报的样条函数最小二乘法[J]. 黑龙江大学自然科学学报,1984, (2):12 - 19

[29] 汤兵勇. 一类时变参数预报的周期变量法[J]. 控制与决策,1986, 1(4):7 - 12

[30] 汤兵勇. 市场经济控制论[M]. 北京:中国环境科学出版社,1997

[31] Xiaobei Liang, Bingyong Tang, Yuan Xue, Zhichang Zhu. Fuzzy adaptive control based on L-R fuzzy number and application in the pension systems[J]. FLINS 2004 Conference,Sep.1 - 3,2004,Belgium,334 - 337

9 现代服务组合的 T-S 模糊自适应控制模型

近些年来,模糊控制理论不仅在工业生产过程中获得了广泛的应用[1]~[8],而且还扩展到其他许多领域(特别是经济管理领域),不断出现新的理论与应用成果[9]~[21]。本章针对现代服务组合模式实际面向客户的运作需要,着重讨论一类基于 T-S 模糊模型的现代服务组合自适应控制方法。

9.1 T-S 模糊模型

文献[9]针对非线性动态系统的实际,提出了一种 T-S 模糊动态线性模型,将一般的多输入单输出(MISO)动态系统由 n 个模糊规则组成的集合来表示,这种模糊模型的形式为

$$R^i: if\ x_1\ is\ A_1^i,\ x_2 is\ A_2^i,\ \cdots x_m is\ A_m^i,$$

$$\text{Then } y^i = p_0^i + p_1^i x_1 + p_2^i x_2 + \cdots ++ p_m^i x_m \tag{9.1}$$

$$i = 1,2,\cdots n$$

其中,R^i 表示第 i 条模糊规则;A_j^i 是一个模糊子集,其隶属函数中的参数称为前提参数:x_j 是第 j 个输入变量;m 是输入变量的数目;y^i 是第 i 条模糊规则的输出;P_j^i 是第 i 个模糊规则结论中的第 j 个参数;$i=1,2,3\cdots n$;$j=1,2,\cdots m$。

整个模糊模型的辨识由参数辨识和结构辨识两部分组成。其中,参数辨识又分为前提参数和结论参数的辨识;结构辨识也可分为前提结构和结论结构的辨识。

9.2 T-S 模型的参数辨识

T-S 模型的参数辨识算法的三个主要步骤如下[9]~[11]:

(1) 前提变量的选择:首先,前提变量应尽可能从被考虑的输入变量中选择;其次,当最适合的前提和结论的参数由第 2、3 步辨识而得,则可计算模型的输出量与实际系统输出数据的误差.于是,可改进已选择的前提变量,使得由输出误差的均方根确定的性能指标尽可能小。

(2) 前提参数的辨识:在第 1 步前提变量被选择的基础上,这一步考虑最适合的前提参数的搜索。若假定前提参数的值,可由第 3 步得到最优的结论参数及性能指标。于是,搜索最优前提参数的问题就转化为一个性能指标极小化的非线性规划问题。

(3) 结论参数的辨识:对于第 1 步给出的前提变量和第 2 步给出的前提参数,采用最小二乘法可搜索到结论参数,使性能指标最小。

9.2.1 结论参数的辨识

设系统由以下的规则描述

R^1: $if\ x_1\ is\ A_1^1, \cdots and\ x_k\ is\ A_k^1$

then $y = P_0^1 + P_1^1 x_1 + \cdots P_k^1 x_k$

⋮ ⋮ ⋮

R^n: if x_1 is $A_1^n, \cdots$, and $x_k\ is\ A_k^n$

then $y = P_0^n + P_1^n x_1 + \cdots + P_k^n x_k$

则输出 y 可由输入 $x_1, \cdots x_k$ 表示为

$$y = \frac{\sum_{i-1}^{n} (A_1^i(x_1) \wedge \cdots \wedge A_n^i(x_n)) \cdot (P_0^1 + P_1^1 x_1 + \cdots P_k^1 x_k)}{\sum_{i=1}^{n} (A_1^i(x_1) \wedge \cdots \wedge A_n^i(x_n))} \tag{9.2}$$

令

$$\beta_i = \frac{A_1^i(x_1) \wedge \cdots \wedge A_n^i(x_n)}{\sum_{l=1}^{n} (A_1^l(x_i) \wedge \cdots \wedge A_n^l(x_n))} \quad l = 1, 2, \cdots n \tag{9.3}$$

则

$$y = \sum_{i=1}^{n} \beta_i (P_0^i + P_1^i x_1 + \cdots + P_k^i x_k)$$

$$\sum_{i=1}^{n} (P_0^i + P_1^i x_1 \beta_i + \cdots + P_k^i x_k \beta_i) \tag{9.4}$$

当一组输入一输出数据印 $x_{1j}, x_{2j}, \cdots, x_{kj} \rightarrow y_i (j = 1, 2, \cdots, m)$ 给定时，可用式(8.4) 由最小二乘法得到结论参数 $P_0^i, P_1^i, \cdots P_k^i (i = 1, 2, \cdots, n)$。

9.2.2 前提参数的辨识

前提参数的辨识就是如何在前提变量已选定的条件下去辨识前提中的模糊集，也就是说，如何将前提变量的空间划分为若干个模糊子空间[9]~[11]。

容易看到，将输入变量空间划分为某些模糊子空间就是要确定前提中模糊集的隶属函数，问题即转为寻找隶属函数的最优参数以达到性能指标极小化。

一般地，前提中的模糊子集可有三类："小"，"中"，"大"，其隶属函数均可由分段直线构成，分别表示于图 9.1 的(a)(b)(c)。

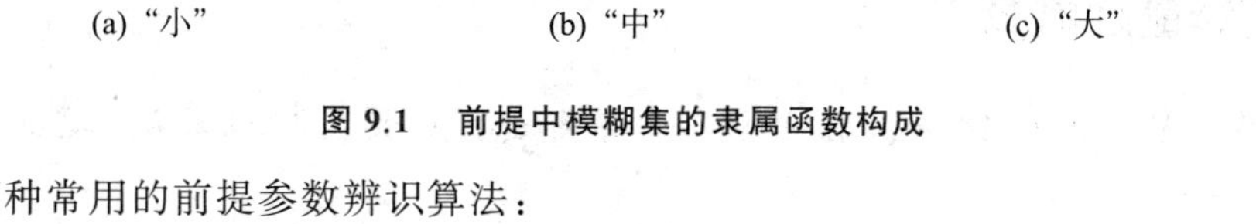

图 9.1 前提中模糊集的隶属函数构成

具体的，有两种常用的前提参数辨识算法：

1. 解非线性规划的复合型方法[9]

寻求使性能指标极小的最优前提参数问题可转化成为一个非线性规划问题。在解这类问题中，常可采用众所周知的极小化的复合型方法。在寻优过程中，要满足两类约束条件：(1) 每个前提参数值不

能超过对应前提变量的定义域;(2) 每个前提变量范围的划分要保持完备性(即每个变量在定义域内均有对应的模糊子空间,相应的辨识器的输出是确定的)。然而这种解法的计算量偏大,对快速响应过程,难以实现在线辨识。

2. 前提参数的校正算法[10]

假若结定一组输入变量$(x_1^0,x_2^0,\cdots,x_r^0)$,那么由各条规则输出 $y^i(i=l,2,\cdots q)$ 的加权平均可求得输出 $y*$

$$y*=\frac{\sum_{i=1}^{q}w^iy^i}{\sum_{i=1}^{q}w^i} \tag{9.5}$$

其中q是模糊规则的数目,y^i 由第i条规则的结论方程式计算所定,权重W^i 代表对应于该组输入向量的第 i 条规则的真值,可由下式计算

$$w^i=\prod_{j=1}^{r}A_j^i(x_j^0) \tag{9.6}$$

这里$\prod$ 是模糊算子,例如采用乘积运算。

于是给定的实际测量输出 y^0 与由式(9.5) 计算的模型输出 $y*$ 之间的误差 $\triangle e$ 即为

$$\Delta e=y^0-y^*=y^0-\sum_{i=1}^{q}\prod_{j=1}^{r}A_j^i(x_j^0)y^i/\sum_{i=1}^{q}\prod_{j=1}^{r}A_j^i(x_j^0) \tag{9.7}$$

依据数据$(y,x_1^0,x_2^0,\cdots,x_r^0)$校正前提参数的算法归纳如下:

(1) 对于输入数据$(x_1^0,x_2^0,\cdots,x_r^0)$,计算每个前提模糊变量的隶属度以及由每条规则推得的输出$y^i(i=1,2,\cdots q)$。

(2) 选择要校正的模糊变量。

对于每个前提变量,有两个模糊变量可被选择。当在前提中有 r 个变量时,则相应地被选择的模糊变量数目是 $2r$ 个。

(3) 校正已选择的模糊变量的隶属度。

(4) 校正前提参数(采用新的隶属度)。

9.3 T-S 模型的结构辨识

由于前提变量的最佳组合是前提结构辨识的重要组成部分,为此先介绍前提变量的选择,然后再分别介绍前提结构和结论结构的辨识算法。

9.3.1 前提变量的选择

在这里,简要介绍一个从值得考虑的输入变量中选择前提变量的算法,这是一种启发式搜索算法[9]。

假定要建立 k 个输入 $x_1,x_2,\cdots,x_k$ 和单输出系统的一个 T-S 模糊模型,其步骤如下:

(1) 将 x_1 的范围划分为两个模糊子空间“大”和“小”,而其他变量 $x_2,\cdots,x_k$ 的范围不划分,这意味着仅有 x_1 出现在规则的前提中,这个模型由两条规则组成,即:

if x_1 is 大 1,then …

if x_1 is 小 1,then …

称为模型 1－1。类似地,将 x_2 的范围划分,而其他变量 $x_1,x_3,\cdots,x_k$ 的范围不划分的模型称为模型 1-2。按这种方式,我们有 k 个模型,每一个都由两个规则组成,一般地,模型 $l-i$ 的形式为:

if x_1 is 大 i,then …

if x_1 is 小 i,then …

(2) 对每一个模型,由前面小节描述的算法可寻求最优的前提参数和结论参数。从 k 个模型里采用具有最小性能指标的最优模型,称为稳定状态。

(3) 从第 1 步的稳定状态出发,称为模型 l-I(其中仅变量 x_i 出现在前提中);取 $x_i-x_j(j=1,2,\cdots,k)$ 的所有组合,并且将每个变量的范围划分为两个模糊子空间,对组合 x_i-x_j,将 x_i 的范围划分为四个子空间,例如,“大”,“中大”,“中小”和“小”。这样,可得到 k 个模型,每个分别命名为模型 2-j,每个模型均由 2×2 个规则组成。于是,在第 2 步又可找到一个具有最小性能指标的模型,也可称为这一步的稳定状态。

(4) 用类似的方式重复步骤 3,将另外的变量放入前提中。

(5) 如果满足以下的任何一个准则,则搜索停止:

① 稳定状态的性能指标变得小于预定值;

② 稳定状态的规则数目超过预定数目。

9.3.2 前提结构的辨识

一般地,前提结构的辨识包括前提变量的确定和输入空间的最优划分,这在前一小节已作了初步介绍。这里再介绍文献[11]、[12]改进的前提结构辨识算法如下(其中性能指标 PER 为误差平方的均方):

(1) 采用线性回归方法求得普通的线性模型。它的性能指标为 $PER(1)$。

(2) x_1 的范围被划分两个模糊子空间小和大,其他变量不分解。结构为:

R^1:if x_1 is 小,then …

R^2:if x_1 is 大,then …

然后辨识前提参数和结论参数,并且得到对应的 PER 类似地划分 x_2 的范围,辨识有关参数,求得对应 x_2 的 PER 同样,分别对其他变量 $x_3,x_4,\cdots,x_m$ 也如此处理,求得相应的结构 PER。在这 m 个模型结构中,选出最小性能指标 $PER(2)$ 和对应的结构 $STR(2)$。

(3) 假若 $STR(2)$ 的对应变量是 x_i。在这一步中,前提中的模糊子空间将由两个增加至三个。有两种方法构造新的前提结构。一是将 x_i 本身划分为三个模糊子空间;二是将其他前提变量,如 x_j 放到 $STR(2)$ 中。并将其范围划分为两个模糊子空间。对于本步所构造的每个前提结构,辨识有关参数,计算 PER,从中选出最小的 $PER(3)$,相应的前提结构是 $STR(3)$。

(4) 假若上一步求得的最小性能指标为 $PER(i-1)$,对应的前提结构是 $STR(i-1)$,$i>3$。在新的前提结构中,模糊规则的数量将由 $i-1$ 个增加到 i 个。同样有两种方法构造新的前提结构。一是将 $STR(i-1)$ 的某个模糊子空间,按照与之关联的某个前提变量,划分成为两个模糊子空间。再者是观察 $STR(i-1)$ 中的某个子空间是否与所有的前提变量有关联。如果否,则将未出现的某个前提变量的范围划分为大、小两部分,据此将该模糊子空间划分成为两个模糊子空间。对于所构成的每个前提结构,辨识有关参数,计算 PER。从中得到最小的 $PER(i)$ 和对应的 $STR(i)$。

(5) 检验下列某个条件是否满足:

① $PER(i)$ 小于预先给定的某个值。

② $\left|\dfrac{PER(i)-PER(i+1)}{PER(i)}\right|<\varepsilon$，$\varepsilon$ 是给定的小数。

③ 规则数目达到了预定值。

如果满足其中某个条件，则辨识过程结束，最优结构为 $STR(i)$，最佳性能指标为 $PER(i)$，并且得到了相应的前提参数和结论参数。否则返回(4)。

9.3.3 结论结构的辨识

所有的输入变量不能总是出现在每个规则的结论里。因此，必须寻找哪些变量在规则的结论里是必要的，这与寻找线性模型中的输入变量是同一类问题。如果一个模糊模型有 q 个模糊规则和 r 个输入变量，且每个结论包括所有 r 个输入变量，则其输出可由一个具有 $q\times(r+l)$ 项的线性方程描述如下

$$\begin{aligned}y^{*}=&c_0^1(g^1)+c_1^1(g^1x_1^0)+\cdots+c_r^1(g^1x_r^0)+c_0^2(g^2)+c_1^2(g^2x_1^0)+\cdots+c_r^2(g^2x_r^0)\\&+\cdots+c_0^q(g^q)+c_1^q(g^qx_1^0)+\cdots+c_r^q(g^qx_r^0)\end{aligned}\tag{9.8}$$

其中

$$g^i=W_i/\sum_{k=1}^{q}W^k,(i=1,2,\cdots,q)\tag{9.9}$$

这里 w^i 由式(9.6)计算。

实际上，只需从以上的 $q\times(r+l)$ 项中选择一些必要的项即可。

9.4 基于 T-S 模型的自适应控制算法

9.4.1 模型转换与参数辨识

考虑含有某些模糊规则的时变系统 T-S 模糊模型如以下形式[21]

$R^i(k)$：if $x_1(k)$ is A_1^i，$x_2(k)$ is A_2^i，$\cdots$，$x_m(k)$ is A_m^i

Then $y^i(k)=P_0^i(k)+P_1^i(k)x_1(k)+\cdots+P_m^i(k)x_m(k)$

$$i=1,2,\cdots,n\tag{9.10}$$

其中，k 是离散时间；$R^i(k)$ 表示 k 时刻第 i 个模糊规则；A_j^i 是一个模糊子集，其隶属函数中的参数称为前提参数；$x_j(k)$ 是 k 时刻第 k 个输入变量；m 是输入变量的数目；$y^i(k)$ 是 k 时刻第 i 条模糊规则的输出；$P_j^i(k)$ 是 k 时刻第 i 条模糊规则结论中第 j 个参数；$i=1,2,\cdots,n$；$j=1,2,\cdots,m$。

在前提变量和参数已给定的条件下，则类似于文献[9]、[11]的一般讨论，系统的输出变量 $y(k)$ 可由输入变量 $x_1(k),x_2(k),\cdots,x_m(k)$ 表示为：

$$y(k)=\frac{\sum_{i=1}^{n}(A_1^i(x_1)\wedge\cdots\wedge A_n^i(x_n)(P_0^i(k)+P_1^i(k)x_1(k)+\cdots+P_m^i(k)x_m(k))}{\sum_{i=1}^{n}(A_1^i(x_1)\wedge\cdots\wedge A_n^i(x_n))}\tag{9.11}$$

其中 $e(k)$ 是随机误差。令

$$\beta_i(k)=\frac{A_1^i(x_1(k))\wedge\cdots\wedge A_n^i(x_n(k))}{\sum_{i=1}^{n}(A_1^l(x_1(k))\wedge\cdots\wedge A_n^l(x_n(k)))}\quad i=1,2,\cdots,n\tag{9.12}$$

则
$$y(k)=\sum_{i=1}^{n}\beta_i(k)(P_0^i(k)+P_1^i(k)x_1(k)+\cdots+P_m^i(k)x_m(k))+e(k)$$
$$=\sum_{i=1}^{n}(P_0^1(k)\beta_i(k)+P_1^i(k)x_1(k)\beta_i(k)+\cdots+P_m^i(k)x_m(k)\beta_i(k))+e(k) \tag{9.13}$$

若再令

$$u_j^i(k)=x_j(k)\beta_j(k)\quad i=1,2,\cdots,n;j=1,2,\cdots m \tag{9.14}$$

其中取 $x_0(k)\equiv 1$,则有

$$y(k)=\sum_{i=1}^{n}\sum_{j=0}^{m}P_j^i(k)u_j^i(k)+e(k) \tag{9.15}$$

当给定一组输入输出数据时,若结论参数为非时变,则可由最小二乘法得出其估值[9]。但现结论参数为时变时,则可采用推广的递推梯度算法[22]进行估计。此时,若置

$u^T(k)=\{u_0^1(k),u_1^1(k),\cdots,u_m^1(k),u_0^2(k),\cdots u_m^2(k),\cdots,u_0^n(k),\cdots,u_m^n(k)\}$

$\theta^T(k)=\{P_0^1(k),P_1^1(k),\cdots P_m^1(k),P_0^2(k),\cdots,P_m^2(k),\cdots,P_0^n(k),\cdots P_m^n(k)\}$

则式(9.15)可改写为一般的线性多输入单输出模型

$$y(k)=\theta^T(k)u(k)+e(k) \tag{9.16}$$

于是便有相应的参数估计递推公式为

$$\hat{\theta}(k)=\hat{\theta}(k+1)+\frac{u(k)}{\|u(k)\|^2}\cdot\{y(k)-\hat{\theta}^T(k-1)u(k)\} \tag{9.17}$$

进一步亦可在分析参数估值序列$\{\hat{\theta}(k)\}$的基础上(具体问题往往可对其分量分别处理),寻找其规律,通过适当的数学手段,建立时变参数$\theta(k)$(或其每一分量)的预测公式,进而得到一系列参数预测值,详见文献[23]等。

9.4.2 一般情形的自适应控制

考虑前述形如式(9.10)的时变 T-S 模型,假设已经辨识完毕,那么由上面讨论知系统的输出变量 $y(k)$ 可表示为式(9.16)。这样在参数估计与预测基础上,当 $u(k)$ 已知,可运用下式进行系统输出自适应预测

$$\hat{y}(N+h)=\hat{\theta}^T(N+h)u(N+h)\quad h=1,2,\cdots \tag{9.18}$$

此处 N 为观测数据组数,h 为预测步长。

进而考虑这类时变系统的自适应控制问题,若参数估计采用式(9.17),则与之对偶的递推自适应控制算法[24]为

$$u(k)=u(k-1)+\frac{\hat{\theta}(k)}{\|\hat{\theta}(k)\|^2}\cdot\{y_k^*-\hat{\theta}(k)u(k-1)\}\, k=N+1,\cdots \tag{9.19}$$

其中 y_k^* 为 k 时刻希望的输出值,$\hat{\theta}(k)$ 为参数预报值。

再由式(9.14),因为 $x_0(k)=1$,故

$$\beta_i(k)=u_0^i(k)i=1,2,\cdots n \tag{9.20}$$

并有

$$x_j^i(k)=\frac{u_j^i(k)}{\beta_i(k)}=\frac{u_j^i(k)}{u_0^i(k)}i=1,2,\cdots,n;j=1,2,\cdots,m \tag{9.21}$$

于是系统的输入(控制)量 $x_j(k)$ 则可由下式求得

$$x_j(k)=\frac{1}{n}\sum_{i=1}^{n}x_j^i(k)j=1,2,\cdots,m \tag{9.22}$$

9.4.3 给定前提条件情形的自适应控制

特别地,设已给定 k 时刻前提条件,不妨设其满足规则 R^{i0} 的前提条件

$x_1(k)$ is A_1^{i0}, $x_2(k)$ is A_2^{i0}, $\cdots$, $x_m(k)$ is A_m^{i0}

则可由相对应的结论模型

$$y^{i0}(k)=P_0^{i0}(k)+P_1^{i0}(k)x_1(k)+\cdots+P_m^{i0}(k)x_m(k) \tag{9.23}$$

直接得出相应的自适应控制律。

此时,置

$x^T(k)=\{x_1(k),\cdots,x_m(k)\}$

$\theta_{i0}^T=\{P_1^{i0}(k),\cdots,P_m^{i0}(k)\}$

式(9.23)可改写为

$$y^{i0}(k)=P_0^{i0}(k)+\theta_{i0}^T(k)x(k) \tag{9.24}$$

若为希望的输出值,则有以下的递推自适应控制算法

$$x(k)=x(k-1)+\frac{\hat{\theta}_{i0}(k)}{\|\hat{\theta}_{i0}(k)\|^2}\cdot\{y_k^*-\hat{P}_0^{i0}(k)-\hat{\theta}_{i0}^T(k)x(k-1)\}$$

$$k=N+1,N+2,\cdots \tag{9.25}$$

9.5 应用仿真实例[25]

考虑现代服务组合系统,设系统的输出变量 $y(k)$ 是某种服务组合产品销售额,输入变量 $x_1(k)$, $x_2(k)$, $x_3(k)$, $x_4(k)$, $x_5(k)$ 为相应的社会经济影响变量,于是一般的控制规则模型为

If $x_2(k)$ is $*$, $x_3(k)$ is $*$, $x_4(k)$ is $*$, then

$$y(k)=P_0(k)+P_1(k)x_1(k)+P_2(k)x_2(k)+P_3(k)x_3(k)+P_4(k)x_4(k)+P_5(k)x_5(k) \tag{9.26}$$

经参数辨识,控制规则为 8 个,具体模型参数说明从略。

假设已知前提条件

$x_2(k)$ is 大$_2$, $x_3(k)$ is 小$_3$, $x_4(k)$ is 小$_4$

满足规则 $R^6(k)$ 的前提,并由其结论模型,依据式(8.25),得到相应的递推自适应控制规律为

$$x(k)=x(k-1)+\frac{\hat{\theta}_6(k)}{||\hat{\theta}_6(k)||^2}\cdot\{y_k^*-\hat{P}_0^6(k)-\hat{\theta}_6^T(k)x(k-1)\} \tag{9.27}$$

若已知 k 时刻希望的输出值 $y_k^*=2.0$,且

$x_1(k-1)=1100$, $x_2(k-1)=7.3$, $x_3(k-1)=42.0$, $x_4(k-1)=22.3$, $x_5(k-1)=16$

则由式(9.27),计算得到

$$x_1(k)=1100+\frac{0.0909)}{39.0568}\cdot(-2.31)=1099.99$$

同理可得

$$x_2(k)=7.64, x_3(k)=41.95, x_4(k)=22.25, x_5(k)=16.12$$

类似地，对于已给定的其他希望输出值 y_k^*，不论前提条件是否改变，均可由相应的结论模型，依据式 (9.25) 得到所对应的自适应控制量。

图 9.2 表示的是 T-S 模型与一般的统计模型关于计算控制量 $x_1(k)$的比较结果图，从中说明，由于采用了自适应控制律，T-S 模型的结果优于统计模型。

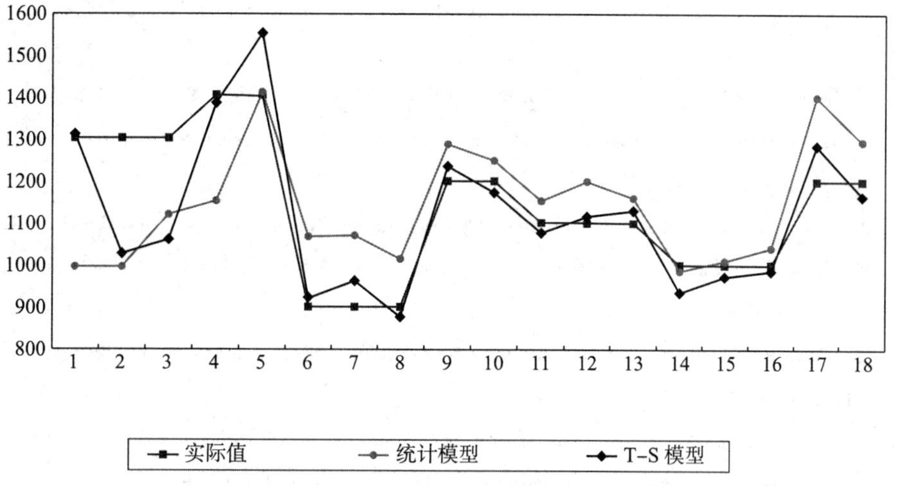

图 9.2 T-S 模型与统计模型结果比较图

小结

本章针对现代服务组合模式的风险管理控制问题，研究提出了基于 T-S 模糊模型的自适应管理控制算法，并给出了仿真应用实例。

参考文献

[1] Pappis, C.P., Application of a measure of proximity to fuzzy controlalgorithms[J]. European Journal of Operational Research, 1992, 59(2):330 - 332

[2] Munakata, T., Jani, Y., Fuzzy systems: Anoverview[J]. Communications of the ACM, 1994, 37(3):68 - 76

[3] Stylios, G., Sotomi, J.O., A neoro-fuzzy control system for intelligent overlock sewing machines[J]. International Journal of Clothing Science and Technology, 1995, 7(2/3):49 - 55

[4] Zadeh, L. A., Fuzzy control: A personalperspective[J]. Control Engineering, 1996, 43 (10): 51 - 52

[5] Wang, Y.T., Chang, C.C., Fuzzy control of an electrohydraulic fatigue testing system[J]. International Journal of Materials & Product Technology, 1998, 13(3/6):184 - 194

[6] Chai, T., Tong, S., Fuzzy direct adaptive control for a class of non-linear systems[J]. Fuzzy Sets and Systems, 1999, 103(3):379 - 387

[7] Feng. S., Xu, L., Decision support for fuzzy comprehensive evaluation of urban development [J]. Fuzzy Sets and Systems, 1999, 105(1):1 - 12

[8] Mir, S., Elbuluk, M., Husain, I., Torque-ripple minimization in switched reluctance motors using adaptive fuzzy control[J]. IEEE Transactions on Industry Applications, 1999, 35(2):461 - 468

[9] T.Takagi and M.Sugeno,Fuzzy Identification of Systems and Its Application to Modelling and Control[J],IEEE Trans,Syst,Nab abd Cybern,1985,15(1):116－132

[10] M.Sugeno and G.T.Kang,Structure Identification of Fuzzy Model[J], Fuzzy Sets and Systems,1988,28(1):15－33

[11] 汤兵勇. 模糊模型的辨识及应用[M]. 北京:中国环境科学出版社,1994

[12] 张化光,陈来九. 一种模糊模型辨识方法[J]. 控制理论与应用,1992,9(6):605－611

[13] K.Tanaka and M.Sugeno,Stability Analysis and Design of Fuzzy Control Systems[J],Fuzzy Sets and Systwems,1992,45:135－156

[14] K.Tanaka,Stability and Stabilizability of Fuzzy-Neural-Linear Control Systems[J],IEEE Tran of Fuzzy systems,1995, 3 (4)

[15] 孙增圻. 智能控制理论与技术[M]. 北京:清华大学出版社 & 南宁:广西科学技术出版社,1997

[16] Tang, B., Xu, L., Wang, W., An adaptive control method for time-varyingsystems[J]. European Journal of Operational Research, 2000, 124:342-352

[17] Dubois, D., Prade, H., Fuzzy Sets and Systems—Theory and Applications, New York:Acad Press.1980

[18] M. Sugeno, K. Tanaka, Sucoessive identification of a fuzzy model and its application to prediction of a complex system[J], Fuzzy Sets Syst. 1991, 42:315－335

[19] J. Wang, A. B. Rad, P. T. Chang, Indirect adaptive fuzzy sliding mode control: Part I. Fuzzyswitching[J], Fuzzy Sets Syst. 2001,122: 21－30

[20] Chang-Woo Park, Mignon Park, Adaptive parameter estimator based on T-S fuzzy models and its applications to indirect adaptive fuzzy control design[J], Information Sciences, 2004, (159): 125－139

[21] 汤兵勇. 基于时变模糊规则模型的自适应控制算法[J]. 信息与控制,1995,24(增刊):464－467

[22] 韩志刚. 多层递阶方法及其应用[M]. 北京:科学出版社,1989

[23] 汤兵勇. 关于动态系统时变参数的预报算法[J]. 黑龙江大学自然科学学报,1983,(1):18－25

[24] 韩志刚. 同参数估计对偶的自适应控制算法[J]. 控制理论与应用,1992, 9(6):347－379

[25] Liang Xiaobei. Adaptive Control Based on The time-varying T-S Model and Application in the Pension Systems[J]. 黑龙江大学自然科学学报,2005,22(1):45－48

10　现代服务组合的综合协调预测模型

预测问题的解决，一般都要经过搜集历史数据、选择预测模型、估计模型中的未知参数、依据所确定的预测模型、应用适当的预测算法进行预测等步骤。本章运用组合预测[1]~[3]和综合预测[4]~[9]的思想，参照已有应用案例[10]~[16]的成功经验，研究提出一种现代服务组合的综合协调预测模型。

10.1　现代服务组合的模型族

现代服务组合系统的结构十分复杂，使得必须用多个模型来描写它的变化，所以在其风险管理的综合协调预测模式中，所要考虑的首先是多种模型的综合，因此要建立与预测过程相匹配的模型族[17]。

以现代服务组合系统的预测为背景来建立模型族，该模型族中包括以下基本模型。

10.1.1　线性模型

有关的线性模型可以有：

1. 广义回归模型(GAR)

$$A_k(q^{-1})y(k)=e(k)$$

2. 具有输入的广义自回归模型(GCAR)

$$A_k(q^{-1})y(k)=q^{-k}B_k(q^{-1})u(k)+e(k)$$

3. 广义的自回归滑动和模型(GARMA)

$$A_k(q^{-1})y(k)=C_k(q^{-1})e(k)$$

4. 具有输入的广义自回归滑动和模型

$$A_k(q^{-1})y(k)=q^{-1}B_k(q^{-1})u(k)+C_k(q^{-1})e(k)$$

5. 状态方程模型

$$x(k+1)=A(k)x(k)+B(k)u(k)+w(k)$$
$$y(k)=C(k)x(k)+v(k)$$

6. 回归分析模型(RA)

$$y(k)=a_1(k)u_1(k)+\cdots+a_n(k)u_n(k)$$

上述模型中，$y(k)$为系统的输出(被预测量)，$u(k)$为系统的输入，$x(k)$为系统的状态，$u_1(k),\cdots,u_n(k)$为预测因子，$e(k)$为零均值的白噪声，$w(k)$，$v(k)$为随机噪声，q^{-1}为一步延迟算子，即$q^{-1}y(k)=y(k-1)$。

而且

$A_k(q^{-1})=1+a_1(k)q^{-1}+\cdots+a_n(k)q^{-n}$

$B_k(q^{-1})=b_1(k)q^{-1}+\cdots+b_m(k)q^{-m}$

$C_k(q^{-1})=1+c_1(k)q^{-1}+\cdots+c_p(k)q^{-p}$

$h\geqslant 0$,$A(k)$,$B(k)$,$C(k)$为时变参数矩阵,$a(k)a_i(k)b_j(k)$,$c_l(k)$,($i=1,2,\cdots,n$;$j=1,2,\cdots,m$;$l=1,2,\cdots,p$)均为时变参数。

可以把模型族中的线性模型改写成一般形式如下

$$y(k)=\varphi(k)^{\tau}\theta(k)+e(k) \tag{10.1}$$

其中$\varphi(k)$是适当的输入与输出(或状态)数据组成的向量,$\theta(k)$为时变参数向量。

10.1.2 非线性模型

有关的非线性模型可以有:

1. 乘积幂函数型非线性回归模型

$$y(k)=a(k)x_1(k)^{a1(k)}x_2(k)^{a2(k)}\cdots x_n(k)^{an(k)}+e(k)$$

2. 幂函数型非线性回归模型

$$y(k)=a_1(k)x_1(k)^{\beta 1(k)}+\cdots+\alpha_n(k)x_n(k)^{\beta n(k)}+e(k)$$

3. 幂函数型描述模型

$$y(k)=\alpha(k)+\beta(k)k^{\gamma(k)}$$

4. 指数函数与幂函数乘积型模型

$$y(k)=A(k)e^{\alpha(k)}x_1(k)^{\beta 1(k)}x_2(k)^{\beta 2(k)}\cdots x_n(k)^{\beta n(k)}$$

上述模型中,$y(k)$为系统的输出(被预测量),$u(k)$为系统的输入,$x(k)$为系统的状态,$x_1(k),\cdots,x_n(k)$为预测因子,$e(k)$为零均值的白噪声,$A(k)$为时变参数矩阵,$a(k)\alpha(k)$,$\beta(k)$,$\gamma(k)$,$a_i(k)\alpha_i(k)$,$\beta_i(k)$($i=1,2,\cdots,n$;$j=1,2,\cdots,ml=1,2,\cdots,p$)均为时变参数。

可把模型族中的非线性模型改写为

$$y(k)=h[\theta(k),k]+e(k) \tag{10.2}$$

其中$h[\theta(k),k]$是$\theta(k)$和某些其他因素的已知函数。

10.2 现代服务组合的算法族

综合预测模式的算法族中包含两类算法,即对时变参数的估计算法和对时变参数估值序列的预测算法。

10.2.1 时变参数估计算法族

一般可选用两类参数估计算法,一类是递推最小二乘算法,一类是推广的递推梯度算法。其中递推最小二乘法对非时变或慢时变参数的估计是很有效的,而推广的递推梯度算法适宜于时变参数的估计。

1. 递推最小二乘法

对于线性模型

$$y(k)=\varphi(k)^{\tau}\theta(k)+e(k)$$

其递推最小二乘算法为

$$\hat{\theta}(k)=\hat{\theta}(k-1)+M(k)\{y(k)-\varphi(k)^{\tau}\hat{\theta}(k-1)\}$$

$$M(k)=\frac{P(k-1)\hat{\varphi}(k)}{\lambda+\hat{\varphi}(k)^{\tau}P(k-1)\hat{\varphi}(k)} \tag{10.3}$$

$$P(k)=\frac{1}{\lambda}[I-M(k)\hat{\varphi}(k)^{\tau}]p(k-1)$$

对于非线性模型

$$y(k)=h[\theta(k),k]+e(k)$$

其递推最小二乘算法为

$$\hat{\theta}(k)=\hat{\theta}(k-1)+M(k)\{y(k)-h[\hat{\theta}(k-1),k]\}$$

$$M(k)=\frac{P(k-1)\nabla_{\hat{\theta}(k-1)}h}{\lambda+\nabla_{\hat{\theta}(k-1)}h^{T}P(k-1)\nabla_{\hat{\theta}(k-1)}h} \tag{10.4}$$

$$P(k)=\frac{1}{\lambda}[I-M(k)\nabla_{\hat{\theta}(k-1)}h^{T}]p(k-1)$$

2. 推广的递推梯度算法

对于线性模型，推广的递推梯度算法为

$$\hat{\theta}(k)=\hat{\theta}(k-1)+\frac{1}{\|\varphi(k)\|^{2}}\varphi(k)\{y(k)-\varphi(k)^{\tau}\hat{\theta}(k-1)\} \tag{10.5}$$

对于非线性模型，推广的递推梯度算法为

$$\hat{\theta}(k)=\hat{\theta}(k-1)+\frac{1}{\|\nabla_{\hat{\theta}(k-1)}h\|^{2}}\nabla_{\hat{\theta}(k-1)}h\cdot\{y(k)-h[\hat{\theta}(k-1),k]\} \tag{10.6}$$

上述估计算法中，λ 为遗忘因子，δ 是适当的常数，$\|\cdot\|$ 表示欧几里得范数

$$\nabla_{\hat{\theta}(k-1)}h=\frac{\partial}{\partial\theta}h[\theta,k]\mid_{\theta=\hat{\theta}[k-1]}$$

10.2.2　时变参数估值序列的预测算法族

对于时变参数估值序列的预测，是多层递阶预测方法[17]的主要特征。依据 $\hat{\theta}(k)$ 的变化规律，可以找到种种适宜的算法[18]，求出 $\hat{\theta}(k)$ 向前 h 步的预测值 $\hat{\theta}^{*}(N+h\mid N)$。如在前面提到的：

(1) AR 模型法；

(2) 定常增量法；

(3) 周期增量法；

(4) 定常因子法；

(5) 均值近似法；

(6) 周期变量法等。

10.3　模型、算法的最佳匹配准则

综合预测模式[7]~[9]的基本点是依据观测数据，选择最适宜的预测模型，最适宜的参数估计算法和

参数预测算法，以求得到在已有的模型族和算法族中的模型与算法的最佳匹配，使得尽可能取得较好的预测结果。因此，寻求模型和算法与数据间的最佳匹配的判别准则，就成了解决综合预测问题的关键所在[17]。

为处理手续方便起见，设已经过适当步骤，把所有的模型写成了含有未知参数的预测模型的形式

$$M_1: y(k) = M_1(\theta_1(k)) + e_1(k)$$
$$M_2: y(k) = M_2(\theta_2(k)) + e_2(k)$$
$$\cdots \qquad \cdots \qquad \cdots$$
$$M_n: y(k) = M_n(\theta_n(k)) + e_n(k)$$

其中 n 是模型个数，$y(k)$ 是被预测量，$e_i(k)(i=1,2,\cdots,n)$ 是随机噪声，于是模型族为 $M=\{M_1, M_2,\cdots,M_n\}$ 。

有如下的基本假设：

设 S 是被预测的动态系统，$e(k)$ 是具有常数方差和均值为零的白噪声，如果模型 M_i 正确描述了系统 S，那么就有

$$e_i(k) = e(k)$$

由于模型中含有未知参数，所以为解决预测问题，首先必须对未知参数进行估计。设可应用的参数估计算法有 l_1 个，依据观测数据应用参数估计算法，可以得出参数在过去时刻的一系列估值

$$\hat{\theta}_i(1),\hat{\theta}_i(2),\hat{\theta}_i(3),\cdots,\hat{\theta}_i(M) \quad i=1,2,\cdots,n$$

对这些参数估值序列，利用适当的参数预测方法求出 $\hat{\theta}_i(k)$ 的预测值 $\hat{\theta}^*(M+h)$ $(h\geqslant 1)$。设这种可用的预测方法有 l_2 种，那么参数估计算法和参数预测算法就有 $l_1 l_2$ 种匹配方式，记 $m=l_1 l_2$。于是就有了一个包含 m 种匹配方式的算法族 $A=\{A_1,A_2,\cdots,A_m\}$。

如果模型 M_i 和算法 A_j 对于系统 S 所得到的预测结果，满足某种最佳性判别准则，就说在这个准则下，模型 M_i 算法 A_j 与系统 S 具有最佳匹配。

设算法 A_j 是足够好的，使得如果模型 M_i 算法 A_j 与系统 S 具有最佳匹配，那么残差

$$\varepsilon_i^j(k) = y(k) - M_i(\hat{\theta}_i^j(k))$$
$$M < k \leqslant N \tag{10.7}$$

就是白噪声 $e(k)$ 的抽样值。其中 $\hat{\theta}_i^j$ 表示模型 M_i 的参数用算法 A_j 所得到的估值。

10.3.1 预报准确度判别法

应用“模型拟合度判别法”，作为模型、算法与预测系统最佳匹配的一种状态准则，即

如果与预测系统 S 在 k 时刻最佳匹配的模型是 M_{i0}，算法是 A_{j0}，则有

$$\varepsilon_{i0}^{j0}(k)^2 = \min_{i,j} \varepsilon_i^j(k)^2$$
$$M < k \leqslant N \tag{10.8}$$

考虑到系统预测模型的多样性及时变性，故不直接用这种预测的一个误差平方值作为确定预测系统与模型和算法最佳匹配的判据，而采用如下的加权平均值

$$\eta_i^j(k) = \alpha\eta_i^j(k-1) + (1-\alpha)\varepsilon_i^j(k)^2$$
$$M < k \leqslant N \tag{10.9}$$
$$\eta_i^j(M+1) = \varepsilon_i^j(M+1)^2$$

其中 α 满足 $0<\alpha<1$。则称 $\eta_i^j(k)$ 为系统 S 与模型 M_i、算法 A_j 相匹配时的预测准确度。于是，可

以得出预测准确度判别法如下：

如果模型 M_{i0} 算法 A_{j0} 满足

$$\eta_{i0}^{j0}(k)^2 = \min_{i,j} \eta_i^j(k) \tag{10.10}$$

则说在时刻 k，系统 S 与模型 M_{i0}、算法 A_{j0} 具有最佳的匹配。

10.3.2 F-检验法

置

$$\varepsilon(k)^2 = \min_{i,j} \varepsilon_i^j(k)_2 \quad M < k \leqslant N \tag{10.11}$$

假定 n 个模型中最大阶数是 p，对于适当的整数 M，构成统计量

$$F_i^j(p+q, N-M) = \frac{\dfrac{1}{p+q}\sum_{k=N-p-1}^{N} \varepsilon_i^j(k)^2}{\dfrac{1}{N-M}\sum_{k=M+1}^{N} \varepsilon(k)^2} \tag{10.12}$$

其中

$$q = \begin{cases} 1 & \text{当 } p \geqslant 2 \\ 2 & \text{当 } p = 1 \\ 3 & \text{当 } p = 0 \end{cases}$$

在噪声 $e(k)$ 为正态的独立假设下，如果模型算法与系统之间是最佳匹配的，则可以证明 $F_i^j(p+q, N-M)$ 是自由度为 $(p+q, N-M)$ 的 F-变量。于是可以应用统计假设检验的 F-检验法来确定与系统最佳匹配的模型 M_i 算法 A_j，其具体步骤如下：

事先给定信度 α，由 F 分布表得出 $F_\alpha(p+q, N)$，于是，如果

$$F_i^j(p+q, N-M) \leqslant F_\alpha(p+q, N-M) \tag{10.13}$$

就接受模型 M_i 算法 A_j、系统 S 是最佳匹配这一假设；如果

$$F_i^j(p+q, N-M) > F_\alpha(p+q, N-M) \tag{10.14}$$

就拒绝上述假设。

如果由多个 i 和 j 都能使式(10.13)满足，则分两种情形处理：

第一种情形，如果其中有某对 M_i，A_j，使在 $N-1$ 时刻，它们已与系统使最佳匹配的，则在 N 时刻仍认为这对模型和算法与系统使最佳匹配的。

第二种情形，如果第一种情形不发生，但有 i_0 和 j_0 满足条件

$$F_{i0}^{j0}(p+q, N-M) = \min_{i,j}\{F_i^j(p+1, N-m)\} \tag{10.15}$$

则取 M_{i0}、A_{j0} 与系统最佳匹配。

如果没有 i，j 使(10.13)式满足，则取满足(10.15)式的模型 M_{i0} 和算法 A_{j0} 作为系统的最佳匹配模型和算法。

10.4 服务组合的综合预测方法

这里运用的多模型多算法综合多层递阶预测方法[7]-[9]的基本思想是，每进行一次预测手续，都要先行寻求与系统(观测数据)最佳匹配的模型和算法。

于是服务组合综合预测方法的主要步骤是：

(1) 根据观测数据的特征(如线性或非线性、有输入或无输入等)，从模型族选出若干个对于观测数据而言是可用的模型，构成一个子族 u_0。

(2) 对子族 u_0 中的每一个模型的未知参数都要依据观测数据，用估值算法进行估计。设所得到的估值序列是 $\hat{\theta}_i^{l_1}(1),\hat{\theta}_i^{l_1}(2),\cdots,\hat{\theta}_i^{l_1}(N_0)$，$i$ 为 u_0 中模型序号，l_1 为估值算法标号，$N_0=N-h$，N 为观测数据终止时刻，h_0 为试验预测段长度(试验预测是用来判断选择时刻 N 与观测数据最佳匹配的模型和算法，即在试验预测段内计算预测准确度)，一般 h_0 视观测数据的多少，可选择 $1\sim5$，通常 $h_0=3$ 或 $h_0=2$。

(3) 求出试验预测段内的参数预测值

$$\hat{\theta}_i^{*l_1l_2}(N_0+1),\cdots,\hat{\theta}_i^{*l_1l_2}(N_0+h_0)$$

l_2 为参数预测算法序号。

(4) 计算

$$\hat{\varepsilon}_i^{*l_1l_2}(N_0+\gamma)=y(N_0+\gamma)-M_i(\hat{\theta}_i^{*l_1l_2}(N_0+\gamma)\quad \gamma=1,2,\cdots,h \tag{10.16}$$

(5) 用预测准确度度判别法或 F 一检验法确定在时刻 N 系统最佳匹配的模型和算法，设它们是 M_{i_0} 和 A_{j_0}。

(6) 求出参数预测值 $\hat{\theta}_{i_0}^{j_0}(N+1)$。

(7) 应用预测公式

$$\hat{y}(N+1\mid N)=M_{i_0}(\hat{\theta}_{i_0}^{j_0}(N+1) \tag{10.17}$$

可得出向前一步的预报值。

利用已得到的预测结果，把 N 换为 $N+1$，重复 $2\sim7$ 步骤可得出向前 h 步的预测结果。

10.5 服务组合的模糊协调预测方法

10.5.1 市场需求的模糊协调预测模型

由于服务组合系统是规模庞大且结构复杂的模糊大系统，其各个因素之间相互影响且相互制约，因此在进行服务组合产品市场需求预测时，要充分注意到其他经济条件及相关因素与该产品市场需求的协调关系[18]、[22]。

一般地，在某服务组合产品市场销售指标采用上述的综合预测方法单项预测后，还要考虑进行区域经济形势预测、服务行业销售潜力预测以及其他相关指标或因素的预测，并可采用以下的模糊协调预测模型[19]~[21]

$$\underset{\sim}{y}^*(k)=\underset{\sim}{\hat{y}}(k)+\underset{\sim}{f}[\underset{\sim}{z}(k),\underset{\sim}{x}(k),\underset{\sim}{u}_i(k),i=1,2,\cdots n] \tag{10.18}$$

其中，$\underset{\sim}{y}(k)$ 为 k 时刻该服务组合产品市场销售量，$\underset{\sim}{\hat{y}}(k)$ 为其单项模糊预测值，$\underset{\sim}{y}^*(k)$ 为其模糊协调预测值，$\underset{\sim}{f}(\cdot,\cdot,\cdot)$ 为模糊协调校正函数，$\underset{\sim}{z}(k)$ 为区域经济重要指标模糊预测值(如：该企业所在地区国内生产总值 GDP)，$\underset{\sim}{x}(k)$ 为服务行业销售模糊预测值，$u_i(k)(i=1,2,,n)$ 为其他相关因素模糊预测值。此处的各模糊变量均取作 $L-R$ 模糊数[21]。

这里 $\underset{\sim}{f}[\cdot,\cdot,\cdot]$ 显然是模糊协调预测模型的重要组成部分，其功能是在单项市场销售量预测基础上，作为各种协调关系影响作用的校正或补偿，其具体形式可有多种，需视实际问题而定，但必须反映各因素之间的协调关系。例如，有时可采用以下一种简单形式

$$\underset{\sim}{f}(\cdot,\cdot,\cdot)=\alpha(k)[\underset{\sim}{G}(k)-\underset{\sim}{\hat{y}}(k)] \tag{10.19}$$

其中，$\alpha(k)$ 为校正系数，$\underset{\sim}{G}(k)$ 为模糊协调引导变量，其表达式也有各种形式，一般需将上述的地区经济指标模糊预测值 $\underset{\sim}{z}(k)$，行业销售预测值 $\underset{\sim}{x}(k)$ 以及各相关因素模糊预测值 $\underset{\sim}{u_i}(k)$ 综合考虑后构成，故在一定程度上可反映其协调关系[23]。

例如，可采用一种较简单的处理和表达形式是：分别考虑 $\underset{\sim}{z}(k)$，$\underset{\sim}{x}(k)$，$\underset{\sim}{u_i}(k)$ 与 $\underset{\sim}{y}(k)$ 的协调关系，将 $\underset{\sim}{y}(k)$ 分别改记为 $\underset{\sim}{y_1}(k)$、$\underset{\sim}{y_2}(k)$、$\underset{\sim}{y_3}(k)$，求得

$$\underset{\sim}{y_1}(k)=a+b\underset{\sim}{z}(k) \tag{10.20}$$

$$\underset{\sim}{y_2}(k)=\beta(k)x(k) \tag{10.21}$$

$$\underset{\sim}{y_3}(k)=c_0+c_1\underset{\sim}{u_1}(k)+c_2(k)+c_3\underset{\sim}{u_3}(k)+c_4\underset{\sim}{u_4}(k) \tag{10.22}$$

再由下式求得 $\underset{\sim}{G}(k)$

$$\underset{\sim}{G}(k)=\frac{1}{3}[\underset{\sim}{y_1}(k)+\underset{\sim}{y_2}(k)+\underset{\sim}{y_3}(k)] \tag{10.23}$$

其中，$\underset{\sim}{z}(k)$ 为该地区国内生产总值，$\beta(k)$ 为 k 时刻该服务组合产品的市场占有率，若作预测时，则为估计值；$\underset{\sim}{u_1}(k)$ 为该地区职工人均年收入，$\underset{\sim}{u_2}(k)$ 为社会商品零售额，$\underset{\sim}{u_3}(k)$ 为相关服务组合产品销售量，$\underset{\sim}{u_4}(k)$ 为替代服务组合产品销售量；$a_i b_i c_i\,(i=0,1,2,3,4)$ 分别为相应的回归系数。

于是，只需对式(10.20) 与(10.22) 进行模糊回归分析，求得其中的回归系数，当未来时刻的 $\underset{\sim}{z}(k)$，$\underset{\sim}{u_i}(k)\,(i=1,2,3,4)$ 已预测时，即可测算得 $\underset{\sim}{y_1}(k)$ 与 $\underset{\sim}{y_3}(k)$；而当市场占有率 $\beta(k)$ 已知时，则 $\underset{\sim}{y_2}(k)$ 也可由式(10.21) 得出；进而再由式(10.23) 算出 $\underset{\sim}{G}(k)$ 后，即可进行模糊协调预测了。

10.5.2　应用仿真实例

某现代服务公司对其推出的某服务组合产品销售量进行模糊协调预测。现已掌握的若干相关因素历史数据如表 10.1。

表 10.1　某养老保险产品销售量及其相关因素数据分析表

k	$\underset{\sim}{u_1}(k)$	$\underset{\sim}{u_2}(k)$	$\underset{\sim}{u_3}(k)$	$\underset{\sim}{u_4}(k)$	$z(k)$	$x(k)$	$y(k)$	$yyh(k)$	$e(K)/y(k)$
1	1.5	29	15	55	138.14	2064	74.3	74.3	0%
2	1	31	22	44	141.92	2014	72.5	72.5	0%
3	2	54	18	22	148.59	2660	93.1	−3.5707	−104%
4	3	71	17	26	154.93	2934	102.7	538.942	425%
5	7	26	4	60	162.27	2804	78.5	74.5097	−5%
6	7	52	6	33	173.69	3552	95.9	111.178	16%
7	1	56	8	20	182.43	3725	104.3	93.4831	−105%
8	11	31	8	47	189.45	3369	87.6	81.248	−7%
9	10	68	8	12	195.33	2646	109.4	115.306	5%
10	11	66	9	12	204.87	2907	113.3	109.688	−3%
11	12	75	10	13	204.87	5560	128.3	121.714	−5%

注:此处历史数据均为确定数,即为 L—R 型模糊数的中心,其左,右枝均为零。

其中,$y(k)$ 为第 k 年服务组合产品销售量(百份),$\underset{\sim}{u}_1(k)$ 为第 k 年当地职工人均年收入(千元),$\underset{\sim}{u}_2(k)$ 为当地社会商品零售额(亿元),$\underset{\sim}{u}_3(k)$ 为当地相关服务组合产品销售量(百份),$\underset{\sim}{u}_4(k)$ 为替代服务组合产品销售量(百份),$z(k)$ 为地区国内生产总值(亿元),$x(k)$ 为当地服务组合产品总销售量(百份),$yyh(k)$ 为使用一般回归分析的预报值。

依据上述的历史数据,经过适当的回归分析(过程从略),可得到以下两个回归方程

$$y_1(k)=57.23+0.22z(k) \tag{10.24}$$

$$y_3(k)=62.4052+1.5511\underset{\sim}{u}_1(k)+0.510\underset{\sim}{u}_2(k)+0.1019\underset{\sim}{u}_3(k)-0.1441\underset{\sim}{u}_4(k) \tag{10.25}$$

另外,对该服务组合产品销售量数据进行单项趋势预测,若采用简单的加权移动平均法,则有以下的单项预测模型

$$\underset{\sim}{\hat{y}}(k)=\frac{1.5\underset{\sim}{y}(k-1)+\underset{\sim}{y}(k-2)+0.5\underset{\sim}{y}(k-3)}{3} \tag{10.26}$$

下面进行 $k=11$ 时的协调预测,过程如下:

(1) 先进行该服务组合产品销售量的单项趋势预测,由式(10.26)可得到

$$\begin{aligned}\underset{\sim}{\hat{y}}(11)&=\frac{1.5\underset{\sim}{y}(10)+\underset{\sim}{y}(9)+0.5\underset{\sim}{y}(8)}{3}\\&=\frac{15}{3}\times(113.3,0,0)+\frac{1}{3}(109.4,0,0)+\frac{0.5}{3}\times(87.6,0,0)\end{aligned}$$

(2) 若通过适当的预测方法已得到 $\underset{\sim}{z}(11)$,$\underset{\sim}{x}(11)$,$\underset{\sim}{u}_i(11)(i=1,2,3,4)$ 的模糊预测值分别为

$$\underset{\sim}{\hat{z}}(11)=(204.87,6.6,9.4)\ \underset{\sim}{\hat{x}}(11)=(5560,10.7,10.4)$$

$$\underset{\sim}{u}_1(11)=(12,0.3,0.2)$$

$$\underset{\sim}{u}_2(11)=(75,1.4,1.5)$$

$$\underset{\sim}{u}_3(11)=(10,0.2,0.7)$$

$$\underset{\sim}{u}_4(11)=(13,0.3,0.8)$$

另估计该服务组合产品在同行业中的市场占有率为 $\beta(k)=3\%$,则有

$$\underset{\sim}{\hat{y}}_2(k)=0.03\underset{\sim}{\hat{x}}(k) \tag{10.27}$$

于是由式(10.24)、(10.27)及(10.25)可得到

$$\begin{aligned}\underset{\sim}{\hat{y}}_1(11)&=(57.23,0,0)+0.22\times(204.87,6.6,9.4)\\&=(57.23,0.0)+(45.07,1.45,2.07)\\&=(102.3,1.45,2.07)\end{aligned}$$

$$\begin{aligned}\underset{\sim}{\hat{y}}_2(11)&=0.03\times(5560,10.7,10.4)\\&=(166.8,0.32,0.31)\end{aligned}$$

$$\begin{aligned}\underset{\sim}{\hat{y}}_3(11)&=(62.4052,0,0)+1.5511\times(12,0.3,0.2)+0.5101\times(75,1.4,1.5)\\&\quad+0.1019\times(10,0.2,0.7)-0.1441\times(12,0.3,0.8)\\&=(62.4052,0,0)+(18.6132,0.47,0.31)+(38.2575,0.71,0.77)\\&\quad+(1.019,0.22,0.07)+(-1.8733,0.04,0.12)\\&=(118.4,1.44,1.27)\end{aligned}$$

再由式(10.23)，有

$$\underset{\sim}{\hat{G}}(11)=\frac{1}{3}[(102.3,1.45,2.07)+(166.8,0.32,0.31)+(118.4,1.44,1.27)]$$

$$=\frac{1}{3}(387.5,3.21,3.65)$$

$$=(129.2,1.07,1.22)$$

(3) 将式(10.19)代入式(10.18)，有

$$y^*(k)=\underset{\sim}{\hat{y}}(k)+\underset{\sim}{\alpha}(k)[\underset{\sim}{G}(k)-\underset{\sim}{\hat{y}}(k)] \tag{10.28}$$

于是当 $k=11$ 时，若已知校正系数 $\alpha(11)=1.05$，采用式(10.28)，则有

$$\underset{\sim}{y}*(11)=\underset{\sim}{\hat{y}}(11)+\alpha(11)[\underset{\sim}{G}(11)-\underset{\sim}{\hat{y}}(11)]$$

$$=(107.7,0,0)+1.05\times[(129.2,1.07,1.22)-(107.7,0,0)]$$

$$=(107.7,0,0)+1.05\times(21.5,1.07,1.22)$$

$$=(107.7,0,0)+(22.6,1.12,1.28)$$

$$=(130.3,1.12,1.28)$$

经实际验证，当 $K=11$ 时，该服务组合产品的销售量实际值 $y(11)$ 为 128.5(百份)，而采用一般回归分析得到的预测值为 121.714(百份)，模糊协调预测值 $\underset{\sim}{y}^*(11)$ 的相对误差为 1.401%，而如表 10.1 所示，一般回归分析预测值 $yyh(k)$ 的平均相对误差为 8%，由此可知模糊协调预测值 $\underset{\sim}{y}^*(11)$ 的预测误差较小。

小结

本章考虑到现代服务组合模式长远预测的复杂性，提出了一种基于模型族和算法族的现代服务组合的综合协调预测模型。

参考文献

[1] J. M. Bates and C. W. J. Granger, Combination of Forecasts. 1969, (6)

[2] Derek Bunn, Forecasting with more than onemodel[J], Journal of Forecasting, 1989, (3)

[3] 郑明川. 几种结合预测法的比较和研究[J]. 管理工程学报，1989，(1-2)

[4] 黄岩波. 一种综合预测方法[J]. 预测，1987，(3)

[5] 韩志刚. 动态系统预报的一种新方法[J]. 自动化学报，1983，19(3)：161-168

[6] 韩志刚. 结构随机变化系统的多层递阶预报[J]. 自动化学报，1990，16(5)：39-45

[7] 韩志刚，汤兵勇等. 市场预测的多模型多方法综合模式[J]. 预测，1992，11(2)：41-47

[8] 韩志刚等. 动态系统预报的多模型多算法综合模式[J]. 系统工程学报，1991，16(2)：27-33

[9] Han Zhigang, The Syntheyic Predicyion Pattern of Multiple Model Systems [J]. Journal of System Science and System Engineering, 1993，2(1): 75-83

[10] 汤兵勇，C.W.Kenneth Keng. 纺织品市场销售额的综合预测模式[J]. 纺织学报，1997，18(4)：60-63

[11] 刘安，王正. 城市交通需求综合预测方法[J]. 系统工程，1997，15(3)：38-45

[12] 陈丰华，姜铁兵. 电力系统短期负荷综合预测模型研究[J]. 水电能源科学，2002，20(1)：71-74

[13] 钟平安，陈筱云，陈凯. 工业需水量综合预测方法[J]. 河海大学学报，2001，29(4)：67-71

[14] 薛联青,汪永权. 区域经济、人口、排污量系统综合预测模型研究[J]. 西北水资源与水工程,2000,11(3):22-25

[15] 庄立伟,王馥棠,王石立. 我国粮食产量综合预测系统[J]. 气象,1998,24(5):19-22

[16] 李吉顺,王昂生. 重大洪涝灾害综合预测研究[J]. 中国减灾,2000,10(4):40-44

[17] 韩志刚,蒋爱平,王洪桥. 自适应辨识、预报和控制——多层递阶途径[M]. 哈尔滨:黑龙江教育出版社,1995

[18] 汤兵勇. 市场经济控制论[M]. 北京:中国环境科学出版社,1997

[19] 汤兵勇,路林吉,王文杰. 模糊控制理论与应用技术[M]. 北京:清华大学出版社,2002

[20] 汤兵勇,程储旺,钟麦英. 鲁棒经济控制理论与方法[M]. 上海:中国纺织大学出版社,2000

[21] 汤兵勇. 模糊模型的辨识及应用[M]. 北京:中国环境科学出版社,1994

[22] 颜光华,等. 实用经济控制论[M]. 上海:立信会计出版社,1994

[23] 陈亚荣,汤兵勇. 市场营销的定量分析方法[M]. 北京:中国纺织出版社,1997

11　现代服务组合的协调控制模型

本章以现代服务组合大系统的实际问题为背景，讨论这类动态大系统的协调控制问题，综合运用大系统的理论[1]~[4]和时变系统辨识控制的一些新结果[5]~[11]，提出了一类协调控制模型及其辨识算法以及相应的自适应协调控制算法，进一步探讨了服务组合的无模型控制器。

11.1　动态大系统的协调控制模型及其辨识

11.1.1　模型结构的确定

对于一类离散动态大系统，通常可将其分解为相互关联的若干子系统，分别从每个子系统模型研究入手，进而给出其整体模型结构[10]。

设 $X_i(k)$，$U_i(k)$ 分别为第 k 时刻第 i 个子系统 n_i 维状态向量，m_i 维控制（输入）向量，$i=1,2,\cdots,M$ 即

$$X_i^T(k)=(x_{i1}(k),x_{i2}(k),\cdots,x_{in_i}(k))$$

$$U_i^T(k)=(u_{i1}(k),u_{i2}(k),\cdots,u_{im_i}(k))$$

于是，可确定第 i 个子系统（$i=1,2,\cdots,M$）的状态方程结构如下

$$X_i(k+1)=A_i(k)X_i(k)+B_i(k)U_i(k)+C_i(k)Z_i(k)+V_i(k)$$
$$i=1,2,\cdots,M \tag{11.1}$$

其中：$Z_i(k)$ 为 P_i 维的关联向量，即

$$Z_i(k)=\sum_i^M\{D_{ij}U_j(k)+G_{ij}X_j(k)\}\quad i=1,2,\cdots,M \tag{11.2}$$

这里 D_{ij}，G_{ij} 为常数阵。而 $A_i(k)$，$B_i(k)$，$C_i(k)$ 为相应时段的时变系统矩阵，$V_i(k)$ 为 n_i 维的随机噪声。

若再设 $Y_i(k)$ 为第 k 时刻第 i 个子系统的 q_i 维输出向量，即

$$Y_i^T(k)=(y_{i1}(k),y_{i2}(k),\cdots,y_{iq_i}(k))$$

则相应的输出方程为

$$Y_i(k)=F_i(k)X_i(k)+W_i(k)\quad i=1,2,\cdots,M \tag{11.3}$$

其中 $F_i(k)$ 为时变参数矩阵，$W_i(k)$ 为随机噪声。

进一步，即可得出该大系统的整体模型机构为

$$X(k+1)=A(k)X(k)+B(k)U(k)+C(k)Z(k)+V(k) \tag{11.4}$$

$$Y(k)=F(k)X(k)+W(k) \tag{11.5}$$

其中：$X^T(k)=(X_1^T(k),X_2^T(k),\cdots,X_M^T(k))$

$$U^T(k)=(U_1^T(k),U_2^T(k),\cdots,U_M^T(k))$$
$$Y^T(k)=(Y_1^T(k),Y_2^T(k),\cdots,Y_M^T(k))$$

分别为该大系统的 n 维状态向量，m 维控制（输入）向量，q 维输出向量；$(n=\sum_{i=1}^{M}n_i,m=\sum_{i=1}^{M}m_i,q=\sum_{i=1}^{M}q_i,)$；$A(k),B(k),C(k),F(k)$，分别为相应的时变系数矩阵，$V(k)$ 与 $W(k)$ 为随机噪声。

11.1.2 模型结构形式的简化

为讨论的方便，将式(11.2)代入式(11.1)，可得

$$\begin{aligned}X_i(k+1)&=A_i(k)X_i(k)+B_i(k)U_i(k)+C_i(k)[\sum_{j=1}^{M}D_{ij}U_i(k)+D_{ij}X_j(k)]+V_i(k)\\&=A_i(k)X_i(k)+C_i(k).\sum_{j=1}^{M}D_{ij}X_j(k)+B_i(k)U_i(k)+C_i(k)\sum_{j=1}^{M}D_{ij}U_j(k)+V_i(k)\\&\quad i=1,2,\cdots,M\end{aligned}\tag{11.6}$$

若置

$$\psi^T(k)=\{X_1^T(k),X_2^T(k),\cdots,X_M^T(k),U_1^T(k),U_2^T(k),\cdots,U_M^T(k)\}$$
$$\begin{aligned}\Theta_i(k)=\{&C_i(k)G_{i1},C_i(k)G_{i2},\cdots,C_i(k)G_{ii}+A_i(k),\cdots,C_i(k)G_{iM},C_i(k)D_{i1},\\&C_i(k)D_{i2},\cdots,C_i(k)D_{ii}+B_i(k),\cdots,C_i(k)D_{iM}\}\quad i=1,2,\cdots,M\end{aligned}$$

则(11.6)可改写为

$$X_i(k+1)=\Theta_i(k)\psi(k)+V_i(k)\quad i=1,2,\cdots,M\tag{11.7}$$

若进而将 $\Theta_i(k)$ 整理后按向量记作

$$\Theta_i(k)=\{\theta_{i1}^T(k),\theta_{i2}^T(k)\theta_{in_i}^T(k)\}\quad i=1,2,\cdots,M$$

则对第 i 个子系统的每个状态分量 x_{ij}，有

$$x_{ij}(k+1)=\psi^T(k)\theta_{ij}(k)+v_{ij}(k)\quad i=1,2,\cdots,M;\ j=1,2,\cdots,n_i\tag{11.8}$$

这里的 $v_{ij}(k)$ 为相应的随机噪声分量。于是得到了如(11.8)的简化形式。

11.1.3 模型时变参数的辨识

式(11.8)时变参数的辨识应包括对过去时刻的参数估计及对未来时刻的参数预测。首先依据已掌握的 N 组观测数据，对式(11.8)的时变参数 $\theta_{ij}(k)\quad(i=1,2,\cdots,M;\quad j=1,2,\cdots,n_i)$ 采用参数估计的推广梯度递推算法[12]

$$\begin{aligned}\hat{\theta}_{ij}(k)&=\hat{\theta}_{ij}(k-1)+(1/\|\psi(k)\|^2)\psi(k)\cdot\{x_{ij}(k+1)-\psi^T(k)\hat{\theta}_{ij}(k-1)\}\\&\quad i=1,2,\cdots,M;\ j=1,2,\cdots,n_i\end{aligned}\tag{11.9}$$

其中 $\hat{\theta}_{ij}(k)$ 是 $\theta_{ij}(k)$ 的估计值。

反复运用式(11.9)，可得到一系列参数估值序列

$$\{\hat{\theta}_{ij}(1),\hat{\theta}_{ij}(2),\hat{\theta}_{ij}(N)\}\quad i=1,2,\cdots,M;\ j=1,2,\cdots,n_i$$

进一步，对未来时刻的时变参数作预测，需对前已得到的参数估值序列进行分析，寻找其规律（一般可按其每一分量处理），运用适当的方法（如：均值近似法、定量增量法、AR 模型法、周期增量法等[11]），得到参数预测值

$$\hat{\theta}_{ij}^*(N+1),\hat{\theta}_{ij}^*(N+2),\cdots,\hat{\theta}_{ij}^*(N+h)\quad i=1,2,\cdots,M;\ j=1,2,\cdots,n_i$$

其中 h 为预测步长。

11.2 动态大系统的自适应协调控制算法

在上述模型的辨识基础上，进一步可对该动态大系统进行自适应预测与控制以及协调控制，以下讨论相应的算法。

11.2.1 自适应预测与控制算法

对经简化后的模型式(11.8)，由多层递阶方法[12] 的思想，在对其时变参数辨识的基础上，若已知未来时刻的控制量 $U(k)$，则可用以下公式进行系统状态的自适应预测

$$\hat{x}_{ij}(k+1)=\psi^T(k)\hat{\theta}_{ij}^*(k) \qquad i=1,2,\cdots,M;\ j=1,2,\cdots,n_i \tag{11.10}$$

若要进行向前多步预测时，$\psi^T(k)$ 中超过 N 时刻的 $x_{ij}(k)$ 可用其预测值 $\hat{x}_{ij}(k)$ 代替。

置 $\psi^T(k)=[X^T(k),U^T(k)]$

$$\theta_{ij}^T(k)=[a_{ij}^T(k),b_{ij}^T(k)]$$

对给定状态 $X^*(k+1)$ 的每一个分量 $\hat{\theta}_{ij}^*(k+1)$，由与参数估计对偶的自适应控制算法[12]，可得其对应的 $U^{(ij)}(k)$

$$U^{(ij)}(k)=U^{(ij)}(k-1)+\hat{b}_{ij}(k)/\|\hat{b}_{ij}(k)\|^2)\cdot\{x_{ij}^*(k+1)-\hat{a}_{ij}^T(k)x(k)$$
$$-\hat{b}_{ij}^T(k)U^{(ij)}(k-1)\} \qquad i=1,2,\cdots,M;\ j=1,2,\cdots,n_i \tag{11.11}$$

然而，由于每一个 $x_{ij}^*(k+1)$ 对应的 $U^{(ij)}(k)$ 不可能都相等，而作为整个大系统仅需要唯一的最优(或次优)控制 $U(k)$，故需在此基础上进一步寻找协调算法，以得出次优控制 $U(k)$。

11.2.2 自适应协调控制算法

现在的问题为：在以上自适应算法的基础上寻找大系统的次优控制 $U(k)$，使

$$f(u)=\|\hat{X}(k+1)-X^*(k+1)\|^2 \tag{11.12}$$

为最小，其中 $U(k)$ 的每一分量 $u_{ij}(k)$ 应满足

$$u_{ij}^-(k)<=u_{ij}(k)<=u_{ij}^+(k) \qquad i=1,2,\cdots,M;\ j=1,2,\cdots,m_i \tag{11.13}$$

此处：$u_{ij}^-(k)=\min\limits_{r,s}u_{ij}^{(rs)}(k)$

$$u_{ij}^+(k)=\max_{r,s}u_{ij}^{(rs)}(k) \qquad i=1,2,\cdots,M;\ j=1,2,\cdots,m_i \tag{11.14}$$

经适当整理，此问题可转化为具有不等式约束的多变量目标函数的寻找问题，即求 $U(k)$，满足约束条件

$$g_{ij}(u)=u_{ij}(k)+u_{ij}^+(k)-2u_{ij}^-(k)>=0 \quad i=1,2,\cdots,M;\ j=1,2,\cdots,m_i \tag{11.15}$$

使目标函数

$$\begin{aligned} f(U)&=\sum_{i=1}^{M}\sum_{j=1}^{n_i}(\hat{x}_{ij}(k+1)-x_{ij}^*(k+1))^2 \\ &=\sum_{i=1}^{M}\sum_{j=1}^{n_i}(\hat{b}_{ij}^T(k)U(k)-\hat{a}_{ij}^T(k)X(k)-x_{ij}^*(k+1))^2 \end{aligned} \tag{11.16}$$

为最小。

对于这类问题,可以采用拉格朗日乘子法求解,其主要步骤为:

(1) 对每个不等式约束,引入松弛变量 $u_{i,j+m_i}(k)$ 将其变换为等式约束

$$g_{ij}(u)=u_{ij}(k)-u_{ij+m_i}^2(k)+u_{ij}^+(k)-2u_{ij}^-(k)=0$$
$$i=1,2,\cdots,M;j=1,2,\cdots,m_i \tag{11.17}$$

(2) 引入拉格朗日函数

$$L(u,\lambda)=f(U)-\lambda g(U)=\sum_{i=1}^{M}\sum_{j=1}^{m_i}\left\|\hat{b}_{ij}^T(k)U(k)+\hat{a}_{ij}^T(k)X(k)-x_{ij}^*(k+1)\right\|^2$$
$$-\sum_{i=1}^{M}\sum_{j=1}^{m_i}\lambda_{ij}\left[u_{ij}(k)-u_{i,j+mi}^2(k)+u_{ij}^+(k)-2u_{ij}^-(k)\right] \tag{11.18}$$

(3) 引入新函数 $Z(U)$

$$Z(U)=\sum_{i=1}^{M}\sum_{j=1}^{m_i}(\partial L/\partial u_{ij})^2+\sum_{i=1}^{M}\sum_{j=1}^{m_i}\left[g_{ij}(U)\right]^2 \tag{11.19}$$

若记:$\hat{b}_{ij}^T(k)=\left\|\hat{c}_{11}^{(ij)}(k),\hat{c}_{12}^{(ij)}(k),\cdots,\hat{c}_{1m1}^{(ij)}(k),\hat{c}_{21}^{(ij)}(k),\cdots,\hat{c}_{2m2}^{(ij)}(k),\cdots,\hat{c}_{M1}^{(ij)}(k),\right.$

$\left.\cdots,\hat{c}_{MmM}^{(ij)}(k)\right\|$

$i=1,2,\cdots,M;\ j=1,2,\cdots,m_i$

则整理后,有:

$$Z(U)=\sum_{i=1}^{M}\sum_{j=1}^{m_i}\left\{\sum_{r=1}^{M}\sum_{s=1}^{n_r}2c_{ij}^{(rs)}(k)\left[\hat{b}_{rs}^T(k)U(k)+\hat{a}_{rs}^T(k)x(k)-x_{rs}^*(k+1)\right]-\lambda_{ij}\right\}^2$$
$$+\sum_{i=1}^{M}\sum_{j=m_i+1}^{2m_i}(2\lambda_{ij-m_i}u_{ij}(k))^2+\sum_{i=1}^{M}\sum_{j=1}^{m_i}\left[u_{ij}(k)-u_{i,j+m_i}^2(k)+u_{ij}^+(k)-2u_{ij}^-(k)\right]^2$$
$$\tag{11.20}$$

于是此问题即可转化为无约束的 $Z(U)$ 求最小问题。为使 $\min Z(U)$,可进而采用一般常用的无约束多变量寻优方法[11](如:一阶梯度法或共轭梯度法)求解。使用相应的计算机程序时,可视具体问题,先给定一个初始值 $U^{(0)}(k)$,然后反复迭代计算,便可求出最优阶(即次优控制 $U(k)$)

以上提出的一类动态大系统模型辨识与自适应协调控制算法同现有的其他方法相比较,具有以下主要特点:

(1) 在模型参数辨识时,充分考虑到系统的时变特性,即估计过去的参数,又预测未来的参数,可克服一般模型固定参数造成的较大误差。

(2) 在求大系统的最优控制策略时,采用自适应协调控制算法,可同时考虑满足各子系统的各种约束条件,经迭代计算能较快地得出结果,可比一般分解 — 协调算法简化计算量。

(3) 模型结构与控制算法较规范简单,即有较强的理论依据,又便于实际操作;不仅可在现代服务组合大系统中应用,还具有较广泛的推广价值(如:模糊大系统的协调控制[13]、经济大系统的鲁棒控制[14]等)与应用前景(如:企业集团的协调控制[15][16]、动态交通流的协调控制[17]等),而对于两个系统之间的协调控制问题[18](如:环境 — 经济系统的双向控制[8][9]等)则更具有优势,可取得良好的效果。

11.3 服务组合大系统的无模型控制

如前讨论,现代服务组合大系统是多输入多输出的,其输入或输出变量是强耦合并很难解耦的。所以可以从理论上运用无模型控制律[20]思路,寻求这类多输入多输出非线性系统的无模型控制算法。

11.3.1 拟优势控制变量

设系统的输出(状态)变量 $y(k)$ 的维数是 n,输入(控制)变量 $u(k)$ 的维数是 m,而且 $n \leqslant m$,k 是离散时间。不妨设系统的时滞是1,于是系统的未知动态模型可以形式地写成为

$$y(k) = f[u(k-1), Z_k, k] \tag{11.21}$$

其中 Z_k 是影响系统的性质的其他因素,包括某些观测数据和随机噪声。也可以把(11.21)写成如下的形式

$$\begin{bmatrix} y_1(k) \\ y_2(k) \\ \cdots \\ y_n(k) \end{bmatrix} = \begin{bmatrix} f_1[u_1(k-1), \cdots, u_m(k-1), Z_k, k] \\ f_2[u_1(k-1), \cdots, u_m(k-1), Z_k, k] \\ \cdots \\ f_n[u_1(k-1), \cdots, u_m(k-1), Z_k, k] \end{bmatrix} \tag{11.22}$$

其中 $y_i(k)$ 是 $y(k)$ 的第 i 个分量,$f_i(\cdots)$ 是 $f(\cdots)$ 的第 i 个分量。

如果 $u(k-1)=\hat{u}(k-1)$ 已给定,那么通过系统即可得出相应的输出 $y(k)$。假设 $k+1$ 时刻的希望输出 $y(k+1)$ 也给出了,那么寻求控制律 $u(k)$ 的问题就是要确定 $u(k)$ 的估值 $\hat{u}(k)$,使得系统在 $\hat{u}(k)$ 的作用下得到的输出是 $y(k+1)$,或者形式地说,使得下式满足

$$y(k+1) = f[\hat{u}(k), Z_{k+1}, k+1] \qquad \text{a.s}$$

当然,也可以形式地得到

$$\begin{aligned} y(k+1) - y(k) &= f[\hat{u}(k), Z_{k+1}, k+1] - f[\hat{u}(k-1), Z_k, k] \\ &= f[\hat{u}(k), Z_{k+1}, k+1] - f[\hat{u}(k-1), Z_{k+1}, k+1] + \varepsilon(k) \qquad \text{a.s} \end{aligned}$$

其中

$$\varepsilon(k) =\!= f[\hat{u}(k), Z_{k+1}, k+1] - f[\hat{u}(k-1), Z_k, k]$$

于是在适当的条件下,由微分中值定理可得

$$y(k+1) - y(k) = \nabla_u f\,[\overline{\hat{u}(k)}]^{\tau}[\hat{u}(k) - \hat{u}(k-1)] + \varepsilon(k) \qquad \text{a.s} \tag{11.23}$$

其中 $\nabla_u f[\overline{\hat{u}(k)}]$ 表示函数 $f(u,\cdot,\cdot)$ 关于 u 的梯度矩阵在 $\overline{u(k)}$ 处的值,而 $\overline{u(k)}$ 表示 $\hat{u}(k-1)$ 与 $\hat{u}(k)$ 连线上的一点,它由微分中值定理确定。

设

$$\varepsilon(k) = \begin{bmatrix} \varepsilon_1(k) \\ \varepsilon_2(k) \\ \cdots \\ \varepsilon_n(k) \end{bmatrix} \qquad \psi(k) = \begin{bmatrix} \psi_1(k)^{\tau} \\ \psi_2(k)^{\tau} \\ \cdots \\ \psi_n(k)\tau \end{bmatrix}$$

$$\psi_i(k) = [\psi_{i1}(k), \psi_{i2}(k), \cdots, \psi_{im}(k)]^{\tau}$$

$$\psi_{ij}(k) = \frac{\partial f_i[\overline{u(k)}]}{\partial u_j}$$

即 $\psi_{ij}(k)$ 是函数 $f_i(u,\cdot,\cdot)$ 关于 u_j 的偏导数在 $\overline{u(k)}$ 处的值,于是(11.23)式可改写成

$$\begin{bmatrix} y_1(k+1) - y_1(k) \\ y_2(k+1) - y_2(k) \\ \cdots \\ y_n(k+1) - y_n(k) \end{bmatrix} = \begin{bmatrix} \psi_1(k)^{\tau} \\ \psi_2(k)^{\tau} \\ \cdots \\ \psi_n(k)\tau \end{bmatrix} [\hat{u}(k) - \hat{u}(k-1)] + \begin{bmatrix} \varepsilon_1(k) \\ \varepsilon_2(k) \\ \cdots \\ \varepsilon_n(k) \end{bmatrix} \qquad \text{a.s} \tag{11.24}$$

或者是

$$\begin{aligned} y_i(k+1)-y_i(k) &= \psi_i(k)^\tau[\hat{u}(k)-\hat{u}(k-1)]+\varepsilon_i(k) \\ &= [\hat{u}(k)-\hat{u}(k-1)]^\tau\psi_i(k)+\varepsilon_i(k) \\ & i=1,2,\cdots,n \qquad \text{a.s} \end{aligned} \tag{11.25}$$

只要令

$$\varphi_i(k)=\psi_i(k)+\frac{1}{\|\hat{u}(k)-\hat{u}(k-1)\|^2}[\hat{u}(k)-\hat{u}(k-1)]\varepsilon_i(k) \qquad \text{a.s}$$

式(11.25) 就改变成

$$\begin{aligned} y_i(k+1)-y_i(k) &= [\hat{u}(k)-\hat{u}(k-1)]^\tau\varphi_i(k) \qquad \text{a.s} \\ & i=1,2,\cdots,n \end{aligned} \tag{11.26}$$

或者写成矩阵、向量的形式

$$y(k+1)-y(k)=\varphi(k)[\hat{u}(k)-\hat{u}(k-1)] \qquad \text{a.s} \tag{11.27}$$

其中

$$\varphi(k)=\begin{bmatrix} \varphi_1(k)^\tau \\ \varphi_2(k)^\tau \\ \cdots \\ \varphi_n(^k)\tau \end{bmatrix}=\begin{bmatrix} \varphi_{11}(k),\varphi_{12}(k),\cdots,\varphi_{1m}(k) \\ \varphi_{21}(k),\varphi_{22}(k),\cdots,\varphi_{2m}(k) \\ \cdots \\ \varphi_{n1}(k),\varphi_{n2}(k),\cdots,\varphi_{nm}(k) \end{bmatrix}$$

$\varphi(k)$ 称为系统的拟梯度矩阵。置

$$r(k)=rank\{\varphi(k)\}$$

显然有 $r(k)\leqslant n$。设 $D_t(k)$ 是 $\varphi(k)$ 的 $r(k)$ 阶满秩子方阵，$t=1,2,\cdots,N$，N 是 $\varphi(k)$ 的 $r(k)$ 阶满秩子方阵的数目，用 $\|D_t(k)\|$ 表示 $D_t(k)$ 的某种(例如欧几里得) 范数。于是必存在一个 $r(k)$ 阶满秩子方阵

$$D(k)=\begin{bmatrix} \varphi_{i_1j_1}(k),\varphi_{i_1j_2}(k),\cdots,\varphi_{i_1j_r}(k) \\ \varphi_{i_2j_1}(k),\varphi_{i_2j_2}(k),\cdots,\varphi_{i_2j_r}(k) \\ \cdots \\ \varphi_{i_rj_1}(k),\varphi_{i_rj_2}(k),\cdots,\varphi_{i_rj_r}(k) \end{bmatrix}$$

使得

$$\|D(k)\|=\max_{1\leqslant i\leqslant N}\|D_i(k)\|$$

于是我们称 $D(k)$ 为 $\varphi(k)$ 的优势 $r(k)$ 阶子方阵。与之相应的 $u_{j1}(k),u_{j2}(k),\cdots,u_{jr}(k)$ 为系统的拟优势控制变量。

显然，在不同的时刻，系统的拟优势变量可能是不同的。

由此可知，无论系统的模型已知与否，只要满足一定的条件，系统的输入输出关系就可以用式(11.26) 或式(11.27) 来描述。这表明，在系统模型未知时，只要能得到矩阵 $\varphi(k)$ 的某种最佳估值，那么就可通过式(11.27) 计算出所求的 $\hat{u}(k)$。

11.3.2 关于 φ(k) 的估计

置

$$\Delta\hat{u}(k)=\hat{u}(k)-\hat{u}(k-1),$$

则式(11.26) 变为

$$y_i(k+1)-y_i(k)=\Delta\hat{u}(k)^{\tau}\varphi_i(k) \quad \text{a.s} \tag{11.28}$$
$$i=1,2,\cdots,n$$

此处可把 $\varphi_i(k)$ 看成是待估参量。显然，拟梯度阵 $\varphi(k)$，在 $\hat{u}(k-1)$ 给定的情况下，将依赖于 $\hat{u}(k)$，但在控制过程中，当输出 $y(k-1)$ 事先给定时，$\hat{u}(k)$ 也就随之被确定了，所以 $\varphi(k)$ 也可以看成明显地依赖于 $y(k+1)$，即 $\varphi_i(k)(i=1,2,\cdots,n)$ 是一组时变参数向量。

假定现在时刻是 k，于是数据

$(u(0),y(1)),(u(1),y(2)),\cdots,(u(k-1),y(k))$

是已知的。依据这些数据，可用下述的两组递推算法寻求 $\varphi_i(k)$ 的估值 $\hat{\varphi}_i(k)(i=1,2,\cdots,n)$[19][21]：

第（Ⅰ）组算法

$$\hat{\varphi}_i^*(k-1)=\hat{\varphi}_i^*(k-2)+M^*(k-1)\{y_i(k)-y_i(k-1)$$
$$-\Delta\hat{u}(k-1)^{\tau}\hat{\varphi}_i^*(k-2)$$

$$M^*(k-1)=\frac{p(k-2)\Delta\hat{u}(k-1)}{a_1+\Delta\hat{u}(k-1)^{\tau}p(k-2)\Delta\hat{u}(k-1)}$$

$$p(k-1)=\frac{1}{a_1}[I-M^*(k-1)\Delta\hat{u}(k-1)^{\tau}]p(k-2)$$

第（Ⅱ）组算法

$$\hat{\varphi}_i^*(k)=\hat{\varphi}_i^*(k-1)+M(k)\{y_i^0(k+1)-y_i(k)$$
$$-\Delta\hat{u}(k-1)^{\tau}\hat{\varphi}_i^*(k-1)$$

$$M(k)=\frac{p(k-1)\Delta\hat{u}(k-1)}{a_2+\Delta\hat{u}(k-1)^{\tau}p(k-1)\Delta\hat{u}(k-1)}$$

$$p(k)=\frac{1}{a_2}[I-M(k)\Delta\hat{u}(k-1)^{\tau}]p(k-1)$$

其中 a_1,a_2 是遗忘因子，$y_i(k)$ 是真实的观测值，$y_i^0(k+1)$ 是给定的希望输出值。在第（Ⅱ）组算法中，由于 $\Delta\hat{u}(k)$ 未知，可用 $\Delta\hat{u}(k-1)$ 代替了它，所以称 $\hat{\varphi}_i^*(k)$ 为 $\hat{\varphi}_i(k)$ 的近似最小二乘估值。至此，可得出下面的近似式

$$y_i(k+1)-\hat{y}(k)=\hat{\varphi}(k)[\hat{u}(k)-\hat{u}(k-1)] \quad \text{a.s} \tag{11.29}$$

11.3.3 无模型控制律的推导

假定 $r(k)=rank\{\hat{\varphi}(k)\}$，于是可以确定 $\hat{\varphi}(k)$ 的 $r(k)$ 阶优势子方阵 $\hat{D}(k)$。从而也确定了拟优势控制变量 $u_{j1}(k),u_{j2}(k),\cdots,u_{jr}(k)$ 和与 $\hat{D}(k)$ 的行相适应的输出变量 $y_{i1}(k),y_{i2}(k),\cdots,y_{ir}(k)$.

置

$$y^*(k+1)=(y_{i1}(k+1),y_{i2}(k+1),\cdots,y_{ir}(k+1))^{\tau}$$
$$u^*(k)=(u_{j1}(k),u_{j2}(k),\cdots,u_{jr}(k))^{\tau}$$

在 $y(k+1)$ 中除去 $y^*(k+1)$ 后，其余的分量形成的向量记成 $y^-(k+1)$。同样 $u(k)$ 中除去 $\hat{u}^*(k)$ 后，其余的分量形式的向量记为 $\hat{u}^-(k)$。适当地排列 $y(k+1)$ 和 $u(k)$ 的分量的次序，就有

$$y(k+1)=(y^*(k+1)^{\tau},y^-(k+1)^{\tau})^{\tau}$$
$$\hat{u}(k)=(\hat{u}^*(k)^{\tau},\hat{u}^-(k)^{\tau})^{\tau}$$

由于向量组 $\hat{\varphi}_1(k),\hat{\varphi}_2(k),\cdots,\hat{\varphi}_n(k)$ 中的任一个向量皆可由线性无关的向量 $\hat{\varphi}_{i1}(k),\hat{\varphi}_{i2}(k),\cdots,$

$\hat{\varphi}_{i_r}(k)$ 线性表示，所以由方程(11.29) 可见，对于 $k+1$ 时刻的输出希望值，只有分量 $y_{i1}(k+1),\cdots,$ $y_{ir}(k+1)$ 可以独立给定。于是如果置

$$\hat{\varphi}^*(k)=\begin{bmatrix}\hat{\varphi}_{i1}(k)^\tau\\ \hat{\varphi}_{i2}(k)^\tau\\ \cdots\\ \hat{\varphi}_{i_r}(k)\tau\end{bmatrix}$$

则方程(11.29) 可被简化为

$$y^*(k+1)-y^*(k)=\hat{\varphi}^*(k)[u(k)-\hat{u}(k-1)] \tag{11.30}$$

在上式中，令 $\hat{u}^-(k)=\hat{u}^-(k-1)$，则(11.30) 式又可被简化为

$$y^*(k+1)-y^*(k)=\hat{D}(k)[u^*(k)-\hat{u}^*(k-1)]$$

由此不难得出 $u^*(k)$ 的估值 $\hat{u}(k)$ 如下

$$\hat{u}^*(k)=\hat{u}^*(k-1)+\hat{D}^{-1}(k)(y^*(k+1)-y^*(k))$$

或者

$$\hat{u}^*(k)=\hat{u}^*(k-1)+\frac{1}{\hat{D}(k)}\hat{D}^*(k)\{y^*(k+1)-y^*(k)\}$$

其中 $\hat{D}^*(k)$ 表示 $\hat{D}(k)$ 的伴随矩阵，$|\hat{D}(k)|$ 表示 $\hat{D}(k)$ 的行列式。

综合上述，得出所求出的控制律算法如下

$$\begin{cases}\hat{u}^*(k)=\hat{u}^*(k-1)+\dfrac{\lambda_k}{|\hat{D}(k)|}\hat{D}^*(k)\{y^*(k+1)-y^*(k)\}\\ \hat{u}^-(k)=\hat{u}^-(k-1)\end{cases} \tag{11.31}$$

$$\hat{u}(k)=(\hat{u}^*(k)^\tau,\hat{u}^-(k)^\tau)^\tau \tag{11.32}$$

其中 $y^*(k+1)$ 表示 $k+1$ 时刻 $y(k+1)$ 的可独立给定的分量的希望值，而

$$\lambda_k=\begin{bmatrix}\lambda_1(k) & & & & 0\\ & \lambda_2(k) & & & \\ & & \cdot & & \\ & & & \cdot & \\ & & & & \cdot \\ 0 & & & & \lambda_r(k)\end{bmatrix}$$

其中 $\lambda_1(k),\cdots,\lambda_r(k)$ 是适当的参数，λ_k 称为控制参量矩阵。

11.3.4 控制律的跟踪性能

为简便计，设 $r(k)=n$，即 $y(k+1)$ 的所有分量都能独立给定，用 $\hat{y}(k+1)$ 表示系统在控制律(11.31)、(11.32) 作用下的实际输出，则系统的跟踪(控制) 误差是

$$\Delta(k+1)=y^0(k+1)-\hat{y}(k+1)$$

此处 $y^0(k+1)$ 是给定的希望输出值。但由(11.27) 式我们有

$$\hat{y}(k+1)-y(k)=\varphi(k)[\hat{u}(k)-\hat{u}(k-1)] \quad \text{a.s} \tag{11.33}$$

由于 $\hat{u}(k)$ 是由算法(11.31)、(11.32) 确定，所以(11.33) 式可以改写成

$$\hat{y}(k+1)-y(k)=D(k)[\hat{u}^*(k)-\hat{u}^*(k-1)] \quad \text{a.s}$$

其中 $D(k)$ 是一个 $r(k)=n$ 阶方阵，它在 $\varphi(k)$ 中的位置与 $\hat{D}(k)$ 在 $\hat{\varphi}(k)$ 中的位置完全相同。于是由(11.31)式可得

$$\hat{y}(k+1)=y(k)+D(k)\frac{\lambda_k}{|\hat{D}(k)|}\hat{D}^*(k)\{y^0(k+1)-y(k)\}$$

于是系统的跟踪误差变成

$$\begin{aligned}\Delta(k+1)&=y^0(k+1)-y(k)-D(k)\frac{\lambda_k}{|\hat{D}(k)|}\cdot\hat{D}^*(k)\{y^0(k+1)-y(k)\}\\&=(I-D(k)\frac{\lambda_k}{|\hat{D}(k)|}\hat{D}^*(k))\{y^0(k+1)-y(k)\}\end{aligned}$$

I 是 $n\times n$ 的单位阵。注意到

$$\frac{1}{|\hat{D}(k)|}\hat{D}^*(k)=\hat{D}^{-1}(k)$$

并且取 $\lambda_k=I$，则有

$$\Delta(k+1)=(\hat{D}(k)-D(k))\hat{D}^{-1}(k)\{y^0(k+1)-y(k)\}$$

注意到 $\hat{D}(k)$ 是 $D(k)$ 的近似最小二乘估值，所以只要

$$\|\hat{D}(k)-D(k)\|\leqslant\varepsilon$$

就可有

$$\begin{aligned}\|\Delta(k+1)\|&\leqslant\|\hat{D}(k)-D(k)\|\cdot\|\hat{D}^{-1}(k)\|\cdot\|y^0(k+1)-y(k)\|\\&\leqslant\varepsilon\|\hat{D}^{-1}(k)\|.\|y^0(k+1)-y(k)\|\end{aligned}$$

这说明在一定的条件下，只要估值 $\hat{D}(k)$ 与 $D(k)$ 充分接近，$\|\Delta(k+1)\|$ 就可以足够小。

这类现代服务组合大系统的无模型控制算法经分析可知[22]-[25]，具有良好的稳定性和输出跟踪性能，并具有较大的应用价值[26]。

小结

本章以现代服务组合大系统的实际问题为背景，讨论了这类动态大系统的协调控制问题，综合运用大系统的理论和时变系统辨识控制的一些新结果，提出了一类综合协调控制模型、相应的自适应协调控制算法以及服务组合的无模型控制算法。

参考文献

[1] Jamshidi M. 大系统建模与控制[M]. 北京：科学出版社，1987
[2] 席裕庚. 动态大系统方法导论[M]. 北京：国防工业出版社，1988
[3] 涂序彦，王枞，郭燕慧. 大系统控制论[M]. 北京：北京邮电大学出版社，2005
[4] 王寿云，于景元，戴汝为，等. 开放的复杂巨系统[M]. 杭州：浙江科技出版社，1996
[5] 王春晓，李俊民. 不确定关联大系统对时变参数的自适应控制[J]. 控制与决策，2004，19(6)：687-690
[6] 顾佳晨，万百五. 基于模糊模型的大系统关联平衡法的收敛性[J]. 自动化学报，2004，30(2)：207-213
[7] 徐玉洁，廖福成，刘贺平. 一类不确定大系统的鲁棒指数控制[J]. 应用基础与工程科学学报，2004，12(3)：315-321

[8] 汤兵勇,刘相才. 区域环境-经济双向控制的数学模型实现[J]. 环境科学从刊,1988,9(4):16-24
[9] 汤兵勇. 环境-经济系统双向控制模型的辨识[J]. 环境科学,1993,14(3):84-89
[10] 汤兵勇. 一类动态大系统的协调控制模型[J]. 控制与决策,1995,10(2):104-108
[11] 汤兵勇. 市场经济控制论[M]. 北京:中国环境科学出版社,1997
[12] 韩志刚,蒋爱平,王洪桥. 自适应辨识、预报和控制—多层递阶途径[M]. 哈尔滨:黑龙江教育出版社,1995
[13] 汤兵勇,路林吉,王文杰. 模糊控制理论与应用技术[M]. 北京:清华大学出版社,2002
[14] 汤兵勇,程储旺,钟麦英. 鲁棒经济控制理论与方法[M]. 上海:中国纺织大学出版社,2000
[15] 王文杰,汤兵勇,梁晓蓓. 企业集团可持续发展的协调控制[J]. 东华大学学报:自然科学版,2001,27(3)
[16] 何会军,黄春萍,等. 企业集团协调控制分析[J]. 工业技术经济,2000(1):56-57
[17] 唐辉,刘小明,贺玉龙. 动态交通流建模及协调控制与优化策略[J]. 控制与决策,2002,17(增刊):823-826
[18] Duan Zhisheng et al. Harmonic Control Between TwoSystems[J]. ACTA Automatica Sinica, 2003, 29 (1): 14-22
[19] Zhongsheng Hou and Zhigang Han. The learning control and the no model or black box learning adaptive control of MIMO nonlinear systems[J]. Advance in Modelling and Analysis, AMSE Press, 1995,47(1): 13-26
[20] 韩志刚,等. 无模型控制律[J]. 黑龙江大学自然科学学报,1994,11(4)
[21] 韩志刚,等. 多输入多输出非线性系统的无模型控制律[J]. 黑龙江大学自然科学学报,1995,12(3):1-7
[22] Han Zhigang et al. The analysis of variation properties for control law without model. 黑龙江大学自然科学学报. 1997,14(3):18-22
[23] 王德进,王玲,韩志刚. 无模型控制律的设计问题[J]. 控制与决策,1997,12(2):136-141
[24] 李建国. 无模型控制律的稳定性分析[J]. 黑龙江大学自然科学学报,2002,19(4):33-35
[25] 汪国强,张铁柱,韩志刚. 无模型控制律基本形式的性质分析[J]. 哈尔滨理工大学学报,2002,7(4):81-84
[26] 汤兵勇,郑飞. 区域经济可持续发展的无模型控制[J]. 黑龙江大学自然科学学报,2001,18(3):30-34

12　现代服务组合的综合协调评价模型

对社会发展水平进行综合指数评价，国际国内许多机构和专家学者都做了大量的研究工作，并确立了一些综合指标体系和相应的评价指数[1]~[3]。例如，物价指数[2]、过程能力指数[4]、[5]、房地产扩张与合成指数[6]、顾客满意度指数[7]、竞争力指数[8][9]等。这些指标体系虽然侧重点有所不同，但都是力求全面、综合地反映社会经济的总体发展或其某些主要方面的基本特征；在具体方法上都是通过对若干统计指标的综合计算（大多采用加法评分法或加权评分法），形成一定的标志数值。然而这些方法一般只适合于排序，很难进行深层次分析；体现的仍是总体发展的水平，却不能很好地反映"协调"发展的真实水平。

本章针对现代服务组合综合评价的实际问题，在现有研究工作基础上，运用大系统的综合思想[10]~[16]，研究提出相关的综合协调评价模型。

12.1　现代服务组合的协调评价指数模型

这里研究探讨一类反映协调发展水平的新的综合指标——协调评价指数，并建立相应的定量模型。这个指标应是协调评价指标体系经适当处理后的一种无量纲指标，可以直接或间接地反映协调发展的总体性能。

12.1.1　历史数据的预处理

在建立现代服务组合大系统协调评价指标体系的基础上，需先对各子系统指标收集到的历史数据进行预处理。具体步骤如下：

(1) 用状态向量 $X_i(k)$ 表示 k 时刻（此时表示不同的年份）第 i 个子系统所包含的指标（$i=1,\cdots,n$；分别对应所讨论的 n 个子系统）且

$$X_i^T(k)=\{x_{i1}(k),x_{i2}(k),\cdots,x_{in_i}(k)\}$$

其中 n_i 表示第 i 个子系统的指标数；$k=1,2,\cdots,N$；N 表示样本数。

(2) 对每个指标 $x_{ij}(k)$（$i=1,\cdots,n;j=1,2,\cdots,n;k=1,2,\cdots,N$）分别作规范化处理，转化为对应的无量纲指标 $y_{ij}(k)$，此处可采用直线公式标值化方法。即取$\{y_{ij}(k)\}$中的最大值与最小值，分别记为

$$\overline{x_{ij}}=\max_k\{x_{ij}(k)\}\quad i=1,\cdots,n;j=1,2,\cdots,n_i \tag{12.1}$$

$$\underline{x_{ij}}=\min_k\{x_{ij}(k)\}\quad i=1,\cdots,n;j=1,2,\cdots,n_i \tag{12.2}$$

则 $y_{ij}(k)$ 可用下式得到

$$y_{ij}(k)=\frac{x_{ij}(k)-\underline{x_{ij}}}{\overline{x_{ij}}-\underline{x_{ij}}}\quad i=1,\cdots,n;j=1,2,\cdots,n_i;k=1,\cdots,N \tag{12.3}$$

(3) 将每个子系统内的所有指标 $y_{ij}(k)$ 按子系统规范化,取

$$s_j^i(k)=s_{ij}(k)=\frac{y_{ij}(k)}{\sum\limits_{i=1}^{ni}y_{ij}(k)}\quad i=1,\cdots,n;j=1,2,\cdots,n_i;k=1,\cdots,N \tag{12.4}$$

12.1.2 模型构成的要素与基本形式

1. 模型构成的要素

由构成协调评价指数模型的基本原则,经过认真分析和研究,逐步体会到模型的要素应有两个:(1)反映"协调"程度的要素 —— 协调度;(2)体现"发展"水平的要素 —— 发展量。

为此,从大系统理论的协调原则中采用"关联预估原则[11]",每个状态变量 $x_{ij}(k)$ 的协调变量 $a_{ij}(k)$ 应取此时实际的关联变量 $z_{ij}(k)$,即 $a_{ij}(k)$ 形如

$$a_{ij}(k)=z_{ij}(k)=\sum_l a_{ij}^l x_{ij}^l(k)\quad i=1,\cdots,n;j=1,\cdots,n_i \tag{12.5}$$

将 $a_{ij}(k)$ 适当变形后作为协调度 $c_{ij}(k)$,它表示了外部其他指标对 $x_{ij}(k)$ 的总影响程度,可间接反映 $x_{ij}(k)$ 的协调程度。而经过规范化处理的无量纲指标 $y_{ij}(k)$ 本身就表示了 $x_{ij}(k)$ 在样本时间内 $(k=1,\cdots,N)$ 的发展水平,故直接取 $y_{ij}(k)$ 作为发展量。

2. 模型的基本形式

在常用的综合评价方法中,最多选用的是"加权加法评分法",因为它确实在一定程度上体现了总体的综合水平。现关键问题是其没有反映协调程度,并且其中权重系数的确定也很重要,必须有一定的实际背景和科学背景。

因此,经反复推敲,特采取一种"改进的加权加法评分法",将权重系数取上述的协调度 $c_{ij}(k)$,指标的标值取上述的发展量 $y_{ij}(k)$;如此把两者有机结合起来,得到的协调评价指数 $D(k)$ 的基本形式

$$D(k)=\sum_{i,j}c_{ij}(k)y_{ij}(k) \tag{12.6}$$

从中可知,$D(k)$ 恰同时受两者影响,由两者所确定;既能反映总体的协调程度,又能体现总体的发展水平,基本达到了预期的要求。

12.1.3 评价测算方法

1. 子系统内协调评价指数的测算方法

对于第 i 个子系统内部各指标之间的协调评价指数 $D_i(k)$ $(i=1,2,3,4)$ 的测算步骤如下:

(1) 由专家确定各对指标之间的相互影响程度 $a_{jl}^i(k)$,它表示第 k 年第 i 个子系统内 l 指标对 j 指标带来的影响。通常情况下,$a_{jl}^i(k)\neq a_{lj}^i(k)$;当 l 对 j 起促进作用时,取 $a_{jl}^i(k)>0$;反之,取 $a_{jl}^i(k)<0$;若无影响时,取 $a_{jl}^i(k)=0$。特别地,$a_{jj}^i(k)=1$。$a_{jl}^i(k)$ 可视实际情况,按影响程度大小取相应数值,例如取 1,2,4,8 等指数函数值或其他数值,但要注意能较客观地反映实际。

(2) 计算其他指标 $l(l\neq j)$ 对 j 指标的总影响量 $b_j^i(k)$

$$b_j^i(k)=\sum_{l=1,l\neq j}^{ni}a_{jl}^i(k)s_j^i(k)\quad i=1,\cdots,n;j=1,\cdots,n_i;k=1,\cdots,N \tag{12.7}$$

这里只考虑外界对 j 指标的影响,忽略其自身影响。

(3) 计算其他指标 l 对 j 的综合影响结果,即协调度 $c_j^i(k)$

$$c_j^i(k)=c_{ij}(k)=\frac{b_j^i(k)}{\sum_{l=1}^{n_i}b_l^i(k)} \quad i=1,\cdots,n;j=1,\cdots,n_i \tag{12.8}$$

(4) 计算子系统内的协调评价指数 $D_i(k)$

$$D_i(k)=\sum_{j=1}^{n_i}c_j^i(k)y_j^i(k) \quad i=1,\cdots,n \tag{12.9}$$

此处 $y_j^i(k)=y_{ij}(k)$。

2. 大系统(子系统之间)协调评价指数的测算方法

对于大系统中各子系统之间协调评价指数 $D(k)$ 的测算步骤如下:

(1) 由专家确定各子系统之间各对指标的相互影响程度 $a_{jl}^{ip}(k)$,它表示第 k 年第 p 个子系统的 l 指标对第 i 个子系统的 j 指标带来的影响。其取值定义同上,此处从略。

(2) 计算其他子系统的指标对 j 指标的总影响量 $B_j^i(k)$

$$B_j^i(k)=\sum_{n}\sum_{l=1}^{np}a_{jl}^{ip}(k)s_l^p(k) \quad i=1,\cdots,n;j=1,\cdots,n_i;k=1,\cdots,N \tag{12.10}$$

这里同样只考虑外部其他子系统指标对 j 指标的影响,忽略本子系统内自身的影响。

(3) 计算其他子系统指标对 j 指标的综合影响结果,即协调度 $e_j^i(k)$

$$e_j^i(k)=e_{ij}(k)=\frac{B_j^i(k)}{\sum_{p=1}^{n}\sum_{l=1}^{np}B_l^p(k)} \quad i=1,\cdots,n;j=1,\cdots,n_i;k=1,\cdots,N \tag{12.11}$$

(4) 计算整个大系统的协调评价指数 $D(k)$

$$D(k)=\sum_{i=1}^{n}\sum_{j=1}^{n_i}e_j^i(k)y_j^i(k) \tag{12.12}$$

12.1.4 自适应预测与控制算法

以上讨论的是对过去时刻协调评价指数的测算,从中可看出其不同时刻的总体水平,进一步还可在此基础上,对将来时刻的协调评价指数进行预测或在给定期望"指数"值下得出其最佳控制策略(即各项指标的最佳匹配与协调优化)。

1. 自适应预测算法

如果通过适当的预测方法已得到将来时刻 $y_j^i(k)$ 的预测值 $y_j^i(k)$ $(i=1,\cdots,n;j=1,2,\cdots,n_i;k=N+h;h\geqslant 1$ 为预测步长),则可由以下预测公式得到子系统内协调评价指数预测值$\hat{D}_i(k)$

$$\hat{D}_i(k)=\sum_{j=1}^{n_i}\hat{c}_j^i(k)\hat{y}_j^i(k) \quad i=1,\cdots,n;k=N+h;h\geqslant 1 \tag{12.13}$$

同样由下式可得出子系统之间协调评价指数预测值 $\hat{D}(k)$

$$\hat{D}(k)=\sum_{i=1}^{n}\sum_{j=1}^{n_i}\hat{e}_j^i(k)\hat{y}_j^i(k) \quad k=N+h;h\geqslant 1 \tag{12.14}$$

其中协调度预测值 $\hat{c}_j^i(k)$ $\hat{e}_j^i(k)$ 可以采用前述的时变参数预测算法,在分析$\{\hat{c}_j^i(k)\hat{e}_j^i(k),k=1,2,\cdots,N\}$ 的基础上,寻找其规律,通过建立相应的预测公式而得到。

2. 自适应控制算法

反之,如果已给定将来时刻协调评价指数的期望值 $D_i^*(k)$ $(i=1,\cdots,n)$ 或 $D^*(k)$,则可采用前面讨论的自适应控制算法(例如:与参数估计对偶的自适应控制算法),得到 $y_j^i(k)$ 的最佳协调优化值。具体地，以下分两种情形讨论。

(1) 子系统内情形

令 $Y^i(k)=\{y_1^i(k),\cdots,y_{n_i}^i(k)\}^T$

$C^i(k)=\{c_1^i(k),\cdots,c_{n_i}^i(k)\}^T$

则式(12.9) 可改写为

$$D_i(k)=C^{iT}(k)y^i(k) \quad i=1,\cdots,n \tag{12.15}$$

于是对于给定的期望值 $D_i^*(k)$，有以下自适应控制递推算法

$$Y^i(k)=y^i(k-1)+\frac{\hat{C}^i(k)}{\|\hat{C}^i(k)\|^2}\{D_i^*(k)-\hat{C}^{iT}(k)y^i(k-1)\}$$

$$i=1,\cdots,n \tag{12.16}$$

其中，$\hat{C}_i(k)$ 为采用适当的时变参数预测算法得到的预测值。

(2) 子系统之间情形

令

$$Y(k)=\{y_1^1(k),\cdots,y_{n1}^1(k),y_1^2(k),\cdots,y_{n2}^2(k),\cdots,y_1^m(k),\cdots,y_{nm}^m(k)\}^T$$

$$E(k)=\{e_1^1(k),\cdots,e_{n1}^1(k),e_1^2(k),\cdots,e_{n2}^2(k),\cdots,e_1^m(k),\cdots,e_{nm}^m(k)\}^T$$

则式(12.12) 可改写为

$$D(k)=E^T(k)Y(k) \tag{12.17}$$

于是对于给定的期望值 $D^*(k)$，有以下自适应控制递推算法：

$$Y(k)=Y(k-1)+\frac{\hat{E}(k)}{\|\hat{E}(k)\|^2}\{D^*(k)-\hat{E}^T(k)Y(k-1)\} \tag{12.18}$$

同样的，其中 $\hat{E}(k)$ 亦为相应的预测值。

12.2 现代服务组合的模糊变系数线性规划模型

12.2.1 变系数线性规划模型

所谓的变系数线性规划问题是指以下的条件极值问题[17]

求

$$\max F^{(k)}=\sum_{j=1}^{n}c_j^{(k)}x_j^{(k)} \tag{12.19}$$

满足

$$\sum_{j=1}^{n}a_{ij}^{(k)}x_j^{(k)}=b_i^{(k)} \qquad i=1,2,\cdots,m \tag{12.20}$$

$$x_j^{(k)}\geqslant 0 \qquad j=1,2,\cdots,n \tag{12.21}$$

这里 k 是离散的流动时间，$c_j^{(k)}$ 和 $a_{ij}^{(k)}$ 都是时变系数，$b_i^{(k)}$ 是定常或时变的数量，$x_j^{(k)}$ 是未知的变量。

函数(12.19) 称为目标函数，式(12.20) 和式(12.21) 称为约束条件。满足式(12.20) 的解 $\{x_1^{(k)},x_2^{(k)},\cdots,x_n^{(k)}\}$，若同时又满足非负的条件式(12.21)，则称其为允许解。满足式(12.19) 的允许解称为最优解。

利用矩阵和向量的符号，如果置

$$\vec{c}^{(k)}=(c_1^{(k)},c_2^{(k)},\cdots,c_n^{(k)})^T$$

$$A^{(k)}=\begin{bmatrix} a_{11}^{(k)}\cdots\cdots a_{1n}^{(k)} \\ \vdots \quad \ddots \quad \vdots \\ a_{m11}^{(k)}\cdots\cdots a_{mn}^{(k)} \end{bmatrix}$$

$$\vec{b}^{(k)}=(b_1^{(k)},b_2^{(k)},\cdots,b_m^{(k)})^T$$

$$\vec{x}^{(k)}=(x_1^{(k)},x_2^{(k)},\cdots,x_n^{(k)})^T$$

$$\vec{A}_i^{(k)}=(x_1^{(k)},x_2^{(k)},\cdots,x_n^{(k)})^T i=1,2,\cdots,m$$

则问题可写成为

求

$$\max F^{(k)}=\vec{c}^{(k)T}\vec{x}^{(k)} \tag{12.22}$$

满足

$$\vec{A}_i^{(k)T}\vec{x}^{(k)}=b_i^{(k)} \quad i=1,2,\cdots,m \tag{12.23}$$

$$\vec{x}^{(k)}\geqslant\vec{0} \tag{12.24}$$

或满足

$$A^{(k)T}\vec{x}^{(k)}=\vec{b}^{(k)} \tag{12.25}$$

$$\vec{x}^{(k)}\geqslant\vec{0}$$

若给定的目标函数是求 $\min\vec{c}^{(k)T}\vec{x}^{(k)}$，则可化为求 $\max(-\vec{c}^{(k)T}\vec{x}^{(k)})$。

若给定的约束条件中，含有不等式

$$\vec{A}_i^{(k)T}\vec{x}^{(k)}\leqslant b_i^{(k)} \tag{12.26}$$

或

$$\vec{A}_i^{(k)T}\vec{x}^{(k)}\geqslant b_i^{(k)} \tag{12.27}$$

则可等价地化为

$$\vec{A}_i^{(k)T}\vec{x}^{(k)}+x_{n+i}^{(k)}=b_i^{(k)} \qquad x_{n+i}^{(k)}\geqslant 0 \tag{12.28}$$

或

$$\vec{A}_i^{(k)T}\vec{x}^{(k)}-x_{n+1}^{(k)}=b_i^{(k)} \qquad x_{n+i}^{(k)}\geqslant 0 \tag{12.29}$$

其中新增加的变量 $x_{n+i}^{(k)}$ 称为松弛变量。

运用变系数线性规划方法的主要步骤如下[18]~[20]：

(1) 所讨论的实际问题归结为相应的变系数线性规划问题，并化为标准形式。

(2) 依据时变系数有关的数据，建立相匹配的预测模型，应用自适应预测方法得到所需要的预测值。

(3) 用适当的解法，求得各规划时点的最优解。

12.2.2 模糊变系数线性规划问题及求解

注意到服务组合的优化规划中，有许多模糊的约束条件。于是可在变系数线性规划中，考虑在模糊约束条件

$$A^{(k)}x^{(k)}\underset{\sim}{=}b^{(k)}(or\underset{\sim}{\leqslant}b^{(k)},or\underset{\sim}{\geqslant}b^{(k)}) \tag{12.30}$$

及

$$x^{(k)}\geqslant 0 \tag{12.31}$$

之下，使目标函数 $F^{(k)}=c^{(k)T}x^{(k)}$ 最大的问题，就成为模糊变系数线性规划问题。

其中，模糊约束的隶属函数定义为：每个分量 $b_i^{(k)}$ 增加到 $b_i^{(k)}+d_i^{(k)}$，时，能增加的隶属度定义为：$\mu_i(d_i^{(k)})$，$d_i^{(k)}\geqslant 0$，并取 μ_i 为严格单调递减函数。

作为模糊目标 $\varphi_C{}^{(k)}(x^{(k)})$，可取标准化到[0,1]的函数

$$\varphi_G^{(k)}(x^{(k)}) = C^{(k)T}x^{(k)}/v^{(k)} \tag{12.32}$$

其中 $v^{(k)}$ 定义为：

$$v^{(k)} = \max_{x^{(k)} \in R^{(k)}} C^{(k)T}x^{(k)} \tag{12.33}$$

$$R^{(k)} = \{x^{(k)} \mid A^{(k)}x^{(k)} = b^{(k)}, x^{(k)} \geqslant 0\} \tag{12.34}$$

这里 $\begin{cases} b^{(k)} = (_1^{b(k)} + d_1^{'(k)}, b_2{}^{(k)} + d_2^{'(k)}, \cdots b_m{}^{(k)} + d_m^{'(k)})T \\ d_a^{(k)} = \max\{d_i^{(k)} \mid d_a^{(k)} \in \mathrm{supp}\mu_i\} \quad i=1,2,\cdots m \end{cases}$

而 $\mathrm{supp}\mu_i$ 表示集合 $\{\mathrm{d}_i{}^{(k)} \mid \mu_i(\mathrm{d}_i{}^{(k)}) \neq 0\}$ 的闭包。

当水平 $\alpha^{(k)}$ 给定时，$\alpha^{(k)}$ —— 水平集 $C_\varepsilon(k)$ 为

$$C_\varepsilon{}^{(k)} = \{x^{(k)} \mid A^{(k)}x^{(k)} = b^{\alpha(k)}, x^{(k)} \geqslant 0\} \tag{12.35}$$

其中

$$\begin{cases} b^{\alpha(k)} = (_1^{b(k)} + d_1^{\alpha b\alpha(k)}, b_2{}^{(k)} + d_2^{\varepsilon b\alpha(k)}, \cdots b_m{}^{(k)} + d^{\alpha}{}_m^{b\alpha(k)})T \\ b^{\alpha(k)} = \max\{d_i^{(k)} \mid d_a^{(k)} \in N_\alpha(k)(\mu_i)\} \quad i=1,2,\cdots m \\ N_\alpha(k)(\mu_i)\} = \{d_i^{(k)} \mid \mu_i(d_i^{(k)}) \geqslant \alpha^{(k)}\} \quad i=1,2,\cdots m \end{cases}$$

相对于 $\alpha^{(k)}$，水平集 $C_\varepsilon(k)$，$\max\limits_{x^{(k)} \in Cal(k)} \varphi_G^{(k)}(x^{(k)})$ 可用一般的变系数线性规划方法求得。所以，模糊变系数线性规划方法的步骤如下：

(1) 令 $l=1$，并设定任意的 $\alpha_1{}^{(k)}$，$\forall \varepsilon^{(k)} > 0$ 且 $0 \leqslant \alpha_1{}^{(k)} \leqslant 1$。

(2) 计算 $\varphi_G^{(k)l} = \max\limits_{x^{(k)} \in C_{\alpha l}(K)} \varphi^{(k)T} \cdot x^{(k)} = \max\limits_{x^{(k)} \in C_{\alpha l}(K)} C^{(k)T} \cdot x^{(k)}/v^{(k)}$。

(3) 计算 $\varepsilon_l^{(k)} = \alpha_l^{(k)} - \varphi_G^{(k)}$，$if \mid \varepsilon_l^{(k)} \mid \geqslant \varepsilon^{(k)}$，如果 $\mid \varepsilon_l^{(k)} \mid \leqslant \varepsilon^{(k)}$，则转向4；否则转向5。

(4) 设 $\alpha_{l+1}^{(k)} = \alpha_l^{(k)} - \gamma_l^{(k)} \cdot \varepsilon_l^{(k)}$，令 $l = l+1$，并转向2；要使得 $0 \leqslant \alpha_{l+1}^{(k)} \leqslant 1$。

(5) 令 $\overline{\alpha}^{(k)} = \alpha_l^{(k)}$，求 $\overline{x}^{(k)}$. 使 $\overline{x}^{(k)}$ 满足 $\varphi_G^{(k)}(\overline{x}^{(k)}) = \max\limits_{x^{(k)} \in C_{\bar{\alpha}}^{(k)}} \varphi_G^{(k)}(x^{(k)})$，则 $\overline{x}^{(k)}$ 就是所求的最优解，计算完毕。

12.3 现代服务组合的模糊多目标评价模型

12.3.1 评价模型的分析与推导

在现代服务组合中，服务公司评价是服务公司选择过程中的基本决策之一。服务公司的评价过程是多准则性的，这反映了评价的本质是多目标的[21],[22]。为满足多准则往往会产生多目标之间的冲突，1993年Weber等人提出了用多目标规划解决多准则服务供应商(服务公司)选择的问题，同时讨论了多准则之间的平衡问题[23]。

于是运用文献[23]~[25]的基本思想，所选用模型的思路是：甄选出 n 个服务公司评价准则，构成一组向量，把各个服务公司表示成 n 维空间中的一个点，确定最理想或最不理想保险公司(点)，根据欧几里得距离计算各个服务公司与最理想或最不理想服务公司之间的距离，根据距离的大小对服务公司进行排序。此处服务公司以某类保险公司为例。

其中变量及符号说明如下：

$X = (x_1, x_2, \cdots, x_n)$：待评价保险公司向量；

$f=(f_1,f_2,\cdots,f_m)$：保险公司评价准则向量；

$f(X)=(f_1(X),f_2(X),\cdots,f_m(X))$：保险公司评价目标集。

假设服务客户的偏好等信息是完全已知的，且可以通过目标权重 ω 来体现，$\omega=(\omega_1,\omega_2,\cdots,\omega_n)$，$\omega_i>0$ 且 $\sum_{i=1}^{m}\omega_i^2, i=1,2,\cdots,m$；

这里权重的确定可以用 AHP 法或者是专家预测法[26]。一般情况下，有以下模型：

模型 1

$$\min z=(f(X)) \tag{12.36}$$

服务公司的评价准则有些是越大越好，比如准时支付率、服务质量等，有些则是越小越好，比如保险费价格等。于是对模型 1 进行改进，得到非统一性模型 2。

设 $f^-=(f_1(X),f_2(X),\cdots,f_k(X))$，代表 k 个越小越好的准则

$f^+=(f_{k+1}(X),f_{k+2}(X),\cdots,f_m(X))$，代表 $m-k$ 个越大越好的准则

则有：

模型 2

$$\begin{cases}\min f^-(X)=(f_1(X),f_2(X),\cdots,f_k(X))\\ \max f^+(X)=(f_{k+1}(X),f_{k+2}(X),\cdots,f_m(X))\end{cases} \tag{12.37}$$

一般多目标决策中，常用权重法将多目标问题转化成单目标问题，这里沿用这一做法，采用了相对劣值隶属度和二次范数，把模型 2 转变成单目标问题。

引入相对劣值隶属度 $\nu_i(x_j)$，$i=1,2,\cdots,m$，$x_j\in X$，表示第 j 个保险公司第 i 个准则的优劣程度，从而将决策矩阵转变为相对优值隶属度矩阵，消除不同物理量纲对决策结果的影响。

$$\nu_i(x_j)=\begin{cases}\dfrac{f_i(x_j)}{\overline{f_i}}, i=1,2,\cdots,k, x_j\in X\\ \dfrac{\underline{f_i}}{f_i(x_j)}, i=k+1,k+2,\cdots,m, x_j\in X\end{cases} \tag{12.38}$$

其中

$$\overline{f_i}=\max\{f_i(x_1),f_i(x_2),\cdots,f_i(x_n)\}, i=1,2,\cdots,k$$

$$\underline{f_i}=\min\{f_i(x_1),f_i(x_2),\cdots,f_i(x_n)\}, i=k+1,k+2,\cdots,m$$

在最劣原则下取最不理想点

$$f^*=(f_1^*,f_2^*,\cdots,f_m^*)=(\overline{f_1},\overline{f_2},\cdots,\overline{f_k},\underline{f_{k+1}},\underline{f_{k+2}},\cdots.\underline{f_m}) \tag{12.39}$$

相对隶属度矩阵

$$A=(a_{ij})_{m\times n}=(\mu_i(x_j))_{m\times n}=(A,A_2,\cdots,A_n) \tag{12.40}$$

取

$$s(x_j)=(\omega_1(1-a_{1j}),\omega_2(1-a_{2j}),\cdots,\omega_m(1-a_{mj})) \tag{12.41}$$

$s(x_j)$ 的二次范数

$$\| s(x_j)\|^2=\sum_{i=1}^{m}(\omega_i^2\cdot(1-a_{ij})^2) \tag{12.42}$$

令

$$d(x_j)=\sqrt{\| s(x_j) \|^2} \tag{12.43}$$

其几何意义是在相对隶属度下服务公司 j 与最差服务公司之间的欧几里得距离 $d(x_j)$ 越大，服务公司的综合指标越优。于是就有：

模型 3

$$\max d(x_j)=\sqrt{\| s(x_j) \|^2} \tag{12.44}$$

根据文献[26]的定理，模型 3 的最优解是模型 2 的有效解。至此多目标决策问题已转化成单目标问题。

12.3.2 评价模型的应用实例

服务公司评价模型应用前的关键步骤是服务公司评价准则的确定[21]~[23]。本模型采用准时支付期、保险费价格、质量、售后服务和经济实力作为评价的关键因素。

服务公司集

$$X=(x_1,x_2,x_3)$$

指标权重[21]

$$\omega=[0.5128,0.2615,0.1289,0.0634,0.0333]$$

若：

$f_1(X)$：因素准时支付期的指标值；

$f_2(X)$：因素保险费价格的指标值；

$f_3(X)$：因素质量的指标值；

$f_4(X)$：因素售后服务的指标值；

$f_5(X)$：因素经济实力的指标值。

具体值见表 12.1。

表 12.1 三个服务公司的评价指标值

因素 / 服务公司	准时支付期 $f_1(x)$	保险费价格 $f_2(x)$	质量 $f_3(x)$	售后服务 $f_4(x)$	经济实力 $f_5(x)$
1	3	100	80	90	1200
2	4	120	90	100	800
3	6	150	100	80	1100

建立模型

$$\begin{cases}\min f^-(X)=(f_1(X),f_2(X))\\ \max f^+(X)=(f_3(X),f_4(X),f_5(X))\end{cases}$$

在最劣原则下取最不理想点

$$f^*=(\overline{f_1},\overline{f_2},\underline{f_3},\underline{f_4},\underline{f_5})=(6,150,80,80,800)$$

相对劣隶属度矩阵

$$A=\begin{bmatrix}0.5 & 0.67 & 1 & 0.89 & 0.67\\0.67 & 0.8 & 0.89 & 0.8 & 1\\1 & 1 & 0.8 & 1 & 0.73\end{bmatrix}$$

计算加权欧几里得距离，结果见表 12.2

表 12.2 最劣隶属度下的服务公司评价结果

服务公司 1	服务公司 2	服务公司 3
0.0733	0.0339	0.0006

由表 12.2 得到最优的服务公司为 1，按照优劣程度排列为服务公司 1 优于服务公司 2 优于服务公司 3。

小结

本章由分析现代服务组合相关因素的协调关系入手，研究其协调发展规律与趋势，建立了现代服务组合的协调评价指数模型、模糊变系数规划模型和模糊多目标评价模型。

参考文献

[1] 孙慧钧. 指数理论研究[M]. 大连：东北财经大学出版社，1998

[2] 帕尔·科尔斯. 指数理论与经济现实[M]. 北京：中国统计出版社，1990

[3] Gregory A. The Road to Integration: Reflections on the Development of Organizational Evaluation: Theory and Practice[J], Omega, 1996,24(3): 295-307

[4] F. K. Wang, Norma F. Hubele, Frederick P. Lawrence. Comparison of Three Multivariate Process Capability Indices, Journal of Quality Technology, 2000, 32(3): 263-275

[5] Zachary G. Stoumbos. Process capability indices: overview andextensions[J]. Nonlinear Analysis: Real World Application, 2002,3(2): 191-210

[6] John M. Quigley. A Simple Hybrid Model for Estmating Real Estate priceIndexe[J]. Journal of Housing Economics, 1995(4): 1-12

[7] Eklof Jan A, Westlund, Anders h, Customer Satisfaction Index and Its Role in QualityManagement[J], Total Quality Management, 1998, 9(4): 80-86

[8] Hall, Mary-Jo, The American Customer SatisfactionIndex[J], Public Manager, 2002, 31(1): 23-27

[9] Lall Sanjaya, Competitiveness Indexs and Developing Countries: An Economic Evaluation of the Global CompetitivenessReport[J], World Development, 2001, 29(9): 1501-1525

[10] Jamshidi M. 大系统建模与控制[M]. 北京：科学出版社，1987

[11] 席裕庚. 动态大系统方法导论[M]. 北京：国防工业出版社，1988

[12] 王寿云，于景元，戴汝为. 开放的复杂巨系统[M]. 杭州：浙江科技出版社，1996

[13] 汤兵勇. 市场经济控制论[M]. 北京：中国环境科学出版社，1997

[14] 梁晓蓓，汤兵勇. 组合养老保险的风险管理控制模型研究[J]. 应用基础与工程科学学报，2004(增刊)：276-279

[15] 汤兵勇. 协调发展指数及其测算方法初探[J]. 统计与咨询，1995(1)：24-25

[16] 汤兵勇. 协调发展指数模型[J]. 系统工程理论方法应用，1996(3)：18-22

[17] H.J.Zimmerman. Fuzzy Programming and Linear Programming with Sereral ObjectiveFunctions[J]. Fuzzy Sets and Systems, 1978 (1): 45 - 55

[18] 汤兵勇. 变系数数学规划在农林结构中的应用[J]. 黑龙江大学自然科学学报,1985, 2(2):24 - 30

[19] 韩志刚,汤兵勇. 运用系统工程方法解决土地利用总体规划中的问题[J]. 系统工程应用案例集. 北京:科学出版社,1988:54 - 63

[20] 汤兵勇. 环境系统工程方法[M]. 北京:中国环境科学出版社,1990

[21] Dickson.G.W. Analysis of vendor selection system anddecisions[J]. Journal of Economic Theory,1966,19:150 - 162.

[22] Weber C A, Current J R, Desai A. Non-cooperative negotiation strategies for vender selection[J].European Journal of Operational Research,1991,(108):208 - 223

[23] Weber C A, Current J R. A multi-objective approach to vender selection [J]. European Journal of Operational Research,1993,(68):173 - 184

[24] 孙敬春,苏秦,王刊良. 供应商组构过程的多准则特征与多目标特征[J]. 管理工程学报,2002(1):59 - 61

[25] 徐玖平,李军. 一类随机多目标二次线性规划模型的交互式算法[J]. 系统科学与数学,2002(2):96 - 106

[26] 杨永清,许先云. 混合群体 AHP 方法判断矩阵的构造及应用[J]. 系统工程,1994,12(3):68 - 74

第3篇　应用篇

13 电子商务服务组合模式

电子商务服务的运作模式经历了不断变化、不断发展的过程。随着电子商务服务业的兴起,进入到以电子商务服务平台为核心的电子商务阶段,电子商务的门槛大大降低,中小企业以及个人电子商务迅速普及。电子商务由企业行为升级为社会行为,电子商务产业链进一步完整,产业生态环境得以完善,电子商务对经济社会发展的重要作用开始凸显。电子商务正走向以内生驱动力与满足社会需求共同驱动的电子商务生态阶段,这种自发、自动化的创新必将引起电子商务"喷发式"的发展,并带来不断创新的电子商务服务组合模式。

13.1 电子商务服务概述

13.1.1 电子商务服务的定义

电子商务服务是现代服务业的一种,它是指帮助客户(机构或者个人)实现电子商务目标但同时创造的价值主要又不在于商品提供的经济活动。可以在两种既密切相关又有所区别的意义上使用电子商务服务的概念:一是指为电子商务应用提供服务(如电子商务咨询服务),二是指通过网络或采用电子商务方式提供的服务(如网上医疗等)。前者以电子商务为服务目的,后者以电子商务为服务的工具。

电子商务服务的范围可以覆盖电子商务应用的各个方面,可以分为以下三类:

(1) 电子交易服务:它主要提供面向行业、区域、企业及消费者的网上交易及相关信息增值服务,还包括国际贸易领域的电子商务公共服务,具体的形式有基于网络的采购、销售及相关的认证、支付、征信等服务。交易是一切经济活动的核心,电子交易服务是电子商务服务的核心,也是现代服务业的核心,甚至是未来整个经济活动的核心。

(2) 与电子商务相关的业务外包服务,包括基于网络的研发设计、生产制造、现代物流、财务管理等生产经营性业务外包服务,也包括在线人力资源、管理咨询、技能培训等辅助性业务外包服务。

(3) 与电子商务相关的信息技术外包服务,包括面向政府和企事业单位的信息处理、数据托管、应用系统等信息技术外包服务。

13.1.2 电子商务服务的特征

为企业创造价值是电子商务的根本所在,电子商务服务则是通过服务的形式为企业创造价值。它具有以下特性:

(1) 电子商务服务的流程化、数字化。一方面以电子流代替了实物流,可以大量减少人力、物力,从而降低了成本;另一方面突破了时间和空间的限制,使得交易活动可以在任何时间、任何地点进行,从而大大提高了效率。

(2) 电子商务服务的开放性、全球性。为中小企业创造了更多的贸易机会，使中小企业可以以相近的成本进入全球电子化市场，使得中小企业有可能拥有和大企业一样的信息资源，提高了中小企业的竞争能力。

(3) 电子商务服务的交互性。面向中小企业的 B2B 服务与面向个人消费的 C2C 服务相互渗透，相互融合，相互促进。

13.1.3 电子商务服务的模式

电子商务模式是关于企业如何开展电子商务获得赢利从而生存下去的各种要素组合，为企业创造价值是电子商务模式的根本所在，电子商务服务模式则是通过服务的形式为企业创造价值。

电子商务服务为在线交易提供帮助，即使产品是离线购买的，也可以提供在线客户服务。它能够提供搜索和比较功能，提供专门的信息和服务。提供的服务工具包括跟踪工具、聊天室、电子邮件和自动应答、帮助系统和呼叫中心等。从现代服务业的角度看，电子商务服务模式是传统电子服务的延伸和整合，电子商务服务模式是以互联网等计算机网络为基础工具，以营造商务环境、促进商务活动为基本功能，是基于网络的新兴商务服务形态，定位于新型的现代服务业。

按服务类型划分，电子商务服务模式分为两种类型：一是电子商务交易服务模式，它提供网络营销、网上销售、网上采购和交易信息发布等交易服务，如阿里巴巴、慧聪网等；一是电子商务业务服务模式，它是提供基于网络的研发设计、现代物流、财务管理、人力资源、管理咨询和技能培训等服务，如金算盘全程电子商务服务等。

按服务对象类型划分，其模式可划分为两种类型：一是供应商集中模式，在这种模式下，虚拟的销售商将供应商的产品目录标准化，加上索引，集中起来提供给购买者。这种任务可以由 ISP 或者像 NTT、MCI 这样的大型电信企业来完成。二是购买者集中模式，在这种模式中，购买者的询价单会被集中在一起，然后提供给众多供应商，随后供应商可以进行投标。购买者(通常都是小企业)可以从批量折扣中获益，供应商的好处是可以接触更多的购买者。

13.1.4 电子商务服务业概述

1. 电子商务服务业的概念

根据以上对电子商务服务的理解，我们可以把电子商务服务业定义为提供电子商务服务的机构(政府部门、非营利机构和企业)和个人(如咨询人员)的集合。电子商务服务业是随着电子商务的发展而兴起的，是电子商务应用的规模不断扩大、影响不断深化的结果。电子商务服务业的兴起，标志着电子商务的专业化水平有了质的飞跃。

从现代服务业的角度看，电子商务服务业以互联网等计算机网络为基础工具，以营造商务环境、促进商务活动为基本功能，是传统商务服务在网络技术条件下的创新和转型，是基于网络的新兴商务服务形态，位于现代服务业的中心位置。电子商务服务业营造商务环境、促进商务活动的作用，体现在通过技术进步及相应的制度进一步降低商务成本，也体现在对商务模式创新和商业生态改善的积极作用。

电子商务服务业是为电子商务应用提供服务的，电子商务应用方面的需求有多大，作为供给的电子商务服务业的范围就有多大，甚至更大，因为供给可能创造原先并不存在的需求。电子商务服务业属于典型的生产性服务业以及知识密集型的现代服务业。电子商务服务业日趋成为全球服务贸易中的重要组成部分，随着经济全球化的发展，我国与电子商务相关的金融、营销、信息、物流、培训、咨询等电子商务服务行业将会迅速发展，成为我国对外服务贸易中新的增长点，也成为现代服务业的一大热点。

2. 电子商务服务平台

互联网的未来在于电子商务，电子商务的未来在于电子商务服务业，电子商务服务业的核心就是电子商务服务平台。以电子商务服务平台（特别是面向中小企业的电子商务服务平台）为核心的电子商务服务业将成为促进电子商务应用、创新和发展的重要力量。电子商务平台把不同的企业（买方和卖方）和消费者聚集到一个虚拟的空间进行商务活动，同时被聚集到这个平台的还包括金融组织、物流企业以及税收和行政管理等政府部门。电子商务服务平台支持不同企业间的一切与交易相关的活动，而且还使得企业相互之间在设计、开发、生产以及最终产品的供应链式分销方面实现合作。

随着电子商务的发展，商务服务（特别是交易服务）加速从“居间中介”为主向“平台服务”为主转变，从撮合交易为主向营造交易环境、促进交易活动为主转变，电子商务服务平台的作用日益突出。电子商务服务平台是电子商务服务业的核心，也是电子商务服务业越来越重要的表现形式。电子商务服务平台建立的目的，是为了获得某种市场机会或整合某类资源，因此每一个构成电子市场的电子商务服务平台在目标用户、价值创造方式、服务取向以及功能设计上是各不相同的。按服务类型划分，电子商务服务平台大致分为三类：

(1) 电子商务交易服务平台：提供网络营销、网上销售、网上采购和交易信息发布等交易服务，如阿里巴巴、慧聪网等；

(2) 电子商务业务服务平台：提供基于网络的研发设计、现代物流、财务管理、人力资源、管理咨询和技能培训等服务，如金算盘全程电子商务平台等；

(3) 电子商务技术服务平台：提供网络基础设施和技术支持，以及基于网络的信息处理、数据托管和应用系统等 IT 外包服务，如中国万网等。

电子商务服务平台在为电子商务应用提供服务的同时，也改变了电子商务应用的模式和形态。企业电子商务因此正在从网站时代（网站是企业电子商务应用的主流），进入平台时代（平台成为电子商务应用的主流），并向生态时代（基于电子商务平台的商业生态）发展。

电子商务服务平台的建设主要是由以下的投资方推动的：

(1) 专业的电子商务服务平台：以电子商务服务为核心业务和企业宗旨，如阿里巴巴；

(2) 软件企业：软件交付向互联网迁移，实施 SaaS、ASP 或 Web Service，如 IBM；

(3) 信息化应用厂商：将已经实现的信息化应用（如 ERP）通过互联网向上下游扩展，进而为全行业提供服务，如用友软件；

(4) 电信运营商：从电信运营商向综合信息服务提供商转型，联合软件厂商等企业，发挥基础电信设施优势，向上延伸、建设和运营电子商务服务平台。

未来几年，电子商务服务平台将呈以下发展趋势：

(1) 电子商务服务平台的规模进一步扩大，将出现更多的百万会员数量级的电子商务服务平台，从而进一步强化电子商务服务平台的规模效应和集聚效应，进一步提高电子商务服务平台的生存能力和服务能力。

(2) 电子商务服务平台的服务模式进一步创新，在服务环节、服务范围和服务功能上均实现大的突破：电子商务交易服务的服务环节从交易前向交易中和交易后延伸，电子商务服务的服务范围从外部市场交易向企业内部运营渗透，未来将有越来越多的服务集成于电子商务服务平台上，从而进一步提高电子商务服务业的服务水平。

(3) 综合性电子商务服务平台与行业性电子商务服务平台摆脱低水平竞争，充分保持和发挥各自的优势，不断走向合作乃至融合，构造“互为平台”的电子商务服务新模式。

(4) 电子商务服务平台从“工具性平台”向“生态性平台”升级，构建和服务于电子商务生态系统，将成为未来电子商务服务平台的重要方向。

电子商务服务平台在为电子商务应用提供服务的同时，也改变了电子商务应用的方式和形态。企业电子商务因此正在从“网站时代”——网站是企业电子商务应用的主流，进入“平台时代”——平台成为电子商务应用的主流，以及渐露头角的“生态时代”——基于电子商务平台的商业生态。

13.2 交易类电子商务服务组合模式

交易是电子商务的直接目标，交易额则是衡量电子商务成败的重要指标。所以，交易服务是电子商务服务的核心价值，在电子商务价值链中居于核心地位。交易类电子商务服务平台也是电子商务服务业中最先发展的服务模式。

13.2.1 电子商务交易服务机制

电子商务交易服务是指网络交易的顺利、高效进行而提供的服务，利用平台的品牌聚集商流促成交易，并聚集服务商为交易双方提供信息流、资金流、物流的整合服务，利用设计周密的交易流程，确保交易安全，提供信用服务。针对不同的交易物和目标客户提供个性化的服务，则是不同类型交易服务的特色和竞争力所在。

电子商务交易服务主要通过聚集机制和匹配机制来产生价值。

1. 聚集机制

由于大量卖方和买方在空间上是离散的，这就使得市场中介的产生成为必然。只要是市场分割存在的地方，运用信息技术为买卖双方沟通资源信息的网络市场就会存在，因为这有助于聚集起买卖双方从而发生交易。聚集一方面使卖方的市场空间大大拓展，另一方面又使买方选择产品的范围显著增加，交易价格对买卖双方也基本透明。把大量交易者汇集到一个虚拟平台上，通过提供一站式购齐服务降低交易成本。聚集能使电子商务平台产生多大价值取决于能够吸引多少关键用户来形成流量，只有具有了一定流量的市场才能够吸引更多参与者，更多的参与者的加入又会扩大用户基础，从而进一步增加平台上所有用户的价值。

聚集机制是一种静态机制，因为价格是预先确定的。这种机制的一个重要特性就是，当电子市场中加入一个新的购买者时，受益的是销售者，因为在聚集模型中，买者和卖者的角色都是固定的。这种模式类似于现实市场中的购物中心，在以零星购买为主且交易频度高但交易价值小的行业里，这种市场很受欢迎。这种市场模式很适合那种供应商资质预先确认、商务规则事先谈妥、需求容易预测、价格波动小的市场，他们能够在足够宽泛的领域内发布共享信息并开展合作。

2. 匹配机制

与静态的聚集机制不同，匹配机制把买卖双方集合在一起，实行动态、实时的价格谈判。在匹配机制中，参与者的角色是不断变化的，卖方可能成为买方，反之亦然。因此，把一些新的成员加进到市场中，能增加市场的流动性，而且使买卖双方都受益。动态定价模式诸如拍卖、交易场或以货易货的平台为一些比较独特的产品如多余的库存、二手资产设备、非连续性供给的商品、有收藏价值的物品或翻新的产品等提供了买卖的场所。

拍卖模式匹配来自不同地域的买方和卖方，适用于没有明确的价格标准或者买家对某种商品价值认定差异较大的行业和场合。交易场模式以即时匹配买卖双方来创造价值，需要建立实时的投标询问处理以及整个市场范围的价格确定、合约履行和市场出清等机制，在需求和价格虚拟程度较高，而大量的商务活动可以调节供给和需求的情况下创造价值。以货易货平台模式使双方对同类或不同类的资产相互交换从而创造价值。以货易货平台模式在传统的通货膨胀经济中常被用来使当前的风险最小化，其缺点是很少有企业把这种交易转移到网络市场上，因为通常需要进行大量市场调查以及准确识别当前的竞争对手。

13.2.2 电子商务平台的交易模式

1. B2B 模式的交易结构

B2B 模式的交易结构可以归纳为直接交易和线下交易。直接交易就是企业和企业之间直接进行交易，交易平台只提供一个商机交流的平台并提供确保诚信和便于交易的服务产品，交易平台汇聚企业双方通过平台进行有效的交易。线下交易是指企业和企业之间不在网上直接达成交易行为，而是通过网上筛选商机和合作伙伴，在网下进行交易。

这种交易模式的特点就是发挥了互联网沟通交流迅速的特点帮助企业寻求到合适的商机。由于互联网消除了地域空间和时间上的阻隔，从而极大地提高了企业交易的效率，并且能将所有企业汇聚在一个平台上进行交易，汇聚的企业越多平台越有价值，而平台价值越大更多的企业也会被吸引过来，因此最终会造就一个大的交易平台，这个交易平台汇聚交易的企业组合成一个商业生态系统共同成长。对于交易平台本身来说，由于不具体参与企业交易双方的交易过程从而分散了风险，而交易平台本身提供的是通用的易于控制的服务产品来确保交易高效率地进行。事实证明这是一种成功的商业模式。国内代表企业：阿里巴巴、环球资源、敦煌网。

2. C2C 模式的交易结构

C2C 模式的交易结构可以归纳为直接交易和线上、线下交易。C2C 的直接交易是指消费者和消费者之间直接进行交易，交易平台只提供一个商品拍卖和发布的功能平台帮助消费者之间进行有效交易。由于 C2C 交易的金额较小，因此现阶段交易平台可以通过和第三方合作提供支付担保的方式帮助交易双方直接进行线上交易，除此之外，交易双方的消费者也可以通过线下当面交易的方式进行交易。

C2C 模式已经被淘宝网、eBay 证明是一种成功的商业模式。这种方式同样分散了平台的风险，而交易平台能够最大限度地会聚消费者形成一个商业生态系统从而共同创造价值。而且平台的可扩展性强，随着中国国内互联网网民的增长和网民提出更高层次的需求，平台也会不断发展扩大。国内代表企业：淘宝网、拍拍网、百度。

3. B2C 模式的交易结构

B2C 模式的交易结构是直接交易和线上交易。B2C 的直接交易模式不同于 B2B 和 C2C 模式，它直接由消费者集中和单一网络运营商进行交易，因此网络运营商就像一个在网络上扩大了经营范围的零售商。所有商品都在线上交易。B2C 的交易模式要完成两个职能：汇聚和分发，即网络运营商首先将需要销售的商品从供应商处批发仓储，然后通过网络平台直接销售。因此这种方式风险集中在网络运营商身上，并且需要额外负担物流仓储和销售的费用。这也是一个扩展的市场，随着电子商务环境的成熟，网上购物的人越来越多，将会在与传统商务的竞争中取得市场份额获得收益。但是这种模式不会大规模培育和催生网商阶层。国内代表企业:卓越亚马逊、京东商城、当当网。

13.2.3 网上交易市场

网上交易市场是当前网上交易开展的主要场所,大约90%以上的交易额都产生在这里。按照《电子商务模式规范》网上交易市场分为B2B网上交易市场和C2C网上交易市场。

1. B2B网上交易市场

B2B网上交易市场是B2B电子商务开展的主要场所,能够去除一切非效率因素,增进企业与顾客的关系,提高效率,降低成本,使市场交易更简便易行,最终提升企业竞争优势。B2B交易市场提供企业之间的交易服务,如供需信息发布、信息筛选推荐、企业网站建设与维护、交易服务、网络营销服务、会员征信及信用管理、支付平台、物流中介服务等。网上交易市场的利润来源是会员费、广告费和特殊服务项目收费。

B2B网上交易市场的建设有三种形式:

(1) 企业网上交易市场:由一家企业单独建成,以采购原材料和出售最终产品为主要目的的网上交易市场。

(2) 水平网上交易市场:由独立第三方建设和运营,面向多个行业提供服务,称为水平网上交易市场。这类市场是跨行业提供服务的,目标是使功能流程自动化,使功能或流程更有效率。对产品和供应商行业没有限制,任何一个企业通过审批都可成为市场的用户。运营商本身不参加交易,也不做交易中介,保持中立成为合格的第三方组织。阿里巴巴是这种模式的典型代表。

(3) 垂直网上交易市场:由某个联合体共同建成,目的是在效率更高的环境中进行交易,为某个行业或某一类产品提供服务,称为垂直网上交易市场。这类市场为某一特定的垂直化市场提供服务,或是专注于某一行业市场,如化工、电子、建材等,这类市场主要致力于整合供应链或使公司间的商业流程自动化,也叫专业交易市场。垂直网上交易市场一般是服务于某个行业或商务项目的网上市场,是购销双方联结的重要纽带,可以使基于供应链的商务活动更加便捷,是未来供应链管理发展的方向。

2. C2C网上交易市场

C2C是消费者与消费者达成交易的电子商务模式,采用第三方电子商务平台或个人电子商务网站实现。目前C2C网上交易市场主要交易模式有两种,即eBay的拍卖模式和淘宝的网店模式。

eBay是最早的C2C平台,用户在网上发布供需信息,设定拍卖底价和成交价,也可以设定一口价,供购买者出价竞拍或选购,成交后双方在线下完成交割。类似于网络上的"跳蚤市场"。eBay目前也支持网店模式,甚至支持B2C的品牌旗舰店。

淘宝则鼓励卖方以网店形式销售商品,便于卖方使用网络营销手段宣传自己,树立形象,也便于对卖家进行征信和信用管理。类似于由个体工商户构成的"商业街"。卖家利用网店把生意做大后,就可以成为专职的网商,实现网上创业。为了解决消费者对于网上支付安全性的担心,减少买卖双方对于对方诚信的担忧,淘宝提供了第三方支付平台"支付宝",并通过双方互评的方式为买卖双方的信用进行评价,开通了评价平台,使消费者的消费决策有基本的依据。淘宝目前也支持B2C的品牌旗舰店,并建立了B2C模式的淘宝商城。

13.2.4 电子商城

电子商城是开展B2C交易的电子商务平台,是零售业网络化的产物。电子商城是提供给具有法人资质的企业在互联网上独立注册开设网上虚拟商店，出售实物或提供服务给消费者的由第三方经营的电子商务平台。平台运营商对电子商城的交易进行管理，并不得参与交易。商户在电子商城开店，提供实物交易和服务，其中包括依法发布商品(服务)信息和广告。电子商城提供登录注册功能、交易功能、结算功能、身份认证功能以及相关的售后服务等。电子商城应该具备安全的在线支付功能(含身份认证、电子签名等)。电子商城应该具备完善与方便的服务功能，包括咨询服务、交易服务、退换货服务、三包服务、赔偿服务等，并在网站页面上明显标出。

京东商城、当当网、新蛋网等都可以看做是电子商城的代表，它有庞大的购物群体，有稳定的网站平台，有完备的支付体系及诚信安全体系。但目前这些电子商城主要是为运营商自营 B2C 交易开设的平台，也邀请一些行业的著名企业进驻，开设专卖店，并提供了完备的销售配套服务。商家进驻商城要经过严格的资质和诚信审查，保证消费者权益。目前单纯的为商家服务的第三方电子商城还不多见。

13.2.5 网上支付服务

网上支付是指卖方与买方通过电子商务网站进行交易时，通过网络银行或具有金融业务资质的单位为其提供网上资金结算服务的业务。网上支付平台是指平台提供商通过采用规范的连接器，在网上商家和银行之间建立起连接，从而实现从消费者到金融机构、商家的在线货币支付、现金流转、资金清算、查询统计等的网络平台。

网上支付在技术和银行业务方面没有任何问题，完全可以满足电子商务的需求。只是由于银行的支付系统各自为政，消费者用起来比较麻烦。另外，由于网络身份的虚拟性，网络诚信状况很差，网络交易中的欺诈现象时有发生，大家都担心遭遇骗子造成损失，因而在先付款还是先交货问题上买卖双方时有争执，网上交易难以开展。

第三方支付平台的应用，有效避免了交易过程中的退换货、诚信等方面的危险，为商家开展 B2B、B2C、C2C 交易等电子商务服务和其他增值服务提供了完整的支持。

由于电子商务平台纷纷推出自己的第三方支付平台，相互之间的竞争非常激烈。随着支付宝、财付通、中国银联电子支付等主要支付公司对其他平台开展服务，业务逐渐向几个大的平台聚集，第三方支付的安全性、可信性、品牌信赖度大大加强。然而，随着网上支付业务额度越来越大，第三方支付的银行监管、资金安全等问题还没有完全解决。主要表现在第三方支付平台不是法定金融机构，经营货币业务有违规之嫌；平台沉淀资金额度很大，如何监管没有法律依据；银行业对第三方支付的态度尚不明朗等。

13.2.6 物流信息服务

电子商务交易平台普遍开展了物流信息服务，商家可以通过平台与多数的第三方物流或快递企业建立联系，选择物流商。商家和消费者可以通过交易平台查看商品在途情况，掌握交货期限，基本满足了电子商务交易的物流需求。

但目前我国物流行业发育还不成熟，也存在着一些问题。如：物流企业对企业供应链管理支持不够，效率不高，服务质量不能保证等；快递行业聚集度差，遍地开花，网络覆盖不完整，管理落后，服务质量差等。这些问题不是交易平台可以解决的，必须由物流行业来解决。目前看各地政府已经很重视物流环境的改善，但距离问题的解决尚需时日。物流服务在未来的相当时间仍将制约电子商务的发展。为此，京东商城、当当网等 B2C 交易平台开始搭建自己的快递网络，纷纷在中心城市建设配送中心，以期提高配送效率，提高配送质量。但这样做也不是能短期见效的，一是配送的终端仍然需要快递公司合作；二是需要大量的物力、人力投入，是否影响核心业务的发展尚未可知。

13.2.7 安全与信用服务

信用和安全问题是目前对电子商务(尤其是网络购物)发展最大的制约因素,网民害怕使用电子商务的主要原因仍然是安全性和信用。

1. 安全服务

电子商务安全是一个宏观的网络环境问题。随着电子商务交易向电子商务平台聚集,电子商务服务企业对安全问题的重视和安全技术管理手段的加强,由服务器引起的交易安全问题(如造成消费者信息泄露和经济损失)的案例已经大大减少。电子商务平台对于网络安全、交易安全、信息安全都采取了非常严格的措施,各种技术和管理措施都得到了落实,已经很难找到服务器和网站的漏洞进行攻击。目前服务器维护中工作量较大的仍然是 URL 跳转和 SQL 注入,服务器网络和网站自身的安全性能基本上能保证自身和消费者的安全。

但客户端的安全问题却很难完全避免,目前主要是网络钓鱼和木马盗窃。

网络钓鱼的方式是钓鱼网站和 URL 跳转。钓鱼网站就是建一个与电子商务平台或银行网站相像的网站,注册一个与真网站容易混淆的域名,通过手机短信、电子邮件、即时通讯等吸引客户登录,从而窃取消费者信息或金钱的行为。随着消费者安全意识的提高,多数人已经可以识别钓鱼网站,并拒绝上当。URL 跳转则是当消费者点击搜索引擎等列出的链接时,浏览器自动将 URL 重定向到钓鱼网站的行为。一般消费者很难堤防,所以就要求电子商务企业的安全部门要花大量的精力去删除这些链接以保护消费者。

木马对于消费者来说更是很难防范的,安全意识强的人会安装杀毒软件,加强保护,但仍然难以避免。公安部通报木马在我国已经形成了一个产业链完整的黑色产业,每年的总产值达到 100 多亿元,虽然屡屡破获大案,但欲彻底铲除非常困难。平台只能经常提醒消费者注意,加强自我保护。

2. 信用服务

信用问题在中国电子商务发展中尤其突出,网络欺诈时有发生,商品以次充好甚至是假冒伪劣、服务不守承诺、退换货困难等问题经常出现,网店使用别人身份证甚至假身份证注册的很多,出了问题很难查证处理。出现问题的根本原因是社会信用体系建设滞后、信用意识差。另外,网络诈骗隐蔽性强、犯罪成本很低也是网络骗子多的原因。

社会信用体系和网上信用中介是已经美国等发达国家证实的行之有效的信用保证制度,但在我国却很难实现,一是没有完善的社会征信和信用管理机制,二是信用中介市场无法发育。在这种情况下只能靠电子商务平台承担起力所能及的责任。电子商务平台采取了很多方法保证交易者的信用,起到了一定作用,主要的措施有:严格卖方的身份核实;信用累积制;保证金制度等。

综上所述,电子商务平台对于电子商务参与者的诚信保证已经做了很多努力,但问题依然没有彻底解决。加强全社会信用体系建设,建设诚信社会,提高全民信用意识才是根本的解决办法。

13.3 网络营销类电子商务服务组合模式

网络营销是企业电子商务战略的重要组成部分,也是企业营销战略的重要内容。网络营销面对网上、网下两个市场,整合企业内外一切资源,完成企业营销目标,优化企业运营环境。网络营销的手段和策略都需要网络技术的支撑，网络营销目标的实现需要整合大量的社会传播资源，网络营销技术本身也需要大量的专门人才，因此为网络营销服务的电子商务企业应运而生。网络营销服务就是为网络营销提供环境、渠道、平台或技术支撑，是网络营销顺利开展的条件。

从总体上看，国内的网络营销模式经历了三个阶段：第一代属于网站营销，以自建网站、网络广告或搜索引擎等方式进行营销；第二代属于会员制营销，通过加入B2B平台开展营销；目前的垂直网络营销属于第三代，是会员制营销的升级和改良。垂直网营销的优势在于，传统企业既是批发商，又是零售商，不仅跳出了第一代网络营销无休止投入的困境，而且不再为营销信息沉没、企业无法出头而担忧。

13.3.1 搜索引擎服务

搜索引擎是指根据一定的策略、运用特定的计算机程序搜索互联网上的信息，在对信息进行组织和处理后，为用户提供检索服务的系统。一个搜索引擎一般由搜索器、索引器、检索器和用户接口四部分组成。搜索器的功能是在互联网中发现和搜集信息。检索器的功能是根据用户的查询在索引库中快速检出文档，进行文档与查询的相关度评价，对将要输出的结果进行排序，并实现某种用户相关性反馈机制。用户接口的作用是输入用户查询、显示查询结果、提供用户相关性反馈机制，主要的目的是方便用户使用搜索引擎，高效率地从搜索引擎中得到有效、准确的信息。

1. 搜索引擎营销

搜索引擎营销是网络营销的重要手段，主要包括：

(1) 关键词广告：是指显示在搜索结果页面的网站链接。不同的搜索引擎有不同的关键词广告显示，有的将关键词检索结果显示在搜索结果列表的最前面，有的显示在特定位置，如右侧。关键词广告具有较高的定位程度，可以提供即时的点击率效果，可以随时修改关键词，收费也比较合理，因而逐渐成为搜索引擎营销的常用形式。

(2) 竞价排名广告：是一些搜索引擎公司推出的按价格高低决定排名先后的网络推广方式。广告主在购买该项服务后，通过注册一定数量的关键词，按照付费最高者排名靠前的原则，购买了同一关键词的网站按不同的顺序进行排名，出现在相应的搜索结果中。竞价排名的基本特点是按点击付费，广告出现在搜索结果中，如果没有被用户点击，则不收取广告费。在同一关键词的广告中，每次点击支付价格最高的广告排列在第一位，下面其他位置同样按照广告主自己设定的广告点击价格高低来决定。

除了最基本的搜索引擎广告形态外，搜索引擎还根据音乐、图片、网页等不同领域设置了多种搜索频道，为用户在不同领域提供更为专业的搜索服务。

2. 付费搜索

2006年起，一直享受全面免费搜索服务的网民们发现自己也许要为一些搜索服务支付相应的费用。登陆全球最大的中文搜索引擎百度的影视频道就会发现，虽然查询结果都能正常显示，并不需要付费，但如果想收看、下载，就要通过百度所开通的手机短信、宽带账户、百度币卡等方式交纳一定的费用才可以收看、下载。同样，如果想使用百度的传情服务，用户也必须注册成为百度用户，然后购买百度币来进行消费。与此同时，雅虎、新浪等网站在其搜索服务中也都推出了收费服务项目。

3. 搜索引擎的发展

从搜索文本、图片、MP3发展到搜索视频、旅游信息、博客文章、地图、商品和广告、游戏等，搜索服务的细分化、专业化和个性化的趋势越来越明显。

(1) 本地搜索：除了能搜索网页之外，还可以搜索用户存放在本地硬盘上的各种数据，而且搜索时无需用户输入关键词。比如你正在浏览当前窗口，搜索引擎便会在相关网站、你的本地文件夹或 Email 信箱里自动搜索与当前浏览内容相关的结果。这些搜索结果可能包括文本、邮件信息、网页新闻、产品、影片摘录、博客、MP3 等各种多媒体格式的文件等。

(2) 智能搜索：如果你要寻找一个问题的答案，搜索可以直接回答你。搜索引擎使用字典和百科全书等各种参考来源，给出一个含有相关信息的精致页面，无需再点击进入任何其他的网站，比如百度百科。也有一种不靠百科全书，依靠网站用户的智慧解决问题的方式，比如百度知道。

(3) 移动搜索：3G 时代的到来，使无线互联网呈现出爆发式的增长趋势。随着手机上网逐渐成为一种主流的网络接入方式，移动搜索产业链也逐渐形成。在搜索服务向移动平台的转移中，无线搜索派生出了众多服务模式。如：短信搜索使人们可以通过短信的形式，获取天气预报、航班信息、比赛结果、餐馆地址等实用信息，还可以通过短信搜索服务，获得商品的寻价和比价；WAP 搜索使用户可以在手机上通过关键词检索，浏览自己感兴趣的 WAP 站点和服务，还可以通过乐曲名或歌手名关键词，搜索相匹配的音乐，并可进行本地保存；语音搜索是用户拨打运营商的接入号码，说出关键词，便可以搜索各类商业服务（如预订酒店、预订机票等）、个人通话簿中的联系人（通过电话搜索接通联系人进行通话可以节省长途通话费用）及各种语音内容（如搜索流行歌曲、收听相声并转发给亲朋好友）等。

移动搜索市场收入主要源于无线广告收入及广告联盟收入。软件类等中小广告主成为目前移动搜索广告的投放主体。而大品牌广告主必将尝试移动搜索平台的广告投放。随着移动搜索服务提供商对用户属性和需求的精准把控，无线广告的投放精准度将得到有效提升。

(4) 垂直搜索引擎：是相对通用搜索引擎的信息量大、查询不准确、深度不够而提出来的，是针对某一个行业的专业搜索引擎。目前旅游搜索、地图搜索、博客搜索、购物搜索等垂直搜索引擎服务层出不穷。垂直搜索引擎的特殊性就在于通常用户在使用垂直搜索引擎时目标性都比较明确，购买的可能性相对比较大。

与普通搜索引擎相比，垂直搜索引擎往往要寻找适合自己的细分领域。目前，很多行业性垂直搜索引擎凭借自己的细分市场战略受到了网民的青睐。由于垂直搜索引擎的用户群体明确，企业针对这种用户在广告投放或者其他方面与垂直搜索引擎合作显然更为准确有效。佣金也是垂直搜索引擎企业实现赢利的模式，返佣对于企业而言是一种双赢的局面。搜索引擎将佣金比例高的商家排在用户搜索结果的前面，这种带有竞价性质的赢利方式也可以在旅游搜索、购物搜索等垂直搜索引擎中采用。

4. 搜索引擎运营模式的发展

(1) 搜索引擎运营模式趋于多样化。搜索引擎厂商已经开始向其他领域渗透，同时搜索引擎公司仍不放开其主流的营销模式，仍然深耕付费广告这一领域，并推出多项增值服务。这其中最为明显的是百度。2008 年初，百度推出 Hi，进军即时通讯领域；推出“有啊”“百付通”，向电子商务、第三方支付领域进军。中搜则凭借其在搜索、网站建设等方面的技术优势，推出“行业中国”的服务，帮助中小企业进行网站建设、网络营销，并且“行业中国”已经成为中搜的发展重点。搜索引擎企业提供搜索以外的服务、向其他领域扩张，以及其他领域企业进军搜索引擎，成为搜索引擎市场服务多元化趋势的显著特征。

(2) 搜索营销与品牌策略的有效搭配。搜索引擎的媒体化发展，以及在为大品牌广告主服务的过程中，形成了特有的广告展示方式，即“品牌专区”模式，按照大品牌广告主的要求，将近期其要发布的详细信息展示在左侧结果列表首位，并在右侧赞助商链接的位置展示与其一致的品牌图形广告。由于品牌广告的统计方式和付费方式与关键词广告有着较大不同，因此对于传统广告主而言，从已有投放策略迅速过渡到搜索营销，仍存在一些障碍，实现风险也较高，而“品牌＋搜索”的双展示广告模式的出现，搭建了适应性较强的过渡平台，有利于大品牌广告主的参与，并赋予了搜索引擎更大的营销价值。

13.3.2 网络广告服务

网络广告指运用专业的广告方法,在互联网刊登或发布广告,通过网络传递到互联网用户的一种高科技广告运作方式。电子商务服务业的蓬勃兴起,不仅引入了大量资本的投入、丰富了互联网产业链,从市场层面上更带动了中国互联网品牌广告的发展。房地产、医疗、IT、数码、化妆品、服装等行业的品牌广告投放呈海量增长。在品牌广告投放量巨大的同时,广告主对广告创意、目标人群锁定、受众分析、媒介服务、网络技术等条件也自然提出了更高的需求。普通的网络广告投放和服务体系已经无法满足品牌广告的市场行销需求,垂直网络广告的效果和收费模式受到欢迎。Web2.0 环境对网络广告的类型、发布、传播、收费等也带来了重大改变。

1. 垂直网络广告

垂直网络广告就是指利用先进的网络广告投放技术,为品牌广告客户提供针对细分市场(如女性、青少年、汽车、金融、消费电子等)的垂直广告网络的精准定位广告服务,以 CPM(按每千次展示付费)为主要计费方式。垂直网络广告的目标对象更精准、行业针对性更强、技术要求更高,而 CPM 作为品牌广告的计费方式也是相对科学和客观。

窄告就是一种垂直网络广告模式。通过运用互联网技术和窄告发布系统,使广告客户的广告内容与网络媒体上的文章内容、浏览者偏好、使用习性、浏览者地理位置、访问历史等信息自动进行匹配,并最终发布到与之相匹配的文章周围。与传统广告所强调的传播覆盖面的广泛性相比,窄告更强调传播的精准性。

2. Web2.0 广告模式

Web2.0 以及衍生出的 BLOG、RSS、WIKI 等众多新技术应用不仅带来了网络产业的升级,也对传统的广告观念和营销模式产生了巨大冲击。

(1) 共性聚合。使得网络广告营销易于锁定目标客户群。Web2.0 为社会个体提供了一个较以往任何模式都广阔和高效的共同属性匹配平台,可以轻松实现基于共同价值观属性、共同利益属性的聚合,由此形成了各种各样的聚合群体,比如以爱好分类的豆瓣网。这种共性聚合很容易使各种品牌或产品的用户聚合在一起,从而使企业很容易找到目标客户群,开展网络广告营销活动。

(2) 分享上传。为网络广告营销顺利展开奠定了基石。分享上传是 Web2.0 的最主要的内容,受众分享上传的信息包含着绝大多数网络口碑信息,分享上传的过程,其实就是网络广告信息传播的过程。受众把口碑信息上传到互联网上的信息平台,形成网络口碑信息,对这条信息感兴趣的受众浏览信息之后,又引用到别的信息平台供他人浏览。

(3) 应用多样。为开展网络广告营销提供多种途径。Web2.0 是以 BLOG、RSS、IM、网摘、WIKI 等为典型技术应用的,为企业开展网络广告营销提供了个性化的途径。可以根据目标客户的年龄和心理情况等因素,结合营销策略等实际情况采用个性化的 Web2.0 应用组合进行营销。企业通过 Web2.0 的技术平台,可以很快地找到一个个不同的社群,并可以发现这些社群的共同特点与不同点,观察社群里顾客之间的互动,从而捕捉到顾客讨论焦点,并找到意见领袖,然后根据不同的社群制定不同的网络广告策略。

13.3.3 信息门户

门户网站本质上说就是一个信息管理平台,是一个信息海洋的入口。随着互联网技术的发展,电子商务活动增多，门户网站越来越多地被用于商业活动中，对以信息服务为主的门户商业模式的探索也在日益深化。各种应用系统、数据资源和互联网资源在这里可以快速地完成企业对客户、企业对内部员工和企业对企业的传输与反馈，促进交易便捷、快速完成，有人形象地把门户网站比作网络世界的“百货商场”或“网络超市”。门户网站作为互联网商业模式探索的重要“阵地”，吸引了网络运营商和网络消费人士的共同关注。

门户网站的商业模式在经历了烧钱积聚人气、通过网络广告获得少量的收入、利用短信等增值业务持续盈利之后，逐渐开始分化：新浪回归到以广告收入为主的媒体类商业模式；网易运营网络游戏和Tom 发展互动娱乐商业模式；搜狐采取多元化齐头并进的商业模式。从目前门户网站的界面情况来看，主要提供新闻、搜索引擎、网络接入、聊天室、电子公告牌、免费邮箱、影音资讯、电子商务、网络社区、网络游戏、免费网页空间等网络服务。

13.3.4 社会网络

在 Web2.0 时代，大量互联网用户参与到网络内容的管理、维护、存储、上传、分发等信息价值创造的环节中去，但是他们的身份流动性大，多为匿名方式。为了更加有效地利用这些核心资源，社会网络服务(SNS)应运而生。SNS 是一种建立在真实的社会人际关系基础上的网络用户关系构架，通过引入实名制网络社会理念来增加社会网络的“黏性”，从而达到搜集信息、拓展人脉、打造商务环境等目的。除了人脉，社会网络的另一核心资源就是利用集体智慧创造价值。还有一些社会网络中，计算和存储能力是核心资源。社会网络的核心资源包括人、技术、设备、信息、渠道、联盟和品牌等，核心流程侧重于产品的设计、开发、采购、制造、市场营销和培训，以及用来传递客户价值的标准和规范，如信用机制、投资机会，对消费者和渠道的接触等。

社会网络与电子商务结合可以产生新的运营模式。目前有以下具体形态：

1. 社区在线交易

2004 年，篱笆网在南京开站，一些商家在篱笆论坛完成了社区电子商务的启蒙。然而，由于机制、大家对社区电子商务许多关键细节认识上存在不足，南京篱笆被拥有更多上游资源的华侨路茶坊模仿、超越，而早期商家多数都遇到无法突破的瓶颈。西祠胡同上最大的版块是卖家 MM 集中营，也就是线上通过 BBS 进行交易的集市，而且还衍生出西祠淘淘巷这样的线上线下互动的店铺模式。所有卖家都想问别人发帖怎么获得了订单的？只有两个核心点：他信任你，他喜欢你。信任，是所有电子商务都具备的；而喜欢，是社区电子商务特有的。

2. 社区团购

多个人一起召集起来买同一家商家的东西，这就是团购。与批发和零售存在差价的原理一样，卖家销售与服务成本降低，价格可以适度降低。这个模式目前演变为：买家在线召集团购和卖家在线召集团购。除了前面提到的西祠胡同的败家 MM 集中营，在此领域兴起了好几家网站。如：北京的 55BBS、武汉的得意网等。既然买家、卖家可以召集团购，第三方也可以提供团购服务，衍生出一个新的业务模式。源自美国网站 groupon 的美团模式近期风靡全国，该模式的本质就是通过极低价格做诱饵的病毒式营销，目标已经不是销售商品而是推广品牌。

3. 分类信息

电子商务不一定非要是在线交易的，因此，分类信息应该归结为社区型的电子商务。分类信息也可以叫做分类广告，其实就是按照行业化细分的广告展示平台。分类信息与社区一样，是地方门户领域的流量来源。但是，分类信息容易做流量难以做收入。原因在于适合的行业价值不高，销售成本较高。分类信息的硬伤在于不互动、不详细、不正式。优点是体现了区域化的生活服务。分类信息永远代替不了搜索引擎，而搜索引擎也在进步，垂直化的、生活化搜索逐步出现。可以预见，搜索引擎与真正的电子商务平台会逐步淘汰分类信息。

4. 社区电子商城

任何人都认为电子商城才是电子商务，而电子商务的终极理想必然是电子商城。电子商城拥有以下几个要素：展示、分类、检索、互动、安全。这些要素构成了数字化交易的不同层面。区域性的社区会诞生依附于区域社区的电子商城。商城具有商品区域化、定制化、线下交收的特点，商城的意义在于网站的价值实现。合肥论坛的婚庆宝、汽车宝；小鱼论坛的婚庆商城等都是成功案例。

社会网络与电子商务的最佳结合模式应该是：在电子商城完成交易，在社区培育品牌。而上述形态体现出这样的道理：在 Web2.0 的世界，社区与电子商务你中有我，我中有你，相互交织，难以割裂。

13.3.5 网络营销咨询服务

网络营销咨询是指网络营销咨询公司基于自己掌握的网络营销专业知识与经验，为实施网络营销的企业提供专业的网络营销培训、技巧、方案与实操建议。提供网络营销咨询服务的公司，常被叫做网络营销服务公司，公司的网络营销顾问（即网络营销专家）的任务就是发现客户的问题，并基于对网络营销专业的认识和经验，为客户提出解决网络营销问题的方案。网络营销咨询就是网络营销服务公司为客户提供“智力服务”，他们拥有既懂互联网技术更懂得营销的人才，并能提供网络营销一系列的专业服务。

1. 市场调查分析

市场调查分析是网络营销品牌规划的基础，只有通过深入的市场调查分析才可能找到精准的品牌定位，才可能进行系统的的网络营销规划。主要提供网络市场调查、竞争态势分析、用户需求分析、SWOT 分析等服务。

2. 网络营销诊断

网络营销思路和方法不对，很难有好的效果。对企业当前网络营销进行综合诊断，找出问题，才能有效调整，获得很好的效果。主要提供整合网络营销诊断、网站规划诊断、网站易用性评估、网站运营模式诊断、推广效果诊断、网站 SEO 诊断等服务。

3. 网络品牌定位

在网络营销运行中，品牌定位是关键。在互联网上扮演怎样一个与众不同的角色？要对哪部分用户进行营销？产品和服务的卖点是什么？怎样的网站命名既有意义又容易被用户搜索？什么口号可以一鸣惊人？什么域名易记又有意义等。主要提供市场调研、消费洞察、品牌定位分析、品牌命名及口号、品牌 VI 设计、网站品牌规划等服务。

4. 网络营销系统规划

系统规划才能建立统一的品牌形象。网络营销规划要能打造品牌形象，可操作性要强，最重要的是要打动客户，产生营销效果。主要提供整合营销规划、网站盈利模式设计、网站运营模式规划、网站总体架构规划、网站融资规划等服务。

5. 网站产品规划

品牌是要靠产品支撑的，客户需求要靠产品去满足。网站产品就是呈现给用户的网站整体形象、每个页面、每项功能、每句用户引导语，都需要经过专业的策划，才能给用户良好的应用体验。主要提供网站风格规划、网站服务规划、网站功能策划、网站页面策划、用户需求引导、SEO 规划等服务。

6. 网站设计开发

好的网站策划，要靠好的设计和开发才能实现。不只要求外观美观大方，更重要的是技术架构要专业，网站安全、快速、稳定，SEO 方面要完善。主要提供网站 VI 设计、网页设计、网站程序开发、网站综合测试、UI 优化等服务。

7. 网站运营辅导

网站建得好，如果没有专业的运营，效果也不会好。怎样打造运营团队？怎样做用户喜爱看的内容？怎样引导用户参与互动？怎样促进客户购买产品等。主要提供运营团队建设、网站内容运营、用户互动运营、活动专题运营、SEO 优化、运营团队培训、客服技术培训等服务。

8. 整合营销推广

网络营销要与品牌营销融合在一起，也要与传统营销整合起来做推广。各种营销推广手段需要统一规划，协同配合，做好资源分配。需要系统的规划，更对实施结果进行监控和评估。主要提供目标用户属性分析、品牌推广策划、媒介资源筛选、活动推广策划、推广效果评估、企业网络公关、网络事件炒作等服务。

9. 效益型网络营销

效益型网络营销服务是专门为中小企业提供的以效果为导向的综合网络推广及管理服务。主要有符合企业网站建设规范的推广型网站、网络营销效果导向的全信息展示、专业人员提供网络推广和管理维护、与企业官方网站关联提升搜索引擎优化效果、平台式管理，方便提升信息及查看报告等。

专业的为整个电子商务市场甚至网络经济服务的研究咨询机构也得到了长足发展。艾瑞网、中国电子商务研究中心、新竞争力等机构的研究资料已经成为电子商务研究的基础，为企业规划、开展电子商务提供了基础资料。这些机构以其专业化的分析报告、实时发布研究观点、集成提供的行业信息、透彻的专家论述和及时汇集的研究成果、翔实的行业数据成为观察和研究行业发展的重要依据，是电子商务中介机构的重要组成部分。

13.3.6 网络营销外包与电子商务外包服务

关于服务外包较普遍的表述是指企业将信息服务和商务流程等非核心业务通过合同方式发包给企业外第三方服务提供者，而自己则专注于核心业务的发展。实质就是一种资源整合的管理模式，即企业以价值链管理为基础，利用其外部最优秀的专业化资源，达到降低成本、提高效率、充分发挥自身核心竞争力的目的。

1. 网络营销外包服务

网络营销集成是企业开展网络营销的目标，但是对企业营销战略、实施计划、专业人员素质等诸方面都有很高的要求。所以很多企业在开展网络营销活动初期，都走了弯路，人力、财力投入了，效果不好，甚至因此怀疑电子商务的作用。网络营销服务企业的出现可以帮助企业解决这些问题。

网络营销服务企业可以帮助企业制定网络营销战略和品牌战略，选择并实施网站推广、网站优化、网络广告、软广告、价格、渠道、服务、促销等多方面的策略，为企业营造良好的运营环境。专业网络营销服务商的优势在于他们的专业和对网络营销环境的熟悉，劣势在于对客户企业的文化、产品、流程和目标市场了解不深，因此，双方应加强联络和沟通，共同努力。企业联络人员也应该对电子商务有一定的了解，能提供网络营销专员所需的帮助。

2. 电子商务外包服务

电子商务本身是一个复杂的过程，需要技术和市场营销的双重支持。在网络日渐重要的当今社会，企业一方面迫切希望能通过网络开展电子商务，另一方面又受到经验少、专业人才缺乏和成本高企的限制。因此电子商务外包服务应运而生，企业以合同的方式委托专业电子商务服务商为企业提供部分或全部的信息技术、产品或服务功能，从企业在互联网上的“包装”、“宣传”和“销售”三个要点出发，提供以网站建设、网站推广和网上贸易为重点，相关服务为辅助的一系列服务。

电子商务外包包括企业电子商务战略规划、行业研究、品牌建设、网站建设、品牌策划、品牌推广、日常维护运营、客户分析、数据挖掘等服务，还帮助企业解决仓储、物流、资金结算、客户关系管理等一系列问题。最重要的是外包商将从电子商务的特点出发，为企业的供应链管理、生产流程管理、管理流程再造等提出战略解决方案。电子商务外包过程中，企业只需把控财务以及物流，并指派专门人员与外包商对接，电子商务的所有其他的事情都将由外包商解决，人员成本和管理风险都会得到有效的控制。

13.4 消费者电子商务服务组合模式

网上消费者的电子商务应用主要集中在网络购物，以买到物美价廉的商品和服务为目标。当然电子商务平台也为网络消费者提供了网上创业的环境和条件，庞大的网商队伍已经活跃在电子商务平台上。

13.4.1 网络购物

随着电子商务在中国的进一步普及应用，网上购物逐渐成为人们习惯的网上行为之一。网络购物是借助网络实现商品或服务从商家/卖家转移到个人用户(消费者)的过程。在整个过程中的资金流、物流和信息流，其中任何一个环节有网络的参与，都称之为网络购物。网络购物的媒介以B2C电子商城和C2C电子交易市场为主。以淘宝、京东商城等电子商务平台为代表的电子商务企业为中国网络购物市场的发育做出了重大贡献。网店模式是介于B2C和C2C之间的一种模式，卖家既有个人用户也有企业用户，但多以个人用户名义注册，很多大的网商都是“实体店＋网店”的模式。网上品牌店、淘宝商城(B2C)等新模式也已开始投入服务。电子商务平台已成为消费者判断商品价格、决定购买意向的顾问，网上询价网下砍价、网下体验网上下单等成为消费风尚。

网络购物过程中要特别注意网络诚信、支付安全、交易安全等问题。网络诚信主要是指商品(服务)品质、商家信誉等，网络诈骗案件频发、不信守服务承诺使近几年网络购物投诉率居高不下，都与诚信体系不健全有关。支付安全可以通过第三方支付来解决，作为支付中介的第三方支付如支付宝等，已成为安全支付的首选方案，但一定要在收到商品并验货后再点击付款指令。交易安全则主要防范钓鱼网站，防止个人信息和资金被盗。

从产业发展角度，网络购物价值链中的支付中介、物流中介、信用中介等的功能都已基本满足购物要求，但进一步发展却仍然受这些服务环节的限制。如第三方支付平台目前尴尬的处境、快递行业的无序发展、信用评价与管理体系的缺陷、网商实名制的推进缓慢等都需尽快解决，以迎接网络购物的更快发展。网络购物经纪人已开始介入网络购物市场，为繁荣网络购物生态环境可以做很多工作，但由于人员素质良莠不齐，需要进行规范。导购服务处于较低水平，为消费者服务的理念尚需确立。

随着网上购物的流行及持续增长，出现一大批导购网站。比如精品购物指南、我爱打折、名品导购、寻寻网等都是优秀的导购网站。网购导购行业主要致力于建立起消费者与购物网站间的桥梁。导购网站的趣味性可以吸引客流，有较强的比价的功能可以帮助消费者制订购物策略。消费者由导购网站进入交易平台完成交易，交易平台提供利润分成给导购网站。

13.4.2 团购

团购是指有相同或相近需求的消费者组织起来，利用较大采购量与商家集体议价的购买行为，也称为 C2B 电子商务模式。团购可以是消费者自发组织，也可以由职业发起人来组织，以组织团购为职业的人也越来越多。组织者一般具有某类产品采购的专业知识或从业经历，在一些网络社区发起团购，组织到一定的量后，收取定金，完成网络采购，送货收款，组织者还要负责联系售后服务等事项。团购商品从商品房、汽车到建材、化妆品等应有尽有，消费者在得到实惠的同时也享受到比较专业的购买顾问的服务，成为当前大宗消费的一种潮流。但也要注意防止受骗，要详细了解团购组织者的背景和信用情况。

团购网站作为第三方负责帮卖家召集团购，第三方组织的线下团购会往往利用传统媒体与网络媒体渠道整合进行，第三方将买家组织起来集体与卖家竞争式谈判，即所谓集采。这是家居、婚庆等行业垂直网站或者门户网站的垂直频道盈利的主要模式。团购的核心是便宜，消费者获益，但由于大批量销售有利于商家降低销售成本，所以本该由买家自己召集的事情，卖家、第三方（例如团购网）也在做。专业的团购网站自身渠道价值不高，往往通过传统媒体的渠道进行召集，因此获利往往被传统媒体所占据。团购网站的商务模式急需创新，经营行为也需要规范，有关团购的行业规范正在讨论中。

13.4.3 网络代购

网络代购是指委托一些有某种渠道的人代购商品，目前主要是从境外代购。代购的商品以化妆品、衣饰类、食品等国内不易买到或境内外价格差距较大的商品为主。消费者通过网站或网络社区，委托购买，代购人通过邮寄包裹等方式提供商品，有偷逃关税之嫌，也为海关监管出了难题。最近海关总署已下达新的政策，调整个人邮寄进出境包裹征收关税的税率，但由于价格差距依然存在，境外代购业务仍然会继续发展。网络代购模式是电子商务发展中出现的新情况，涉及的法律和管理问题较多，需要进行规范。

13.4.4 网商

“网商”这个概念最早在 2004 年首届中国网商大会中提出，是指应用电子商务、在互联网上从事商业活动的商人或企业家，包括企业负责人、商人、个体经营者和业务操作者。按商业模式分类，网商主要由以下 7 类人群构成：B2B 外贸网商、B2B 内贸网商、B2C 企业零售网商、C2C 个人零售网商、互联网支付网商、中小站长网商、生活服务网商。

从形式上看，组织化经营的网商具有更高的运行效率、更好的服务质量、更强的服务能力和更为广泛的产品目录。从本质上来说，网商从个体化向组织化转型是电子商务影响传统商务的过程，标志着我国的电子商务应用正从社会边缘成为主导商业的力量。越来越多的中国企业认识到，电子商务能够有效提升企业竞争力。而诸如联想、戴尔、优衣库等国际化品牌，也开始纷纷开出在线旗舰店，甚至从中小网商与网民互动的小游戏“秒杀”中得到启发，推出了液晶彩电、笔记本计算机均一元“秒杀”的“天大实惠”。

与此同时，网商对中国经济的直接贡献，还体现在带动相关产业发展、促进产业升级与区域经济发展、有力推动社会创业和就业等方面。

13.5 现代服务业电子商务服务组合模式

电子商务的普及使得各行业都开始了电子商务应用，但由于行业特点不同，对电子商务的需求和应用电子商务的模式也不相同，由于行业管理的需要，行业间的一些分隔也不能彻底打破。所以，很多行业尤其是现代服务业的电子商务应用就很难完全整合到现有电子商务平台，而需要对传统业态进行电子商务改造。"通过第三方电子商务平台整合旅游、教育、文化、培训、保险、医疗保健等服务业资源，提高服务水平，带动传统服务业快速发展"是国家对电子商务提出的重要任务，整合传统服务业、发展现代服务业是国家调整经济发展模式，优化经济发展环境的重要政策，也是电子商务发展的主要领域。

13.5.1 信息服务企业电子商务

随着社会的发展和通信技术的进步，信息服务类电信增值业务飞速发展，其收益已经远远超过传统语音业务的收益，成为电信领域最主要的收入来源。信息服务业务是指通过信息采集、开发、处理和信息平台的建设，通过固定网、移动网或因特网等公众通信网络直接向终端用户提供语音信息服务(声讯服务)或在线信息和数据检索等信息服务的业务。信息服务主要包括内容服务、娱乐/游戏、商业信息和定位信息等业务。

信息服务业的电子商务是指信息服务业的产业链上下游之间进行信息服务提供时，通过网络平台运营进行信息服务业务的产品开发、推广、营销、计费、收费和利润分成的具体操作方法，包括运作模式和盈利模式。信息服务业产业链结构包括设备提供商、应用平台开发商、网络运营商、内容提供商(CP)、服务提供商(SP)、终端设备提供商、消费者。

1. 运作模式

信息服务业电子商务的运作模式主要是从电信运营商和服务提供商如何合作进行运营的角度来划分的，包括：

(1) 合作运营模式

合作运营模式指的是电信运营商和服务提供商合作进行信息服务业务的运营。电信运营商提供网络平台并负责信息服务产品的接入、计费、收费、管理和维护等工作。服务提供商负责产品开发，依托电信运营商提供的网络平台对其产品进行营销推广，最终和运营商对产品所取得的利润进行分成。合作运营模式广泛应用于固定电话网和移动通信网中基于内容的增值服务以及宽带互联网上的增值服务，其最大的特点就是强调互惠互利和共赢。

(2) 独立运营模式

独立运营模式又包括电信运营商独立运营模式和服务提供商独立运营模式。

① 电信运营商独立运营模式。是指电信运营商利用自己的通信网络和应用服务平台，自己开发和推广信息服务产品，其中不涉及到任何利润分成问题。这种模式下的电信增值业务的运营与传统语音业务的运营是一样的，只是业务种类比以往多样化了。该模式主要应用于适用的互联网增值服务以及不基于内容的固定电话网增值服务和移动通信网增值服务，如呼叫转移和IP电话等。

② 服务提供商独立运营模式。是指服务提供商租用电信运营商的通信网络资源，自行开发应用服

务平台并进行产品的开发和营销推广，采取自行计、收费或第三方收费的方式进行结算。该模式同样不涉及到利润分成的问题，只需要服务提供商向电信运营商交纳网络使用费。

2. 盈利模式

信息服务业电子商务盈利模式是指电信运营商和服务提供商如何获得收入，消费者如何进行支付以及电信运营商和服务提供商如何进行结算，包括收入模式、支付模式和结算模式。

(1) 收入模式

收入模式主要包括：

① 付费定购。付费定购是指消费者预先或在得到信息服务后交付一定的使用费，从而获得信息服务的方法。

② 网上赠与。网上赠与是指电信运营商或服务提供商通过让消费者免费试用的方式，让消费者熟悉信息产品从而成为其付费客户。

③ 周边产品销售。周边服务产品是指电信运营商或服务提供商生产的带有其品牌标志或代表其品牌形象的产品。商家可以通过出售这些周边产品获取收入。

④广告赞助。电信运营商和服务提供商可以通过给其他企业做广告或举行其他企业冠名的活动获得广告收益和赞助。

⑤ 组合模式。组合模式就是指前面几种收入模式的组合。在现实市场中，鲜有商家仅凭借一种模式获取收入的，往往采用多种收入模式结合的方法，这样才能从多个渠道获得更多的收入。

(2) 支付模式

支付模式是指电信运营商和服务提供商对信息服务的计费方式以及消费者的付费方式。

① 计费方式。电信运营商和服务提供商常采取的计费方式有：按次计费、按时长计费、按上网流量计费、包月和按套餐类型计费。

② 付费方式。消费者可以采用在线支付和离线支付两种支付方式。在线支付主要包括固话费支付、移动支付、主叫上网费支付、银行卡支付和数字现金支付等。离线支付主要包括上门收费、邮政汇款和购买点卡。

(3) 结算模式

结算模式是指电信运营商和服务提供商分配信息服务收入的方法。信息服务的运营模式不同，结算模式也各异。

在电信运营商独立运营模式下，电信运营商不用和其他企业进行收入分成，所以电信运营商采用一次结算方式，即把信息服务收入全归入自己的营业收入。

在服务提供商独立运营模式下，服务提供商只使用了电信运营商的通信网络，并未使用其应用服务平台，所以服务提供商只需要按照协议向电信运营商交付网络使用费。

在合作运营模式下，电信运营商不仅给服务提供商提供通信网络资源，还提供应用服务平台并负责信息服务产品的接入、计费、收费、管理和维护等工作。因此，服务提供商不仅要向电信运营商交付通信网络使用费，还要按一定比例和电信运营商对收入进行分成。

13.5.2 在线旅行预定类电子商务

在线旅行预订是指旅游消费者通过网络或电话向旅游服务提供商预订机票、酒店、旅游线路等旅游产品或服务，并通过网上支付或者线下付费。结合中国在线旅游的现状，从在线旅游服务提供商的网站查询，并通过呼叫中心预订成功的交易，也算做网络旅行交易。

1. 在线旅行预定电子商务综述

旅游业是现代服务业中与普通消费者关系最为密切的行业，也是国民经济的重点产业。随着消费者消费能力的提高，旅游已成为大众消费中重要的必需项目。旅游管理涵盖了旅行、住宿、餐饮、购物、娱乐、会展和景点管理等很多领域，每项活动都带动了旅游目的地的经济社会发展。

传统的旅游业建立在信息不对称的基础之上，而网络旅游是依托于网络的信息环境，并能很好地引导旅游者的出行。在网络日益繁荣的今天，这种出行方式越来越受到广大旅游爱好者的喜爱，网上旅游信息和旅游增值服务也成了很多旅游网站的赢利点。自助游、自驾游的兴起，促进了旅游电子商务的迅速发展。自助旅游作为一种全新的旅游方式，由于体现了旅游者的个性化追求，深受青年人的推崇。年轻的旅行者通过旅游电子商务还可以组织爱好者一起出游，就是所谓的“驴友”。自助旅游不仅意味着不跟旅游团走，还将意味着自己要解决旅游中遇到的所有问题，网络就成为了首选途径，网络旅游已经是旅游爱好者的出行宝典。

旅游网站的优势主要体现在：

(1) 旅游信息全，在全国各地最新最快的旅游信息中，你可以随心所欲地进行搜索、选择。

(2) 有精彩的介绍图片和优美的文字，所以你不必盲目地选择某个想去的地方。

(3) 网上预订方便快捷，订票、订房、门票预定，甚至订下当地的某个旅游团或某条旅游线路都可轻松实现。

2009 年，中国在线旅行预订用户规模(定义为最近半年内至少产生一次预订行为的用户数量总和，包括通过 call center 的形式进行预订的用户)达到 2750 万，同比增长 95.0%，预计到 2013 年这一数字将达到 16800 万。2009 年中国在线旅行预订市场规模为 38.9 亿元，同比增长 32.3%。订房市场规模比重为 45.4%，订票市场规模比重为 44.1%，订票市场规模逐渐接近订房规模。2009 年，中国在线旅行预订市场的竞争格局并未发生太大改变，携程仍占据 50%以上的绝对领先份额，在第二阵营中，艺龙多方面改革终见成效，首次全年实现盈利；电信运营商旗下旅游业务号码百事通及 12580 则凭借雄厚的资金实力，展开了强大的宣传攻势，助其分别获得 10.6%和 4.3%的市场份额。并购新业务、提升用户体验、多渠道营销、运营商融资等已成为 2009 年在线旅行预订行业的发展热点。

2. 旅行预定类电子商务职能

旅行预订电子商务目前已涵盖了旅游行业的所有职能，其核心是网络化的信息服务，为消费者提供旅游服务，销售、分销旅游服务商品，住宿、餐饮、票务预订服务，娱乐预订服务，网上会展服务等。

(1) 旅游信息服务：多由旅游景点经营方建立网站提供。提供景点与服务项目介绍、旅游文化展示、网上旅游等信息服务。

(2) 旅游预订服务：多由旅行社提供。提供旅游产品营销环境，消费者可以了解旅行社提供的旅游产品(旅游线路、报价、服务等)，并可以根据需要自主定制旅游行程。提供网上交易和支付功能，旅游合同的签订仍需消费者与旅行社面谈。

(3) 住宿预订服务：由专业网络站点提供，站点可由第三方企业建设，也可由酒店联盟建设，网站与加盟酒店的客房管理系统连接。消费者可以查询酒店的地理信息、酒店服务信息、价格与折扣信息、入住信息和房屋平面布置图，消费者根据需要可以预订房间，入住时向总台提供网站预订单即可。目前携程网是最大的酒店预定平台。

(4) 票务预定：由服务企业和第三方平台提供。由于航空机票电子化比较彻底，机票销售已成为票务服务的重点，第三方平台可提供各家航空公司的机票，并按最低折扣出售。由于电子机票已具备数字产品的所有属性，其他电子商务交易平台也已开始介入，如淘宝等。票务服务还提供演出、比赛门票销售，并可以查询全国所有演艺和比赛场馆的演艺、比赛信息，消费者网上完成支付，通过邮政或快递完成配送。

(5) 会议服务：学术会议、商务会议等开放性的会议越来越多，消费者参会需求可以通过会议服务平台满足，并同时提供行程和酒店预订服务。一般为第三方平台。

(6) 餐饮预订服务：餐饮预订是比较新的商务模式，消费者可以在平台上查询饭店的服务信息，实现网上订座、网上点餐、外卖、优惠券等服务。一般为第三方平台。

(7) 网上会展服务：相对于各种会议展览，网上会展服务被称为永不闭幕的展览会。包括主要展品展位介绍、音视频资料、展览动态等主要栏目，如 2010 年的网上世博会。一般为展会主办方的官方网站，旅游电子商务平台协助推广。

(8) B2B 交易：为旅行社之间进行交易的平台，可以帮助企业之间进行合作，完成旅游服务采购、分销等功能。

随着电子商务应用的深入，旅行预定类电子商务还会有新的模式不断出现，如火车电子票、演艺及体育场馆电子票、网上旅行行程集成、餐饮业的深入应用、酒店的个性化服务等。旅游预定电子商务第三方平台应加强聚集度，整合加盟商家资源，为消费者提供更个性化、更高质量的服务，也为加盟商家谋取更大的利益。旅行社应加强业务定价的透明度，以方便消费者定制行程。要关注自助游、自驾游市场，为他们提供全程的周到服务。

13.5.3 网络招聘

网络招聘服务是针对人力资源市场的网络中介服务。招聘服务是指帮助雇主和求职者完成招聘和求职的过程中，招聘服务运营商提供的服务，主要包括网络招聘、报纸杂志招聘、猎头服务、人力资源外包和招聘会等形式。网络招聘服务是指帮助雇主和求职者完成招聘和求职的过程中，招聘网站提供的互联网平台及相关技术手段，包括针对雇主的服务和针对求职者的服务，如招聘信息发布、简历下载、定制招聘专区、求职简历生成、职位搜索、薪酬查询等。狭义的招聘网站指以网络为媒体的招聘广告发布平台及相关的人力资源服务系统。广义的招聘网站指其拥有招聘网站且网络招聘营收比重较高的公司。

13.5.4 网络金融

网络金融就是以网络（包括互联网、通讯网络、有线电视网络等）为基础，向用户提供的金融服务。

1. 电子银行

电子银行业务是商业银行等银行业金融机构利用面向社会公众开放的通讯通道或开放型公众网络，以及银行为特定自助服务设施或客户建立的专用网络，向客户提供的银行服务。电子银行业务主要包括利用计算机和互联网开展的网上银行业务，利用电话等声讯设备和电信网络开展的电话银行业务，利用移动电话和无线网络开展的手机银行业务，以及其他利用电子服务设备和网络、由客户通过自助服务方式完成金融交易的业务，如自助终端、ATM、POS 等。电子银行是金融创新与科技创新相结合的产物。网络银行与电子商务是相辅相成的关系，网络银行是电子商务发展的基础，反过来电子商务的发展又推动了网络银行的发展。网上支付、电子货币、信用卡等新型支付产品和支付系统的使用都随着电子商务的深入开展而迅速推广。目前网络银行的年业务规模超过 400 万亿元。

2. 网络保险

网络保险也叫保险电子商务，是指保险公司或保险中介机构以信息技术为基础，通过网络进行保险经营管理活动的经济行为。网络保险包括两个层次的含义，从狭义上讲，网络保险是指在保险公司或新型的网上保险中介机构通过互联网为客户提供有关保险产品和服务的信息，并实现网上投保、承保等一类或几类实质性保险业务，直接完成保险产品的销售和服务，并由银行将保费划入保险公司，可见，狭义的网络保险着重突出的是保险的电子商务实现模式，即如何利用网络实现保险业务的再造。从广义上讲，网络保险是指以信息技术和网络为基础，利用互联网作为保险产品、服务及相关信息主要业务渠道的一切经营活动，几乎涵盖了所有在互联网上拥有主页的保险类机构，强调保险企业内部管理的信息化程度以及保险企业之间，保险企业和非保险企业之间，保险企业与股东、保险监管部门、税务部门、工商管理等相关机构之间的信息交流活动。它包含了保险公司利用互联网开展电子商务的一系列活动，包括宣传企业形象，介绍保险品种，与客户交流信息，网上投保、核保、承保理赔，各类保险咨询等；涵盖了保险公司利用信息技术网络进行内部管理的整个过程；囊括了保险中介机构利用网络提供保险专业服务的活动。

3. 网络证券

网络证券业务是指投资者利用互联网网络资源，包括公用互联网、局域网、专网等各种电子手段传送交易信息和数据资料并进行与证券交易相关的活动，包括获得实时行情、相关市场资讯、投资咨询和网上委托等一系列服务。网络证券交易有狭义和广义之分。从狭义上讲，网络证券交易是指投资者通过互联网进行证券交易的一种手段，投资者利用互联网中的网络资源，获取证券的实时报价，分析市场行情，并通过互联网委托下单，进行实时交易；从广义上讲，网络证券交易是指通过互联网进行证券投资的全过程，包括交易会员在证交所的报价交易。开展网上交易的证券公司，通常是将网上证券交易作为一种为股民服务的手段和方式，因此，网上证券交易是券商开展的网上证券经纪业务，是证券电子商务。互联网在基金投资方面为投资者提供了大量的工具。网站上通常有最佳基金和最差基金的列表、滤屏工具以及全面的基金搜索引擎；有些网站提供了共同基金的背景资料以及评估基金的排名系统；网上一些基金行家热情地介绍基金知识或是在积极开设相关栏目；网上有越来越多的基金学习资料使投资者能及时了解新类型基金的情况以及新的基金投资策略。

4. 网络理财

网络理财是指个人或组织通过互联网获取商家提供的理财服务和金融咨询，根据外界条件的变化不断调整其剩余资产的存在形态，以实现个人或组织资产收益最大化的一系列活动，具体包括网上理财信息查询、理财信息分析、个性化理财方案设计和相关的金融产品和服务的交易等。这种投资理财的方式对个人投资者非常有利。目前提供网络理财服务的提供主体很多，包括网上银行、网络保险公司或网上保险中介、网络证券交易所，还包括一些专门提供金融投资信息、理财咨询、金融增值服务的网络公司。网络理财服务的接受方主要包括个人或组织等。在发达国家，理财业务几乎深入到每一个家庭，在我国，这项业务才刚刚起步。网络理财服务可以分为两种发展模式：一是专业型发展模式，即专门提供单一的某个领域的金融服务或者其他理财服务，如网上银行和网络保险公司提供的理财服务；二是综合型发展模式，即集银行、证券、保险等各种金融网络服务于一体，提供全方位、个性化的网络金融理财服务。

5. 期货网上交易

随着网络技术的不断发展，期货网上交易也正在日趋成为全球期货市场的一种新型的交易委托方式,网络期货交易的不断发展必将改变投资者的活动方式。网络期货交易对交易所、期货经营和普通投资者三者之间的关系进行了重新整合,网络期货交易使交易行为无形化,普通交易者可以直接入市。期货交易缩小了期货公司之间的服务内容差别性,服务质量差异性成为主要的内容。期货公司网络期货交易的竞争将会更加激烈。

13.5.5 网络教育

所谓网络教育指的是在网络环境下,以现代教育思想和学习理论为指导,充分发挥网络的各种教育功能和丰富的网络教育资源优势,向受教育者和学习者提供一种网络教和学的环境,传递数字化内容,开展以学习者为中心的非面授教育活动。网络教育、网络培训等都可以定义为 e-Learning,指基于网络的学习行为。需要特别指出的是,e-Learning 不只是一种技术,技术只是传送内容的手段,重要的是教育培训本身以及通过学习产生的巨大变革,这才是 e-Learning 主要意义。

我国教育目前的状况是优质师资力量奇缺,传统教育一般是以面对面的教育为主,受时间和空间的限制,很多学生不能受到良好的教育。网络教育产业的商业模式虽还急需新的探索,不过在内容和形式上,网络教育这种学习方式正在改变传统教学中教师的作用和师生之间的关系,从根本上改变了教学结构和教育本质。高涨的用户教育渴望与网络教育的低调平稳势头互相交织,然而在短信、网络游戏、电子商务一路高歌的映射下,网络教育没有跟上这个行业发展的需求,显得有些力不从心。振兴网络教育产业需要做到:强强联合、开放模式、分析客户、区分需求、网教重点、资源基础技术辅助、服务主导抓住机遇等。随着网络的进一步普及,网络教育模式必将成为网络经济的增长热点。

中国网络教育服务市场已进入到愈加细分阶段,幼儿、中小学、成人、老年人、职业教育、学历教育、企业 E-Learning 等不同教育细分市场均开始出现了一些从业机构,一些领域的发展甚至已经超越了早期发展阶段,进入到了快速发展期。

此外,符合学习型社会、终身学习理念的网络教育模式将得到发展,面向健康生活、休闲娱乐、人文与科学常识、基本技能等的培训,为老年人等有闲人群开设的,没有考试压力,轻松愉快的学习将受到社会欢迎。

13.5.6 网络医疗

随着网络应用的深入,以前单一的病人亲自去医院看病的模式已经被逐渐改变,代之以网上健康咨询、远程诊断等形式获取医疗信息。医疗网站就是基于网络技术、现代计算技术和知识工程的,面向社会为其客户提供全面的医疗信息的服务平台。现阶段的网络医疗市场虽然在改变人们传统医疗观念上有着非常积极的影响,同时也为以后开拓网络医疗市场提供了宝贵的经验,但网络医疗市场整体比较混乱,优质网站为数不多,可信任度不高。网络医疗市场急需权威医疗机构和医学名家的参与,以纠正那些图财害命或似是而非的所谓医疗信息,传递科学、规范的医疗信息和知识,规范网络医疗市场,推动网络技术在医疗领域的应用。网络医疗的运作模式大体如下:

(1) 用户:消费者可根据拥有的终端设备通过相应通信网络将自己的基础医疗数据以人工或自动方式按需要进行采集并传送给服务提供方。

(2) 虚拟服务提供方:在网络支持下以主动轮询方式检测具备终端条件的消费者,消费者按服务提供方的医疗处置信息自行处理,或按照提示到就近实体医院做进一步的检查和治疗。服务方需向用户提供通用的电子病历。

(3) 终端设备:包括通信终端(移动、固定电话等),计算机及配套的医疗数据检测产品(如已商品化的电子温度计、血压计、计步器、心电仪等)，以及待开发的各种传感器，用于不同环境条件下的生命监视、药物释放等应用器具。

(4) 服务方式：用户以基于移动终端的SMS、WAP等方式自己测试医学数据后人工或运用个人计算机输入到移动终端发送至服务提供方。

(5) 互联网络的应用业务平台SMS：是网络医疗的核心部分。SMS的基本功能是依托互联网完成用户与服务提供方之间所有信息的传输、交换、数据资料的存储、管理、安全、保密以及网络管理等业务。依托不断演进的信息网络以及配套的终端产品，利用已商品化和不断开发的面向个人的医用电子测量器具，采集病人的测试数据，并利用医疗专家信息系统，综合医疗专家意见提出诊断意见并给出医疗建议，必要时可以通过远程治疗设备进行医治。满足用户对疾病预防、健康保健的需求。以医院为后台支持，用实际的和虚拟的方式组成"网上医疗"，为不同消费群体提供深层次的医疗、保健服务。

目前网络医疗服务尚无成熟的运营模式和公信度较强机构，需要加强医疗机构和电子商务服务企业的整合，发展网络医疗业务。

13.5.7 娱乐休闲

网络游戏在我国的兴盛并不偶然，除了互联网技术的飞速发展和网民对网游的强烈需求之外，很重要的原因就是网游的发展是网络商业运作的一个很有潜力的"突破口"。游戏服务提供商和电信运营商已经对网络游戏产业初步达成了合作共识，"游戏＋网络"的模式打破了传统游戏只能单纯依靠销售和发行盈利的局限，同时游戏加盟网络也对网络服务主要提供者电信运营商提供了机遇。

网络游戏的盈利方式最早是以点卡销售为主，即玩家购买点卡对账号进行充值，而点卡则根据在线玩游戏时消耗的时间进行扣除，至盛大的第一款休闲游戏《泡泡堂》推出以前，国内游戏运营商都采用这种计费的方式。后来以九城为首的游戏运营商开始将点卡消费改为包月消费，玩家可以购买包月卡玩游戏，不再以秒卡方式计算在线消耗。此外，网游市场出现的销售道具和增值服务等盈利方式发生多米诺骨牌效应，网络游戏内嵌广告成为游戏运营商实现盈利的方式，著名的《极品飞车》就曾为世界知名汽车厂商量身订做过游戏中的3D赛车。游戏运营商与传统行业各自做自己擅长的，取长补短，出现了强强联合的局面。

小结

本章介绍了电子商务服务的定义、特征和基本模式，探讨了电子商务服务业的两层理解和分类；通过对电子商务在"平台核心"环境下应用模式的分析，对电子商务价值链各环节的服务组合模式进行了评述；最后对现代服务业的代表行业通过网络实现的服务组合模式进行了分析，指出了模式演进的方向和驱动力的来源。

参考文献

[1] 才书训，王雷震. 电子商务概论[M]. 北京：科学出版社，2010

[2] 李跃贞. 电子商务概论(第2版)[M]. 北京：机械工业出版社，2010

[3] Efraim Turban, David King, Dennis Viehland, Jae lee. Electronic Commerce—A Managerial Perspective (Fourth Edition)[M]. 北京：高等教育出版社(影印版)，2009

[4] 李琪. 电子商务概论[M]. 北京:高等教育出版社,2004

[5] 王学东. 电子商务管理[M]. 北京:高等教育出版社,2005

[6] 德尔,霍金斯. 消费者行为学[M]. 北京:机械工业出版社,2007

[7] 冯英健.网络营销基础与实践(第3版)[M].北京:清华大学出版社,2006

[8] 阿里巴巴(中国)网络技术有限公司. 中小企业电子商务之路[M]. 北京:清华大学出版社,2007

[9] 人力资源和社会保障部教材办公室,舒伯特. 旅游企业电子商务[M]. 北京:中国劳动社会保障出版社,2009

[10] Min Wu.Cloud Trust Model in E-Commerce[C]. The Second International Symposium on Networking and Network Security (ISNNS 2010).JingGangShan.2010.4

[11] Efraim Turban, David King, Judy Lang. Introduction to Electronic Commerce(Second Edition)[M]. 北京: 中国人民大学出版社,2010

[12] 阿里巴巴商学院.电子商务服务[M]. 北京:清华大学出版社, 2010

[13] Efraim Turban etc.. ELECTRONIC COMMERCE-A Managerial Perspective[M]. 北京:高等教育出版社,2006

[14] 汤兵勇,刘凤鸣. 服务管理[M]. 北京:化学工业出版社,2013

[15] 汤兵勇,李文武. 电子商务原理[M]. 北京:化学工业出版社,2012

14　移动互联网服务组合模式

新一代宽带移动通信时代，随着通信技术的不断发展，消费者对移动服务的需求不断增长，而市场竞争越来越激烈。“能否为用户提供符合需求的新服务”，“能否用服务留住用户”已成为业界竞争焦点，移动互联网服务组合模式的开发也成为业界和学术界研究的重点。

14.1　移动互联网服务综述

14.1.1　移动商务与移动服务的兴起

1997 年移动商务诞生于在芬兰赫尔辛基地区安装的两个有移动电话功能的可口可乐自动售卖机器。自动售卖机通过短信接受付款。第一个基于手机银行服务推出于 1997 年，这个银行是梅里塔芬兰银行，它也在使用短信进行服务。

1998 年以移动电话用户的数字内容进行了第一个销售商业的下载铃声在芬兰推出。两个重要的国家移动电子商务的商业平台是在 1999 年推出：菲律宾智能货币（http://smart.com.ph/money/）和日本 NTT DoCoMo 公司的 i-mode 互联网服务。

移动商务相关的服务迅速蔓延。在 2000 年初，挪威推出手机支付停车。奥地利通过移动设备提供列车售票。日本提供手机购买机票。PDA 和蜂窝电话已经变得如此受欢迎，许多企业开始使用移动商务作为更有效的沟通方式与客户进行沟通。

为了利用移动商务的潜在市场，如诺基亚，爱立信，摩托罗拉的移动电话制造商，正在为如 AT&T 无线公司和 Sprint 运营商发展 WAP 功能的智能手机。智能手机提供传真、电子邮件和电话功能。设备供应商和运营商盈利取决于高端移动设备和随之的应用。多年来早期采用者，如青年市场，这是价格最不敏感的群体，为其开发更开放以优质移动内容和应用必须成为设备供应商的主要目标。自 iPhone 推出后，移动商务已经放弃短消息系统和进入实际应用。

14.1.2　移动服务的定义

目前，对于移动服务的定义和特性的研究，大多是从不同行业应用角度进行分析的，很多学者探讨了旅游、金融、娱乐等行业的移动服务应用，推动了移动服务的研究进展。

Timmers P 在 1998 年提出：移动商务是指使用移动通信设备，通过无线通讯网络，进行商品交易或服务交易的电子商务行为。在移动商务活动过程中，有许许多多的移动服务商，提供各种各样的服务，实现价值创造、价值传递、价值增值和最终向用户提供价值的一系列过程。

Nachroyd & R.Lorimer（1994）提出移动定位服务是指通过无线终端和无线网络的配合，确定移动用户和物体的实际位置，从而为用户提供与位置和方向相关的增值服务。移动定位服务可以包括从安全、计费、信息检索、物体追踪、导航导游到数据/视频集成产品等方方面面。

文德卡尔(Van der Kar,2004)对移动服务的定义是：移动服务是移动通信运营商整合移动网络和服务提供商的平台上为移动客户提供的一系列不受时间、空间限制的个性化服务。

哈瑞·勃文和克瑞斯特.卡尔森(Harry Bouwman & Christer Carlsson)等在2006年进一步讨论，认为移动服务和移动数据服务同义，可互换，传统的移动服务应用内容和信息服务仅仅是移动服务的一个子集，通知业务也是移动服务的一个分支，移动服务是开放的网络中，支持文本信息和多媒体信息交换、交流的系统。

张宁俊给出的移动服务定义是：移动服务也是一种提供时间、空间和形式效用的经济活动、过程和表现。发生于与相关人员和有形资源(电信运营商、内容提供商、服务提供商、设备提供商、消费者以及其他辅助部门)的相互作用之中，但不产生所有权转移，直接或间接地使服务的接受者或其拥有的物品形态发生变化。

14.1.3 移动服务的特点

服务和移动服务的一般性定义揭示了服务与有形商品之间存在区别，纵览文献，可以将移动服务的特征归纳总结为五个方面，即无形性、差异性(异质性)、生产与消费的同时并发性、不可存储性(易逝性)和专业性，见表14.1。

表14.1 移动服务的特点

1. 无形性	服务多为一种行为、过程，不可触摸 服务不易展示和沟通 服务不涉及物品的所有权转移 服务难以定价 服务难以申请专利
2. 异质性	服务商品的最终形成与不同顾客有关 服务生产与顾客满意和员工的行动有关 服务质量受许多不可控因素影响 服务生产难以按服务计划进行 服务生产难以进行规模生产
3. 生产与消费同时进行	顾客参与并影响交易 员工影响服务的结果 顾客之间相互影响
4. 不可储存	无法在消费之前生产与存储 供应与需求矛盾较大 通常不能退货或转售
5. 生产专业性	服务内容和服务提供、渠道相互独立 提供过程独立顾客感知综合

1. 服务的无形性

服务与商品之间最基本的区别在于服务是一种绩效或行动，不是实物，往往不被看到、感觉或触摸。

由于服务的无形性，顾客在购买服务之前，无法肯定能得到什么样的服务。对于一般顾客而言，有些服务非常抽象，很难描述，故只有当服务发生时，顾客才通常以主观的方式来感知服务.故而对服务质量的评价也呈现主观性。因此，抽象的语言诸如“信任”“体验”等与有形的产品相比，确实显得虚幻和不可捉摸，使得顾客购买和再购买服务时，感觉总比购买有形产品担负更多的风险。由于服务的这一特性，提示服务企业可以通过利用有形证据将无形的服务有形化，来有效地降低服务过程中顾客的可感知风险。

2. 服务的异质性

移动服务异质性的产生有其客观性，主要表现在两个方面：一是因为服务的主体和对象均是人，人是服务的中心，而人具有个性。没有两个顾客是完全一样的，每位顾客都会有独特的需求，或者以一种独特的方式来体验服务。因此，从满足顾客需求的角度出发，同质性的服务显然是没有意义和不现实的。二是因为服务基本上依赖于由人表现出来的一系列行为，尤其是依赖顾客与服务提供者之间的交互作用。由于人的行为表现会因人而异，因时而异，因地点而异，故同一服务组织，甚至是同一服务人员所提供的服务会不尽相同，员工与不同顾客之间的行为交往也会形成不同的服务过程和服务结果。所以尽管多数服务企业期盼能对所有顾客提供完全一致的服务，但事实上由于服务的异质性，始终如一地提供稳定、出色的服务将会极为困难。由此可见，服务的异质性主要是由于不同个体之间的差异、员工和顾客之间的相互作用以及伴随这一过程的所有变化因素所致。

服务的异质性，形成质量控制这一诸多服务企业都必须面对的固有的难题，如何向顾客提供具有一致性质量特征的服务是移动服务管理的一个非常严峻的问题。即便服务组织采取了核心设计它们的服务传递系统，进行员工培训，对顾客与员工的交互作用施加正面影响，对员工的服务表现进行监控与调整等各种方法和手段，服务仍可能出现差错，因为服务毕竟是一种现场表现。而一旦服务过程中出现了问题，立即安排善于处理与顾客关系的员工，施行服务补救的应变措施，将变得必不可少和尤为重要。

3. 生产与消费同时进行

大多数商品都是先生产，然后进行销售与消费，产出的有形产品可以在生产和消费之间的一段时间内存在，即生产与消费可以不同步。但对绝大多数的服务来说，却是先销售，然后提供服务，而且产出过程与消费过程同时进行，顾客往往会参与服务，或通过与服务人员合作共同参与服务过程，享受服务的使用价值。因此，接受服务的顾客，又是服务生产的重要协作者。

当然，由于服务种类繁多，个性千差万别，对于服务的同时并发性不能一概而论。对于像运货这类的服务.尽管也有顾客参与其中，但仅是在接受服务提供者将货物送到家中的短暂过程，不可能参与和了解服务商将货物送抵目的地之前的众多准备工作和前期工作。因此，服务与消费的同时进行并非出现在服务运作的所有过程，实际上仍然有许多服务生产过程顾客是不可见、不参与的，顾客主要是感受服务的结果，或是参与和感受服务过程的一部分。但这可感受、参与的一部分服务过程却成为顾客评价和体验服务的关键过程。

顾客在服务过程中可以发挥积极的作用，能否有效和充分利用顾客的知识、经验和动机乃至诚实，会直接影响服务系统的效果。

4. 服务的不可存储

绝大多数服务都无法在消费之前生产与储存，这就是服务的易逝性，即服务只存在于其被产出的那个时点。如果不对服务产出能力加以及时利用，它创造利润的机会也会自然丧失，并会带来折旧等费用。如车船、航班和影剧院的空位，以及旅馆的空房间。服务的易逝性由服务生产与服务消费不可分割所决定，是导致服务供给与服务需求矛盾的主要来源。这种矛盾进一步导致服务能力管理问题.由于服务能力的利用只发生在所需要的那一时刻，其余时间均为闲置，因此，服务能力决策处于一种两难困境。如果服务能力不足，会带来机会损失，而服务能力过大，又会增加固定成本。正确地进行服务能力决策与管理，适应并调节需求，尽量均衡地利用服务能力，既是服务企业不懈追求的目标，也是服务管理的难点与挑战。

5. 移动服务的专业性

由于移动服务生产提供过程的特殊性，对于顾客而言，是享受了综合的移动服务，但是在服务提供的背后，是专业的服务生产加工，比如信息类服务，就要经过信息内容商（报社、传媒等）的生产；再经过服务提供商的加工，可以将传统的信息进行移动互联网的传输；最后经过电信运营商的渠道提供给顾客。每一个服务都不是任何一个环节可以单独完成的，但是每个环节又是相互独立的。移动服务的专业性，就要求服务企业进行资源整合，各个资源之间要紧密合作，才能为顾客提供优质服务，提升企业竞争力。

14.1.4 移动服务的分类

Harry Bouwman & Christer Carlsson（1998）论述移动服务的分类，将移动服务划分为 4 个主要领域：移动电子商务、对个体消费者移动服务（短消息、娱乐等）、对企业集团的移动服务（通知业务、广告业务等）和行业应用（旅游、定位、金融等）。

TsalgatidouA 和 Pitoura E（2001）从服务移动商提供的服务角度将移动服务归为 8 类：

（1）点对点的短消息（SMS）、多媒体短消息（MMS）业务：短消息由文字构成，每条短消息的字数不超过 160 个字符。

（2）铃声图片下载：实现移动电话使用的个性化需求。

（3）个性化内容定制：移动用户随时随地需要个性化的内容资讯，这些信息包括天气预报、时事新闻、股票价格、航班信息、交通路况等。

（4）游戏：手机游戏充分结合了电脑游戏、网络游戏的优点，并将自身可移动的特性发挥到极致，使得人们随时随地都可以娱乐。

（5）移动支付：移动支付业务是利用随身携带的移动终端为用户完成支付行为，目前国内外出现的移动支付方式主要包括小额支付与联网支付两种形式。

（6）位置服务：移动运营商通过技术手段可以获悉手机的具体位置，由此提供和位置有关的服务。例如：把定位技术和交通运输结合，可以定位车辆、掌握货物分布；交通导航：根据用户所在地和目的地，考虑道路通畅情况，提供线路图；广告服务等。

（7）企业移动商务：用户通过手机可以收发电子邮件，通过无线互联网登录企业的办公系统，随时的享受企业内部信息的支持。

（8）客户关系管理：客户关系管理是移动运营商与拥有大量客户群的其他行业公司之间合作的结果，这些合作伙伴包括电视制作公司、运动俱乐部、超级市场和其他零售商、航空公司和银行。短消息能够向客户提供各种提示信息，例如飞行里程累积、影视光盘租赁、约会提醒、缴费通知和考试成绩领取通知等。

华中科技大学的鲁耀斌、陈致豫、邓朝华等，对移动服务进行了较为全面的研究和分析，提出了移动服务的分类方式（见表 14.2）。

表 14.2 移动服务的分类方式

分类方式	类别	服务
服务对象的性质[10]	个人用户服务	移动即时通讯、移动电邮、移动支付、移动搜索、移动股市等
	企业用户服务	移动 CRM、手机广告、移动直销等
服务特性	通信类	人与人之间通信、人与设备之间的通信、设备与设备之间的通信
	交易类	移动购物、移动银行、移动经纪、移动钱包、移动订票、移动拍卖、移动博彩等
	内容类	紧急求助服务、移动办公、移动企业资源调度、移动 CRM 等
交易对象	企业与顾客(B2C)	直接应用如向用户直接提供产品或信息服务，间接应用如向用户提供新闻、天气等内容，其他应用如向用户提供各种个性化信息
	企业内部或企业之间(B2B/B2E)	移动物流、移动营销、移动 CRM 等
	设备与设备之间(M2M)	移动车辆管理、移动室内操作、移动交通服务等
时间和空间要求	时间位置不要求	移动游戏、铃声下载、聊天服务
	位置敏感，时间不紧迫	自我定位服务、商店导航等
	时间紧迫，位置不敏感	查询股票行情、限时促销等
	位置敏感，时间紧迫	移动车辆调度、远程医疗救助
通信技术	语音技术	语音商务
	短信、彩信技术	下载图片、铃声等；天气、交通、新闻等资讯服务；聊天、游戏、点歌、交友等娱乐服务
	互联网技术	移动门户网站；移动内部网、外部网；客户信息门户

14.1.5 实现移动服务的技术

1. 无线应用协议(WAP)

WAP 是开展移动商务的核心技术之一。通过 WAP，手机可以随时随地、方便快捷地接入互联网，真正实现不受时间和地域约束的移动商务。WAP 是一种通信协议，它的提出和发展是基于在移动中接入 Internet 的需要。WAP 提供了一套开放、统一的技术平台，用户使用移动设备很容易访问和获取以统一的内容格式表示的 Internet 或企业内部网信息和各种服务。它定义了一套软硬件的接口，可以使人们像使用 PC 机一样使用移动电话收发电子邮件以及浏览 Internet。同时，WAP 提供了一种应用开发和运行环境，能够支持当前最流行的嵌入式操作系统。WAP 可以支持目前使用的绝大多数无线设备，包括移动电话、FLEX 寻呼机、双向无线电通信设备等。在传输网络上，WAP 也可以支持目前的各种移动网络，如 GSM、CDMA、PHS 等，它也可以支持未来的第三代移动通信系统。目前，许多电信公司已经推出了多种 WAP 产品，包括 WAP 网关、应用开发工具和 WAP 手机，向用户提供网上资讯、机票订购、流动银行、游戏、购物等服务。WAP 最主要的局限在于应用产品所依赖的无线通信线路带宽。对于 GSM，目前简短消息服务的数据传输速率局限在 9.6kb/s。

2. 移动 IP

移动 IP 通过在网络层改变 IP 协议，从而实现移动计算机在 Internet 中的无缝漫游。移动 IP 技术使得节点在从一条链路切换到另一条链路上时无需改变它的 IP 地址，也不必中断正在进行的通信。移动 IP 技术在一定程度上能够很好地支持移动电子商务的应用，但是目前它也面临一些问题，比如移动 IP 协议运行时的三角形路径问题；移动主机的安全性和功耗问题等。

3.“蓝牙”(Bluetooth)

Bluetooth 是由爱立信、IBM、诺基亚、英特尔和东芝共同推出的一项短程无线连接标准，旨在取代有线连接，实现数字设备间的无线互联，以便确保大多数常见的计算机和通信设备之间可方便地进行通信。“蓝牙”作为一种低成本、低功率、小范围的无线通信技术，可以使移动电话、个人电脑、个人数字助理（PDA）、便携式电脑、打印机及其他计算机设备在短距离内无需线缆即可进行通信。例如，使用移动电话在自动售货机处进行支付，这是实现无线电子钱包的一项关键技术。“蓝牙”支持 64kb/s 实时话音传输和数据传输，传输距离为 10～100m，其组网原则采用主从网络。

4. 通用分组无线业务(GPRS)

传统的 GSM 网中，用户除通话以外最高只能以 9.6kb/s 的传输速率进行数据通信，如 Fax、Email、FTP 等，这种速率只能用于传送文本和静态图像，但无法满足传送活动视频的需求。GPRS 突破了 GSM 网只能提供电路交换的思维定式，将分组交换模式引入到 GSM 网络中。它通过仅仅增加相应的功能实体和对现有的基站系统进行部分改造来实现分组交换，从而提高资源的利用率。GPRS 能快速建立连接，适用于频繁传送小数据量业务或非频繁传送大数据量业务。GPRS 是 2.5 代移动通信系统。由于 GPRS 是基于分组交换的，用户可以保持永远在线。

5. 移动定位系统

移动商务的主要应用领域之一就是基于位置的业务，如它能够向旅游者和外出办公的公司员工提供当地新闻、天气及旅馆等信息。这项技术将会为本地旅游业、零售业和餐馆业的发展带来巨大商机。

6. 第三代(3G)移动通信系统

经过 2.5G 发展到 3G 之后，无线通信产品将为人们提供速率高达 2Mb/s 的宽带多媒体业务，支持高质量的话音、分组数据、多媒体业务和多用户速率通信，这将彻底改变人们的通信和生活方式。3G 作为宽带移动通信，将手机变为集语音、图像、数据传输等诸多应用于一体的未来通信终端。这将进一步促进全方位的移动商务得以实现和广泛地开展，如实时视频播放。

14.1.6　移动商务的服务方式

根据移动电子商务服务方式的不同主导方，可将移动电子商务划分为电信运营商、传统电子商务服务提供商、软件提供商和新兴移动电子商务提供商主导的四大服务方式，如表 14.3 所示。每一类主导方式的运营有各自的特点、发展的优劣势。

1. 电信运营商主导方式：“通道＋平台”

电信运营商主导方式是电信运营商利用终端厂商和软件提供商在上游为其提供定制手机及内嵌的接入软件，增强移动电子商务平台的入口建设，对用户开展移动电子商务服务。其规模庞大的网络用户及潜在移动电子商务用户，可以吸引企业和商家以入驻的方式丰富移动电子商务平台的产品线及内容，物流商提供相关的货物运输、商品仓储和配送服务。因此这种方式中，运营商“注重凭借用户入口的优势搭建移动电子商务平台”。而且电信运营商负责平台内容、用户服务和交易服务，对入驻商户进行管理，并为消费者提供信誉保障，因此，运营商“强调对移动电子商务产业价值链的控制”。例如中国移动广东移动商城，是基于广东移动网络平台开发的移动电子商务平台，由中国移动广东分公司负责运营，面向移动手机用户、广大互联网用户，以及商家提供电子商务服务，商城可以通过PC和手机两种方式进行访问。在手机端，通过以手机积分、手机话费、专用账户以及手机银行为主的支付手段，通过邮政系统、快递公司向用户配送货品为主的货物流通方式，移动商城实现了商流、物流、信息流、资金流一体化的移动电子商务平台。

表14.3 移动电子商务的四大服务方式

主导方式	典型代表	服务模式	主要特点
电信运营商主导模式	中国移动广东移动商城	生活信息查询、应用程序购买与下载、日用及电子商品的购买、手机银行、手机钱包等	可以通过手机实现在线支付的电子商务平台
传统电子商务提供商主导模式	淘宝：手机淘宝网 当当：手机当当网 卓越：掌上亚马逊	搜索、比价、商品购买、收藏、即时通讯、彩票、社区、资讯、客户端、在线充值等	运作模式与传统电子商务网站类似，多支持货到付款
软件提供商主导模式	用友移动：移动商街	移动商铺、电子折扣券、移动社区、移动支付、移动搜索等	为电子商务企业提供软件服务，并搭建移动电子商务平台
新兴移动电子商务提供商主导模式	爱购商城、立购网等	搜索、比价、商品代销、商品购买服务	在移动互联网新兴的移动电子商务平台

2. 传统电子商务提供商主导方式："品牌＋运营"

传统电子商务提供商主导方式主要采取了"品牌＋运营"的服务模式，传统电子商务提供商原有的货物渠道、商品仓储物流以及配送等后台服务体系均未发生本质变化，移动互联网可以看做是其PC端传统电子商务服务的手机端入口。在这一移动电子商务服务模式下，传统电子商务提供商通常会在用户接口处通过与终端厂商和软件提供商的合作，定制相关匹配的终端机，或者为手机终端设计用于进行移动电子商务的特定应用程序。网络接入方面，电信运营商提供了基础网络服务，为移动电子商务提供顺畅信息流的保障。因此其运营特点是"注重品牌影响力和运营的发挥，强调对移动商务客户消费个性化需求的把握"。例如手机淘宝网，手机版淘宝于2008年2月开始上线，消费者通过手机即可登录手机版淘宝，同时可以用手机支付宝付款购物，手机淘宝网可以实现注册、登录、收藏、浏览、搜索商品和支付等功能。目前，手机淘宝网是中国最大的移动购物服务提供商和个人移动交易平台，业务跨越C2C、B2C两大类，其在线物品超过两亿件，并利用支付宝实现了手机在线支付。2010年5月，手机淘宝网的日访问量已经超过3000万，日交易笔数超过10万，这意味着手机版淘宝网已经成为无线电子商务的开路先锋。再例如手机当当网，当当网自2006年起，即与中国移动及相关合作伙伴开始筹划手机当当网，2006年通过测试，手机当当网就已投入实际运营。其后，手机当当网各项功能不断完善，2007年，手机当当网推出自主研发的跨平台搜索产品——图书短信比价系统，引发行业关注。2009年9月，手机当当网购买功能上线，直达网络零售的最后结算环节。

3. 软件提供商主导方式："软件＋服务"

软件提供商主导方式主要采取"软件＋服务"的服务模式，"注重软件在移动商务中的应用，强调对移动商务运营多样性需求的满足"。例如用友软件，不断推出移动管理应用软件产品，通过在线与无线技术的融合，整合互联网和移动通信网络的优势，为企业提供真正可靠、高效和便捷的商务与管理服务。首先推出MERP(Mobile ERP)通过移动互联网将ERP的应用从电脑延伸到手机，以短信和WAP为主要应用方式，帮助企业实现对异地终端的实时监控、重要信息的实时推送和重要审批业务的实时处理，全面提升企业管理效率，成就实时企业。然后推出移动商机，让身处异地的销售人员通过手机实时向公司上报客户资料、商机信息、拜访活动等，帮助企业解决最棘手的客户信息零散难收集、商机信息常贻误或遗漏、拜访活动上报难监管等售前管理难题。

4. 新兴移动电子商务提供商主导方式："专注＋创新"

新兴移动电子商务提供商主导方式主要采取"专注＋创新"的服务模式，"注重移动商务服务的特殊性，强调对移动商务专有服务模式的创新"。例如立购网，致力于手机用户的快捷购物和智能购物，由一群热爱生活，发誓要将手机的便利和效率分享给更多人的年轻人创立。倡导最新的消费时尚潮流，让人们足不出户，手指轻点，就眼观八方，货比三家，能花最少的钱购买到价廉物美、称心如意的商品。

从这四种主导方式以及典型特点中，可以总结出，移动电子商务服务成功的关键要素，分别是用户基数、商务服务品牌、商户资源和产业创新。无论是哪种方式，运营商还是提供商，都要拥有一定的用户、一定的资源，建立品牌，并不断进行创新。

14.2 移动服务的商业模式

企业要想在移动服务中获得成功，必须建立一个既重视互联网的力量，又重视市场需求变化的革新的战略。这需要研究移动服务的商业模式。这里所说的商务模式，指的是产品、服务和信息流的逻辑架构，包括相关商务活动者及其角色，以及收入来源的描述。

采用成功的商务模式实施移动服务的企业，必须重视以下内容：(1)核心竞争力；(2)移动终端、无线网络的特性和限制；(3) 用户使用移动设备的情景和环境；(4)互联网电子商务模式；(5)市场需求；(6)领域其他活动者；(7)以前的成功经验。

移动服务商业模式涉及移动网络运营商、设备提供商、移动终端提供商、内容提供商等，这些参与者以移动用户为中心，以移动网络运营商为主导，在一定的政府管制政策限定下开展各种活动.以实现自己的商业价值。

14.2.1 商业模式的参与者

在移动服务价值链中的主要角色有：提供操作系统和浏览器技术的平台供应商、提供网络基础设施的设备供应商、提供中间件及标准的应用平台供应商、提供移动平台应用程序的应用程序开发商、内容提供商、内容整合商、提供应用整合的移动门户提供商、移动运营商、移动服务提供商等。

移动服务交易中的参与者取决于其底层的商业模式，一般来说，移动服务交易的主要参与者如下：

1. 移动用户

其最大特点是经常变换自己的位置，用户接收的商品或服务可能因为时间、地点以及其使用移动终端情境的不同而不同。

2. 内容提供商

它们提供原创的、对客户有价值的内容，如新闻音乐等，向客户传递内容的方式有多种，可以通过WAP网关，也可以通过当地的移动接入商，选择不同的提供方式就会产生不同的商务模式。

3. 移动接入商

提供个性化的、本地化的服务，可以根据客户个人的偏好，定制浏览的内容，最大限度地减少用户的导航操作。

4. 移动网络运营商

在移动服务中运营商的角色非常重要，根据它在价值链中的位置，它的角色可以是简单的移动网络提供者，可以是媒介、移动接入，甚至是可信赖的第三方。

14.2.2 主要商业模式

移动服务商业模式是由移动服务交易的参与者相互联系而形成的。因此，大多数移动服务商业模式可以与移动服务交易的参与者使用相同的名称，如内容提供商模式、移动商业门户模式等。

1. 内容提供商模式

它的商业原型是路透社、交通新闻提供者、股票信息提供者等，采用这种商业模式的企业通过向移动用户提供交通信息、股票交易信息等内容达到盈利的目的，企业可能通过移动门户或直接向移动用户提供内容服务。除了这些企业采用该商务模式外，还有一些小公司或个人也可以采用这种商务模式，为移动设备开发内容并提供给软件公司，再由软件公司销售给移动的客户。

2. 移动门户模式

即企业向移动用户提供个性化的基于位置的服务；该模式的显著特征是企业提供个性化和本地化的信息服务。本地化意味着移动门户向移动用户提供的信息服务应该与用户的当前位置直接相关，如宾馆预订、最近的加油站位置查询等，个性化则要求移动门户考虑包括移动用户当前位置在内的所有与用户相关的信息，如用户简介、兴趣爱好、过去的消费行为等。

3. WAP 网关提供商模式

该模式可以看做是 Internet 电子商务中应用程序服务提供商(ASP)模式的一个特例，在该模式中，企业向不愿在 WAP 网关方面投资的企业提供 WAP 网关服务，其收益取决于双方所签订的服务协议。

4. 服务提供商模式

企业直接或通过其他渠道向移动用户提供服务，其他渠道可能是移动门户、WAP 网关提供商或移动网络运营商，而企业所能提供的服务取决于其从内容提供商处可以获得的内容。

上述参与者和商业模式加上 Internet 电子商务中的参与者和商业模式(如支付服务提供商金融机构)结合起来，构成了复杂的移动商务商业模式。每个参与者为了采用收益率最高的商业模式，必须考虑前面提到的几个方面即核心竞争力、移动商务环境的特性、互联网商务模式成功的经验。好的商业模式所提供的服务，应该使用户、商家和服务提供商均能够通过移动电子商务活动增加自身的价值。只有这样，他们才能获得大量稳定的客户，移动商务才能够真正发展起来。

14.2.3 移动运营商的商业模式

当前，移动运营商正在以数据业务来弥补语音业务收入方面的下滑趋势，以此为契机，移动互联网市场呈现出越来越快的发展势头，像 BT Cellnet 和 T-Mobile 这样的运营商早已从这些数据业务中获得了 ARPU(每用户平均收益)的迅速增长。然而，在运营商不断努力增加数据业务带来利润的同时，他们必须考虑如何共同构建这个无线数据或者移动互联生态系统。

运营商的商业模式决定了在这个移动互联生态环境中应用发展的步伐和性质，一般说来，运营商可能会在如下几个商业模式中做出选择：

1. 封闭收入系统

这种模式下，运营商全面负责开发、聚集和发布移动内容。它的门户网站可能有选择的与少数几个第三方内容提供商链接，并且要达成一些基本的许可协定。这种机制限制了内容提供商参与收入分成，他们需要开发单独的计费系统。而消息业务则基本上由运营商独资经营和管理，包括 Email、SMS 等。

2. 智能生态系统

这种模式下，运营商把内容的开发和聚集开放给很大范围的提供商，包括其门户的内部和外部。以用户和收费业务为基础，通过与内容合作伙伴的利益分成，形成了一种业务创新的激励机制。而运营商只收取其中很小的一个百分比，作为其提供计费功能的报酬，但却拥有了高价值的消息服务，包括即时消息、统一消息和多媒体消息等。

3. 底层传输系统

这种模式下，第三方合作伙伴完全拥有并控制内容和消息应用，运营商不提供任何高级业务，也就不能要求传输收入之外更多的收入。没有了这些高级业务，价格成了留住客户的主要工具，从而导致了互联网相关收入的下降趋势。

在采纳智能生态系统的发展策略同时，运营商有必要考虑这种方式与传统方式之间的内在差别，特别是在业务提供、内容和消息应用等方面的因素，然后才能根据这些差别来选择最适合的商业模式。

建立同第三方内容应用开发商的开放合作关系是内容应用发展的核心。通过提供不同的业务平台，保证应用在不同媒体和不同格式下的可用性，运营商培育者市场的增长，此外，运营商还要提供各种基本服务要素，比如客户的引导、网络支持、安全、计费和提高用户满意度等。通过共同构建产业价值链，不仅使整个产业的 ARPU 显著增长，而且运营商和整个生态系统的 ARPU 也大幅度提升。

不过，消息应用还要有些不同，它要获取唯一识别用户的内在信息，包括个人信息管理(PIM)和网络身份。有了这些信息，运营商就能增加他们服务的黏度，从而减少对为留住客户所采取的价格策略的依赖。放弃对消息应用的所有权，把消息应用市场拱手相让给其他市场参与者，也会降低运营商在基础传输层的盈利能力，最终会导致他们在潜在的资本市场上失去很大的份额。

14.3 移动服务的价值链分析

14.3.1 移动服务的价值链

价值链是一种对企业业务活动进行组织的方法，企业实施这些活动对其销售的产品或服务进行设计、生产、促销、销售、运输和售后服务。但是现代交易的完成不仅涉及了供需两方，还会有为交易实现提供多方服务的第三方。信息技术的发展逐渐打破了企业、行业发展的界限，使不同行业融合发展，共同参与到某一商务交易活动中成为企业价值链的一部分。企业的价值增长不再单纯的取决于企业自身或某一方，而是需要处于价值链不同环节的企业或个人协调、努力，实现多方共赢。在移动服务交易活动中，参与交易的有企业、个人、各种服务机构(银行、咨询公司、物流公司等)、移动门户、移动网络运营商、内容提供商、应用服务开发商、移动终端制造商、设备软件提供商等，他们共同构成了移动服务的价值链。

1. 技术平台制造商

技术平台制造商为移动设备提供操作系统和微浏览器，这些移动设备包括移动电话和 PDA 等设备。操作系统之战是在微软的 Windows CE 以及 Symbian 和 Palm 之间展开。Symbian，是由行业联盟组成，其成员包括 Psion，Motorola，Ericsson，Nokia，Matsushita，共同支持 Psion 的 EPOC 操作系统，现在又与 3COM 结成同盟，3COM 拥有最流行的 PalmOS，现在的挑战是如何将 EPOC 与 PalmOS 结合。

微浏览器市场现在绝大部分被 Phone.com 所占领，它已经获得了除 Nokia 和 Ericsson 以外的所有的移动电话制造商的支持，后者正在推出自己的的微浏览器产品。

2. 基础设施设备制造商

移动网络基础设备供应商的领导者包括：Motorola，Ericsson，Siments，Nokia 和 Lucent，他们已经发展出移动数据，移动互联网以及移动商务的解决方案，并为其大做广告。他们以创新的速度推动移动产业的发展，不断发展新的技术，如：WAP(Wireless Application Protocol)，HSCSD(High Speed Circuit Switched Data)，GPRS(General Packet Radio Service)，EDGE(Evloved Datafor GSM Evolution)和 UMTS(Universal Mobile Telecommunications System)。

3. 应用平台制造商

中间件是一个提供无线互联应用的主要基础设施，例如既可以在运营商端又可以在公司客户端应用的 WAP 网关。

4. 应用开发商

Robertson Stephens 预计无线领域里，最具爆炸性增长潜力的当数应用开发。无论对企业还是个人消费者，打动他们的应用才是最终购买决策的推动力。两类应用开发商的发展会很有市场：(1)将已有的企业应用于无线领域。如 Aether 为嘉信理财(Schwab)提供的无线解决方案，以及 Ebasystem 为主要行业提供的企业应用，包括金融服务、医疗服务、后勤服务等。(2)创造和发展创新的应用，专为发挥移动用户和无线设备的长处而设计。

移动环境的应用现在主要集中在 Windows CE，EPOC 和 PalmOS 之上。然而，大部分的应用都是离线的。现在 WAP 正在受到更多开发者的支持，WAP 是针对移动电话市场而不是 PDA 市场开发的，这对移动终端的市场销售产生了很大的影响。

5. 内容提供商

一些技术领先的内容供应商正在向移动领域进军，为即将到来的移动商务做准备。他们要为自己的产品做多渠道的分销。例如：路透社正在与 Ericsson 和 Nokia 建立合作关系，传递它的信息，同时它还与一些大的门户站点如 Yahoo 及 Excite 合作，这些门户站点也在建立自己的移动门户。另外，路透社在一些市场上还建立了自己的移动门户。即使用户已经习惯为移动的增值服务付费，对内容收费依然是件困难的事。移动内容供应商最简单的实现收入方法是与电话公司分账。当移动商务开始起飞时，再采取一些动态的收费方式，如广告、赞助、订阅等模式。

6. 内容集成商

一种新型的内容集合商正在出现。他们把数据重新打包，再发布给移动终端。他们的价值在于给用户的信息是最合适的信息，例如 Olympic Worldlink 公司，已经开发出一种叫做移动期货(Mobile Futures)的解决方案，它不仅能够提供金融和其他新闻，还能提供实时的期货和期权市场的信息。另外一家英国公司 Digitallook.com，能够提供 BBC、CNN、AFX 的新闻以及股票信息，以供 PDA 的使用者下载。

7. 移动门户

移动门户由各种集成的应用和内容组成，以便成为用户最主要的网上信息来源。移动门户与通常的门户不同，最主要的特点是个性化和本地化。因为移动商务的成功关键在于易于使用和在合适的时间传递合适的信息。据估计，移动电话用户在在线的商业环境下，每多击一次键，交易成功的可能性就减少 50%。MSN 和 Yahoo 都是首批向移动用户提供服务的门户，然而他们的主要目标还是在美国。我国一些大的门户网站也都开始提供移动门户服务。

8. 移动网络运营商

运营商，例如：Mannesmann、Orange、TIM(Telecom Italia Mobiles)、中国移动、中国联通等，是引入移动商务服务中受益最大者，因为他们已经和客户建立了收费的关系，并且他们控制了预置在 SIM 卡中的门户，运营商的目的就是成为移动商务中最主要的角色，拥有门户，分享通过其网络实现服务的收入。这些收入要比单纯的话费收入高很多。移动运营商还有机会成为 ISP，移动网络将来基于 IP 技术建立 UMTS(第三代移动通信技术)，运营商将拥有一个管道提供内容服务，那时运营商将在价值链的位置上移。

9. 移动服务提供商

在欧洲的许多国家，移动服务提供商作为中间人，提供更快的市场营销，销售更多的移动电话合同和终端，这些服务提供商与客户建立合同和收费关系，但是他们自己并不拥有移动通信基础设施，他们通常以 20%～25%的折价买到这些服务，然后再打着自己的品牌出售。

10. 手持设备制造商

在移动商务中，手持设备制造商是将新设备推向市场的瓶颈，他们不仅要支持 SIM 工具包，还要支持 WAP、GPRS 和 W-CDMA。创新的周期在不断变短。巨大的移动商务在合适的用户终端广泛地被采用之前不会成气候，手持设备制造商必须开发一系列产品，因为将来的应用会需要不同的功能。他们需要专为各种功能制造优化的产品：下载和听音乐、看视频影像、计算、玩游戏、管理个人生活等。

11. 客户

对消费者市场来说，移动服务完全是一种新的体验。这些客户以前主要是用它们来打电话或者收发短信息。据 Nokia 对移动增值服务的研究，主要的目标市场是：青少年(18 岁以下)；学生(19～25 岁)；年轻商人(25～36 岁)。最近几年客户年龄段开始向中老年发展。

对企业市场来说，主要有三种类型的组织会对移动服务有明显的需求：销售驱动的组织(如制造型企业和银行)；服务驱动组织(如咨询公司)；后勤驱动型组织(如出租车公司或者急件服务)。根据不同的市场细分，他们可能会使用特殊的移动服务，如 CRM、运输管理，将移动设备与公司的 ERP 系统整合。

14.3.2 移动服务价值链的六个环节

从商业和技术两个重要层面来看，移动服务的价值链主要包括下面六个环节：

1. 通信承载环节

提供基础设置的维护与运营，在应用服务提供和终端用户之间建立基本的信息、数据沟通桥梁。在这个环节上，移动运营商扮演着非常重要的角色。

2. 基础服务环节

主要包括服务器托管、系统集成等基础服务，该环节是移动服务发展的重要增值环节，它可以在很大程度上通过规模经济效应实现巨大的成本节约。

3. 交易支持环节

主要指计费、安全认证、支付等支持交易发生的各种支持机制，其中不仅包括直接的支付支持，而且还包括相应的客户奖励机制等。

4. 服务实现环节

主要指从有线互联网内容转化为无线互联网内容的转换技术，主要是技术解决方案环节，因为基于有线互联网的电子商务是基于无线互联网的移动服务的基础，所以有线互联网电子商务信息和数据向无线互联网的转换将成为移动服务发展不可或缺的一个环节。

5. 个性支持环节

这是移动服务发展的重要特色之所在。由于移动终端对信息的处理在某种程度上存在一定程度上的缺陷，因此移动服务所必需的个人信息（如用户身份信息、地理位置信息、账单信息、甚至用户所使用的移动终端本身的信息），其处理方式必须通过更加便捷的方式来实现，这个环节不仅需要商业上的创新和设计技巧，而且还需要技术上的巧妙支持。

6. 应用服务环节

这是移动服务中的一个实质性环节，相应的应用服务不仅包括目前有线互联网所能够提供的各种服务（如电子银行、电子邮件、旅行服务），而且包括各种全新的服务，专为移动用户所设计的各种应用服务，如提供离用户当前位置最近的咖啡店的信息、提供离用户当前位置最近的朋友的信息、随时随地向用户提供所选股票的成交提示和预警提示。后者将成为移动服务中重要特色服务。

上述六个环节中的任何一个都将成为移动服务发展的重要推动力量或制约因素。实际上，从商业运作的具体模式来讲，上述的六个环节并不会孤立地存在，往往相互之间会紧密结合起来，或者其中两个，或者其中三个，但是这种结合必须在充分利用公司相应资源的基础上实现相互之间的协同效应，从而创造更大的发展空间。

14.3.3 移动网络运营商的角色分析

在移动服务的各个参与者中，移动网络运营商维护着移动用户的个人数据，能很方便地得到用户的位置信息，同时也为用户建立了各种计费手段。其拥有的客户资源使它拥有用户的所有权和连接权，其他环节的企业不得不通过移动网络运营商向用户提供服务，因此，移动网络运营商在模型中自然处于主导地位。

移动运营商在移动商务中可以有多种角色：

1. 提供无线网络服务

移动运营商可以只提供网络基础设备并让消费者直接联系各种内容、服务提供商或门户，此时移动运营商的收入来自其向消费者提供的无线连接。在此基础上，移动网络运营商可以提供 WAP 网关服务，还可以作为移动门户、中介或可信任的第三方为企业或个人提供服务。

2. 移动网络运营商扮演门户的角色

可以引导用户定位合适的服务提供商，同时可以让内容提供商找到用户。因为拥有丰富的客户资源,移动网络运营商比其他门户拥有更多的优势,因此向用户提供移动门户服务是非常自然的。换句话说运营商可以作为提供商的前台终端直接向用户提供内容和服务。在这种情况下移动用户可以从服务质量和资费的角度选择提供商。运营商与内容或服务提供商达成一定的协议并获得盈利。

目前移动门户商业模型已经成为移动网络运营商的一个重要选择,移动门户将移动网络运营商定位成用户与内容及服务提供商的中介,实现对第三方信息和服务的聚集、分类整理和再出售。

3. 提供中介和可信任的第三方角色

移动网络运营商还可以在移动商务中扮演更积极的角色,不仅提供移动门户提供的所有服务,而且提供如下附加服务:

(1) 提供捆绑服务,即以折扣的形式向用户提供由不同供应商提供的商品或服务的组合;

(2) 扮演银行前台终端的角色,用户直接向运营商支付,同时运营商在用户对商品或服务不满意时也有义务向其退还支付;

(3) 向提供商提供安全和支付服务;

(4) 扮演可信任的第三方。用户可能希望从不同的提供商处购买多种商品,移动网络运营商可以帮助他们完成这种操作。在这种情况下,需要在运营商和用户之间建立一种信任关系。

综上所述,移动网络运营商是移动商务价值链的核心,为整个交易提供实现的平台,为传统制造商及消费者之外的第三方服务机构提供了参与商务活动的契机。

14.4 企业的移动信息化服务

14.4.1 企业移动信息化的兴起

随着移动终端设备大量涌现和移动通信技术的飞速发展,人们可以使用易于携带的移动数据终端和无线互联网,对信息进行实时采集、实时处理以及传播,它打破了以往企业需在固定地点、固定时间利用"有线连接"的终端采集数据的限制,极大地方便了信息的采集和传递;使用移动数据终端,人们还可以高效和安全地对通畅无阻的信息流进行管理。企业移动信息化,实际上已经远远超越了信息采集的概念,而是将信息的采集、移动与管理三个部分进行有效的结合。可以将产品、管理者、空间和时间信息进行全面集成,实现对信息流高效的、实时的和安全的管理、获得移动性能特有的生产效率和竞争优势。

因此,移动信息化的概念可以总结为:移动信息化是指将移动通信技术应用于信息化领域,将有线网络环境下的传统信息化技术扩展到无线网络环境中,将移动通信技术与有线网络有机的结合,借助移动通信网络的可移动性、快捷性的特点,帮助企业真正实现企业管理软件随时、随地、随身的办公管理一体化。

近几年来,中国移动、中国联通以网络为支撑,积极联手产业各方推进移动信息化行业应用的开发,在交通、税务、公安、金融、海关、电力、油田等行业和部门得到了逐步应用。中国移动推出了面向企业用户的包括手机邮箱、移动进销存、黑莓、无线网站、移动办公等集团信息化产品,加快了行业应用市场的渗透步伐。中国联通依托 CDMA 1X 强大的数据业务支撑优势,推出了面向证券、公安、交通、渔业等领域的行业应用解决方案,并已在农业、交通、警务和证券等部门及行业取得突破。同时,中国联通还不断加快产业合作步伐,陆续推出了"警务新时空"、"农业新时空"、"交通新时空"和"海洋新时空"等行业应用品牌并加大了市场推广力度,掀起了行业应用发展的热潮。

移动信息化改变着企业的管理方式，也改变着中国企业前进的脚步，它将成为信息化发展过程中的重要力量，推动着社会的进步。

14.4.2 企业移动内部管理

移动信息化应用已经逐步延伸到了一些行业或企业集团用户的管理、财务、生产、运作、销售等环节之中。而对传统产业的流程重组、企业再造、服务提升等方面，移动信息化也被寄予了更高的期望。企业移动信息化首先会在企业内部产生作用，促进内部管理的有效性。

1. 移动办公

移动通信技术的兴起和发展，使得信息处理与传递突破了时间和地域的局限，使无线移动办公及在家办公成为可能。以移动终端设备为载体，将传统的桌面办公功能扩展至移动设备，企业办公空间将从定点扩展至移动多点。移动办公(OA)促使企业的移动设备(手机、PDA 等)和桌面设备(IP 电话、桌面电脑)等整合在一起，让工作流程更加灵活。这样员工在不同的环境下使用不同的设备，完成相同的工作，从而更大程度地利用原来的网络基础架构。企业中每个职员无论是从桌面设备还是移动终端设备上都可以及时处理移动电邮、公文审批、电子流程审批、合同审批等日常性工作，可以进行公司的电话簿、公用日程安排、工作计划表以及基于消息基础设施的非正式工作流程使企业员工具有更快的反应能力、更高的工作效率和生产力。

移动 OA 是通过部署 MAS 服务器的方式与集团客户原有的 OA 系统进行耦合，主要为集团客户提供基于移动无线网络访问单位内部 OA 系统的解决方案。MAS(MobileAgentSever，移动代理服务器)业务是中国移动于 2007 年年初推出的一项基于企业自身 IT 系统的移动信息化应用。它是以安置在企业内网的移动代理服务器为接口，通过 SMS(短信)、MMS(彩信)、GPRS、WAP 等传输方式，以移动网络为物理载体，实现移动终端访问企业 OA、ERP、CRM、邮件服务器等 IT 系统。MAS(MOA)只是 MAS 业务应用中的一类，主要实现移动终端登录 OA 系统处理公文的功能。

2. 移动进销存

企业的销售终端主要是专卖店、专柜、商场、零售批发商等，第三方的物流配送公司也是这个链上的一个环节；销售终端是企业信息的最佳采集点。相对于专卖店或者其他场所来说，专柜、商场中的大卖场、店中店等环境不够宽敞、通信线路不方便、人员移动性较大，则最佳的解决方案是通过移动网络和移动设备来实现数据采集。使用移动信息化技术手段不仅可以将销售终端信息及时传送到企业的信息处理中心，还可以将中心对数据的处理分析结果及时发送到企业管理者的手机上，使得管理者可以及时掌握市场的真实动态和消费者的需求，为企业的决策提供科学依据。

例如，在服装专卖店或店中店中，配置一部手机和一个钥匙扣大小的与手机相连的条码扫描器，卖出的每一件服装经条码扫描器轻轻一扫，在完成服装销售的同时，扫描器快速、准确地记录下所售服装的品牌、数量、型号、价格、款式、售出时间等重要销售数据，这些数据将按照企业总部的要求，每日定时或者随时通过手机无线发送至企业总部进行汇总和分析处理，可以及时动态生成全国销售时报表、日报表、月报表等多种销售明细图表。同时这些处理后的数据结果、图表信息还可以通过移动通信网络即时发送到企业管理者的手机上，管理者无论何时何地都可以实时把握产品的全国销售数据，并根据这些数据准确把握市场的动态和消费者的需求，以最快的速度对消费者的偏好和产品定位做出最正确的决策。

3. 移动财务

2007 年 12 月，金蝶推出了“移动财务软件”，企业用户并不需要将软件安装在电脑或服务器上，只要通过金蝶在线记账及商务管理平台“友商网”，将企业信息输入到软件操作界面，信息就会被保存到软件厂商托管的服务器上，即可获得在线财务管理、在线库存管理和在线进销存管理等全方位服务。

移动财务系统主要为集团大客户提供了建立基于移动无线网络访问单位内部财务系统的业务应用方案，在移动网上实现原有财务系统的常用业务流程，让使用手持设备(PDA、手机)的人员可以通过移动网络访问单位内部财务系统，进行财务流程管理、收款、付款、对账、查询等相关的业务处理，以提高工作效率、降低成本，同时满足各企事业单位财务管理的移动化需求。目前主要有通过短信、彩信和 WAP 等实现方式。

14.4.3 企业移动信息化的主要模式

企业移动信息化模式，是指在企业的运营管理中，构成移动信息化的诸多要素，各种不同的组合形式及移动信息化运营管理的方式与方法。如果按照参与企业移动信息化的实体类型来看，移动信息化模式要素包括企业、员工、客户、合作伙伴、设备等。因此可以把移动信息化的模式分为 B-C 模式、B-E 模式、B-M 模式、B-P 模式。

1. B-C 模式

主要是企业向客户延伸，满足企业的目标客户对行业资源获取的功能需求，为企业的客户创造价值。这种模式主要体现在客户信息平台的应用，而客户信息平台是一个移动信息化平台，它可以企业的内部办公系统、客户服务系统、业务支持系统等与移动网络结合在一起，通过各种移动信息化的方式实现企业对外营销、企业生产数据采集、企业客户信息回馈等，随时随地为企业客户提供标准化服务。通过客户信息平台，企业可以随时随地实现信息的发布、更新，产品和服务的查询和咨询相关问题，以及客户信息反馈和售后服务，既提高了服务效率，又增加了客户满意度。

2. B-E 模式

主要是企业向内部员工延伸，为企业内部员工提供信息化功能服务，通过移动信息化手段提升企业内部管理效率。这种模式主要体现在企业的远程移动办公。远程移动办公是一种无线访问 VPN 服务，能够使企业将内部办公网络扩展到移动领域，员工使用手持终端设备通过无线网络访问内部专网。这样，企业员工只要在运营商网络覆盖的地方就能像在办公室一样，随时随地完成收发内部邮件、处理公文以及信息的发布查询等各种操作。

3. B-M 模式

主要是向企业自动化生产管理流程延伸，即利用移动通信平台实现机器之间以及整个生产管理过程的自动控制。这种模式主要体现在企业对机器设备的远程监控和设备与设备之间的自动控制。随着企业的不断发展和系统设备地改造，很多企业的设备都是无人或少人看守，以提高生产效益。远程监控能够实现企业的数据互传、遥控监测等，有效保障企业各种设备的运营安全。同时，也可将相关数据实时传递到数据中心，实现高质量数据共享和管理。此外，企业还可以通过移动通信平台实现设备与设备之间的自动控制。

4. B-P 模式

主要是向企业的合作伙伴延伸，主要为企业的客户关系管理及供应链管理提供信息化功能服务等。这种模式主要是在移动通信平台下，企业可以加快从制造商、供应商、分销商到最终客户等战略合作伙伴的数据传递速度和整体运作能力。例如，使用 GPS、RFID 等移动通信技术，可以及时的处理信息、跟踪客户订单执行、采购管理以及物流配送服务等。

14.4.4 企业移动信息化的创新模式

有效的移动信息化模式，能够实现企业与用户的增值与共赢，是移动信息化发展的内在动力。通过上述企业移动信息化模式进行分析总结，在B-C模式、B-E模式、B-M模式、B-P模式基础上进行创新多样化的移动信息化模式，深入企业运营实际，进行多方协作，建立B-B-C，B-G-C等多方联营的复合型或混合型的移动信息化模式。这种模式将会在随着企业与企业、政府与政府、政府与企业之间的合作加深，而在未来的移动信息化建设领域扮演越来越重要的角色。

1. B－B－C模式

就是企业与企业，企业与客户的复合型模式。从供应链的角度来看，就是提供一个移动信息化平台，使企业与上游原物料工厂，下游供货商、经销商等的各个系统通过移动网络进行联结，提供物料、采购、存货及生产等随时随地地查询和处理功能，提高信息的传递和处理速度，有效将库存降至最低，进而提供客户更高的附加价值，成为一大竞争优势。B-B-C模式使企业从"孤独型"向"整合型"发展。企业进行移动信息化建设，面对的不仅仅是客户，而是整个供应链的移动信息化。此模式涉及物流和配送、仓储管理等内容，是一个网上网下相结合的立体运作模式，所以依托的不仅是互联网，无线网络、条形码、RFID、GIS、GPS等移动技术无疑发挥着至关重要的作用。

例如，在零售业上使用RFID技术，采用移动处理终端，配合无线网络部署，进行数据的采集和交换功能。在货物集装箱上贴上电子标签，并在车站等货物交接地点安装读取器，就可以随时掌握货物到达子零售商和其他零售商的情况。在供应链运营中应用了RFID解决的企业能够自动识别和确认装运的货物，甚至涵盖每一个部件，并将其运送到正确的目的地，从而让企业获得更高的效率。此外，RFID技术还可以应用到零售业的客户关系管理中，客户将含有标志的会员卡通过无线通信读卡器可以识别顾客的基本信息和顾问记录，以此推断出客户的喜好等数据，使企业能够瞬间掌握这些信息，为客户提供最适合的服务，有效地提高了客户满意度。

2. B－G－C模式

实际就是政府与企业、政府与百姓的政企民移动信息化协作系统。随着国家各地区经济的快速发展，社会不仅对政府的服务功能提出了更高的要求，要求既要电子化，也要移动化，既要有为企业服务的功能，也要有为当地群众服务的功能。这种模式要求政府和运营商协作，布置无线网络，同时提供企业或百姓只要在运营商网络覆盖的地方能随时随地完成的各种功能，包括电子采购与招标、税务、证照办理，教育培训、医疗保险、交通管理等服务。B-G-C模式的意义在于，移动信息化的发展要摆脱不充分发挥政府作用的旧模式，用政府特有的地位协调企业和社会，可以创造各有价值的移动信息化体系。

例如，浙江移动为浙江各级政府提供各种移动信息化应用，推动政府部门从"无纸"化办公到"无址"化办公。政府部门可以随时随地地通过短信等各种方式接收省内要情摘要、要情快报、重要文件提要，通过手机终端设备实现重要文件到达提示、公文审批、邮件批阅等。浙江移动还针对海关办公的特殊需求，提供五大类多达20种业务功能，打造"移动海关"。公司开发的警用执法系统、移动警务综合查询系统、违章车辆短信通知系统等均获得有效应用。

14.5 移动营销服务

14.5.1 移动营销及其特性

移动营销具体指的是通过以手机为平台，直接地向受众发布定向的或精准的即时信息，这种定向或精准发布功能的实现，依赖于在强大的数据库的支持之下，它以一种与受众产生互动的方式来达到市场营销的目的。移动营销有时也可称为手机营销或无线营销。

和传统的营销方式相比较，移动营销打破了传统营销中的许多限制，比如传统营销的电视营销、报纸营销等都受到了地域和时间的限制，而移动营销利用移动终端的移动性做到了“随时随地”营销等。移动营销具有的特性，同时也是移动营销相对传统营销的优势。

1. 个性化

手机之类的移动终端都具有个性化特点，特别是存储着用户个人的隐私信息或者通讯信息。而且手机等几乎总是被使用者随时随地带在身边，通过它们所传送或接收的信息也就有了个性化的特点。所以移动营销改变了传统的大众营销方式，进行面向个人的个性化营销，移动传播是一对一的个性化的传播方式。

2. 互动性

移动终端特别是手机本身就是作为两端用户进行通信的工具，因此通过移动终端进行营销，接收双方可以相互产生影响。对于一则广告，消费者可以使用语音电话、短信、邮件、登录网站等形式向广告商做出实时的回应。甚至还会将广告转发给自己的朋友们，形成病毒式营销。这种方式对广告商极为有利，因为在转发信息的过程中用户成了发送者，增加了信息的可信度。但是也可能引起用户的反感，如果能让用户从中得到一定的优惠则能在一定程度上提高用户的满意度和接受度。

3. 情境性

传统广告是在几乎不考虑情境的任何情况下，将相同的信息发送给众多的接受者，比如电视广告。对广告业主来说，通过移动设备发送广告的优势之处在于能够在特定的地点和时间对特定的目标用户发送，因为越来越多的移动电话和设备都采用全球定位系统(GPS)技术。举例来说，当一位顾客从麦当劳餐厅旁边经过时，麦当劳可以用短信形式向他发出一张炸薯条免费券。

4. 高效性

移动广告的实施效果要比传统广告好，因为在预先定位及对用户需求进行深度挖掘和细分的基础上，广告主可以选择用户感兴趣的或者能够满足用户当前需要的信息，确保消费者所接受的就是他所想要的信息。通过对广告的有效定位，广告主就可以获得较高的广告阅读率和被接受率。以手机短信广告为例，81%的人在阅读了短信后才将其删除，其中又有77%是在收到短信当即阅读的。

5. 精准性

这是移动营销最重要的优势，也是移动营销能成功进行的关键因素。

由于用户的集中，移动营销可以方便地利用运营商庞大的数据库，挖掘分析消费者行为特性与消费特征，进而推断出相应消费群体的下一步消费行为，然后以此为基础，对所识别出来的消费群体进行特定内容的定向营销。根据数据库细分受众，投放与不同受众相匹配的广告能保证广告主发布的广告目标准确、投放智能、营销成本降低。

在移动营销领域内，有两种手段实现精准营销：点告和直告。点告是按效果计费的，如点击、电话、注册等，这本身就是对广告效果的衡量；直告是基于对广告受众来细分的，投放的受众是经过很多属性筛选出来的，它是在广告投放前对广告投放效果做的保障工作，保证了受众人群的精准，广告效果基本在预期之中。

6. 可测量性

在广告推送后可对参与的手机用户进行追踪分析，包括对用户位置、年龄、学历、消费水平、兴趣爱好、行为模式的分析监测，从而获得详细的效果监测报告，判断广告的投资回报率，从而得到准确的效果评价。

综合移动营销的特性分析，可以得出移动营销和传统营销、网络营销的比较如表 14.4。

表 14.4 移动营销和传统营销、网络营销的比较表

	移动营销	网络营销	传统营销
个性化	高个性化	部分个性化，如利用用户的 E-mail 地址进行的直接营销	大众化
互动性	实时的互动性	较高的互动性，用户可以进行在线咨询或反馈	用户只能被动的接受或不接受
情境性	特定的情境，特定的广告	低情境性	不具备情境性
高效性	广告有高阅读率和接受率	有一定的效率	低效性
精准性	个性化的信息，高度的精确性	部分精准性，如直接营销	大众化
可测量性	高可测量性	较好的可测量性	只能从各时期的销量比较来估计效果

当然，即使移动营销发展到了非常成熟的阶段也不可能做到"尽善尽美"，更不用说移动营销现在还处在初期发展阶段了。在这个阶段，移动营销仍然存在一些问题，主要是：(1) 信息含量低，难以全面展现广告目的。(2) 传送次数受限。(3) 客户接收成本高。(4) 相关规范制度不健全，容易引起客户反感。(5) 受运营商政策影响很大。

14.5.2 移动营销的业务模式

按照移动广告发布的媒介的不同，移动营销的业务模式主要有 5 种：

1. 手机短信营销模式

短信营销是目前发展最成熟的一种移动营销模式。短信营销的一个优势在于，发送短信息的成本非常低，从而营销成本也相应降低了；而且发送到用户手机上的信息被浏览的概率很高，可以被存储一定的时间甚至可以被转发。

短信营销的产业链结构由广告主、短信营销服务商、电信运营商及手机用户组成，关系简单，容易维护良好的客户关系。具体的营销模式主要有数据库营销、小区营销和短信网址。

(1) 数据库营销。数据库营销在精准地寻找目标客户过程中拥有不可比拟的优势。数据库营销可以精准的区分客户的籍贯、收入、职业、学历、年龄等消费者属性，针对产品定位筛选出目标数据，进行点对点的沟通。数据库营销互动传播需要经过的步骤是：精准锁定目标客户，挖掘分析出目标客户的需求利益点，针对利益点提供诱因，吸引目标客户参与。其中最为关键的是中间的两步：挖掘和传递。

(2) 小区营销。所谓小区营销是指当用户进入特定“小区”后，系统自动识别客户并根据事先制订的方案发送广告，是一种基于特定时间、特定地点、针对特定手机用户群的营销方式。小区营销具有到达率高、针对性强、成本低、信息发布快捷准确的特点，是一种新型有效的沟通方式。

(3) 短信网址。短信网址不仅是数据库营销最主要的模式，也是整个移动营销的领跑者。短信网址是利用短信方式为移动终端设备快捷访问无线互联网而建立的寻址方式，它是基于无线互联网的 IP 及域名体系之上的应用标准，它为企业用户提供了一个更加灵活的业务服务和营销接口。短信网址如同互联网中的域名和网址，是企业在移动互联网上的“商标”和“名片”，使得手机用户可以通过发短信的方式方便快捷地和企业进行信息互动。

2. 手机彩信营销模式

手机彩信广告以移动网络手机为终端，可承载图片、动画、视频片断、声音以及文字等多姿多彩的多媒体格式，具有制作周期短、受众到达率高、即时性强、传送主动成本低等诸多优势。

目前，彩信支持的文件格式主要包括：纯文本格式、静态图像格式、语音格式以及脚本语言等几种消息内容格式。随着业务和技术的进一步发展，MMS 技术与标准对于视频、音频等文件格式的支持还将进一步完善，彩信业务将可支持更多类型的音频、视频业务。

3. WAP 网站营销模式

WAP 站点在业内被称为无线互联网，WAP 链接广告类似传统互联网广告，其本质在于依托 WAP 网站本身的用户流量带来对 WAP 链接广告的眼球效应；包括运营商官方 WAP 站点(official WAP)和免费 WAP 站点(free WAP)页面上的链接的广告形式。

WAP 网站营销模式的产业链结构由广告主、WAP 广告代理商、WAP 站点及 WAP 用户组成。WAP 网站可以掌握用户的个人信息如手机号码等，通过分析用户具体身份信息、浏览信息等，细分用户类型，以用户数据库为基础定向营销，达到精确广告的目的。

4. 手机二维码营销模式

在手机二维码的应用中，手机既可作为二维码的信息载体，被专用二维码识读设备识读；也可以在手机中内置识读软件，使手机成为一个二维码识读器，从而识读各种二维码，获得其包含的信息。

二维码应用范围十分广泛，它可以被印在产品包装、报纸、户外广告、名片等任何介质上。用户通过手机拍摄印在报纸、杂志、广告、图书、包装以及个人名片上的二维码图形(或输入二维码下面的号码)，即可实现快速手机上网。用户既可以轻松阅读和下载各类媒体丰富多彩的资讯内容，随时下载自己感兴趣的新闻、音乐、视频等信息，也可登录企业的网站浏览，了解企业产品信息，获得优惠券或者购买商品。对于用户来说，手机二维码可以使用户在进行手机上网时省去输入网址的麻烦，直接进入自己想看的网页，获得自己需要的各种信息，使手机上网更直接、更有针对性。

一些业界人士认为，手机二维码的应用催生了一个全新的跨行业、跨媒体的营销平台。借助这一全新的营销平台，广大企业和商家可以以低廉的成本宣传、推销自身的产品，通过实现企业与消费者的沟通和互动实施精准营销；媒体可以有效延伸自身的信息渠道，提升客户广告的阅读量，拓展自己的读者群。此外，在电子票务领域，手机二维码能有效降低票据制作成本，减少配送成本，提升票务防伪和检验能力；手机二维码用在防伪、盗版领域，可以有效打击盗版行为，保护消费者利益，为企业创造效益。随着 3G 的到来，二维码不仅将为手机上网、网上购物、网上支付等提供方便，而且将在电子票务和防伪等领域发挥越来越重要的作用。

5. 移动搜索营销模式

移动搜索技术也是无线领域内的一种新技术,这种营销模式同样也具有精确和简易的特点,同时具有本地化的优势。与互联网的搜索广告类似,包括关键词购买或者竞价排名模式等形式。Google 也利用手机平台的特点进行了新的创新,包括利用手机搜索直接可以拨打电话。这种模式面对的客户群体主要是商务用户或者是有一定的上网经验或网上购物经验的人群。

6. 其他移动营销模式

其他的营销模式还有蓝牙营销、手机定位营销、语音类、嵌入式广告、游戏类广告和移动视频营销。蓝牙营销和手机定位营销都是利用了无线网络可以基于位置的特点,提供特定区域的营销服务,向进入特定区域的用户发送信息,如到达新的省区、购物中心、机场等。嵌入类广告是以屏幕保护、壁纸、开关机画面、视频、铃声、游戏方式等方面将广告信息嵌入到新出产的手机里,语音类广告是将广告主的语音类信息通过运营商的语音通道,传递到终端用户手机上。包括 IVR、彩铃/炫铃、客服通道(10010)、铃音和中国电信的号码百事通等游戏类广告和视频类广告往往是在游戏或者视频下载途中插入广告,或者载入某个品牌的 LOGO 在图像界面中实现营销。移动视频是正在发展的新技术,也是未来移动营销发展的重要的新模式。

14.5.3 移动营销的广告业务形式

从一般理解上来说,移动广告和移动营销是同一回事,但从深层次来讲,广告更重视的是产品或服务宣传的方式,而营销更关注的是产品或服务宣传的效果。因此移动广告的模式分类标准与移动营销的模式分类标准并不一样。

按照对产品或服务进行宣传的方式,移动广告可以分为四种:品牌广告、关键字广告、游戏广告和社区广告。

1. 品牌广告

品牌广告在无线上的运作模式已经逐渐成熟。品牌广告一般有两个需求,品牌形象和暴光率。形象良好并享有一定知名度的产品,本身就有一个固定的消费群体,这个消费群体对该品牌的认可度和忠诚度会很高,因此对该品牌广告也有很高的接收度。该品牌通过品牌广告可以向已有的消费群体发送新产品消息或促销消息,也可以吸引潜在客户。品牌广告是最容易让用户接受的移动广告。

2. 关键字广告

能够充分理解用户的需求,按需投放,并且拥有较大的广告容量,这些是关键字广告的特点。这种广告模式适应了移动终端自身的局限,利用极少的字数浓缩了广告的主题,通过吸引用户的关注来增加点击率,虽然品牌建设的效果可能比不上品牌广告。但其对效果的计量容易,因此相比更适合按效果付费的中小企业。

3. 游戏广告

这是目前正在迅速兴起的移动广告领域。网络游戏就是让广告融入虚拟世界。在这个虚拟世界里面现实商品会具有一些其他的特殊意义,比较适合用于提升用户对该商品的感性认识,有助于广告产品的附加值提升。

4. 社区广告

艾瑞数据的调查则显示,现在网民停留在门户网站上的有效浏览时间只占其总上网时间的 19%,其余大量的时间都是消磨在社区类网站上。因此社区网站应该有着巨大的潜在价值。但是这种价值还需要进一步的挖掘。

14.5.4 移动营销的价值链分析

在手机移动广告的商业模式中，主要有五个价值主体：广告主、运营商、媒介拥有者、技术提供者和用户。用户是无线广告的接收终端，决定广告最终效果；广告主是无线广告的发起者，是最重要的一环；运营商主要是提供控制传播的渠道，媒介拥有者则维护经过授权的移动数字型号，技术提供者解决在传播过程中的技术问题。

具体来说，移动广告业务的商业模式分为以下六种。

1. 移动运营商的代理模式

中国移动和中国联通的移动广告业务都是采取了这种商业模式，其主要特点如表 14.5 所示。

表 14.5 中国移动和中国联通的移动广告业务

运营商	中国移动	中国联通
运营公司	飞拓无限代理运营	授权全资子公司联通新时讯
广告模式	短信、彩信、IVR(互动声讯服务)、游戏下载、WAP	短信、语音、手机或网络内置、WAP
用户收费方式	以免费赠阅为主	可能实行话费补偿
业务操作方式	用户阅读信息时，手机同时显示一条商业广告，用户无需为阅读该信息付费	观看广告的手机用户可以获得适当的话费补偿，但对于用户主动寻求的广告信息，联通也可能收取适当的费用
用户范围	移动梦网的注册用户，高端市场	联通在线的所有用户，低端市场

2. SP 模式

这是一种用户相对而言被动接受的模式，典型例子是凯威点告。被分众传媒收购后，凯威点告被视为一个短信群发公司，实行广告强制推送。

凯威点告对每一个 WAP 手机用户都保存一个使用 WAP 的信息记录，可以通过无线互联网络将广告精确投放到特定的潜在消费者手机上。由于这种模式是强制性推送信息到用户手机上，影响了用户的生活，因此这种模式未来的发展前景并不乐观。

3. 终端嵌入模式

这种模式是手机广告商向下游的手机终端厂商渗透，将广告元素直接置入手机终端投入给手机用户，其中最为典型的是广州摩拜美迪公司。摩拜美迪公司以买断的方式，在每一个品牌的每部手机中投放 3～4 个广告，通过在手机终端内置软件以及时更新广告，并将 1/3 的广告收入分给手机厂商。

这种模式实际操作起来会非常困难，因为对手机终端厂商来说，选择广告产品的品牌会比较苛刻。手机终端一般会选择与自己品牌相匹配的广告品牌。

4. WAP 网站免费发送模式

WAP 公司以手机门户网站的形式，用免费的内容吸引用户访问，并收取流量费。但由于多数的无线服务提供商提供的是“花园围墙”式的服务提供，限制了无线广告业务的发展。特别值得一提的是日本的 iMode 手机，这是一种非 WAP 模式的无线服务提供，但是提供了不受限制的广告服务，打破了“花园式围墙”。

5. 小区广播模式

小区广播模式，拉近了附近商场与顾客之间的距离。一般，目标顾客会希望得到此类服务来方便其购物。通过小区广播，商家能将这些信息广泛地发布到最需要它的人群中，效果更为直接有效。这种服务，既为移动运营商带来利益，同时又能给商场带来商机，客户也非常满意。三赢局面得以实现。小区短信系统的诱人之处还在于，由于中国移动的直接介入，商户定制信息更为方便简单，新业务的开展更为方便快捷，信息发布管理虽严格但不繁琐，系统的调试安装方式当然非常简单易行了。这种模式非常适合区域化商户的促销，尤其是各类的传统商户，其定向、定位技术将大大提升营销的效果。

6. 定制广告模式

定制广告模式强调的是用互动形式，采取会员制，只针对会员进行广告推送，会员可以自主选择广告种类。实际应用经常采取的方式有：用户提醒、赛车宝贝投票、抽奖、赛车注册会员，以及帮助赞助商进行营销等一系列内容和应用。另外，其业务还包括替 SP、CP 提供通道，合法化无线内容分发，结合后台数据挖掘，为用户提供增值服务等。

14.6 移动员工支持服务

14.6.1 引言

移动员工包括那些经常出差的人员、SOHO 办公人员，他们需要随时接入一系列企业资源和应用系统，例如电子邮件、日程、文件传输、客户关系管理(CRM)和销售队伍自动化(SFA)应用。员工的移动性需要个性化服务，个性化注重依照员工当前正在进行的任务服务其需求，而不是简单的提供多个单一任务界面(参见图 14.1)。

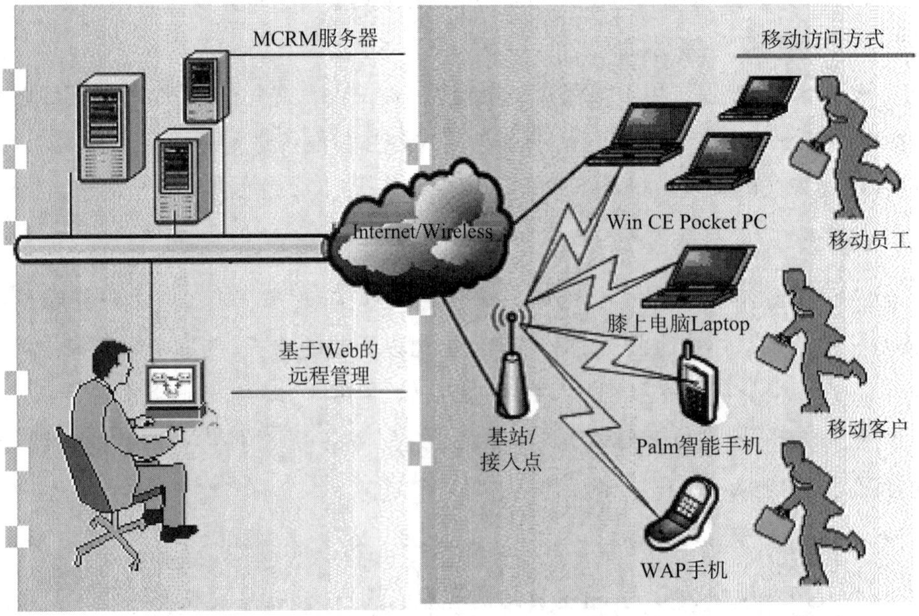

图 14.1 移动员工支持示意图

企业如果希望成功地提供移动员工支持，必须重视管理和技术方面的问题。

1. 核心是以服务为本的管理

管理模式必须适应员工的移动性，并且具有较强的灵活性，不再以电脑为中心，而是关注如何向有各种需求的使用者提供自动化、移动性及个性化的服务以满足业务需要。比如，建立移动客户关系管理系统，使移动销售人员能随时随地获得所需的客户信息，有效地制定销售决策，提高销售效率，缩短销售时间。

2. 清楚新 IT 技术潜在的成本和风险

明白了新技术能为企业带来更多的效益的同时，企业也必须明白新技术也意味着新挑战，如新技术对部署、交流、安全以及管理等方面的新挑战。更换以及更新硬件和软件对企业而言都是高成本的决策，同时也会干扰用户，因此很多企业经常为了避免风险而不去升级。而落后的软硬件也可能成为整个系统无法运行的原因之一。更重要的是，确保并规划数据安全是企业计算技术向前发展的关键问题，企业必须保证客户对敏感信息的安全。在这一点上，企业必须清楚自身的实力。新 IT 技术的高成本性使越来越多的企业趋向技术外包，以实现长期的战略盈利目标，特别是中小企业。

3. 进行必要的业务调整或整合

业务流程融合模式与移动性尤为相关。这是因为移动业务解决方案必须在与使用者身份、业务流程及办公作业设备相匹配地条件下进行信息交换。例如，如果一个复杂的多窗口开支输入系统让传统台式电脑的使用者都很难互动的话，那么该系统就更不适用于 PDA 或手机。

目前，已经逐渐成熟的移动员工支持包括：移动员工支持系统、移动客户关系管理系统和移动远程培训系统等。

14.6.2 移动员工支持系统

移动员工支持系统是企业建立以支持员工进行“远程办公”的一套系统。员工不用每天定时往返住所和公司两地，只需坐在家中利用移动设备连入公司的系统就可以开始办公。“在家办公”在西方国家已经开始流行，这不仅能够为公司节省工作场所租用成本和设备成本，增加员工生产率，提供更高的满意度的客户服务，也能使员工更好地协调工作和家庭。

1. 移动员工支持系统的特点

移动员工支持系统能够为企业带来许多的好处，与其的特点有关。

(1) 多样性。随着越来越多种工作的移动化，员工对办公设备和服务的需求增强，支持系统模式呈现多样化，功能也越来越多。

(2) 移动性。员工不再受到办公时间和办公地点的限制，移动员工可以在任何时间、任何地点连入系统完成自己的工作。

(3) 无线连接性。移动性必定要摆脱“连接线”的约束，才能使移动员工“移动办公”。

(4) 交互性。员工将更多的接触以活动为基础的工作，移动员工支持系统使人与工作内容、系统功能间进行交互，从而使员工出色地完成任务。

(5) 协作性。员工的移动性要求员工间更强的协作，系统中信息的更新与维护不可能由任何一个人单独完成。

(6) 个性化。个体员工是个性化的终端用户，也必将有个性化的服务需求。

这些特点保证了移动员工能够依赖移动员工支持系统，通过移动终端设备更灵活、更有效地完成任务。

2. 建立移动员工支持系统的阶段

一般来说，移动员工支持的系统建立需要经过三个阶段，即自动化，移动计算和个性化解决方案。每个阶段都建立在前一阶段的基础上，从而交付更高的业务价值。

(1) 自动化阶段

随着办公作业技术的范围和复杂性逐渐增加，企业必须找到更有效的方式应对不断提高的业务速度、信息量和工作团队的地理分隔，满足支持更趋移动的员工、持续的安全风险、新员工、部署以及与管理基础计算设施相关的隐含不可控成本。

这更有效的方法就是将高成本、高耗时的流程和任务自动化。在一些自动化服务的情况下，员工可以根据他们个人的工作需求选择软件和服务，并可以通过公司网络将合适的工具直接安装在其办公设备上。自动化解决方案经常能以百分之百的可靠性完成移置、升级和修补，而不需要人工操作。自动化能够提高效率，同时节约了成本。

(2) 移动计算阶段

在业务需求的驱动下，移动办公需求不断增长。企业想要延伸移动性，通过提高总体效率和生产率带来显著的投资回报机遇。然而，随着不断增加的移动终端和越来越少标准配置的台式电脑，企业正面临高度复杂、多样的办公作业环境，对创新的需求由此而生。

移动计算通常意味着管理一个 IT 环境和基础设施的难度增加。成功支持移动工作者的四大要素应该包括移动设备、网络、移动应用和终端服务。对于移动办公的员工而言，他们感兴趣的是获得更加满意、更具成果的工作体验，从对网络连接的依赖中解放出来。这些员工要求移动计算具备传统台式电脑同等程度的安全性、易连接性、企业应用和兼容能力。

(3) 个性化解决阶段

个性化是公司以符合个体终端使用者需求的方式满足多样化使用者群体的复杂需求。使用者团队的计算需要逐渐开始产生区别，并与工作要求具体相关。同时，终端使用者的设备数量、可用应用以及相关服务都在发展。想满足终端使用者并优化生产率，就要向他们提供所需的服务；满足公司的需求意味着以有效和节约的方式提供这样的服务。

这也正是企业对从目前的“统一规格”模式(资产集中在单一使用者、固定能力和固定合同内容)转化到个性化解决方案和“符合用途”的方法(资产由多个使用者分享、每次使用付费、按需提供、可升级能力)感兴趣的原因。随着需求的变化，以用户为中心的消费和支付模型将成为现实。个性化服务是一个提高员工生产率和使用者满意度的好办法。由于“符合用途”，员工能够访问内部网络门户，根据其工作职务、当前的任务和个人偏好选择所需的服务和应用。

3. 移动员工支持系统的应用模式

根据无线通信技术的现状，目前可以实施的移动员工支持系统应用模式基本上有以下四种形式。

(1) 企业无线局域网(WLAN)

企业 WLAN 的迅速发展是由移动用户、外出的高级管理人员、无线应用以及 Wi-Fi 上的 IP 语音(VoIP)等先进服务而推动的。企业对 WLAN 技术的加速采用迅速改变了企业运营、网络边缘、数据中心和集中 IT 控制。移动工作的员工无论是在办公室、分支机构、家中还是机场，都需要能够安全地访问企业网络。利用无线连接，他们可以从一个接入点的覆盖范围内的各个地点，轻松地访问他们需要的应用和数据。因此，员工可以在任何地方接入网络，并全身心投入工作。

(2) 非实时连接的短消息

通过短消息,不仅用户间,而且用户与互联网服务器之间都可实现有限字符的传送。用户通过手机,将短信息发送到企业服务器(位于互联网);企业服务器分析用户的短信息后转化成数据请求,并进行数据分析、处理,再发送给用户手机。利用这一特点,可实现用户通过无线移动网络与互联网之间的通信,并完成一定的信息通讯(客户信息或销售信息)。短消息互联网通过使用手机号作为寻址手段,不同解决方案的消息都能实现从终端到终端、从终端到互联网以及从互联网到终端的互通。

(3)实时连接的移动互联网

移动互联网是将有线互联网与移动通信网(无线连接,包括 GSM 等无线网络)集成在一起的网络。它主要包括有线互联网、无线连接和灵便终端。与有线互联网相比,移动互联网的重要优点是弥补了有线互连网不能移动的缺点(设备移动时必须断开)。因此,该种网络可实现移动中数据交互、实时连接,为移动员工提供了网络支持。移动员工使用无线终端,经过电信的网关后可接入互联网,访问企业的服务器,并进行浏览、查询、实时交互,类似于普通的互联网用户。

(4) Lotus Notes 服务器

在用作 Lotus Notes 服务器的 xServer 上部署 Mobile Connect 软件,从而可以支持 PDA 等移动设备的移动接入。通过实施该方案,用户可以通过掌上设备(Palm Pilot 和 IBM Workpads 等)复制 Lotus Notes 的议程和邮件,并接入企业地址簿。Mobile Connect 软件包含两个组件:安装在 Notes 服务器端的复制服务器组件和安装在 PDA 上的客户端组件。在办公室时,用户可以通过支架连接 PDA 与 GSM 电话,并通过多台 Notes 服务器直接复制 Lotus Notes 的议程和邮件。一旦离开办公室,用户即可通过线缆或红外线连接 PDA 与 GSM 电话。Mobile Connect 还提供备份和恢复功能以及统计数据。

14.6.3 移动客户关系管理系统

一般的客户关系管理包括了处理电话(call handing,即负责客户和服务代表打来的电话)、销售跟踪(Sales tracking,即跟踪和记录销售情况)和交易支持(transaction support,用于开展业务交易的技术和人员)以及其他许多功能。客户关系管理系统就是针对客户关系管理应运而生的一套系统,是许多企业为记录客户资料,进行数据挖掘,通过有效的通讯和投放产品、服务、信息和解决方案以解决客户疑难,响应客户投诉和需要,为客户提供并维护高品质的服务,在留住现有客户的基础上不断争取到新客户而建立起来的。客户关系管理系统的部署,其功能与实现可能直接影响到企业/组织的业务开展,一个先进的、有效的客户关系管理系统将对企业扩大市场占有率、提高市场影响力有巨大的作用。

移动客户关系管理系统突破传统客户关系管理系统的局限,为客户提供定制的、基于现场的实时服务,使企业员工无论何地都能实时访问远景客户、合作伙伴以及供应商的信息。对客户,特别是对高价值客户的争夺已经成为各个运营商竞争的首要目的。和争取新客户相比,留住现有客户的成本要低得多,而使用移动客户管理系统能够有效提高客房满意度,稳定并扩大市场份额。

1. 移动客户关系管理系统的基本功能

除了要满足一定的系统要求,移动客户关系管理系统还必须能提供一些基本的功能。

(1) 注册会员。对于利用会员制管理客户的企业,系统应能提供移动手段让消费者注册会员,如短信、WAP 网站等。

(2) 定向发送促销短信。企业可以向消费者会员群发促销短信。

(3) 查询积分。对于采用会员制和积分制管理客户的企业,消费者注册成为企业的会员后,在每次消费时,可以快速地查询积分。

(4) 自动更新客户信息。当客户信息如电话发生变化时,能用更新的信息自动更新数据库。

(5)自动客户关怀。为了便于商家更进一步的对其会员与顾客进行沟通和个性化关怀，移动客户关系管理系统还应该能提供自动客户关怀功能，包括自动在会员生日时发送生日祝福短信、自动在会员积分升级变动时发送祝贺短信等。

2. 移动客户关系管理系统的优势

移动客户关系管理系统使企业员工无论何地都能实时访问远景客户、合作伙伴以及供应商的信息，提高客户的满意度和忠诚度。具体来说，移动客户关系管理的优势体现在以下三方面。

(1) 移动客户关系管理可以为移动专业人员提供实时无连接的访问能力，以便更有效地管理客户关系和销售流程。

移动客户关系管理能够完成从营销到销售的客户积累的无缝过渡。企业只要建立了客户个人信息库，销售人员通过 Web、email 或联络中心等渠道登记后，客户的信息就能即刻被送往指定的销售人员那里，一条含有客户基本信息的短消息会被发送给销售人员。如果销售人员需更多信息，例如客户通过 Web 或联络机构填写的调查表，那么销售人员就可以通过 PDA 或笔记本电脑进行无线通讯，访问这些信息。移动客户关系管理使销售人员对客户、远景客户重要信息的访问不再受地域和时间的限制，从而促进他们在销售周期中的工作效率。

(2) 可以授权移动专业人员更新的机会，回顾账户信息并及时响应客户、潜在客户和合作伙伴的需求。

销售人员不再受到设备的限制，不必再每天早晚都回一次办公室访问客户信息、更新呼叫报告和进行销售预测；一旦开始处理客户要求，他们就能现场或在会议中获得最新的信息，进而最小化销售时间，同时也节省了员工往返公司的时间，提高员工的工作效率。

(3) 可以为现场服务人员提供在线访问、监测以及服务事件更新，能使其有效地管理闭环客户服务与支持流程。

当一件事件经由 Web、email 或联络中心报告之后，该事件就能自动被分配并发送到某位现场相关服务人员那里。也可以向现场人员发送一条与事件信息相关的短消息。这个短消息可以包括客户姓名、地址以及问题的主题等。同样，如果销售人员需更多的信息，比如说，最初客户通过 Web 或联络机构填写的故障处理问卷表，现场服务人员就可借助 PDA 或笔记本电脑等无线通讯产品直接访问这些信息。当事件进入处理状态，现场服务人员便能回顾已知的问题，更新服务问题，定购替换零件或在线关闭该事件。移动客户关系管理的作用在于授权销售人员随时随地访问重要的远景客户及客户信息，以使他们对客户服务的响应和解决更高效。

14.6.4 移动远程培训系统

移动远程培训系统是移动远程教育在企业领域的应用，通过为移动员工提供移动的培训课程，使员工能够便捷地参加对自己有意义的培训课程并及时得到问题的解答。

移动教育又可称为移动学习，关于它的研究起步于 2000 年。目前，对移动学习的定义还没有形成统一的共识。国内外的一些学者都有其不同的理解。综合而言，移动学习是指利用无线移动通信网络技术以及无线移动通信设备(如移动电话、个人数字助理 PDA、PocketPC 等)获取教育信息、教育资源和教育服务的一种新型学习形式。与其他形式的学习比较，移动学习具有学习便捷性、教学个性化、交互丰富性、情境相关性等特点。移动学习是移动计算技术与数字化学习技术嫁接的产物，代表着学习的未来。

1. 移动远程培训系统的特点

移动远程培训最大的特点是移动性，除此之外还有很多特点，这些特点让移动远程培训受到越来越多企业的关注。

(1) 便捷性。通过移动设备，移动员工可以随时随地进行无线连接，进入培训系统接受课程讲授。移动设备的可随身携带性，使移动员工摆脱了地理位置和时间的束缚。移动员工可以在家里、旅途中、休闲时接入培训系统，与讲师进入交流，解答问题。

(2) 个性化。移动设备是私有化的，其拥有者能够控制其接入培训系统的时间和地点，不受他人的影响。因此，移动员工可以自由地选择对其有用的课程，提升自己的优势或者填补自己的弱势。每一个的选择都带有个人的意愿，接受的培训也不尽相同。

(3) 丰富性。为了满足不同的个体对培训内容的不同要求，企业提供的培训课程内容应该尽量多样化，让每一位移动员工都能找到满足自己需要的培训内容，满足个体员工个性化发展的需要。这样也才能让员工出色地完成不同要求的任务。

(4) 跨时空性。移动设备的便捷性，使移动员工能充分利用在旅途中或者悠闲的时间发展其业务能力，适应了当今社会时间紧迫的环境，也体现了终生学习、重视学习的企业文化。同时，也让移动员工的"移动生活"丰富起来，更加有意义。

(5) 交互性。利用移动设备，移动员工可以随时随地与培训师或其他学员进入在线交流，实时地解决遇到的问题，并交流完成目前任务的经验。这样不仅能够在员工间形成学习交流的氛围，而且氛围浓厚起来，也能给客户一个企业不断成长的好形象。

2. 移动远程培训系统的功能

对移动员工来说，移动远程培训系统应该具备以下的功能：

(1) 解答疑问。移动员工遇到一些比较简单或紧急的业务问题时可以通过移动设备随时请教讲师，而不必等到专门的课程讲授时，或是在指定时间到指定的地点提问。

(2) 自动回复问题。收到移动员工的问题后，能够按照关键词匹配的方法由系统检索数据库，如果发现已有类似问题被回答，则自动地将相应答案返回给员工，减少员工等待时间。

(3) 浏览已有问题和解答。移动员工可以通过培训系统，浏览近一段时期内其他员工提出的问题和相应的解答，在别人的问题中得到提高，同时减少了重复解答的时间。

(4) 接收培训活动通知。

对培训讲师来说，移动远程培训系统应该具备以下这些功能：

(1) 当接收到移动员工提出的问题后，通知讲师浏览，并要求优先浏览加急的问题。

(2) 讲师对移动员工提出的问题进行浏览和回答。

(3) 通过移动设备向移动员工发送一些比较重要和紧急的培训活动通知。

(4) 随时接收企业方面对于培训活动的一些通知。

移动教育具有不受时间、地点限制，以及个性化服务等优势，但同时也存在着缺点。由于手持移动设备的交互条件有限(无键盘、屏幕小等)，图片等多媒体信息无法在其上显示，而这些信息对于学习理解知识往往是必不可少的。

此外，在移动教育中面对的是各种各样的用户，有来自互联网的，有来自移动用户的。这些用户的终端设备都不一样，通信协议也不同(如手机屏幕的尺寸，型号等)，个人的学习习惯也不同，不可能针对每一种用户的终端设备单独制作一种形式。

小结

本章介绍了移动服务的定义和特点，探讨了移动服务的商业模式，分析了其参与者，具体说明了主要的实用商业模式，阐述了移动服务价值链的构成；举例分析了企业移动信息化的主要模式和创新模式，介绍了移动营销及其特性、业务模式和广告形式，还探讨了移动员工支持系统、移动客户关系管理系统和移动远程培训系统的特点和基本功能。

参考文献

[1] 詹姆斯.A.菲茨西蒙斯. 服务管理：运作、战略与信息技术[M]. 北京：机械工业出版社，2003

[2] Roger W. Schmenner. 服务运作管理[M]. 北京：清华大学出版社，2001

[3] 王玉，龚国伟. 试论信息服务业的服务质量管理策略[J]. 情报杂志，2001，(5)：12－13

[4] 张平，蓝海林. 我国电信公司服务质量管理的探讨[J]. 科技进步与对策，2003(10)：94－96

[5] 高洪玲. 我国电信公司服务质量管理的探讨[J].学术交流，2006，(6)：80－83

[6] 袁雨飞，王有为，胥正川. 移动商务[M]. 北京：清华大学出版社，2006

[7] Timmers P. Business Models for Electronic Markets [J]. Journal on Markets，1998，8(2)：3－8.

[8] Nachroyd & R.Lorimer，Global Navigation：a GPS Use's Guide，Lioyd's of London，2nd edition，1994.

[9] Van der Kar，E.A.M. 2004. Designing mobile information services. Ph.D. Thesis，Delft.

[10] Harry Bouwman & Christer Carlsson，et. Barriers and drivers in the adoption of current and future mobile services in Finland[J]，Telematics and Informatics 24 (2007) 145－160

[11] 格罗鲁斯. 服务管理与营销[M]. 吴晓云，译. 上海：复旦大学出版社，1998

[12] 格罗鲁斯. 服务管理与营销(第2版)[M]. 韩经纶，译. 电子工业出版社，2002

[13] Rathmell，J.M.，What is Meant by Service? Journal of Marketing，1996，30(4)：32－36

[14] Christian Gronroos，From Scientific Management to Service Management—A Management Perspctive for the Age of Service Competition，International Journal of Service Industry Management，1994，5(1)

[15] Anders Henten. Mobile and wireless communications：Technologies，applications，business models and diffusion. Telematics and Informatics，2008，377：4－9

[16] Bouwman，H.，Haaker，T.，De Vos，H.，2008. Mobile Service Innovation and Business Models. Springer，Berlin.

[17] Nachroyd & R.Lorimer，Global Navigation：a GPS Use's Guide，Lioyd's of London，2nd edition，1994.

[18] Tsalgatidou A，& Pitoura E. Business models and transactions in mobile electronic commerce quirements and properties. Computer Networks，2001，37：221－236

[19] 陈致豫，邓朝华，鲁耀斌. 移动服务的分类及采纳模型分析[J]. 统计与决策. 2007，249(21)：55－60.

[20] 汤兵勇，刘凤鸣. 服务管理[M]. 北京：化学工业出版社，2013

[21] 汤兵勇，李文武. 电子商务原理[M]. 北京：化学工业出版社，2012

15　物联网服务组合模式

随着互联网和物联网的迅速发展，使得整个世界经济进入了一个从未有过的高速增长期，人类将能够借助物联网以更加精细和动态的方式管理生产和生活，从而有助力低碳经济的发展。

15.1　物联网的产生与发展

15.1.1　物联网的概念、功能及特点

1998 年，美国麻省理工大学(MIT)创造性地提出了当时被称作 EPC 系统的“物联网”的构想；1999 年，美国 Auto-ID 首先提出“物联网”的概念，称物联网主要是建立在物品编码、RFID 技术和互联网的基础上；2005 年，ITU 发布了《ITU 互联网报告 2005：物联网》，综合两者内容，正式提出“物联网”的概念，包括了所有物品的联网和应用。物联网(Internet of Things，简称 IOT)的定义是：通过射频识别(RFID)、红外感应器、全球定位系统、激光扫描器等信息传感设备，按约定的协议，把任何物品与互联网连接起来，进行信息交换和通讯，以实现智能化识别、定位、跟踪、监控和管理的一种网络，把所有物品通过互联网连接起来，以实现任何物体、任何人、任何时间、任何地点(4A)的智能化识别、信息交换与管理。

物联网把新一代 IT 技术充分运用在各行各业之中，具体地说，就是把感应器嵌入和装备到电网、铁路、桥梁、隧道、公路、建筑、大坝、油气管道等各种物体中，然后将“物联网”与现有的互联网整合起来，实现人类社会与物理系统的整合，在这个整合的网络当中，存在能力超级强大的中心计算机群，能够对整合网络内的人员、机器、设备和基础设施实施实时的管理和控制，在此基础上，人类可以以更加精细和动态的方式管理生产和生活，达到“智慧”状态，提高资源利用率和生产力水平，改善人与自然间的关系。物联网的核心和基础仍然是互联网，是在互联网基础上的延伸和扩展的网络。

15.1.2　物联网起源

2005 年 11 月 17 日，在突尼斯举行的信息社会世界峰会(WSIS)上，国际电信联盟(ITU)发布了《ITU 互联网报告 2005：物联网》，报告指出，无所不在的“物联网”通信时代即将来临，世界上所有的物体从轮胎到牙刷、从房屋到纸巾都可以通过因特网主动进行交换。射频识别技术(RFID)、传感器技术、纳米技术、智能嵌入技术将得到更加广泛的应用。

2009 年 1 月，IBM 首席执行官彭明盛在同新任美国总统奥巴马的会议中，描述了一个叫做“智慧地球”的概念，建议美国政府投资新一代的智慧型基础设施，而物联网技术正是实现这个伟大工程的关键技术。IBM 希望“智慧的地球”策略能掀起了“互联网”浪潮之后的又一次科技革命。IBM 前首席执行官郭士纳曾提出一个重要的观点，认为计算模式每隔 15 年发生一次变革。这一判断像摩尔定律一样准确，人们把它称为“十五年周期定律”。1965 年前后发生的变革以大型机为标志，1980 年前后以个人计

算机的普及为标志，而1995年前后则发生了互联网革命。每一次这样的技术变革都引起企业间、产业间甚至国家间竞争格局的重大动荡和变化。而互联网革命一定程度上是由美国“信息高速公路”战略所催熟。20世纪90年代，美国克林顿政府计划用20年时间，耗资2000～4000亿美元，建设美国国家信息基础结构，创造了巨大的经济和社会效益。而今天，“智慧的地球”战略被不少美国人认为与当年的“信息高速公路”有许多相似之处，同样被他们认为是振兴经济、确立竞争优势的关键战略。该战略能否掀起如当年互联网革命一样的科技和经济浪潮，不仅为美国关注，更为世界所关注。

根据“智慧地球”战略，IT产业的未来走向是把新一代的IT技术充分运用到各行各业之中，具体而言，就是把感应器嵌入和装备到电网、铁路、桥梁、隧道、公路、建筑、供水系统、大坝、油气管道等各种物体中，并且被普遍连接，逐步形成物联网，然后将物联网与互联网整合起来，实现物理系统和人类社会的整合。而在整合的网络中，超强的中心计算机群能够对网络内的人员、机器、设备以及基础设施实施实时的管理和控制，并在此基础上获得更加精细和动态的方式管理生产和生活，达到“智慧”的状态。按照这种描述，在物联网时代，仅仅一部手机，就能随时开启、关闭家中的电饭煲、热水器，甚至还能在公交车、饭店、超市刷卡消费……可以毫不夸张地说，未来的日常生活，小小的一部手机就能搞定大部分家庭劳动，甚至工作中的种种难题也会在手机的轻松掌控下安排自如。目前，随着各国政府对物联网关注的升温，物联网已经陆续纳入到了各国政府的信息技术发展战略计划中。

2009年5月，欧盟几国的相关代表在布鲁塞尔举行的一场关于物联网的讨论中，就重点阐述了这些国家对物联网未来发展的战略部署，并且在欧盟新近提出的14点行动计划中，物联网也被纳入在内。而在日韩，物联网的发展也受到了类似RFID一样的待遇。早在几年前，日本就提出了U-Japan战略(物联网国家战略)，提出要在2010年将日本建成一个可连接的4a(anytime，anywhere，anything，anyone)网络社会。而在2009年，韩国也通过了《物联网基础设施构建基本规划》并提出到2012年构建世界上最先进的物联网基础设施，打造超一流的ICT强国。

具体到中国，在2009年8月9日，国务院总理温家宝在无锡中科院物联网技术研发中心视察时，便对物联网的应用提出了一些看法和要求，他强调“一是把传感系统和3G中的TD技术结合起来；二是在国家重大科技专项中，加快推进传感网发展；三是尽快建立中国的传感信息中心，或者叫‘感知中国’中心。”同年11月3日，温家宝总理向北京科技界人士发表的题为《让科技引领中国可持续发展》的讲话中提出“着力突破传感网、物联网关键技术，及早部署后IP时代相关技术研发，使信息网络产业成为推动产业升级、迈向信息社会的‘发动机’”。

15.1.3 物联网发展远景

物联网用途广泛，遍及智能交通、物流管理、环境保护、政府工作、公共安全、平安家居、智能消防、工业监测、老人护理、个人健康、花卉栽培、水系监测、食品溯源、敌情侦查和情报搜集等多个领域。

国际电信联盟于2005年的一份报告曾描绘“物联网”时代的图景：当司机出现操作失误时汽车会自动报警；公文包会提醒主人忘带了什么东西；衣服会“告诉”洗衣机对颜色和水温的要求等。亿博物流咨询生动的介绍物联网在物流领域内的应用：一家物流公司应用了物联网系统的货车，当装载超重时，汽车会自动告诉你超载了，并且超载多少，但空间还有剩余，告诉你轻重货怎样搭配；当搬运人员卸货时，一只货物包装可能会大叫“你扔疼我了”，或者说“亲爱的，请你不要太野蛮，可以吗?”；当司机在和别人扯闲话，货车会装做老板的声音怒吼“笨蛋，该发车了!”

物联网把新一代IT技术充分运用在各行各业之中，具体地说，就是把感应器嵌入和装备到电网、铁路、桥梁、隧道、公路、建筑、供水系统、大坝、油气管道等各种物体中，然后将“物联网”与现有的互联网整合起来,实现人类社会与物理系统的整合,在这个整合的网络当中,存在能力超级强大的中心计算机群,能够对整合网络内的人员、机器、设备和基础设施进行实时的管理和控制,在此基础上,人类可以以更加精细和动态的方式管理生产和生活,达到"智慧"状态,提高资源利用率和生产力水平,改善人与自然间的关系。

毫无疑问,如果"物联网"时代来临,人们的日常生活将发生翻天覆地的变化。有研究机构预计 10 年内物联网就可能大规模普及,这一技术将会发展成为一个上万亿元规模的高科技市场,其产业要比互联网大 30 倍。据分析,物联网产业链可以细分为标志、感知、处理、信息传送、控制管理五个环节,每个环节的关键技术分别为 RFID、传感器、智能芯片和电信运营商的无线传输网络。EPOSS 在《Internet of Things in 2020》报告中分析预测,未来物联网的发展将经历四个阶段,2010 年之前 RFID 被广泛应用于物流、零售和制药领域,2010 ~2015 年物体互联,2015~2020 年物体进入半智能化,2020 年之后物体进入全智能化。

业内专家认为,物联网一方面可以提高经济效益,大大节约成本;另一方面可以为全球经济的复苏提供技术动力。目前,美国、欧盟、中国等都在投入巨资深入研究探索物联网。我国也正在高度关注、重视物联网的研究,工业和信息化部会同有关部门,在新一代信息技术方面正在组织开展攻关,以形成支持新一代信息技术发展的政策措施。

此外,在"物联网"普及以后,用于动物、植物和机器、物品的传感器与电子标签及配套的接口装置的数量将大大超过手机的数量。物联网的推广将会成为推进经济发展的又一个驱动器,为产业开拓了又一个潜力无穷的发展机会。按照目前对物联网的需求,在近年内就需要按亿计的传感器和电子标签,这将大大推进信息技术元件的生产,同时增加大量的就业机会。据介绍,要真正建立一个有效的物联网,有两个重要因素。一是规模性,只有具备了规模,才能使物品的智能发挥作用。例如,一个城市有 100 万辆汽车,如果我们只在 1 万辆汽车上装上智能系统,就不可能形成一个智能交通系统;二是流动性,物品通常都不是静止的,而是处于运动的状态,必须保持物品在运动状态,甚至高速运动状态下都能随时实现对话。

美国权威咨询机构 FORRESTER 预测,到 2020 年,世界上物物互联的业务,跟人与人通信的业务相比,将达到 30 比 1,因此,"物联网"被称为是下一个万亿级的通信业务。

15.1.4 全球物联网产业现状及发展分析

1. 美国:"智慧地球"战略

自 20 世纪 90 年代初以来,美国国防部就将 WSN(Wireless Sensor Network)作为一项重要的研究领域,开展了一系列研究。另一方面,美国国家科学基金会(NSF)也制定了 WSN 研究计划,致力于对传感器网络进行基础理论的研究。其"全球网络环境研究"(GENI)则把在下一代互联网上组建传感器子网同样也作为一项重点研究课题。此外,许多企业公司也对无线传感器网络进行了相关研究,如 Crossbow、Dust Network、Ember、Chips、Inter、Freescale 等公司均先后推出了商用 WSN 芯片、节点设备和解决方案等。

进入 21 世纪,物联网产业的研究进入美国国家政府层面,美国国家情报委员会(NIC)以及新任的奥巴马总统等先后颁布了扶持产业发展的报告政策,积极有效地推动了物联网信息产业的发展。

美国的"智慧地球"战略认为:IT 产业下一阶段的任务是把新一代 IT 技术充分运用到各行各业之中,该战略预言:"智慧地球"战略能够带来长短兼顾的良好效益,尤其在当前局势下,对于美国经济甚至世界经济走出困境具有重大意义。在短期经济刺激方面,该战略要求政府投资于诸如智能铁路、智能高速公路、智能电网等基础设施，能够刺激短期经济增长，创造大量的就业岗位；其次，新一代的智能基础设施将为未来的科技创新开拓巨大的空间，有利于增强国家的长期竞争力；第三，能够提高对于有限资源与环境的利用率，有助于资源和环境保护；第四，计划的实施将能建立必要的信息基础设施。

2. 欧盟：新行动计划

欧盟是世界范围内第一个系统提出物联网发展和管理计划的机构。2005 年 4 月，欧盟执委会正式公布了未来 5 年欧盟信息通信政策框架“i2010”，计划整合不同通信网络、内容服务、终端设备，发展面向未来型、更具市场导向及弹性的技术，以提供一致性的管理架构来适应全球化的数字经济，迎接数字融合时代的来临。

2009 年是欧盟物联网发展的重要纪年。从欧盟委员会到物联网领域的专业研究项目组，先后颁布了多份规划欧洲物联网未来发展动向的相关报告。2009 年 6 月，欧盟委员会向欧盟议会、理事会、欧洲经济和社会委员会及地区委员会递交了《欧盟物联网行动计划》(Internet of Things-An action plan for Europe)，提出了包括物联网管理、安全性保证、标准化、研究开发、开放和创新、达成共识、国际对话、污染管理和未来发展等在内 9 个方面的 14 点行动内容。9 月，欧盟第七框架 RFID 和物联网研究项目簇发布了《物联网战略研究路线图》研究报告，提出了新的物联网概念，并进一步明确了欧盟到 2010 年、2015 年、2020 年三个阶段物联网的研究路线图，同时罗列出包括识别技术、物联网架构技术、通信技术、网络技术、软件等在内的 12 项需要突破的关键技术，以及航空航天、汽车、医药、能源等在内的 18 个物联网重点应用领域。11 月，欧盟委员会以政策文件的形式对外发布了《未来物联网战略》，计划让欧洲在基于互联网的智能基础设施发展上引领全球，除了通过 ICT 研发计划投资 4 亿欧元，启动 90 多个研发项目提高网络智能化水平外，欧盟委员会拟在 2011－2013 年间每年新增 2 亿欧元进一步加强研发力度，同时拿出 3 亿欧元专款，支持物联网相关公司合作短期项目建设。12 月，欧洲物联网项目总体协调组也发布了《物联网战略研究路线图》，将物联网研究分为感知、宏观架构、通信、组网、软件平台及中间件、硬件、情报提炼、搜索引擎、能源管理、安全等 10 个层面，系统地提出了物联网战略研究的关键技术和路径。

3. 日本：“i-Japan 战略 2015”

日本是较早启动物联网应用的国家之一。从 20 世纪 90 年代中期以来，日本政府相继制定了多项国家信息技术发展战略，有序地开展了大规模的信息基础设施建设，为其后国家物联网的发展奠定了良好的基础。进入 21 世纪以来，日本仍然积极推进 IT 立国战略，政府于 2000 年首先提出了"IT 基本法"，其发展历程主要涵盖三个主要阶段：e-Japan——e-Japan Ⅱ——u-Japan。日本政府还十分重视采取政策引导的方式推动物联网的发展，根据市场需求变化，对当前的应用给予政策上的积极鼓励和支持，对于长远的规划，则制定了国家示范项目，并用资金等相关扶持方式吸引企业投入技术的研发和推广应用。

2009 年 7 月 6 日，日本 IT 战略本部发布了新一代的信息化战略——至 2015 年的中长期信息技术发展战略“i-Japan 战略 2015”(简称为“i-Japan”)，其目标是“实现以国民为中心的数字安心、活力社会”。“i-Japan”战略描述了 2015 年日本的数字化社会蓝图，阐述了实现数字化社会的战略。该战略旨在通过打造数字化社会，参与解决全球性的重大问题，提升国家的竞争力，确保日本在全球的领先地位。i-Japan 战略在总结过去问题的基础上，从“以人为本”的理念出发，致力于应用数字化技术打造普遍为国民所接受的数字化社会。i-Japan 战略主要聚焦在 3 大公共事业方面：包括电子化政府治理、医疗健康信息服务、教育与人才培育。计划到 2015 年，透过数位技术使行政流程简化、效率化、标准化、透明化，推动现有行政管理的创新变革，同时促进电子病历、远程医疗、远程教育等应用的发展。i-Japan 战略中提出重点发展的物联网业务包括：通过对汽车远程控制、车与车之间的通信、车与路边的通信，增强交通安全性的下一代 ITS 应用；老年与儿童监视、环境监测传感器组网、远程医疗、远程教学、远程办公等智能城镇项目；环境的监测和管理，控制碳排放量等，从而强化物联网在交通、医疗、教育和环境监测等领域的应用。

4. 韩国物联网产业发展现状

与日本类似，韩国也将物联网这一技术的发展纳入了信息产业的范畴。从 1997 年推动互联网普及的"Cyber-Korea 21"计划到 2011 年对 RFID、云计算等技术发展的明确部署规划，14 年来，韩国政府先后出台了多达 8 项的国家信息化建设计划，其中，"u-Korea"战略是推动物联网普及应用的主要策略。自 2010 年之后，韩国政府从订立综合型的战略计划转向重点扶持特定的物联网技术——致力于通过发展无线射频技术、云计算等，使其成为促进国家经济发展的新推动力。

15.1.5 我国物联网产业环境分析

随着物联网技术在欧美日韩等发达国家的迅速发展，我国政府也对国内发展物联网的方向目标给予了明确的指示。2009 年，温家宝总理在无锡考察时对物联网的发展提出了"把传感系统和 3G 中的 TD-SCDMA 技术结合起来、在国家重大科技专项中加快传感网发展、建立感知中国信息中心"三点要求。同年 12 月，国务院的经济工作会议，还进一步提出了要在电力、交通、安防和金融行业推进物联网相关应用的目标。与此相应，我国不但在国家自然科学基金、国家"863"计划、国家科技重大专项等科技计划中陆续部署了物联网相关技术研究，同时也通过发布相关白皮书，对 RFID 等物联网关键技术进行了积极扶持，并将物联网的未来发展上升至国家战略新兴产业的层面。

1. RFID 产业政策

作为一项可广泛应用于日常生活诸多方面的新兴技术，RFID 技术的标准化以及自主产业链的建设引起了国家的高度重视。2006 年 6 月 9 日，《中国射频识别(RFID)技术政策白皮书》(以下简称《白皮书》)在北京正式发布。《白皮书》共分为五章，分别阐述了 RFID 技术发展现状与趋势、中国发展 RFID 技术战略、中国 RFID 技术发展及优先应用领域、推进产业化战略和宏观环境建设等方面内容。此外，《白皮书》还进一步规划了 RFID 产业发展的 3 阶段：

第一阶段为培育期(2006 年—2008 年)，侧重于在产业化核心技术研发、标准制定等方面寻求突破，通过典型行业示范应用，初步形成 RFID 产业链及良好的产业发展环境。

第二阶段为成长期(2008 年—2012 年)，扩展 RFID 应用领域，形成规模生产能力，建立公共服务体系，推动规模化市场形成，促进 RFID 产业持续发展。

第三阶段为成熟期(2012 年以后)，整合产业链，适应新一代技术的发展，辐射多个应用领域，提高 RFID 应用的效率和效益。

随着《白皮书》的发布，政府又配套设立了 7 个 RFID 标准组，依次为：总体组、标签和读写器组、频率与通信组、数据格式组、信息安全组、应用组和知识产权组。7 个标准组主要负责依据 ISO/IEC15693、ISO/IEC18000 等系列标准进行国家标准的起草工作。

2. 物联网产业扶持政策

2010 年 10 月 18 日国务院常务会议审议并原则通过了《国务院关于加快培育和发展战略性新兴产业的决定》(以下简称《决定》)。《决定》中的新兴产业具体包括新能源、物联网、微电子、生命科学、空间海洋、深度资源利用等方面。在有关物联网的规划方面,提出要“加快建设宽带、泛在、融合、安全的信息网络基础设施,推动新一代移动通信、下一代互联网核心设备和智能终端的研发及产业化,加快推进三网融合,促进物联网、云计算的研发和示范应用。”会议还明确了包括物联网在内的战略性新兴产业未来发展的重点方向、主要任务和扶持政策。

3. 物联网技术的十二大重点应用领域

在 2011 年 11 月召开的“2011 中国无线世界暨物联网大会”上,国家物联网标准联合工作组负责人表示,我国物联网发展的重点和切入点是感知与应用,要全力支持并加快制定物联网各相关标准,重点放在核心技术产品的研发及产业化。

物联网“十二五”规划明确了物联网技术的十二大重点应用领域,包括智能电网、交通运输、物流产业、医疗健康、智能家居、环境与安全检测、精细农牧业、工业与自动控制、金融与服务业、公共安全、国防军事以及智慧城市。

此外,包括住建部、卫生部、交通部、公安部在内的多个部委都在各自领域的规划中强调了物联网技术的应用。预计 2011 年 RFID(无线射频识别技术)产业规模有望实现 160 亿。

目前,我国 RFID 应用已经为物联网技术发展打下了基础,主要应用在农业领域的生猪饲养及食品加工的实时动态、可追溯管理,物流领域的邮政包裹、民航行李、铁路货车调度监管、远洋运输集装箱以及城市交通等多个方面。

2011 年 12 月,国家金卡工程的物联网应用联盟也将成立,将有 23 个部门行业,400 多个城市参与其中。此外,物联网发展还需要标准先行,已经成立的国家物联网标准联合工作组横跨了 14 个部委的 24 个业务的国家级的标准工作组,就是为了整合资源,推进物联网标准的制定。

15.2 物联网体系架构

物联网的体系目前还未完全形成,需要一些应用形成示范,更多的传统行业的物联网应用后才能基本形成,但是,目前物联网体系的雏形已经形成,物联网基本体系具有典型的层级特性,一个完整的物联网系统一般来说包含以下五个层面的功能。

15.2.1 感知层:传感器、射频识别技术与微机电系统

该层的主要任务是将大范围内的现实世界的各种物理量通过各种手段,实时并自动化的转化为虚拟世界可处理的数字化信息或者数据。

物联网所采集的信息主要有如下种类:

- 传感信息:如温度、湿度、压力、气体浓度、生命体征等;
- 物品属性信息:如物品名称、型号、特性、价格等;
- 工作状态信息:如仪器、设备的工作参数等;
- 地理位置信息:如物品所处的地理位置等。

信息采集层的主要任务是对各种信息进行标记,并通过传感等手段,将这些标记的信息和现实世界的物理信息进行采集,将其转化为可供处理的数字化信息。

信息采集层涉及的典型技术如:RFID(射频识别)、各种传感器等。

1. 传感器技术

传感技术同计算机技术与通信技术一起被称为信息技术的三大支柱。从仿生学观点，如果把计算机看成处理和识别信息的“大脑”，把通信系统看成传递信息的“神经系统”的话，那么传感器就是“感觉器官”。

传感技术是关于从自然信息源获取信息，并对之进行处理（变换）和识别的一门多学科交叉的现代科学与工程技术，它涉及传感器（又称换能器）、信息处理和识别的规划设计、开发、制/建造、测试、应用及评价改进等活动。获取信息靠各类传感器，它们有各种物理量、化学量或生物量的传感器。按照信息论的凸性定理，传感器的功能与品质决定了传感系统获取自然信息的信息量和信息质量，是高品质传感技术系统的构造第一个关键。信息处理包括信号的预处理、后置处理、特征提取与选择等。识别的主要任务是对经过处理信息进行辨识与分类。它利用被识别（或诊断）对象与特征信息间的关联关系模型对输入的特征信息集进行辨识、比较、分类和判断。因此，传感技术是遵循信息论和系统论的。它包含了众多的高新技术、被众多的产业广泛采用。它也是现代科学技术发展的基础条件，应该受到足够地重视。微型无线传感技术以及以此组件的传感网是物联网感知层的重要技术手段。

2. 射频识别（RFID）技术

射频识别（Radio Frequency Identification，简称 RFID）是通过无线电信号识别特定目标并读写相关数据的无线通讯技术。在国内，RFID 已经在身份证件、电子收费系统和物流管理等领域有了广泛的应用。

RFID 技术市场应用成熟，标签成本低廉，但 RFID 一般不具备数据采集功能，多用来进行物品的身份甄别和属性的存储，且在金属和液体环境下应用受限，RFID 技术属于物联网的信息采集层技术。

3. 微机电系统（MEMS）

微机电系统（Micro Electro Mechanical Systems，简称 MEMS）是指利用大规模集成电路制造工艺，经过微米级加工，得到的集微型传感器、执行器以及信号处理和控制电路、接口电路、通信和电源于一体的微型机电系统。

MEMS 技术近几年的飞速发展，为传感器节点的智能化、小型化、功率的不断降低制造了成熟的条件，目前已经在全球形成百亿美元规模的庞大市场。近年更是出现了集成度更高的纳米机电系统（Nano Electro Mechanical System，简称 NEMS）。具有微型化、智能化、多功能、高集成度和适合大批量生产等特点。MEMS 技术属于物联网的信息采集层技术。

4. GPS 技术

GPS 又称为全球定位系统（Global Positioning System GPS），是具有海、陆、空全方位实时三维导航与定位能力的新一代卫星导航与定位系统。GPS 是由空间星座、地面控制和用户设备等三部分构成的。GPS 测量技术能够快速、高效、准确地提供点、线、面要素的精确三维坐标以及其他相关信息，具有全天候、高精度、自动化、高效益等显著特点，广泛应用于军事、民用交通（船舶、飞机、汽车等）导航、大地测量、摄影测量、野外考察探险、土地利用调查、精确农业以及日常生活（人员跟踪、休闲娱乐）等不同领域。GPS 作为移动感知技术，是物联网延伸到移动物体采集移动物体信息的重要技术，更是物流智能化、可视化重要技术，是智能交通重要技术。

15.2.2 信息汇聚层:传感网、自组网、局域网及广域网技术

1. 无线传感器网络(WSN)技术

无线传感器网络技术(Wireless Sensor Network,简称 WSN)的基本功能是将一系列空间上分散的传感器单元通过自组织的无线网络进行连接,从而将各自采集的数据通过无线网络进行传输汇总,以实现对空间分散范围内的物理或环境状况的协作监控,并根据这些信息进行相应的分析和处理。

WSN 技术贯穿物联网的三个层面,是结合了计算、通信、传感器三项技术的一门新兴技术,具有较大范围、低成本、高密度、灵活布设、实时采集、全天候工作的优势,且对物联网其他产业具有显著带动作用。

2. WiFi

WiFi(Wireless Fidelity, 无线保真技术)是一种基于接入点(Access Point)的无线网络结构,目前已有一定规模的布设,在部分应用中与传感器相结合。WiFi 技术属于物联网的信息汇总层技术。

3. GPRS

GPRS(General Packet Radio Service,通用分组无线服务)是一种基于 GSM 移动通信网络的数据服务技术。GPRS 技术可以充分利用现有 GSM 网络,目前在很多领域有广泛应用,在物联网领域中也有部分应用。GPRS 技术属于物联网的信息汇总层技术。

15.2.3 传输层:通信网、互联网、3G 及广电网络等广域网络

1. 通信网

通信网是一种使用交换设备、传输设备将地理上分散用户终端设备互连起来实现通信和信息交换的系统。

通信最基本的形式是在点与点之间建立通信系统,但这不能称为通信网,只有将许多的通信系统(传输系统)通过交换系统按一定拓扑结构组合在一起才能称之为通信。也就是说,有了交换系统才能使某一地区内任意两个终端用户相互接续,才能组成通信网。通信网由用户终端设备、交换设备和传输设备组成,交换设备间的传输设备称为中继线路(简称中继线),用户终端设备至交换设备的传输设备称为用户路线(简称用户线)。

2. 3G 网络

3G 是英文 the 3rd Generation 的缩写,指第三代移动通信技术。相对第一代模拟制式手机(1G)和第二代 GSM、CDMA 等数字手机 (2G),第三代手机(3G)一般地讲,是指将无线通信与国际互联网等多媒体通信结合的新一代移动通信系统。3G 与 2G 的主要区别是在传输声音和数据的速度上的提升,它能够在全球范围内更好地实现无线漫游,并处理图像、音乐、视频流等多种媒体形式,提供包括网页浏览、电话会议、电子商务等多种信息服务,同时也要考虑与已有第二代系统的良好兼容性。为了提供这种服务,无线网络必须能够支持不同的数据传输速度,也就是说在室内、室外和行车的环境中能够分别支持至少 2Mbps(兆比特/每秒)、384kbps(千比特/每秒)以及 144kbps 的传输速度(此数值根据网络环境会发生变化)。

3. GPRS 网络

这是一种基于 GSM 系统的无线分组交换技术,提供端到端的、广域的无线 IP 连接。通俗地讲,

GPRS 是一项高速数据处理的科技,方法是以"分组"的形式传送资料到用户手上。虽然 GPRS 是作为现有 GSM 网络向第三代移动通信演变的过渡技术,但是它在许多方面都具有显著的优势。

4. 广电网络

广电网络通常是各地有线电视网络公司(台)负责运营的,通过 HFC(光纤+同轴电缆混合网)网向用户提供宽带服务及电视服务网络,宽带可通过 CableModem 连接到计算机,理论到户最高速率 38M,实际速度要视网络具体情况而定。

5. NGB 广域网络

中国下一代广播电视网(NGB)是以有线电视数字化和移动多媒体广播(CMMB)的成果为基础,以自主创新的"高性能宽带信息网"核心技术为支撑,构建的适合我国国情的、"三网融合"的、有线无线相结合的、全程全网的下一代广播电视网络。科技部和广电总局将联合组织开发建设,通过自主开发与网络建设,突破相关核心技术,开发成套装备,拉动相关电子产品市场,满足老百姓对现代数字媒体和信息服务的需求,计划用三年左右的时间建设覆盖全国主要城市的示范网,预计用十年左右的时间建成中国下一代广播电视网(NGB),使之成为以"三网融合"为基本特征的新一代国家信息基础设施。

中国下一代广播电视网(NGB)的核心传输带宽将超过每秒 1 千千兆比特,保证每户接入带宽超过每秒 40 兆比特,可以提供高清晰度电视、数字视音频节目、高速数据接入和话音等"三网融合"的"一站式"服务,使电视机成为最基本、最便捷的信息终端,使宽带互动数字信息消费如同水、电、暖、气等基础性消费一样遍及千家万户。同时 NGB 还具有可信的服务保障和可控、可管的网络运行属性,其综合技术性能指标达到或超过国际先进水平,能够满足未来 20 年每个家庭"出门就上高速路"的信息服务总体需求。

15.2.4 运营层:专家系统、云计算及 ERP 等

1. 企业资源计划(ERP)

企业资源计划(Enterprise Resource Planning,简称 ERP)是指建立在信息技术基础上,以系统化的管理思想,为企业决策层及员工提供决策运行手段的管理平台。ERP 技术属于物联网的信息处理层技术。

2. 专家系统(Expert System)

专家系统(Expert System) 是一个含有大量的某个领域专家水平的知识与经验能够利用人类专家的知识和经验来处理该领域问题的智能计算机程序系统,属于信息处理层技术。

3. 云计算

云计算概念是由 Google 提出的,这是一个美丽的网络应用模式。狭义云计算是指 IT 基础设施的交付和使用模式,指通过网络以按需、易扩展的方式获得所需的资源;广义云计算是指服务的交付和使用模式,指通过网络以按需、易扩展的方式获得所需的服务。

这种服务可以是 IT 和软件、互联网相关的,也可以是任意其他的服务,它具有超大规模、虚拟化、可靠安全等独特功效;"云计算"图书版本也很多,都从理论和实践上介绍了云计算的特性与功用。

云计算(cloud computing 是透过网络将庞大的计算处理程序自动分拆成无数个较小的子程序,再交由多部服务器所组成的庞大系统经搜寻、计算分析之后将处理结果回传给用户。透过这项技术,网络服务提供者可以在数秒之内,达成处理数以千万计甚至亿计的信息,达到和"超级计算机"同样强大效能的

网络服务。有关云计算的详细讨论可见本书的第二篇内容。

15.2.5 应用层:垂直行业应用、系统集成与资源打包等

应用层主要是根据行业特点,借助互联网技术手段,开发各类的行业应用解决方案,将物联网的优势与行业的生产经营、信息化管理、组织调度结合起来,形成各类的物联网解决方案,构建智能化的行业应用。如交通行业,涉及的就是智能交通技术;电力行业采用的是智能电网技术;物流行业采用的是智慧物流技术等。行业的应用还要更多涉及系统集成技术、资源打包技术等。

15.3 物联网商业模式的构成要素

对于商业模式的概念,理论界基于不同的角度,给出了多种多样的定义,主要的概念视角有以下几类:

1. 盈利模式类

该类定义将商业模式描述为企业的盈利模式。

Hamel(2000)将商业模式分为四大要素,在四大要素间产生了三种不同的连接,这些连接重点就是公司如何赚得应有的利润。

Rappa(2004)认为,商业模式就其最基本的意义而言,是一种能够为企业带来收益的运营模式,是一个公司赖以生存的模式。

2. 价值创造模式类

该类定义将商业模式表述为企业创造价值的模式。该类定义的核心观点是商业模式是企业价值创造的逻辑。

如 Afuah、Tued(2000)和 Amit&zott(2000)都认为,商业模式是企业为自己、供应商、合作伙伴及客户创造价值的根本性来源。Mahadevan(2000)认为,商业模式是企业价值流、收益流和物流的混合体。Chesbrough 和 Rosenbloom(2002)认为,商业模式是反映企业商业活动的价值创造、价值提供和价值分配等活动的一种架构。

Afuall(2003)的观点是,商业模式的目的是为了创造卓越的客户价值并确立企业获取市场价值的有利地位的各种活动的集合。商业模式创新的本质,是获取更大的价值。

3. 战略类定义

该类定义将商业模式描述为不同企业战略方向的总体考察,涉及市场主张、组织行为、增长机会、竞争优势和可持续性等。

埃森哲公司的王波、彭亚利(2002)认为,商业模式可以包含两个层面的内容:一是经营性的商业模式即企业的运营机制。二是战略性的商业模式,指的是一个企业在动态的环境中如何改变自身以实现持续盈利的目标。

4. 体系类定义

此类理论认为,商业模式是一个由很多因素综合起来构成的系统,是个体系或集合。

Petrovic 等人(2001)认为,商业模式是通过一系列业务过程创造价值的一个独特的商务系统。马哈·迪温(2000)认为,商业模式是企业三种至关重要的流量——价值流、收益流和物流的唯一混合体。

结合我国物联网发展的特点，可将其商业模式的构成要素划分为目标客户、网络结构及应用定位、产业链、收入分配机制和成本管理 4 个部分。

15.3.1 目标客户

物联网不仅要实现人、物间的信息智能化，还要实现物、物间的信息智能化。因此，从服务对象来看，其目标客户可分为 人和物两种类型，前者包括公众、政企和家庭 3 个市场，后者主要指动物、器物等。物联网应用具有时空跨度大、数据交互性强等特征，从这个角度看，物联网的目标客户分类如表 15.1 所示。

表 15.1 物联网的目标客户分类(基于行业应用角度)

类型	具体内容
公共服务	政府、海关、消防、水电、煤气、公共设施等
社会服务	广播影视、医疗救助、体育场馆、文化团体等
商业服务	旅游、娱乐、餐饮、物业、银行、保险、证券等
企业集团	油田、矿井、农、林、牧、渔、房地产等
贸易运输	公交、出租、邮政速递、仓储物流、水运、航空等
大型活动	展销会、运动会、大型会议、博览会等
个人用户	大众社团、家庭成员、私人俱乐部等

由表 15.1 可以看出，物联网客户群遍及各行各业，市场潜力巨大。因此，在物联网发展初期，认清市场环境、选准市场切入点是关键所在。政府、电力、交通等行业应用是首选，特别是那些由政府部门牵头规划的大工程、大项目，应该是打开市场大门的金钥匙。这类应用影响大，具有较好的示范效应。

15.3.2 网络结构及应用定位

从网络结构上看，物联网主要由感知层、接入层、网络层及应用层组成。如果把物联网看作一个人的"神经系统"，那么感知层就相当于末梢神经系统，接入层可看成是脊髓，网络层便是大脑，应用层则是中枢神经系统。通过整个"神经系统"，便可以实现物联网的信息采集和设备控制功能。目前，我国的物联网发展尚处于初级阶段，感知层和接入层是较为关键的部分，技术和安全成为两大突出问题。但是，随着技术研发的成熟及相关标准的制定，平台运营与应用推广问题将会成为业界关注的焦点。

从应用的角度可对物联网进行如下定位：它利用互联网、无线通信网络资源对所采集的信息进行传送和处理，是智能化管理、自动化控制、信息化应用的综合体现。物联网的主要应用类型见表 15.2。

表 15.2 物联网的主要应用类型

应用分类	用户	典型应用
数据采集	公共基础设施 机械制造业 零售连锁行业 质量监督行业	水电行业的远程抄表 公共停车场 环境监控、仓储管理 产品质量监管、货物信息跟踪

续表

应用分类	用户	典型应用
环境监控	医疗行业 机械制造业 建筑业 公共基础设施 家庭	医疗监控 危险源监控 数字城市 智慧校园 家居监控、智慧电网
日常便利	个人	手机支付、智能家居
定位监控	交通 物流 公共交通 监狱 大型娱乐场所 医院	出租车辆定位监控 物流车辆定位监控 公交车辆定位监控 犯罪人员定位监控 游客人员定位监控 病人、护士、医疗设备定位监控

15.3.3 产业链

物联网产业链的构成如图 15.1 所示。

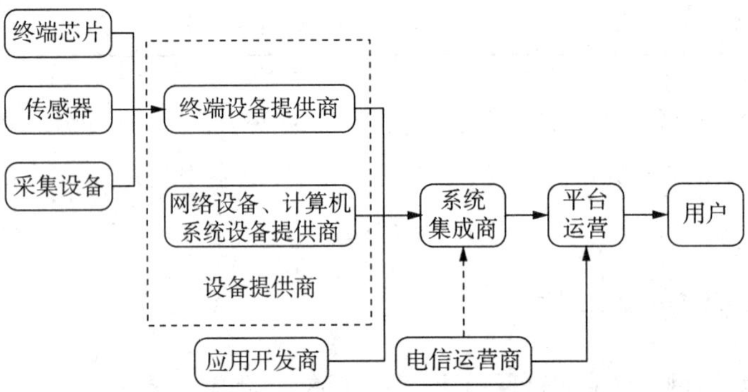

图 15.1 物联网产业链的基本构成

从图 15.1 中可以看出,物联网发展初期,终端设备提供商确认目标客户需求后便寻求应用开发商,并开发差异化应用,两者共同组成最终设备提供商,共同担当系统集成商的角色;通信运营商则负责提供配套的运营平台。这种由最终设备提供商主导的结构,虽然能满足客户对终端的个性化需求,但产业内部的市场较零散,业务功能较单一,尚处于培育阶段,系统的可靠性及安全性很难得到有效保障。因此,未来产业链中的主导者将逐渐向其他成员倾斜,并且产业链各方要既竞争又合作,才能实现整个产业持续稳定发展。

15.3.4 收入分配机制和成本管理

随着物联网的不断发展,越来越多的投资者进入了物联网领域。如何平衡各成员间的竞合关系,打破各自为政的局面,从而带动整个产业链接和谐高效运转成为各方关注的焦点。其实质就是内部利益的协调问题,主要涉及收入分配机制和成本管理。虽然目前尚未形成明确的收入分配机制,但将来可能会出现多种形式。比如,运营商和设备提供商之间以前主要是买卖关系,双方互不承担风险,但今后运营商将建立新的共享机制，从而使双方共担风险、共享部分收益。成本管理涉及的相关成本费用主要包括平台建设成本及运维费、识读器及识读标志成本、相关网络的通信费。在物联网发展初期，其成本主要集中的投资方面，随着产业规模的扩大，此类成本会有所减少；在中后期，涉及运营维护方面的成本费用会逐渐增多。可见，针对不同时期的成本特点，采取相应的成本管控措施具有十分重要的意义。

15.4 物联网商业服务组合模式的选择与分析

目前，我国的物联网产业链已基本形成，其应用已经从小范围开始向大领域扩展。要实现整个物联网产业链的协同与优化，以及整个物联网产业的高效运营，选择真正可行的商业模式尤为重要。

15.4.1 国内的现有物联网商业模式

综合国内一些专家学者的主要观点，将我国的现有物联网商业模式概括为以下几种类型：

1. 自营模式

即综合实力较强者自行搭建物联网运作所需的一整套系统（如感应终端、平台及业务开发等）直接提供给用户。

这个其实是一个物联网发展初期的运营模式。就像信息系统一样，信息系统建设初期，都是自己建设自己管，特别是财大气粗的央企，他们就是自己运营自己管，那么它应该具备什么样的条件才能自己运营自己管呢？

第一要具备足够的财力、物力和智力；第二物联网的运营应该给企业的运营带来足够的价值空间。

其特点是与自己的业务发展结合的程度比较高，出了事情以后便于解决，自己出了事自己解决。劣势就是此种模式下物联网信息享用程度比较低，企业只能享用到自己的信息程度；第二专业化运营能力欠缺，先进的物联网技术，包括软硬件所有的技术得不到享受，那么你的投资会越来越大，这跟信息化投资一样，信息化的无限投资也像黑洞一样，最后一直到运营不下去了，把它交给别人。

该模式较适合对私密性要求高、个性化需求明显以及跨行业拓展难度较大的行业应用，如电力远程监控、水文监控、污染源监控等。

2. 通道兼合作模式

即由终端设备商、电信运营商以及系统集成商构成其主体。其中，终端设备商负责传感设备、标志等的制造，电信运营商提供平台，系统集成商负责开发和运营业务；或者是系统集成商仅开发业务，由电信运营商在平台上代表其实施应用控制。

3. 广告模式

即广告商租赁方式使用平台运营所搭建的传感终端、网络及开发的应用等，取得广告收入后向平台运营商支付相关费用。

15.4.2 国外现有物联网商业模式

国外一些国家的物联网发展起步较早，并逐步形成了适合本国发展特点的成功的商业模式，主要有以下三种类型：

1. 通道型

即运营商提供网络平台，系统集成商借助其平台推广应用，并向运营商支付平台使用费。这是目前使用最多的一种商业模式。

2. 自营型

即运营商自行搭建平台、识读器、识读标志等，根据用户需求定制个性化业务，将一整套的应用直接提供给用户。

3. 合作型

即运营商在一些应用领域挑选系统集成商作为合作伙伴，并代表系统集成商推广应用，系统集成商则负责开发应用和提供售后服务。

15.4.3 我国物联网发展可选的几种商业服务组合模式

物联网的发展不可能一蹴而就，需要一个漫长的过程。因此，具体选择哪一种商业模式，应根据物联网发展不同阶段的特征以及各种商业模式所具有的特点来决定。借鉴国内外已有的商务模式，结合我国的具体情况，未来我国物联网发展可选的商业模式主要有以下四种类型：

1. 政府 BOT 模式

政府 BOT 模式即项目运营商在政府特许下自建传感终端、标志及开发业务应用，特许期满后移交给政府并由政府指定专门的机构负责运营，或者继续指派给项目运营商全权负责，通信运营商则提供相应的平台支持其推广业务应用（如图 15.2 所示）。在这个过程中，政府获得了极大的社会效益，运营商则赚取了相应的利润。采用这种模式，一方面能够减轻政府公共部门的财政负担，缓解项目投资初期的资金压力，实现政府对成本预算的控制，并且整个建设运营过程的风险由政府和运营商共同承担，为系统的稳定性提供了有力的保证；另一方面，有效地调动了承接方参与的积极性，提高了运营效率，同时有利于提高我国的社会生产力和就业率，刺激经济发展，满足社会公众的普遍需求。如公共停车位的收费管理，电信运营商搭建停车场管理的公共平台并制定相关规范，项目运营商在政府特许下建立相应的收费系统，用公共停车位的收费来补贴相关设备及通信费用。

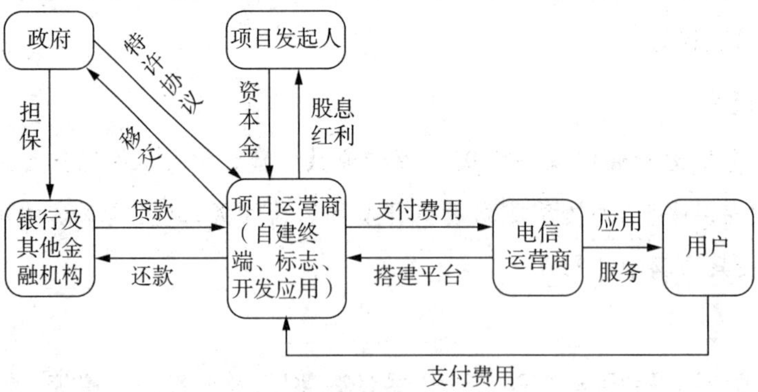

图 15.2 政府 BOT 模式

我国物联网发展的一大特点就是由政府统筹规划、协调相关部门，并提供相关扶持政策，制定相关标准规范，促进产业聪明、产业集聚的形成，为物联网发展创造良好的资源和社会环境。而在物联网产业发展初期，由于各方条件还不成熟，因此政府的扶持与调控起着先导性作用，具有战略性影响。要想在后期大力推广业务应用，一定要保证初期各项目投资建设的稳定性与可靠性。政府 BOT 模式能确保整个物联网产业朝着有序、规范的方向发展。

2. 通道兼合作模式

通道兼合作模式即系统集成商与终端设备提供商合作，借助电信运营商提供的平台开发推广应用，向用户提供一套系统性的解决方案（如图15.3所示）。该模式兼具分工与协作，也最为简单，但其对系统集成商的专业化程度要求较高，各成员内部竞争性极强，很难形成竞争优势。

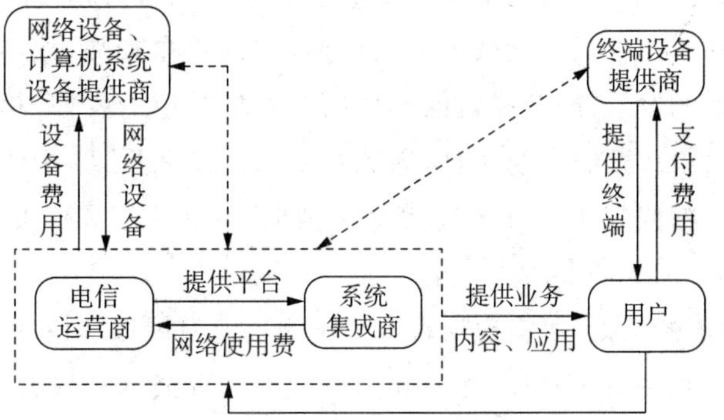

图15.3 通道兼合作模式

该模式在我国的物联网产业发展初期已具雏形。上海、无锡等城市已根据各自的经济、资源及人才特点做出了物联网产业发展的战略性规划，其中，对产业聪明、产业集聚等的规划部署充分体现了该模式在物联网发展中后期深度和广度上的拓展。具备物联网发展所需的成熟环境及充足资源的地域可采用此模式。比如，具有技术和人才优势的地域可作为系统集成商的集聚地，而资金实力雄厚的地域可重点发展设备制造及平台建设，通过各地域的分工协作，以点带面，由中心向周边扩散，从而实现整个物联网产业的联动发展。

3. 广告模式

从一定程度上讲，广告模式可以看成是通道兼合作模式的一种变体。两者的区别在于广告商在广告模式中扮演着双重角色，既是应用的推广者也是应用的使用者（见图15.4）。广告商可以选择将广告植入终端或应用，也可以选择在网络平台上进行展示。但无论如何选择，都将在一定程度上失去平台运营商之间以及各自内部的竞争与合作关系的平衡。

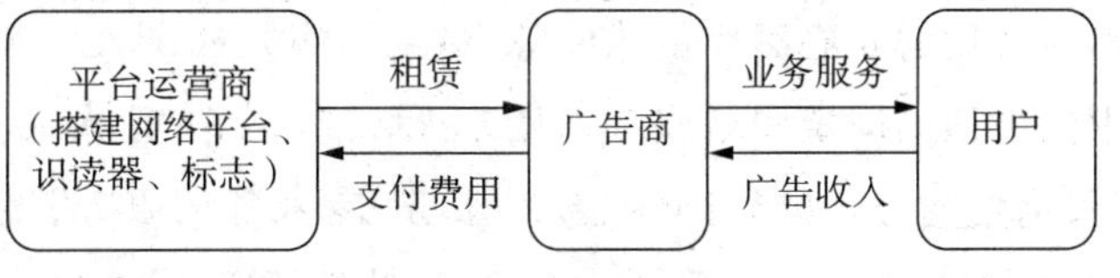

图15.4 广告模式

如今，在我国三网融合的大环境下，越来越多的广告商开始涉足互联网和通信领域，而物联网的推进无疑帮助其开拓了更广阔的市场，因此广告模式越来越被广告商看好。目前，国内已有部分应用运用了该模式，如出租车及楼宇的移动广告机等。在物联网产业结构发展较为成熟且应用方面已形成一定规模效应时应选择此模式。一方面，广告商的介入为物联网市场引入了新的竞争，可激发市场活力，促进物联网发展的持续性和高效性；另一方面，为物联网的收入分配机制和成本管理增添了新的内容，有利于物联网产业朝着多元化、均衡化方向发展。

4. 自营模式

自营模式即综合实力较强者自行搭建物联网运营所需的完整系统，直接向用户提供一套完整的应用与服务。该模式对运营主体的初期投入要求较高，其要承担物联网运营的全部费用，容易形成较高的行业壁垒，不利于物联网产业的规模化发展。但是，自营模式易于实施有效的内部控制，从而防止商业秘密和知识产权等的泄露，并且由于流通环节相对减少，能够快速响应客户需求。

在物联网发展初期，设备制造和系统集成环节的企业数量较多，而芯片制造、软件开发环节相对薄弱，相关技术研发水平和标准制定工作比较滞后，且行业间的壁垒较高，故不宜采用自营模式。但随着政府政策的扶持、相关标准的制定、产业联盟的形成以及集群效应的发挥，相对薄弱的环节将会不断壮大，为自营模式的运行提供了成熟的市场条件，因此在物联网发展后期，产业链中综合实力较强的主体宜选择自营模式，以优化内部控制、防止其核心竞争力削弱，并在深度和广度上更好的服务用户，获取更多的收益。

随着我国的综合国力不断增强，要实现物联网产业的快速发展以及应用的全面推广，未来不可能仅存在一种商业模式，必将是几种模式并存，并呈现出以其中一种或两种模式为主、其他几种模式为辅的多元化运作形式。

15.5 物联网服务组合模式的应用

目前物联网服务组合模式已开始广泛应用于各行业各领域，主要有：

1. 智能家居

智能家居产品融合自动化控制系统、计算机网络系统和网络通讯技术于一体，将各种家庭设备（如音视频设备、照明系统、窗帘控制、空调控制、安防系统、数字影院系统、网络家电等）通过智能家庭网络联网实现自动化，通过中国电信的宽带、固话和 3G 无线网络，可以实现对家庭设备的远程操控。与普通家居相比，智能家居不仅提供舒适宜人且高品位的家庭生活空间，实现更智能的家庭安防系统；还将家居环境由原来的被动静止结构转变为具有能动智慧的工具，提供全方位的信息交互功能。

2. 智能医疗

智能医疗系统借助简易实用的家庭医疗传感设备，对家中病人或老人的生理指标进行自测，并将生成的生理指标数据通过中国电信的固定网络或 3G 无线网络传送到护理人或有关医疗单位。根据客户需求，中国电信还提供相关增值业务，如紧急呼叫救助服务、专家咨询服务、终生健康档案管理服务等。智能医疗系统真正解决了现代社会子女们因工作忙碌无暇照顾家中老人的无奈，可以随时表达孝子情怀。

3. 智能城市

智能城市产品包括对城市的数字化管理和城市安全的统一监控。前者利用"数字城市"理论，基于 3S（地理信息系统 GIS、全球定位系统 GPS、遥感系统 RS）等关键技术，深入开发和应用空间信息资源，建设服务于城市规划、城市建设和管理，服务于政府、企业、公众，服务于人口、资源环境、经济社会的可持续发展的信息基础设施和信息系统。后者基于宽带互联网的实时远程监控、传输、存储、管理的业务，利用中国电信无处不达的宽带和 3G 网络，将分散、独立的图像采集点进行联网，实现对城市安全的统一监控、统一存储和统一管理，为城市管理和建设者提供一种全新、直观、视听觉范围延伸的管理工具。

4. 智能环保

智能环保产品通过对实施地表水水质的自动监测，可以实现水质的实时连续监测和远程监控，及时掌握主要流域重点断面水体的水质状况，预警预报重大或流域性水质污染事故，解决跨行政区域的水污染事故纠纷，监督总量控制制度落实情况。太湖环境监控项目，通过安装在环太湖地区的各个监控的环保和监控传感器，将太湖的水文、水质等环境状态提供给环保部门，实时监控太湖流域水质等情况，并通过互联网将监测点的数据报送至相关管理部门。

5. 智能交通

智能交通系统包括公交行业无线视频监控平台、智能公交站台、电子票务、车管专家和公交手机一卡通五种业务。

公交行业无线视频监控平台利用车载设备的无线视频监控和GPS定位功能，对公交运行状态进行实时监控。

智能公交站台通过媒体发布中心与电子站牌的数据交互，实现公交调度信息数据的发布和多媒体数据的发布功能，还可以利用电子站牌实现广告发布等功能。

电子门票是二维码应用于手机凭证业务的典型范例，从技术实现的角度，手机凭证业务就是手机+凭证，是以手机为平台、以手机身后的移动网络为媒介，通过特定的技术实现完成凭证功能。

车管专家利用全球卫星定位技术(GPS)、无线通信技术(CDMA)、地理信息系统技术(GIS)、中国电信3G等高新技术，将车辆的位置与速度，车内外的图像、视频等各类媒体信息及其他车辆参数等进行实时管理，有效满足用户对车辆管理的各类需求。

公交手机一卡通将手机终端作为城市公交一卡通的介质，除完成公交刷卡功能外，还可以实现小额支付、空中充值等功能。

测速E通通过将车辆测速系统、高清电子警察系统的车辆信息实时接入车辆管控平台，同时结合交警业务需求，基于GIS地理信息系统通过3G无线通信模块实现报警信息的智能、无线发布，从而快速处置违法、违规车辆。

6. 智能司法

智能司法是一个集监控、管理、定位、矫正于一身的管理系统。能够帮助各地各级司法机构降低刑罚成本、提高刑罚效率。目前，中国电信已实现通过CDMA独具优势的GPSONE手机定位技术对矫正对象进行位置监管，同时具备完善的矫正对象电子档案、查询统计功能，并包含对矫正对象的管理考核，给矫正工作人员的日常工作带来信息化、智能化的高效管理平台。

7. 智能农业

智能农业产品通过实时采集温室内温度、湿度信号以及光照、土壤温度、CO_2浓度、叶面湿度、露点温度等环境参数，自动开启或者关闭指定设备。可以根据用户需求，随时进行处理，为设施农业综合生态信息自动监测、对环境进行自动控制和智能化管理提供科学依据。通过模块采集温度传感器等信号，经由无线信号收发模块传输数据，实现对大棚温湿度的远程控制。智能农业产品还包括智能粮库系统，该系统通过将粮库内温湿度变化的感知与计算机或手机的连接进行实时观察，记录现场情况以保证粮库内的温湿度平衡。

8. 智能物流

智能物流打造了集信息展现、电子商务、物流配载、仓储管理、金融质押、园区安保、海关保税等功能为一体的物流园区综合信息服务平台。信息服务平台以功能集成、效能综合为主要开发理念，以电子商务、网上交易为主要交易形式，建设了高标准、高品位的综合信息服务平台，并为金融质押、园区安保、海关保税等功能预留了接口，可以为园区客户及管理人员提供一站式综合信息服务。

9. 智能校园

中国电信的校园手机一卡通和金色校园业务，促进了校园的信息化和智能化。校园手机一卡通主要实现功能包括：电子钱包、身份识别和银行圈存。电子钱包即通过手机刷卡实现主要校内消费；身份识别包括门禁、考勤、图书借阅、会议签到等，银行圈存即实现银行卡到手机的转账充值、余额查询。目前校园手机一卡通的建设，除了满足普通一卡通功能外，还实现了借助手机终端实现空中圈存、短信互动等应用。

中国电信实施的"金色校园"方案，帮助中小学行业用户实现学生管理电子化，老师排课办公无纸化和学校管理的系统化，使学生、家长、学校三方可以时刻保持沟通，方便家长及时了解学生学习和生活情况，通过一张薄薄的"学籍卡"，真正达到了对未成年人日常行为的精细管理，最终达到学生开心，家长放心，学校省心的效果。

小结

本章介绍了物联网的定义、功能和特点，以及物联网的起源和发展远景；分析了物联网的体系架构及其各层面的功能；探讨了物联网商业模式的构成要素，提出了选择物联网商业模式需考虑的问题，讨论了我国物联网发展可选择的几种类型的商业模式；并探索了物联网服务组合模式在目前实际应用中的热点问题。

参考文献

[1] 2010年智慧地球与物联网将开始腾飞[EB/OL].[2010—02—30].http://www.21ic.com/newsrf/200911/50356.htm

[2] 温家宝提出将无锡建成"感知中国"中心，指导物联网发展[EB/OL].[2010—02—30].http://www.cnii.com.cn/20080623/ca599217.htm

[3] 温家宝：要着力突破传感网物联网关键技术[EB/OL].[2010—02—30].http://news.ccidnet.com/art/1032/20100308/2007627_1.html

[4] 物联网在中国：运营商成物联网应用先锋[EB/OL].[2010—02—30].http://www.cnr.cn/allnews/201002/t20100208_506001699.html

[5] 地方两会聚焦"物联网"[EB/OL].[2010－02－30].http://news.ccidnet.com/2010/0309wlw

[6] 卢菲菲. 国际电信联盟年度报告《物联网》促进 R F I D 技术推广[EB/OL]. [2010－02－30].http://www.rfidworld.com.cn/news/2005121938522662.htm

[7] 刘玮，王红梅，肖青，等.物联网概念辨析[J].电信技术，2010(1)：5－8

[8] 沈杰，刑涛. 传感网标准化分析[J].电信技术，2010(1)：13－15

[9] 中国移动在物联网的实践与创新[EB/OL].[2010—02—30].http://www.icbuy.com/info/news_show/info_id/44235.html

[10] 宁焕生，王炳辉.RFID重大工程与国家物联网[M].北京：机械工业出版社，2008

[11] AutoID Labs homepage. http://www.autoidlabs.org

[12] ITU，Internet Reports 2005：The Internet of Things. Geneva，ITU，2005

[13] European Research Projects on the Internet of Things (CERP IoT) Strategic Research Agenda (SRA), Internet of Things-Strategic Research Roadmap, Brussels, ETSI, 2009

[14] 温家宝，2010 年政府工作报告，(2010—03—05)，[2010—03—15]，http: //www.china.com.cn/policy/txt/ 2010/03/15/content_19612372.htm

[15] ITU-TY. 2221, requirements for support of ubiquitous sensor network applications and services in NGN environment [S] . Geneva, ITU, 2010

[16] ITU-TY. 2002, Overview of ubiquitous networking and of its support in NGN [S]. Geneva, ITU, 2010

[17] M2M Activities in ETSI. (2009—07—09), [2010—05—12] http: //docbox. etsi.org /M2M/Open/Information / M2M_presentation.ppt

[18] 中国移动通信集团企业标准，M2M 平台设备规范，V1.1.0，北京，中国移动通信集团，2007

[19] 原磊. 国外商业模式理论研究评介[J]. 外国经济与管理，2007，29(10)：17-18

[20] 张其翔，吕廷杰. 商业模式研究理论综述[J]. 商业经济，2006：14

[21] 2008 年 11 月通信业主要指标完成情况，中华人民共和国工业和信息化部(http://miit. gov. cn/n11293472/n11295057/n11298508/118485.html)，2008 年 12 月 25 日

[22] 第 23 次中国互联网络发展状况统计报告，中国互联网络信息中心(CNNIC)，2009 年

[22] 孙浩茗，宋娟. 移动互联网发展策略探讨[J]. 通信技术政策研究，2008：28

[23] 赵庆. 韩国移动互联网动态与启示[J]. 通信世界，2003(10)：34

[24] 汤兵勇，刘凤鸣. 服务管理[M]. 北京：化学工业出版社，2013

[25] 汤兵勇，李文武. 电子商务原理[M]. 北京：化学工业出版社，2012

[26] 国外物联网发展综述，2010—05—18，国脉物联网

[27] 国外物联网发展各显神通值得借鉴，2011—02—16，中国信息产业网

[28] 欧洲、美国、日韩及中国的物联网发展战略，2010—11—16 C114，中国通信网

16　云计算服务组合模式

云计算是一种新兴的共享基础架构的方法，将软件、硬件、平台等 IT 资源作为基础设施，以服务的方式提供给使用者。随着云计算基地的急速增加，云计算的模式已逐渐被政府、企业以及民众所熟知，并作为一种新型的服务用于人们日常的生活和生产工作中。云计算技术的不断发展，以及用户规模的不断扩大，使得企业或者运营商越来越注重对云计算服务商业运营的研究。

16.1　云计算服务概述

16.1.1　云计算基本概念与特点

云计算概念是由 Google 提出的，是一种网络应用模式。所谓“云计算”(Cloud Computing)，就是分布式处理、并行处理和网格计算的发展。简言之，它将数据存储于云上，软件和服务置于云中，构筑于各种标准和协议之上，可以通过各种设备获得。在云计算的模式中，用户所需的应用程序、数据存储并不运行和保存在用户的个人电脑、手机等终端设备上，而是运行和保存在互联网上大规模的服务器集群中。狭义云计算是指 IT 基础设施的交付和使用模式，指通过网络以按需、易扩展的方式获得所需的资源；广义云计算是指服务的交付和使用模式，指通过网络以按需、易扩展的方式获得所需的服务。这种服务可以是与 IT 和软件、互联网相关的，也可以是任意其他的服务，它具有超大规模、虚拟化、可靠安全等独特功效。

云计算具有以下主要特点：

(1) 超大规模。“云”具有相当的规模，Google 云计算已经有 100 多万台服务器，Amazon、IBM、微软、Yahoo 等的“云”均有几十万台服务器。企业私有云一般有数百上千台服务器。“云”能赋予用户前所未有的计算能力。

(2) 虚拟化。云计算支持用户在任意位置、使用各种终端获取应用服务。所请求的资源来自“云”，而不是固定的、有形的实体。应用在“云”中某处运行，但实际上用户无需了解、也不用担心应用运行的具体位置。只需要一台笔记本电脑或者一部手机，就可以通过网络服务来实现我们需要的一切，甚至包括超级计算这样的任务。

(3) 高可靠性。“云”使用了数据多副本容错、计算节点同构可互换等措施来保障服务的高可靠性，使用云计算比使用本地计算机可靠。

(4) 通用性。云计算不针对特定的应用，在“云”的支撑下可以构造出千变万化的应用，同一个“云”可以同时支撑不同的应用运行。

(5) 高可扩展性。“云”的规模可以动态伸缩，满足用户规模增长的需要。

(6) 按需服务。“云”是一个庞大的资源池，你按需购买；云可以像自来水、电、煤气那样计费。

(7) 极其廉价。由于“云”的特殊容错措施可以采用极其廉价的节点来构成云,“云”的自动化集中式管理使大量企业无需负担日益高昂的数据中心管理成本,“云”的通用性使资源的利用率较之传统系统大幅提升,因此用户可以充分享受“云”的低成本优势,经常只要花费几百美元、几天时间就能完成以前需要数万美元、数月时间才能完成的任务。

16.1.2 云计算体系结构

1. 云计算体系结构模型

云计算是一个由并行的网格所组成的巨大的服务网络,它通过虚拟化技术来扩展云端的计算能力,以使得各个设备发挥最大的效能。数据的处理及存储均通过“云”端的服务器集群来完成,这些集群由大量普通的工业标准服务器组成,并由一个大型的数据处理中心负责管理,数据中心按客户的需要分配计算资源,达到与超级计算机同等的效果。图 16.1 展示了云计算体系结构的模型。

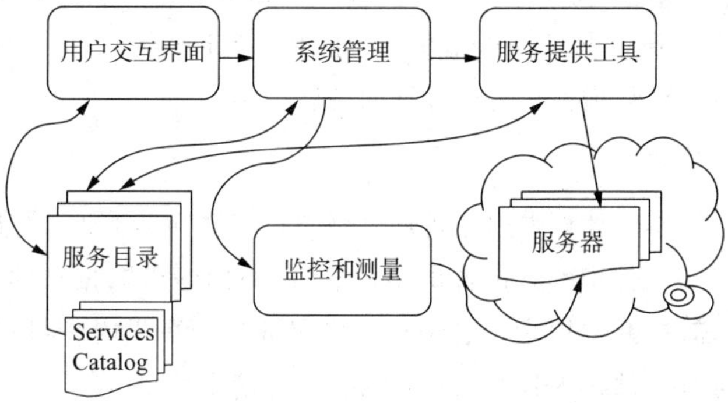

图 16.1 云计算体系结构模型

在云计算体系结构模型中,前端的用户交互界面允许用户通过服务目录来选择所需的服务,当服务请求发送并验证通过后,由系统管理来找到正确的资源,接着呼叫服务提供工具来挖掘服务云中的资源。服务提供工具需要配置正确的服务栈或 Web 应用。

2. 用户获取云资源的过程

云计算同时描述了一种平台以及构建在该平台上的一类应用,图 16.2 展示了用户获取“云端”资源的基本过程:“云”端为用户提供扩展的、通过互联网即可访问的、运行于大规模服务器集群的各类 Web 应用和服务,系统根据需要动态地提供、配置、再配置和解除提供服务器,用户只需基于实际使用的资源来支付相关的服务费用。

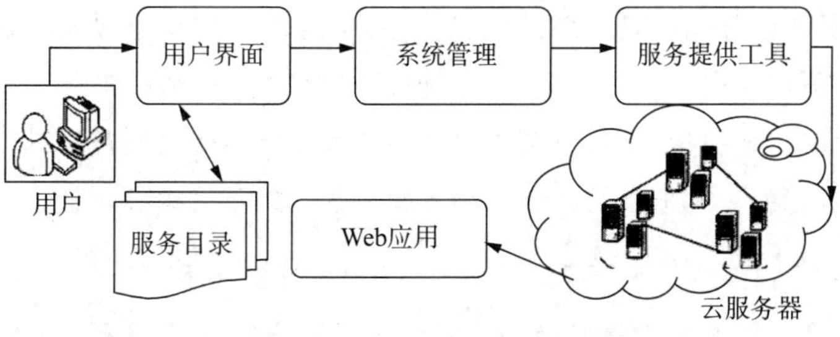

图 16.2 用户获取服务云资源过程

16.1.3 云计算关键技术

1. 虚拟化技术

虚拟化技术是一种调配计算资源的方法，它将应用系统的不同层面——硬件、软件、数据、网络、存储等一一隔离开来，从而打破数据中心、服务器、存储、网络、数据和应用中的物理设备之间的划分，实现架构动态化，并达到集中管理和动态使用物理资源及虚拟资源，以提高系统结构的弹性和灵活性，降低成本、改进服务、减少管理风险等目的。

在云环境下的整体虚拟化战略中，我们可以利用虚拟化技术提供的机制，在无需重要的硬件和物理资源扩展的前提下，通过不同的方案快速模拟不同的环境和试验，达到预先构建操作系统、应用程序，提高安全性以及实现管理环境的目的，便于以后以更为简化和有效的方式将它们投入到生产环境中，进而提供更大的灵活性，并迅速确定潜在的冲突。从虚拟化到云计算的过程，实现了跨系统的资源动态调度，将大量的计算资源组成资源池，用于动态创建高度虚拟化的资源供给用户使用，从而最终实现应用、数据和 IT 资源以服务的方式通过网络提供给用户，并以前所未见的高速和富有弹性的方式来完成任务。云计算是虚拟化的最高境界，虚拟化是云计算的底层结构。

2. 海量分布式存储技术

为保证高可靠性和经济性，云计算采用分布式存储的方式来存储数据，采用冗余存储的方式来保证存储数据的可靠性，以高可靠软件来弥补硬件的不可靠，即为同一份数据存储多个副本。另外，云计算系统同时满足大量用户的需求，并行地为大量用户提供服务从而提供廉价可靠的海量分布式存储和计算系统。因此，云计算的数据存储技术具有高吞吐率和高传输率的特点。

3. 并行编程模式

为了使用户能更轻松地享受云计算带来的服务，让用户能利用该编程模型编写简单的程序来实现特定的目的，云计算上的编程模型十分简单。必须保证后台复杂的并行执行和任务调度向用户和编程人员透明。云计算大部分采用 Map2Reduce 的编程模式。现在大部分 IT 厂商提出的“云”计划中采用的编程模型，都是基于 Map2Reduce 的思想开发的编程工具。Map2Reduce 不仅仅是一种编程模型，同时也是一种高效的任务调度模型。Map2Reduce 这种编程模型并不仅适用于云计算，在多核和多处理器、cell processor 以及异构机群上同样有良好的性能。

16.1.4 云计算的服务层次和模式分类

云计算是以公开的标准和服务为基础，以互联网为中心，提供安全、快速、便捷的数据存储和网络计算服务，而用户使用的服务或存储均是网络的“云”，云的互连使更多终端设备的数据共享成为可能。更加广义的云计算意味着服务的交付和使用模式，是通过网络以按需、易扩展的方式获得所需的服务。这种服务可以是 IT 和软件、互联网相关的，也可以是任意其他的服务。目前包括软件即服务(SaaS)、平台即服务(PaaS)、基础设施(硬件)即服务(IaaS)三种主流业态，如图 16.3 所示。

1. 基础设施即服务(Infrastructure as a Service，简称 IaaS)

基础设施位于云计算三层服务的最底端。也是云计算狭义定义所覆盖的范围，就是把 IT 基础设施像水、电一样以服务的形式提供给用户，以服务形式提供基于服务器和存储等硬件资源的可高度扩展和按需求变化的 IT 能力。通常按照所消耗资源的成本进行收费。

该层提供的是基本的计算和存储能力，以计算能力的提供为例，其提供的基本单元就是服务器，包

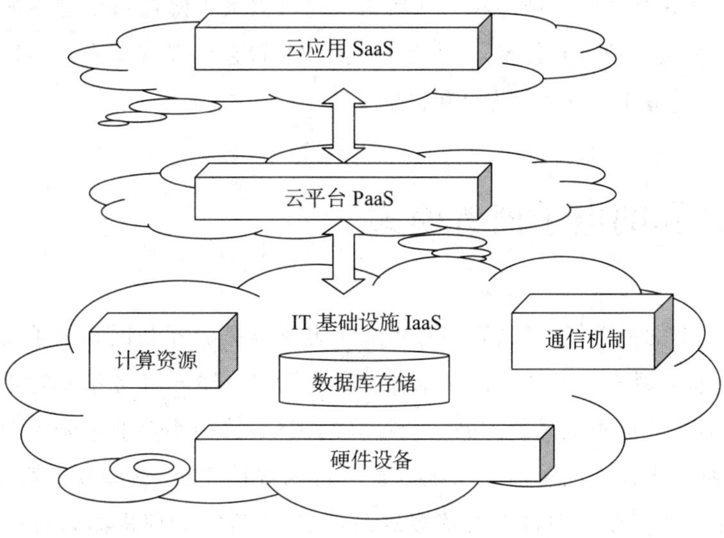

图 16.3 云计算服务层次

含 CPU、内存、存储、操作系统及一些软件。自动化是一个核心技术，它使得用户对资源使用的请求可以以自行服务的方式完成，无须服务提供者的介入。一个稳定而强大的自动化管理方案可以将服务的边际成本降低为零，从而保证云计算的规模化效应得以体现。在自动化的基础上，资源的动态调度得以成为现实。比如根据服务器的 CPU 利用率，IaaS 平台自动决定为用户增加新的服务器或存储空间，从而满足事先跟用户订立的服务水平条款。具体的例子有 IBM 为无锡软件园建立的云计算中心，以及亚马逊的 EC2。

2. 平台即服务(Platform as a Service，简称 PaaS)

位于云计算 3 层服务的最中间。通常也称为"云计算操作系统"。它提供给终端用户基于互联网的应用开发环境，包换应用编程接口和运行平台等，并且支持应用从创建到运行整个生命周期所需的各种软硬件资源和工具。通常按照用户或登录情况计费。在 PaaS 层面，服务提供商提供的是经过封装的 IT 能力，或者说是一些逻辑的资源，如数据库、文件系统和应用运行环境等。

通常又可将 PaaS 细分为开发组件即服务和软件平台即服务。前者指的是提供一个开发平台和 API 组件，给开发人员更大的弹性，依不同需求定制化。一般面向的是应用软件开发商(ISV)或独立开发者，这些应用软件开发商或独立开发者们在 PaaS 厂商提供的在线开发平台上进行开发，从而推出自己的 SaaS 产品或应用。后者指的是提供一个基于云计算模式的软件平台运行环境，让应用软件开发商(ISV)或独立开发者能够根据负载情况动态提供运行资源，并提供一些支撑应用程序运行的中间件支持。

3. 软件即服务(Software as a Service，简称 SaaS)

是最常见的云计算服务，位于云计算 3 层服务的顶端。用户通过标准的 Web 浏览器来使用 Internet 上的软件。服务供应商负责维护和管理软硬件设施，并以免费(提供商可以从网络广告之类的项目中生成收入)或按需租用方式向最终用户提供服务。

在 SaaS 层面，服务提供商提供的是消费者应用或行业应用，直接面向最终消费者和各种企业用户。这一层面主要涉及如下技术：Web2.0，多租户和虚拟化。Web2.0 中的 AJAX 等技术的发展使得 Web 应用的易用性越来越高，它把一些桌面应用中的用户体验带给了 Web 用户，从而让人们容易接受从桌面应用到 Web 应用的转变。多租户是指一种软件架构，在这种架构下，软件的单个实例可以服务于多个客户组织(租户),客户之间共享一套硬件和软件架构。它可以大大降低每个客户的资源消耗,降低客户成本。虚拟化也是SaaS层一项重要技术,与多租户技术不同,它可以支持多个客户共享硬件基础架构,但不共享软件架构,这与IaaS中的虚拟化是相同的。

16.2 基于云计算的电子商务模式

云计算作为一种全新的商务模式,其影响将不亚于电子商务。互联网和电子商务的发展,让中小企业有了新的竞争机会,将产品和服务通过网络来提供给消费者。电子商务给企业带来了巨大的收益,但是中小企业开展电子商务的成本也是巨大的。云计算的出现,给中小企业带来了全新的机会,企业不必花大量的人力、财力、物力去建立电子商务系统以及后台的维护支持,这些任务都可以交给云计算提供商来处理,从而使中小企业可以集中精力去挖掘潜在顾客,去研究如何提高顾客的忠诚度,从而提高企业效益。

16.2.1 基本概念

基于云计算的电子商务模式就是云计算与经济、商务、管理、应用领域交叉和碰撞而导致企业的组织形式、盈利方式、市场营销等发生重大变革的电子商务活动的新模式,是各种具有商务活动能力和需求的实体为了跨越时空限制,提高商务规则下充分利用云技术在商务领域的应用特点,有效的地利用资源,降低成本,从而提高企业的核心竞争力,最终完成商品和服务交易的贸易形式。

中小企业应用电子商务服务的新趋势是基于云计算技术的电子外包。企业只需要访问服务提供商建立的电子商务云上的软件库,就可得到其所需的管理程序、商业数据库资料,而不必单独投资建立内部的全套软件和程序,成本相对低廉,只需付一定的租金。电子外包实际上是“随需而变”电子商务的一种形式,这种模式就是利用云计算,使得中小企业在使用网络构架、应用程序时候就能像使用电力等一般公共服务一样方便。

随着电子商务进入正规的发展阶段,基本的电子商务需求已经非常容易被满足,但是,对电子商务新业务模式的探索却一直没有停止。在传统的B2C、B2B模式的基础上,电子商务业务模型又有了更加详细的分类,例如直接业务模型(包括传统的B2C、B2B模型)和间接业务模型(包括托管模型、需求链模型、供应链模型、扩展商店模型)。同时,随着计算机技术的进一步发展,许多新技术、新概念被应用到电子商务软件中。例如,IBM就已经把SOA的概念引入到它的电子商务解决方案WebSphere Commerce中,并且把Web2.0技术应用到它的电子商务模型中。随着电子商务的逐渐普及,更多新的营销理念也应运而生,博客营销、RSS营销等营销方式正在成为电子商务营销的新趋势。上述方向为当前中小企业电子商务的发展带来了革命性的影响。

16.2.2 WebSphere Commerce

在电子商务领域,IBM无疑是先者和坚定的支持者。1997年,IBM以全新的服务概念e-Business作为其产品研发的核心策略,由此引发了电子商务时代的到来。第一次互联网泡沫破裂后,IBM对电子商务进行了慎重思考,提出了“随需应变的电子商务”理念。这种创新思维下的电子商务理念以商务本身的业务流程为核心,追求电子商务系统部署和实施的简单化、实用化。近几年,随着市场的变化、竞争的加剧和新技术的不断涌现,IBM进一步完善了其电子商务理念,提出了以客户为中心、以服务为导向的电子商务理念。在这一理念的引导下，IBM 在第一代电子商务解决方案—Net.Commerce 的基础上开发出第二代电子商务解决方案—WebSphere Commerce。其特点如下：

1. 快速的、高度自动化的跨渠道营销

WebSphere Commerce 的主要价值是实现快速的、高度自动化的跨渠道营销和销售流程，帮助各种规模的企业实现随需应变，确保企业能够随时随地以任何方式开展业务。

2. 集成的电子商务解决方案平台

WebSphere Commerce 是一个集成的电子商务解决方案平台，支持超过 200 个可修改的已有业务流程，这从整个价值链上为企业到顾客(B2C)和企业到企业(B2B)的电子商务提供了强大的解决方案。作为一个软件产品，WebSphere Commerce 是一个基于 Java 的开放架构，并提供了一个由一组集成的软件组件组成的健壮的 J2EE 平台，通过这些组件，企业能够构建并管理个性化的电子商务站点。

3. 完整的电子商务解决方案

WebSphere Commerce 是一个完整的电子商务解决方案，它包括 IBM 的 WebSphere Application Server、DB2、WebSphere Payments 及 HTTP 服务器，并且能够与 IBM 其他软件产品，如 Tivoli、Rational、Lotus 等进行集成，为企业提供了完整的软件解决方案。

4. 实现了各功能模块的单独部署和独立动作

WebSphere Commerce 是以 SOA(面向服务架构)为架构，由紧耦合的模块化向松耦合过渡，实现了各功能模块的单独部署、独立动作。SOA 对外提供统一的服务接口，使产品开发者、最终用户及第三方提供商都可以通过统一的服务接口来定制商业逻辑，给用户以更多的灵活性，并能更好地适应用户的业务流程。同时，由于各个模块功能也都提供了 SOA 接口，就使得各模块相对独立，企业可以根据自身需要定制模块和功能。

16.2.3 SaaS 模式

SaaS 是 Software-as-a-service(软件即服务)的简称，它与“on-demand software”(按需软件)，the application service provider(ASP，应用服务提供商)，hosted software(托管软件)具有相似的含义。SaaS 是一种软件服务提供的模式，是一种将软件部署为托管服务并通过 Internet 进行访问的模式。用户不用再购买软件，而改用向提供商租用基于 Web 的软件来管理企业经营活动，且无需对软件进行维护，服务提供商会全权管理和维护软件。对于许多中小型企业来说，SaaS 是采用先进技术的最好途径，它消除了企业购买、构建和维护基础设施和应用程序的需要。

1. SaaS 带来的市场价值

SaaS 作为一种新型软件应用形式，旨在实现由企业内部部署软件向软件即服务的转变，在更深层次上带来了商业模式的转变，其所带来的商业模式转变主要包括：将软件的“所有权”从客户转移到外部提供商；将技术基础设施和 IT 管理等方面的责任从客户转移给提供商；通过专业化和规模经济降低提供软件服务的成本；能够覆盖中小企业信息化市场。

2. 中小企业应用 SaaS 的优势

SaaS 解除或减少了企业购买、构建和维护基础设施以及应用程序的需要。对于许多中小企业来说，SaaS 是应用先进 IT 技术的好途径。其优势体现在：(1)规模化带来价格优势；(2)技术架构先进；(3)退出成本较低；(4)使用门槛较低；(5)交易过程简单而透明；(6)为中小企业带来客户价值。

16.2.4 CaaS 电子商务模式

1. CaaS 模式概念

CaaS(Commerce-as-a-Service,电子商务即服务)就是电子商务应用领域的 SaaS,它可以降低中小企业应用电子商务的门槛。这是 IBM 公司的 WebSphere Commerce 产品基于云计算而提出的电子商务即服务的新概念(CaaS)。它是一个由 IBM 建造并运营的在线租用电子商务解决方案,该平台可迅速为客户开辟网上商城。客户可以利用该解决方案完成在线交易。客户是卖家,将负责产品信息、库存、销售、市场营销等。在我国,大量的中小型企业构成了电子商务应用市场的"长尾",具有大量的电子商务应用需求。对于 IT 预算并不宽裕的企业来说,通过 CaaS,它们可以像用水、用电一样按需购买电子商务应用,便捷地使用电子商务。CaaS 使企业可以更加快速、灵活和公平地获取商机。

CaaS 采用云计算最新技术,特别为中国客户优化界面,同时兼具个性化的促销推广功能。该平台架构在 IBM 的蓝云技术之上,能够为企业提供全生命周期的虚拟化管理以及业务支撑,从而保证网上商店的高可靠性和高性能。商家只需挑选所需功能便可快速上线。并且采用了 RevenueShare(收入分成)的业务模式,降低了企业的风险。平台拥有强大的后台集成功能,能够快速的、无缝的与企业 IT 系统集成,帮助企业实现资源利用的最大化。此外,CaaS 的后台可以跟淘宝上面的 C2C、B2C 的网页结合起来,把互联网上分散的订单结合起来,将把顾客都梳理到企业的信息系统;还可以把产品信息通过统一平台发布,可以大量提高内部运营效率。把所有订单结合以后,可以通过统一的供应链订单处理系统来完成,使效能更高。

2. CaaS 解决方案

CaaS 方案基于 IBM 的云计算技术、领先的电子商务套件(WebSphere Commerce)、和 SaaS(软件及服务)的服务交付模式,是告别了传统的电子商务建设过程中的自购物理硬件(服务器、存储设备、网络设备)和电子商务软件(如 IBM 的 WebSphere Commerce 套件)使用许可的模式。客户只需要使用云计算的平台服务就能拥有健壮、稳定、可扩展的电子商务 IT 架构,以及 SaaS 服务提供 IBM 功能强大的电子商务套件,如图 16.4 所示。

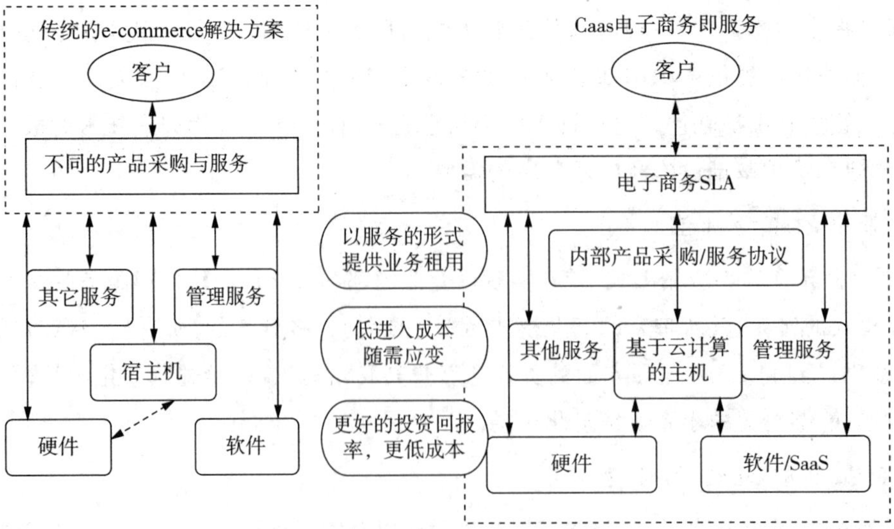

图 16.4 CaaS 解决方案

3. CaaS方案比较分析

CaaS与传统电子商务方案比较见表16.1所示。

表16.1 CaaS与传统电子商务解决方案比较

	传统e-Commerce解决方案	CaaS方案
目标客户	大型企业级用户	中小型企业用户
投入成本	较大投资:硬件、软件、服务进入门槛高	较小投资:服务 进入门槛低
业务模型	Direct B2B, Direct B2C, Multiple Channel B2C, Hosted…	Direct B2C, Multiple Channel B2C, Direct B2B
客户化定制	较多客户化定制。上线时间:6个月到12个月	较少客户化定制。典型业务符合业界标准,2个月快速上线
IT实施和维护	有自己的IT团队,自己负责系统实施维护	CaaS IT团队
业务运营	有自己的业务团队负责运营	CaaS可提供运营服务
业务扩展	架构扩展,增加硬件和软件投入,需要较长时间	在云平台自动进行,简单快速

16.2.5 中小企业电子商务的云计算应用模式

中小企业在开展电子商务过程中,既要考虑企业在电子商务不同阶段发展情况,同时也要从市场经济价值与电子商务应用模式的多元化角度去考虑解决方案,而基于云计算平台的应用模式对中小企业发展电子商务来说,恰好是种优化的解决方案之一,因此对云计算的模式选择也是不可忽视的一环。中小企业需要考量云计算给自身企业带来的各种利弊,才能更好地利用这个巨大的发展平台,增强企业在电子商务市场的竞争力。

目前,谷歌、IBM、亚马逊、微软、阿里巴巴都加入了云计算的开发行列。面对种类如此繁多而又各具特色的云计算系统平台,中小企业在开展电子商务,选择云计算时应该理性分析本企业的行业特点,根据自身的需求从业务角度出发选择适合的云计算平台。

1. 只作为使用者的中小企业电商云计算模式

对于只想利用云计算来实现一些在线办公功能,而不需要任何开发的电子商务中小企业来说,这类企业仅仅作为终端用户参与其中,对于他们来说,采用软件即服务的模式。可以使用谷歌或微软提供的服务,谷歌以应用引擎的形式(Google AppEngine,即GAE)提供云计算服务,并可免费使用谷歌的基础设施来进行托管。此外还有微软推出的LiveService,包括OfficeLive、WindowsLive。在线办公系统为中小企业带来了巨大的好处,企业可以使用基于云计算的Web工具来管理项目,在财务报表、文档及演示文稿等多方面进行协作,管理企业范围内的联系人和日程安排。对于中小型企业来说,这无疑节省了他们的运作成本,同时提高了生产效率。

2. 作为开发者和使用者的中小企业电商云计算模式

这方面可以有两种不同的方式:

(1) 使用平台,使用云计算厂商所提供的用户订阅、计费、部署、监控等服务。这种模式的典型代表是Salesforce提供的force.com平台。这个平台是以它的销售管理而闻名于世,对于一些没有资金来购买服务器并且不希望从零开发的中小型企业来说,使用force.com能够快速开发应用系统,是电子商务中小企业开发的助推器。

(2) 使用基础设施模式，这里也存在两种不同的方式，即租用或者购买基础设施。其中有以在线书店和电子零售业起家的亚马逊公司，它采用租借基础设施的方式为远程云计算平台服务，(AmazonWeb Service，即 AWS)。还有 IBM 公司推出的 CaaS，它是一个由 IBM 建造并运营的在线租用电子商务解决方案，该平台可迅速为客户开辟网上商城。以上两家都是将计算机资源(如存储、处理能力等)打包成类似于公共设施的可计量的服务，通过存储服务器、带宽、CPU 资源以及月租费等向租户收取费用。这也就意味着企业可采用按需收费的模式，中小企业不需要租用固定数目的服务器，因此，尤其对于那些具有访问高峰和低谷并且差距很大的电子商务中小企业采用这种云计算服务模式再合适不过。

16.3 云计算的商业模式

云计算时代的商业模式从组成对象以及设计流程上来看，和当前的商业模式并没有多大的区别。仍然是商品、消费需求、信息传递、商品流通等组成的结构体系。但是由于技术力量约束了人控制欲望的发挥，在信息对称的环境下，商业模式变成了简单的技术性操作过程。

所以在云计算的时代，决定商业模式的主要因素是云计算产品的核心和关键技术。云计算使得使用资源或者构建资源的方式发生变化，不仅会导致 IT 产业的变革，而且影响到各种商业运营模式，包括刺激新商业模式的出现、现有商业模式的演变。

16.3.1 典型云计算企业商业模式

众多 IT 巨头如 IBM、微软、谷歌、甲骨文纷纷涌入“云计算”领域，用最快的速度宣布自己的“云”. Google 已经在这方面部署了 100 多万台的服务器，提供“云计算”服务。众多应用部门、政府机构和行业用户，也纷纷将建设“云计算”当做最荣耀、最迫切，也是最时髦的“战略规划”内容。一时间，“北京云”“上海云”“深圳云”“阿里巴巴云”“中国石化云”“中国电信云”，各大企业已经进入靠“云”生存的年代。

1. Salesforce 和八百客的 PaaS

Salesforce 或八百客在推出的 SaaS 软件中包括在线开发的平台技术和操作界面，用户可以不用任何编程语言，开发任何企业管理软件。用户可以在两家公司提供的试用版中进行开发测试。八百客在 PaaS 平台上开发了几乎所有 SaaS 应用，包括人事管理、供应链管理、进销存、财务管理等。PaaS 厂商的市场定位是为最终客户提供方便易用、功能全面的企业管理软件。Salesforce 还推出了 AppExchange 平台，吸引各个管理软件细分领域的开发商在其 PaaS 平台上开发和运营云服务，并对表现出色的小厂商采取收购策略。

面向客户对象：中小企业及 CRM/ERP 等最终用户。

盈利手段：向最终用户租用 CRM/ERP 等软件或为中小企业提供开发接口。

2. Amazone 的云计算服务

亚马逊以在线书店起家，成为全球领先的在线零售商。亚马逊也是云计算的领头羊。亚马逊在推出云计算之前收购了多家技术产品公司，之后推出了风格独特的云计算产品，也参与开创了云计算的商业模式。亚马逊的云计算产品总称为 Amazon Web Services(亚马逊网络服务)，主要由 4 部分组成：S3 (Simple Storage Service，简单的存储服务)；EC2(Elastic Compute Cloud，可伸缩计算云)；SQS(Simple Queuing Service，简单信息队列服务)，以及 SimpleDB。

面向客户对象:开发商、中小企业

盈利手段:亚马逊目前为开发者提供了存储、计算、中间件和数据库管理系统服务，开发商可以在亚马逊云中开发应用软件,并基于亚马逊的收费模式,向最终用户租用软件。亚马逊为中小企业提供服务存储、弹性计算及网络存储等服务,并通过 HaaS 的模式进行收费。

3. 谷歌的 Google Apps

谷歌公司围绕其核心互联网搜索业务,收购了一批小型公司,并创建了一系列互联网服务,包括域名、电子邮件、在线日历、聊天和可收费的 Google Apps(谷歌应用软件套件)等。Google Apps 就是以网络为基础的 Office 软件。Google Apps 有免费版和收费版两种,收费版每年每用户收费 50 美元。Google 也与 Salesforce 结成联盟,提供 Google Apps 和 Salesforce 产品的集成技术。

面向客户对象:开发商、普通消费者、大学学生和小型企业员工。

盈利手段:收费版 Google App 及广告收益。

4. 微软的软件加服务

微软已经或准备推出在线 CRM 系统(Dynamics CRM Online),在线 Exchange(Exchange Online,集成邮件、Outlook、聊天器等功能),在线 Office(Office Communications Online)和 SharePoint Online(在线内容共享)。每个产品都以多重租赁版本推出,主要是针对中小型企业打造。多年以来,微软一直都是在租用大型的数据中心,但现在公司已开始设计、构建并拥有自己的数据中心。

面向客户对象:中小企业。

盈利手段:收费版应用、软件租赁、服务租赁及广告收益。

5. 瑞星的云安全杀毒服务

瑞星“云安全”系统是由千千万万具有“云安全探针” 的软件产品在互联网上组成的巨大反病毒软件体系。随着瑞星“云安全”的发展,除瑞星全功能安全软件、卡卡上网安全助手等瑞星产品集成了“云安全探针”的功能外,迅雷、网际快车、巨人、久游等一批重量级厂商也相继加入了瑞星“云安全”计划,这些软件的客户端也同时成为瑞星“云安全”系统中的“云安全探针”。每个“云安全探针”都会把可疑信息上传到“云安全”服务器进行分析,并从“云安全”服务器获得最新的“云安全”成果,防范病毒保护电脑安全。

16.3.2 按使用量付费的商业模式

目前云计算服务的收费非常灵活,客户是按照月或年以及使用量来付费。

按使用量付费(Pay Per Use)是服务供应商最常用的定价模式。根据按使用量付费的原则,用户只需要对自己所使用的资源付费。在这种定价模式中,用户需要为使用的单位服务支付固定的价格,一般是按每小时千兆字节或是每小时 CPU 等计算。目前大部分的云计算供应商都采用这种定价方式,如 Amazon,用户只需要支付自己使用的资源,不存在任何的最低消费。

根据伯克利大学的一篇技术报告分析,Amazon 的按使用量付费的价格比购买类似服务器更贵,但是相比于成本支出,云计算的弹性和按使用量付费模式更为重要。这是因为云计算的按需服务(即弹性)和按使用量付费的模式准确的描述了云计算服务用户所能看到的经济方面的好处:云计算将“资本支出”转变成为“经营费用”。以 Amazon 的云计算服务为例,用户使用 Amazon 的云计算服务,3 年租用一台服务器的钱比购买一台服务器(假设每台服务器的使用期限是 3 年)的价钱还要贵,但是在考虑到云计算在弹性计算和转嫁风险方面的经济优势后,按需服务、按使用量付费的云计算服务架构还是非常值得用户选择的。同时，云计算还能够很好地应对市场变化的需求，提高资源利用率，改变机器忙闲不均的使用状况。

云计算能够随意在一个服务器上增加或移除资源，只需要几分钟就可以搜寻到匹配的资源，因而更好按需分配资源，而传统方式则需要几个星期的时间才能完成。在一般数据中心，服务器的真实利用率大约为5%到20%。但是考虑到大多数业务系统的峰值工作量比平均值工作量要高2～10倍，就比较能够容易理解数据中心的服务器利用率低的问题了。大多数数据中心都会按照峰值准备资源，以便能够应付高峰期，但是在资源使用的非高峰期，服务器难免闲置。峰值越高，浪费越多。下面将给出一个简单的例子来说明，相对于购买，选用弹性方式可以减少浪费，且可以弥补按使用量付费带来的潜在高成本。

假设某公司的服务器有一个可预见的日常需求：白天的峰值是500台服务器，而晚间的峰值是100台服务器，如图16.5所示。

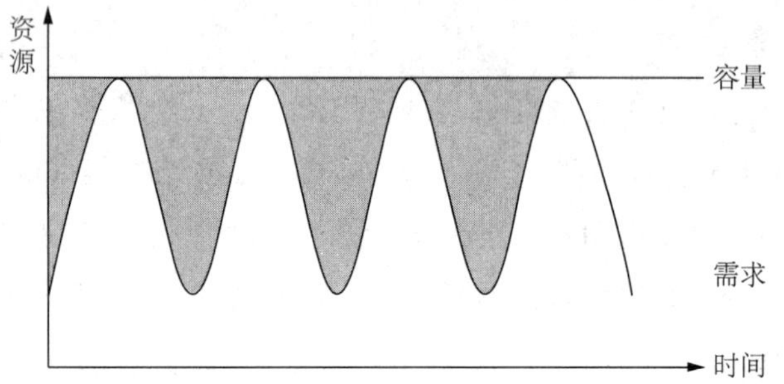

图16.5　最大负荷配置的情况

如果一天中每个时段的平均使用量是300台服务器，则一天服务器总的实际使用量是300×24＝7200台，但是如果必须一直提供峰值时刻需要的500台服务器，则我们需要付出500×24＝12000台服务器，是实际所需服务器数的1.6倍。

事实上，上面的例子还是低估了按使用量付费的益处。因为最普通的服务也会经历季节性或周期性需求变化(例如，电子商务的峰值在12月)，一些意想不到的需求(如新闻事件)也可能导致峰值。传统数据中心因为需要几周才能完成新装备的申请和安装，所以唯一的办法就是提前预备资源设备以便应付峰值。不过即使峰值预测正确，也会存在浪费，如图16.5所示。如果他们高估了峰值，则浪费更多。而如果低估了需求的峰值，部分客户在峰值时没有得到服务(见图16.6阴影部分)，则会使网站访问速度大幅下降，甚至无法访问，从而导致客户流失。

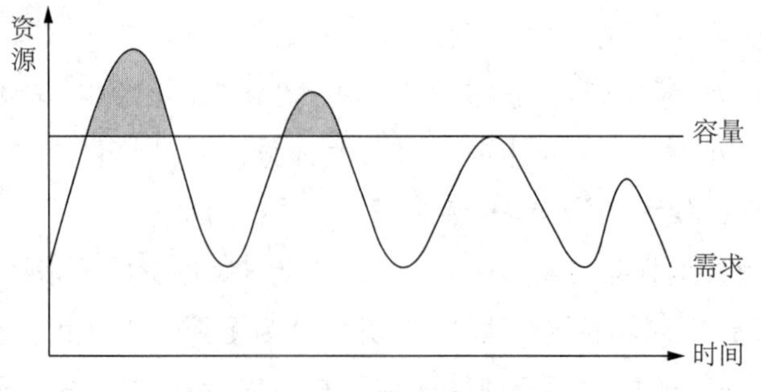

图16.6　资源配置不足的情况

所以，无论对大型企业还是中小企业，云计算的弹性和按使用量付费模式都是有价值的。没有使用的情况下，因为资源闲置，单位时间内成本更高；过高估计峰值，将会导致同样状况；而在低估峰值的情况下，资源配置不足，流失客户，也导致成本上升：由于一部分用户永久离开，但是固定费用保持不变，所以费用只能摊销在较少的用户身上。

16.3.3 云计算服务的成本结构分析

在 Skilton(2010)的文章中，云计算被描述为一种综合了一系列新技术和现有技术的集合的技术革新，它是一种新型的计算模式。在短短几年时间里，它被广大用户所接受，越来越多的企业、政府、学校、医疗等机构都纷纷投入到云计算实践当中。随着云计算的蓬勃发展，运营商的目光渐渐地也从如何吸引用户从传统方式转换为云计算模式，转移到如何以最小的成本获得最大的收益这样深层次的问题。为此，需要展开对云计算的成本效益分析。

在云计算中，经济效益的实现被视为两步过程：第一步，只有当收益大于成本时，资源才被应用；第二步，当成本最小时，通过给定的资源实现最大效益。由此可见，成本分析是云计算经济效益分析的重要基础。所以，本节将先为读者介绍云计算的成本结构分析。

1. 云计算服务的成本结构特点

目前，已经有一些方法和技术用以对传统数据中心的成本分析，但是云计算的特点使得它们很难被采用去作云计算的成本分析。这是因为云计算服务作为新型的 IT 服务，与以往的 IT 服务不同，具有资源弹性利用和虚拟化的新特点：

(1) 资源弹性利用。云计算是一个按需提供的资源服务。用户通过向云申请自己所需要的资源，然后从云上得到反馈，获得所需资源。云计算所采用的架构使得其可以不断的自动适应用户变化的需求。动态可扩展性技术支持云在资源池中实现多次配置，无需人工干预。这就意味着，服务器、软件、能耗以及设施，包括网络关键物理基础设施和电力系统，都可以根据用户需求的变化，在资源池中进行删减。这就使得云计算的成本分析完全不同于传统的数据中心。目前的成本分析技术并没有考虑云计算的弹性特点。他们的计算主要取决于对每个成本项目和所有现金支出的汇总的统计，而忽略了弹性使用对成本计算的影响。且目前的技术无法从不断变化的云计算中得到每一个成本项目的确切数据用以计算。

(2) 虚拟化。在云计算中，一组通用的服务器承载着多个应用程序。这就允许应用程序工作量整合在较少的服务器上，从而保证其被更好的使用。因为不同的工作量可能有不同的资源利用足迹，且随着时间变化可能会进一步有所不同。为此，虚拟化技术在云计算中被广泛采用。云计算服务提供商将任意用户的应用程序打包成一组虚拟机(VMs)，并将虚拟机作为应用程序的资源。在这种情况下，虚拟机成为了云计算中资源的单位，这肯定会影响成本分析。例如，传统的成本计算主要以物理服务器作为单位来计算服务器成本，且考虑更新情况。但采用虚拟化是在综合使用物理服务器。另一个例子是软件。在云计算服务中，软件以虚拟机的形式授权给用户使用，用户只需要计算在虚拟机所需的软件许可证，而不是物理服务器。云计算服务供应商在虚拟机应用的租赁时，将软件借给用户，这就使得在一段时期内，云中的软件被公共使用了，传统的软件成本基于单独价格直接计算的方式不再适用。

2. 云计算服务的成本分析方法

目前，对云计算成本分析的方法并不多，下面介绍其中一种云计算成本分析的方法，是由 IBM 研究所的 Li 等(2009)提出的。他们分析云计算的成本包含两部分：总拥有成本(TCO)和使用成本。

总拥有成本通常被用来作为商业实施和管理 IT 基础设施的实际成本。它不仅包含资本成本，而且考虑了经营整个 IT 基础设施的成本。综合考虑整个生命周期的消费使得总拥有成本可以适当地作为决定云计算的经济价值的成本基础。因此,将云计算总拥有成本视为云计算成本分析的基础。

云计算的总拥有成本一般是指建立和运营一个云所花费的成本。构成云计算总拥有成本的元素可以分为八类:

(1) 服务器成本。云计算中的服务器都被安放在机架中,共同构成一个资源池。用户通过资源池被分配到自己需要的应用和服务。计算总拥有成本时需要考虑资源池中所有的服务器。

(2) 软件成本。这个成本主要是用于支付软件使用许可证费用。根据许可方式的不同,软件分为三种类型,相应的成本计算方法也是截然不同的。

(3) 网络成本。与网络相关的成本主要是由交换机、网卡和用来将物理服务器连接到网络的电缆产生。其中,由于网卡、电缆一般是和服务器联合购买的,所以在计算总拥有成本时,网卡和电缆算在物理服务器的价格里。网络成本只要考虑网络交换机的成本。

(4) 支持和维护成本。此项属于软成本,但是也包含了一些重要工作的费用,如软件分发和升级、资产管理、故障排除、流量管理、服务器配置、病毒防护、磁盘保护以及性能维护等。

(5) 电力成本。云计算中的电力主要用于计算的基础设施(IT 负载),如服务器、网络交换机等,以及网络关键物理基础设施(非 IT 负载),如变压器、不间断电源设备、电源线、风扇、空调、水泵、加湿器、照明等。由于这些是被配置在机架内的,所以电力成本一般按照机架为单位计算。

(6) 冷却成本。因为数据中心的能耗被完全转化为热能,所以机架的额定功率与热输出是相等的。

(7) 设施成本。设施不是设备,但是对设备的正常运行具有重要作用。他们都被包含在机架内,也是按照机架为单位计算。

(8) 场地成本。由于冷却、电力等特殊基础设施的需求,云计算所需求场地价格通常比标准的商用物业更贵。有数据显示,每平方米额定功率为 40 瓦(W)的数据中心的成本约为 400 美元。

以上八类成本的总和就是云计算的总拥有成本。当具体计算时,所需要的参数都是从运营商或行业统计数据处收集。

对云计算来说,仅仅计算和分析总拥有成本是不够的。虽然总拥有成本对评估云计算整个生命周期的 IT 成本是有帮助的,但是它更容易被用来评估基础成本,而不是云上弹性资源的传递。总拥有成本包含资源池内所有服务器及所有支持这些服务器的设施等的成本。但是云只是使用了这些服务器和其他类别的资源的部分以满足用户的要求。被使用的部分资源的成本很易随着各种工作负载的不断变化而变化。于是需要计算由用户使用带来的成本,这里被称为使用成本。使用成本的计算将考虑到云计算的虚拟化和弹性化特性。

完全不同于传统的成本核算方式,这里采用虚拟主机为使用成本的输入,并采用一个三层结构的推导模型来计算使用成本,如图 16.7 所示。

同总拥有成本一样,使用成本也采用相同的八个衡量标准的类别,即服务器成本、软件成本、设施成本、支持和维护成本、网络成本、电力成本、冷却成本、以及场地成本。在图 16.7 中可以看到,使用成本的整个计算过程是:首先,在第一层,获得作为输入的虚拟机数量和虚拟机密度。然后,在第二层,根据以上两个参数,计算服务器的数量。在服务器数量和虚拟机数量的基础上,可以得到服务器成本、软件成本、支持和维护成本、网络成本等。在第三层次,计算包含服务器的机架数量。电力成本、冷却成本、设施成本以及场地成本都取决于机架数。最后,将这八类成本相加就得到了云计算的使用成本。

16.3.4 云计算的效益分析

很多公司目前仍然是手动安装部署系统,效率低下,很多人力浪费在重复繁琐的系统管理和手动部

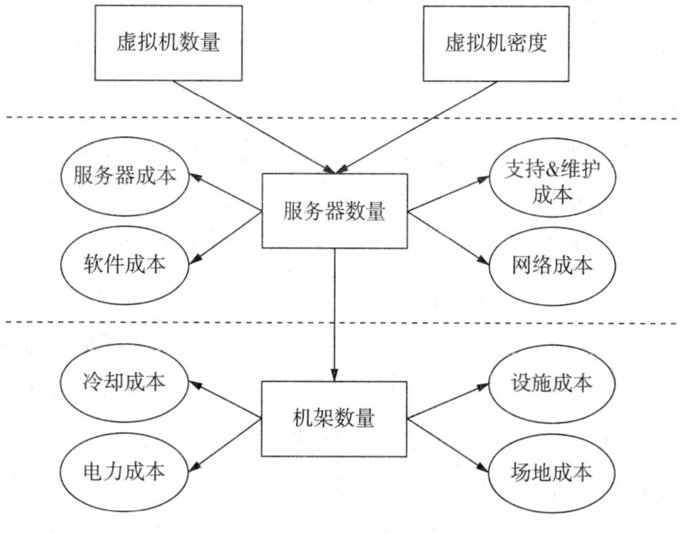

图 16.7 云计算的使用成本模型

署上。然而，在高度虚拟化的云计算环境中，虚拟化可以大力促进系统整合，从而减少硬件支出；自动化能够显著节省人力支出，同时提高效率，减少手动错误。在此基础上总体节省的数目将大大超过了云计算项目在虚拟化和管理软件上的投入。因此，通过建立云计算平台，用户可以得到更大的效益。

对于云计算，其收益分析主要包括以下 4 个方面：

1. 硬件效益分析

云计算可以使用户的硬件的利用率达到最大化，给用户带来巨大效益。具体体现在：

(1) 效率效益。云计算服务中，硬件的节省来自于提高服务器利用率和减少服务器的数量。在一个典型的数据中心，服务器运行单一应用程序，计算能力利用率低于 20%。在云计算环境中，由于系统的整合和虚拟化，需要的服务器的数量极大下降，每台服务器的利用率大幅提高，从而显著节省了硬件费用，也减少了将来的硬件投资。

(2) 节能效益。当越来越多的企业开始转向云计算，他们就不需要自己来维护服务器。相应地，服务器数量减少了，就直接节省了电力、智能及机房的开支。

(3) 市场效益。服务器整合是实施企业私有云的第一步，可以提高 IT 效率，同时减少基础设施的支出，从而使得企业可以放更多精力和资本去发展自身业务，开拓市场，同时也提升了企业 IT 快速响应市场变化的能力。

2. 软件效益分析

软件即服务(SaaS)是云计算中的一个重要模式。在这种模式下，客户不再像传统模式那样花费大量投资用于硬件、软件、人员，而只需要支出一定的租赁服务费用，通过互联网便可以享受到相应的硬件、软件和维护服务，享有软件使用权和不断升级。这是软件应用最具效益的营运模式。具体体现在：

(1) 经济效益。SaaS 不仅减少甚至取消了传统的软件授权费用，而且厂商将应用软件部署在统一的服务器上，免除了最终用户的服务器硬件、网络安全设备和软件升级维护的支出，客户不需要除了个人电脑和互联网连接之外的其他 IT 投资，就可以通过互联网获得所需要软件和服务。另外，SaaS 软件运营商通常是按照客户所租用的软件模块来进行收费的，而且会负责系统的部署、升级和维护。因此用户可以根据需求按需订购软件应用服务，可以节省一大笔开支。

(2) 市场效益。客户通过 SaaS 模式获得巨大收益的同时，对于软件厂商而言就变成了巨大的潜在市场。另外,SaaS模式还可以帮助厂商增强差异化的竞争优势,降低开发成本和维护成本,加快产品或服务进入市场的节奏,有效降低营销成本,改变自身的收入模式,改善与客户之间的关系。

3. 自动化部署效益分析

云计算的其中一个功能就是通过自动化部署解决这些IT资源的维护和使用问题,帮助IT资源获得最大的使用率,最终降低IT资源的成本开销。

自动化部署是指通过自动安装和部署,将计算资源从原始状态变为可用状态。自动化部署是支撑云计算服务平台的重要功能之一。传统的手工应用部署是一个费时费力的过程,通常由多个复杂的步骤组成,包括软件的安装、配置,以及为软件分配硬件资源等。由于定制化的业务应用通常具有特殊的安装和配置步骤,使得应用软件的部署更是成为了复杂的过程。这些因素都使得自动化部署成为以云计算平台管理这些任务的关键。只有通过动态的部署业务应用,才能够真正实现云计算平台的灵活性。

在云计算中,自动化部署体现为将虚拟资源池中的资源进行划分、安装和部署成可以为用户提供各种服务和应用的过程,其中包括硬件(服务器)、软件(用户需要的软件和配置)、网络和存储。系统资源的部署有多个步骤,自动化部署通过调用脚本,实现云上自动配置、应用软件的部署和配置,确保这些调用过程可以以默认的方式实现,免除了大量的人机交互,从而节省部署所需的大量时间和人力,提高部署的质量。

4. 系统管理方面的效益

云计算一个重要核心理念是:通过一种系统配置机制来实现不同的功能,以满足不同的需求。一般来说,改变软件系统的运行和功能,通常是靠编程或配置,也可以是两者同时进行。编程需要专门的技术知识,包括底层的软件程序语言和算法逻辑;而配置则不需要任何具体的技术专长。配置的变化会直接影响系统的运行和用户显示及体验,并且该操作通常由系统管理员实施,他只需要访问配置维护界面,整个过程中,底层软件程序并没有改变。这种重要的理念让云计算的系统管理难度大大降低。

同时,云计算服务不可避免的对公司相关组织结构和工作职责产生影响,使公司管理扁平化。云计算是将资源集中起来,以整体服务的方式提供给使用者,无论是公有云,还是私有云。所以,这种资源集中化,必然带来公司组织结构、业务流程的调整,特别是对于一些大型企业。这个一级平台带来最大的好处就是平面化管理:能够实现全集团业务处理过程的统一、全集团数据信息的集中,让所有单位的管理过程全部放在一个桌面上,实现业务过程、数据信息等全部置于一个平面。相应的,很多管理职能得以上移,减少了层级,提高了管理的效率。而对于小企业来讲,选用云计算服务的结果,最直接的改变就是不再需要为此养人,而是靠服务商来保证品质。且系统的初始成本可以忽略不计。

16.4 云计算服务的定价模式

云计算从产生的那一天起就强调其商业模式。云计算服务商业的成功在很大程度上是通过开发合理的定价机制来实现的。制定合理云计算服务的定价策略,对云计算服务商赢得竞争优势、获得更多利润具有重要的现实意义。同时,云计算带来的工作方式与商业模式的根本改变,使用户与计算资源的管理也产生了分离。当用户需要使用资源时,只需要以付费方式从云计算服务提供商处获取资源即可。所以,合理的定价策略也是用户急需的。

目前,几大云计算运营商都有自己的定价方式。在表16.2中,给出目前开展云计算服务的几家公司所提供的服务类型、定价方式等。

表 16.2 各大云计算服务供应商的定价模式

公司/产品	服务类型	收费模式	商业模式框架
Amazon EC2, S3, SimpleDB, SQS, FPS, DevPay	Computing, Storage, Database, Payment, Billing	Pay-per-use	Infrastructure/ Platform-as-a-Service
Appian Anywhere	Business Process Management	Pay-per-use	Applications
Box.net	Storage	Pay-per-use	Applications
FlexiScale	Infrastructure	Pay-per-use	Infrastructure
Google App Engine	Infrastructure, Web Applications	Pay-per-use	Infrastructure
Gmail Drive	Storage, Email	free * /Pay-per-use	Applications
MuxCloud	Data Processing (Video): uses Amazon's EC2	Pay-per-use	Applications
Nirvanix	Storage	Pay-per-use	Applications
Network.com	Infrastructure	Pay-per-use	Infrastructure/ Platform-as-a-Service
OpSource	Billing	Subscription	Applications
Process Maker Live	Business Process Management	Pay-per-use	Applications
Salesforce.com	Platform	Pay-per-use	Platform-as-a-Service/ Applications
MS SkyDrive	Storage	free *	Applications
SmugMug	Data Sharing (Photo)	Subscription	Applications
Strikeiron	Web Services	Subscription/ Pay-per-use	Applications
XDrive	Storage	Subscription	Applications
XCalibre	Infrastructure	Subscription	Infrastructure
Zimory.com	Marketplace	Dynamic pricing	Applications

* free up to a limited contingent, e. g. 5 GB or 7 GB

(资料来源:《Cloud Computing - A Classification, Business Models, and Research Directions》)

由表 16.1 可以看出,目前云计算服务运营商主要使用的定价方式还是以固定定价(Fixed pricing)为主,动态定价(Dynamic pricing)只有少数运营商尝试。为此,在下面将以固定定价和动态定价的角度分别介绍目前大多数云计算服务运营商,包括 Amazon、IBM、Google 和微软等所采用的定价模型。

16.4.1 云计算服务固定定价模式

现在云计算服务大多订单遵循着一个极为简单的定价方案,即对各种资源类型给定固定的价格(Fixed pricing)。根据 Yourself 等(2008)的文章,不同的云计算服务的固定定价模式主要采取如下三种形式之一:分级定价(Tiered pricing),按使用量付费(Pay per use)和认购定价(Subscription-based pricing)。

1. 按使用量付费(Pay per use)

按使用量付费(Pay per use)是当前服务供应商最为广泛使用的定价模式。在这种定价模式中,用户需要为使用的单位服务支付固定的价格,一般是按每小时、千兆字节或是每小时 CPU 等计算。例如 Amazon 的 S3 服务 (Simple Storage Service,简单存储服务) 中,存储数据需要支付每月 0.15 美元/GB 的费用。

按使用量付费的定价方式通常用在基础设施即服务(IaaS)和平台即服务(PaaS)模式中。云计算服务运用这种定价机制,使得用户从资本支出到经营费用都可以重新分配成本,即固定成本变成了可变成本。

目前 Amazon EC2,Google App Engine 和 FlexScale 等都有通过使用按使用量付费的方式收取服务费用,并且取得了成功。在 Amazon,"支付你所需的"("Pay only for what you use.")且"不存在最低消费"("There is no minimum fee.")。同时,AWS(Amazon Web Services,亚马逊网络服务)可以为用户简单的估计出每月的账单,它所列出的价格是依据用户实际运行的区域。而在 Xeround,其云计算服务定价模型采用了一种独特的按使用量付费的方式,用户只使用他所需要的和只支付他所使用的。具体来说,Xeround 对数据量按每小时 0.10 美元/GB 收费,对从数据库传入和导出数据按 0.33 美元/GB 计算。同样的,按使用量付费通常也适用于数据传输或内存使用的情况。例如,在 GoGrid 的云计算方案中,将"内存/小时"作为其系统的使用单位。此种方式比后面将提到的分级定价(Tiered pricing)模式更为灵活,因为它允许用户根据自己的应用程序需求来分配系统主内存。

由此可见按使用量付费是大部分云计算供应商所采用的定价方式,对于用户而言它更易于理解和更直观,但是这种机制却不能使收入最大化,也不会根据不同的用户需求来区分定价,于是便诞生了后面几种定价方式。

2. 认购定价(Subscription-based pricing)

云计算的认购定价(Subscription-based pricing)是一种类似于按使用量付费(Pay per use)但又不同的定价模型。在认购定价模型中,为了以固定价格在较长的时间范围内(一般每月或者每年)使用服务单位的一个预选组合,用户认购(或者签订合约),并且认为在订阅模式中,定价的是单位时间,而不是每消费单位。认购定价是 SaaS 服务最为广泛应用的定价模式,它允许用户预测他们的使用云服务的周期费用,用户通过交年费或是月租费来使用服务。目前,Salesforce.com,Adobe,OpSoure,SmugMug,XDrive 和 XCalibre 等公司都是采用认购定价方式,并且取得成功。其中,Adobe 正式发布的 Adobe Creative Cloud 是一种基于订阅的服务。作为制作、分享和发布创意的中心,它的核心是最新发布的 Adobe Creative Suite 6 软件包,里面包含了全新的设计、网页、视频和数字成像工具。Adobe Creative Cloud 的会员价为每月 49.99 美元,需要支付一年。另外,Adobe 还提供了其他一些支付选择,如独立用户每月只需支付 29.99 美元就可以使用 CS3、CS4、CS5 和 CS5.5。在注册成为 Adobe Creative Cloud 的会员之后,用户可以下载并安装 Adobe CS6 应用程序和两款新的 HTML5 产品——Adobe Muse 和 Adobe Edge preview。Creative Cloud 还集成了 Adobe 极具创意的平板电脑应用程序,比如说 Photoshop Touch,这使得用户可以在云端同步和存储文件,然后在设备端进行访问。用户还可以非常方便的在 iOS 或安卓 APP 商店上发布自己开发的 APP,进行网站发布并托管。另外,Creative Cloud 的用户还可以获得应用程序更新,比如在最新 CS point-product 功能作为 CS 重要更新的一部分被发布之前,用户就可以使用该功能。

3. 分级定价(Tiered pricing)

分级定价(Tiered pricing)又称分档定价心理策略,是指在制定价格时,把同类产品分成几个等级,不同等级的产品，其价格有所不同，从而使顾客感到产品的货真价实、按质论价。在云计算中，分级定价主要是运营商提供多种层级，每一层级提供固定的计算规格(例如：存储大小、内存分配、CPU 类型和速度等)和 SLA(服务等级协议)，用户可以根据自己的需求选择层级购买。一般每个层级按照单位时间制定特定价格。Amazon 的云系统也采用了分级定价。例如，AWS 销售各种不同类型的实体规格，每一个不同的实体类型按照存储和内存等不同封装。在 Amazon EC2 中，一个低层级的虚拟机相当于一个 1.0GHz 的处理器、1.7GB 的内存、160GB 的存储和每小时 0.085 美元的写入成本的集合，而一个高层级的机器相当于一个 41.0GHz 的处理器、7.5GB 的内存、850GB 的存储容量和每小时 0.34 美元的成本的集合。

在一定程度上，分级定价类似于捆绑销售，只不过这里是将两个或多个产品或服务打包在一起进行销售。

16.4.2 云计算服务动态定价模式

虽然固定价格简单直观，便于用户理解，但是它没能够区分基于不同用户需求而定价。所以，为效用计算设定固定价格对供应商和用户都是不合理的，不同用户有各自独特的意愿，而且针对不同资源需求供应商所提供的服务质量也是随时在变的。首先，对用户来说，固定的价格一般要比多种的价格更容易理解并且更加的直观，但不是所有的用户都会有相同的需求。因此，对所有的用户定相同的价格是不公平的。同时，制定固定价格也不可能使得对价格敏感的用户得到好处，因为对价格敏感的用户更愿意接受有所限制但是价格较低的交易。除此之外，基于各类资源价格固定的静态定价，使得云计算服务供应商对用户的服务请求没有太多的决策空间，他们只能选择或者拒绝客户的请求，这样云计算服务供应商就不能通过基于不同用户需求的不同定价来给予特定的激励。

在此基础上，提出了动态定价(Dynamic pricing)。动态定价是根据顾客认可的产品、服务的价值或者根据供需状况动态调整商品价格，允许同样的商品或服务因为顾客、时间、空间或供需状况的不同而给予不同的价格。Yeo 等(2009)曾提出了一个简单的自主定价机制，并证明相比其他普通的固定定价机制，动态定价机制能够获得更高的收益。下面将具体介绍动态定价。

动态价格，又称为可变价格，这种定价模型将目标服务的价格建立在动态供需上，如拍卖或谈判。这种定价模型通常用于计算差异化、高价值的条目的价格。

2010 年前后，Amazon 推出了一款名为现货实例(Spot Instances)的服务，该服务以非传统的方式管理使用率不高的服务器，采用的就是基于动态定价方式。该种服务允许用户对未使用的 Amazon EC2 能力进行竞价，并且只要竞价超过了当前的现货价格，就可以一直使用。现货价格是由 Amazon EC2 根据供需周期性地波动而制定的。要使用该种服务，用户需要设置现货实例请求：指定实例类型、期望的可用区域、运行的实例数量以及最高可承受价格(每实例/小时)。同时，Amazon EC2 API 和 AWS Management Console 提供了过去 90 天的现货历史价格，以便用户在定制竞购价格的同时用以参考。如果用户的竞购价格超过了当前的现货价格，那么用户的实例请求将会马上被接受，实例将会马上被执行。当用户选择终止请求或者现货价格增长到超过竞购价格的时候，实例都将会自动终止。

现货实例可以大幅度地减少用户的开销，因为用户在运行应用的时候极具灵活性。而且，在紧急时刻，现货实例一样可以对计算能力进行大规模的扩展。

这种定价模式的最终结果是，Amazon 获得了营销收入，而不是无用的服务器；客户则以较低的价格获得了计算资源。

除此之外，学术界也对云计算服务提出了各种动态定价模式：

Jinsong Ouyang 等(2007)针对实用程序服务供应商从一个共享资源池中为多个用户按需提供服务和应用程序的问题,在深入考虑了时间和需求对于定价影响的基础上,运用仿真的研究方法得出了效用计算的动态定价机制。通过这种定价机制,一方面使价格在时间间隔上可以适应供应和需求曲线;另一方面,价格可以通过时间间隔来管理分布的资源需求,使资源利用更加有效和均衡。

Yeo 等(2010)针对固定定价没有考虑客户需求以及客户对服务的要求这一问题,深入分析了时间、需求以及资源对于定价的影响,采用实例证明的方法对比动态定价与固定定价的利弊,提出了自动化的定价机制,解决了用户的需求(如并行应用程序) 和服务的要求(如期限和预算)。

Marian Mihailescu 等(2010)针对多类型的资源的分享问题,分析了多类型资源以及市场状况对于定价的影响,在联邦云基础上提出了动态定价机制,并运用模拟仿真的方法对其性能进行了评估,从而使用户的使用率提升了,同时也提高了买方成功的需求的比例以及买方分配资源的比例。

Zeihtmal 认为客户价值是指消费者根据自身所取得与所付出的感知,对产品效用所做的全面性的评价。客户价值是受整体利益的驱使的,是客户对服务(产品)的感知,是客户愿意支付的价格。IT 服务商必须首先了解他们的客户是如何感知价值的,感知价值是指将要得到的利益与正在获得的产品或者服务价格的感知之间的权衡关系。服务商应该了解这些权衡关系,而且要知道如何影响产品和服务配置来使客户价值和商业成果最大化。

综上所述,在时间、市场状况、服务水平等影响因素作用下,提出了云计算服务的动态定价机制,解决了用户的需求、服务的要求以及多资源的分配问题。但是,这些研究更多地考虑了云计算服务商利益而非客户利益,追求的往往是短期的利益。而客户价值作为影响云计算服务定价的重要因素之一却被忽略。因此,可以发现当前对云计算服务动态定价的研究存在以下问题。

(1) 考虑了云计算服务商利益多于客户利益,但是如果云计算服务商要追求长期的利益,就必须使客户的利益最大化。

(2) 客户价值作为云计算服务定价的重要影响因素之一,现有的研究没有深入地分析其作用并将其运用到云计算服务的定价中。

近些年,数字地球、数字城市、物联网、智慧城市不断演绎信息化建设的一个又一个高潮。最近又有一个新的信息化热词闪亮登场,就是大数据。云计算与大数据的融合发展已成为必然的趋势。

16.5 云计算与大数据的融合发展模式

16.5.1 大数据时代:新的科技发展阶段

大数据(big data),或称巨量资料,指的是所涉及的资料量规模巨大到无法透过目前主流软件工具,在合理时间内达到撷取、管理、处理、并整理成为帮助企业经营决策更积极目的的资讯。我们在日常行为活动中产生了大量的数据,数据体积以指数的方式增加。随着数据捕获能力的增强、多媒体变得流行、社交媒体会话的增加以及使用互联网,数据的体积以不可思议的速度激增,这为大数据时代的诞生奠定了扎实的基础。

1. 大数据的特点

大数据的特点有四个层面:

(1) 数据体量巨大。从 TB 级别,跃升到 PB 级别。同时大数据会持续地演进,如今被认为庞大和恐怖的数据在10年之后只是小事一桩,但是那时候又会出现其他的新数据源。

(2) 数据类型繁多。包含网络日志、视频、图片、地理位置信息等。

(3) 价值密度低,商业价值高。以视频为例,连续不间断监控过程中,可能有用的数据仅仅有一两秒。

(4)处理速度快。1秒定律。最后这一点也是和传统的数据挖掘技术有着本质的不同。

综上所述,可将其归纳为4个"V"——Volume(大量),Variety(类型),Value(价值),Velocity(速度)。

以往大数据通常用来形容一个公司创造的大量非结构化和半结构化数据,而现在提及"大数据",通常是指解决问题的一种方法,即通过收集、整理生活中方方面面的数据,并对其进行分析挖掘,进而从中获得有价值信息,最终衍化出一种新的商业模式。

2. 国际大数据发展现状

《纽约时报》2012年2月的一篇专栏中提到,"大数据" 时代已经降临,在商业、经济及其他领域中,决策将日益基于数据和分析而做出,而并非基于经验和直觉。

2012年3月29日,美国政府启动"Big Data Research and Development Initiative"计划,6个部门拨款2亿美元,争取增加100倍的分析能力从各种语言的文本中抽取信息。这是一个标致性事件,说明继集成电路和互联网之后,大数据已成为信息科技关注的重点。

英国政府也宣布投资1.89亿英镑推进大数据和节能计算;法国政府在《数字化路线图》中列出了五项将会大力支持的战略性高新技术,将投入1150万欧元进行支持,而"大数据"就是其中一项;印度全国软件与服务企业协会预计印度大数据行业规模在3年内将达到12亿美元,政府将积极支持…

2013年6月,日本第二次安倍内阁正式公布了新IT战略——"创建最尖端IT国家宣言"。这篇"宣言"全面阐述了2013～2020年期间以发展开放公共数据和大数据为核心的日本新IT国家战略。

2013年7月举办的甲骨文全球大会上,Oracle总裁马克·赫德(Mark Hurd)宣布,将加大对中国区的投入,甲骨文在中国的第四个研发中心——上海已经建成,将很快投入使用。此次投入的主攻方向是云计算、大数据、商业智能(BI)。

英特尔公司高级副总裁兼数据中心及互联系统事业部总经理柏安娜表示,英特尔未来将会大力发展数据中心领域的芯片技术。

至此全球掀起了一股大数据的浪潮。

大数据是继云计算、物联网之后ICT产业界又一次颠覆性的技术变革。根据IDC研究显示,全球数据量大约每两年翻一番,到2020年将达35ZB数据量,如果把35ZB的数据全部刻录到容量为9GB的光盘上,其叠加的高度将达到233万公里,相当于在地球与月球之间往返三次。

大数据时代的来临使人类第一次有机会和条件,在非常多的领域和非常深入的层次获得和使用全面数据、完整数据和系统数据,深入探索现实世界的规律,获取过去不可能获取的知识,得到过去无法企及的商机。这将对我们的社会和生活产生莫大的影响。就当下而言,大数据已经不再只是纸上谈兵,已经渐渐渗入我们的生活,而且,大数据产业已成为全球高科技产业竞争的前沿领域,以美、日、欧为代表的全球发达国家正在展开以大数据为核心的新一轮信息战略。

3. 国内大数据发展趋势

国内大数据紧跟其后,形式逐渐升温。国内大数据市场规模在迅速扩展,2013年被业界誉为中国的大数据元年。

中国有着庞大的人群和应用市场,复杂性高、充满变化,如此庞大的用户群体,构成了世界上最为庞杂、最为繁复的数据。解决这种由大规模数据引起的问题,探索以大数据为基础的解决方案,是中国产业升级、效率提高的重要手段。

IDC发布的《中国大数据技术与服务市场2012~2016年预测与分析》显示,中国大数据技术与服务市场的市场规模将会从2011年的7760万美元增长到2016年的6.17亿美元,未来5年的复合增长率达51.4%,市场规模增长近7倍。

整体来看,如果说美国宣称自己尚处于大数据开发的初级阶段的话,那么中国的大数据则处于雏形阶段。目前来说,我国的大数据开发以及应用还仅仅局限在商业领域中,尤其以百度、阿里巴巴、腾讯、新浪为首的互联网公司为代表。他们可以利用多年来积累的数据优势进行自主开发。制造业的代表海尔集团这两年也在强调大数据的应用,快速响应客户,感知客户需求。

2013年以来,可以发现大数据概念股逆市上扬,累计涨幅达47.8%。根据行业分类细分,"大数据"主要涉及七大领域,包括数据处理和分析环节以及综合处理、语音识别、视频识别、商业智能软件、数据中心建设与维护、IT咨询和方案实施、信息安全,这些领域将共享高成长盛宴。

数据已成为与自然资源、人力资源一样重要的战略资源,隐含巨大的价值,已引起科技界和和企业界的高度重视。如果我们能够有效地组织和使用大数据,人们将得到更多的机会发挥科学技术对社会发展的巨大推动作用,孕育着前所未有的机遇。

16.5.2 大数据条件

之所以称为大数据时代,不单是指数据之大,规模只是先决条件,更主要是指数据正在成为一种资产或者生产资料。任何行业、任何领域都会产生有价值的数据,而对这些数据的统计、分析、挖掘和人工智能则会创造意想不到的价值和财富。

大数据需要庞大的数据积累,以及深度的数据挖掘和分析。大数据要想落地,必须有两个条件:一是丰富的数据源,二是强大的数据挖掘分析能力。

Google公司通过大规模集群和MapReduce软件,每个月处理的数据量超过400PB。百度每天大约要处理几十PB数据,大多要实时处理,如微博、团购、秒杀。Facebook注册用户超过8.5亿,每月上传10亿照片,每天生成300TB日志数据。淘宝网有3.7亿会员,在线商品8.8亿,每天交易数千万,产生约20TB数据。Yahoo!的数据量:Hadoop云计算平台有34个集群,超过3万台机器,总存储容量超过100PB。这些海量的数据正是大数据落地的前提,为分析工作做好准备。

从大数据中挖掘更多的价值,需要运用灵活的、多学科的方法。目前,源于统计学、计算机科学、应用数学和经济学等领域的技术已经开发并应用于整合、处理、分析和形象化大数据。一些面向规模较小、种类较少的数据开发的技术,也被成功应用于更多元的大规模的数据集。依靠分析大数据来预测在线业务的企业已经并持续自主开发相关技术和工具。随着大数据的不断发展,新的方法和工具正不断被开发。

麦肯锡认为,可专门用于整合、处理、管理和分析大数据的关键技术则主要包括Big Table、商业智能、云计算、Cassandra、数据仓库、数据集市、分布式系统、Dynamo、GFS、Hadoop、HBase、MapReduce、Mashup、元数据、非关系型数据库、关系型数据库、R语言、结构化数据、非结构化数据、半结构化数据、SQL、流处理、可视化技术等。

16.5.3 大数据运作模式

现有大数据的运作模式,主要有三种:

(1) 像亚马逊、谷歌和Facebook这类公司,因其拥有大量的用户信息,通过对用户信息的大数据分析解决自己公司的精准营销和个性化广告推介等问题。这类公司将改变营销学的根基,精准营销和个性化营销将有针对性地找到用户,多重渠道的营销手段将逐渐消失。

(2) 像IBM和惠普这类公司,是通过整合大数据的信息和应用,给其他公司提供"硬件+软件+数据"的整体解决方案。这类公司将改变公司的管理理念和策略制定方式,没有数据分析支撑的决定将越来越不具有可靠性。

(3) 新兴的创业公司则通过出售数据和服务更有针对性地提供单个解决方案。这些公司更接近于把大数据商业化、商品化的模式。这类公司将大数据商品化,这将带来继门户网站、搜索引擎、社交媒体之后的新一波创业浪潮和产业革命,并会对传统的咨询公司产生强烈的冲击。

2012年,从整个云计算解决方案ITBrand排行榜上看出,IBM、微软、英特尔虽然在排名上有细微波动,但一直稳居前三位。

云计算技术是目前解决大数据问题集最重要有效的手段。云计算提供了基础架构平台,大数据应用在这个平台上运行。大数据是未来的行业发展趋势,其发展势头已势不可挡,而Hadoop作为更大规模分布式计算和存储离线处理集群的代表,在2013年更是红遍了全球。广大开发者应抓住大数据机遇,选择更适合的平台技术,借助最优的解决方案,利用大数据开发出更智能、更个性化的新一代应用,并最终实现应用经济的转型升级。

16.5.4 大数据带来云计算革命

云计算和大数据的融合发展将注定带来一次革命,无论是对社会、公司和个人来说,都是一次世界观的改变。互联网不再是一个展示公司的工具或平台,而是属于未来的生产方式,是关乎竞争和生存的关键。

1. 大数据与云计算关系

有人把云计算和大数据比作是一个硬币的两面。云计算是大数据的IT基础和平台,而大数据是云计算范畴内最重要最关键的应用。大数据体现的是结果,云计算体现的是过程。由于云计算的存在,使大数据的价值得以挖掘和提现。云计算是大数据成长的驱动力。而另一方面,由于大数据的巨大价值越来越被社会各业所发现、所重视,大数据的地位日益重要。在某种意义上看,大数据的地位已超越云计算。但是客观地评价,大数据和云计算两者之间是相辅相成、缺一不可的,也就是说,它们是同等重要的。就如一个硬币的两面,互为依存,各有所用。

而我们更喜欢说,云计算是一棵挂满了大数据果实的大树。这棵树的存在,给大数据提供了必须的成长要素和营养价值。只有管好用好大树,才能获得累累的果实。或者,用业界的一句话来概括,就是"大数据为本,云计算为术"。

云计算已经逐渐普及,并成为IT行业主流技术。现在,个人用户将文档、照片、视频、游戏存档记录上传至"云"中永久保存,这已是小学生都会操作的事情。企业客户根据自身需求,可以搭建自己的"私有云",或托管、或租用"公有云"上的IT资源与服务,这些都已经是企业常态,司空见惯而不再是新闻。

云计算的实质是在数据越来越多、越来越动态、越来越实时的大数据时代背景下被催生出来的一种技术架构和商业模式。在大数据面前,如果不以云计算的思路和方法进行挖掘和分析,数据往往就是僵死的,没有什么价值。而海量数据被充分利用起来,这就是一种新的巨量财富,并会给几乎全部的行业带来翻天覆地的进步。

大数据正在引发全球范围内深刻的技术和商业的变革。在商业模式上,大数据意味着前所未有的业务与服务创新的机会。零售连锁企业、电子商务巨头都已在大数据挖掘与营销创新方面获得很多成功的案例,也因此获得了极为丰厚的回报。其实,只要有大数据的地方,就能引发“大数据革命”。这对于政府、军队、金融、科研、电信、教育、医疗等各行各业的发展都能产生极为巨大的影响。

当然,需要特别强调的是,实现这些目标是有前提的,这就是需要在云计算的背景下实现大数据的重要功能。如果没有云计算的话,大数据就类似在作坊里造航母,是没有任何意义的。

2. 大数据扩展了云计算服务类型

云计算的服务类型一般分为3层:底层是基础架构即服务(Infrastructure as a Service,简称IaaS),就是把IT基础设施像水、电一样以服务的形式提供给用户。中层是平台即服务(Platform as a Service,简称PaaS。通常也称为"云计算操作系统"。顶端是软件即服务(Software as a Service,简称SaaS)。是最常见的云计算服务,用户通过标准的Web浏览器来使用Internet上的软件。

以上的3层,均具有云计算的特征。每种云都可以直接给最终用户使用,也可以支撑上层的服务。这也是传统云计算的“标准统一的口径”。

但是,大数据的兴起将会大大改变云计算的发展方向,目前,云计算正在进入以分析即服务(Analysis as a Service,简称AaaS)为主要标志的新时代。这个分析,就是对大数据的深度分析和挖掘。就大数据的价值而言,就像沙子淘金,大数据规模越大,真正有价值的数据相对就越少。所以云计算真正要做的事,正是通过统计及计算,将有价值的数据筛选出来,组成一个新的大数据系统,这个系统并不在于其大其多,而是在于其精其准。

这对于云计算来说,是未来最为重要的一项服务功能。

3. 云计算数据存储系统得到推广

云计算系统中广泛使用的数据存储系统是Google文件系统(Google File System,简称GFS)是一个可扩展的分布式文件系统,这可用于对大型分布式的大量数据进行访问。这是针对大规模数据处理和Google应用特性而设计的,这个数据存储系统是进行大数据处理的一种选择。

云计算系统中另一个广泛使用的数据存储系统是HDFS(Hadoop Distributed File System)。这是当前获得非常广泛使用的一种大数据处理的数据存储系统。在各种大数据项目的实施中,选择HDFS作为数据存储是较为普遍的。目前在我国电子商务领域内,面对大数据的分析处理上,对HDFS的运用是相当普遍的。HDFS适用于大数据集应用程序的分布式文件系统,具有高容错、高吞吐率等优点。大数据时代的到来,大大推动了HDFS的应用和后程研发。HDFS作为超大规模分布式计算和存储离线处理集群的代表,目前的知名度已经响遍了全世界,市场前景非常看好。

4. 追求集成一体化技术

近年来,由于云计算与大数据两方面的技术需求和市场变化,国内外的很多IT厂商,纷纷推出云计算一体化的产品和方案。其内在原因,就是大数据产业的需求所致。

云计算和云存储,包括一体化,都是为了一个共同的方面,就是方便用户对数据的存储和使用,可以更直接达到目的。一体机能使每单个节点功能增强,并把处理功能、存储功能、通讯功能和管理功能放在一起,呈现一个智能完整的存储。用户在使用云存储的数据资源方面,借助一体化设备能更方便集成所必需的海量资源,成本也能降得更低。

5. 大数据、云计算缺一不可

云计算和大数据的先后问世,必将带来一场声势浩大的革命,无论是对社会和个人,都是一次世界观的改变和生活模式的改变。云计算技术是目前解决大数据课题的最重要有效的手段。云计算提供了基础架构平台，大数据应用在这个平台上运行。

大数据已成为未来科技的象征，就像工业经济时代，人们无法拒绝用电。计算机时代，企业和个人无法拒绝用电脑办公。大数据带来的是竞争形态和竞争内涵的改变，是社会和企业的核心资源。如果缺乏对大数据的掌控，缺少的就是核心竞争力。抓住大数据机遇，选择适合的云计算平台技术，借助最优的解决方案，就能实现更高速的发展和提高。

小结

本章阐述了云计算的基本概念、特点、体系结构、服务层次和模式分类以及关键技术；分析了基于云计算的电子商务模式及其应用领域；探讨了云计算服务的商业模式和定价模式，讨论了云计算与大数据的融合发展模式。

参考文献

[1] Michael Armbrust, Armando Fox, and Rean Griffith, et. Al. Above the Clouds: A Berkeley View of Cloud Computing, Mimeo, UC Berkeley, RAD Laboratory, 2009

[2] Ian Foster, Carl Kesselman, and Steve Tuecke. The Anatomy of the Grid: Enabling Scalable Virtual Organizations. International Journal of High Performance Computing Applications 2001:15(3)

[3] 刘鹏. 云计算[M]. 北京:电子工业出版社,2011

[4] Lizhe Wang,Gregor von Laszewski,Marcel Kunze,etc.Cloud Computing: a Perspective Study[J]. Proceedings of the 4th Grid Computing Environments Workshop, 2008 Grid Computing Environments Workshop (GCE), Austin, Texas, U.S., Institute of Electrical and Electronics Engineers (IEEE).2008

[5] 赛迪顾问:中国云计算产业发展白皮书,2011

[6] Gartner 公共云服务预测报告,2011 年 6 月。

[7] 韩燕波,赵卓峰,王桂玲,等. 物联网与云计算[J]. 高性能计算发展与应用, 2010(31)2:7-10

[8] IBM 商业价值研究院,智慧地球赢在中国,2009

[9] 计世资讯,中国云计算发展现状与趋势,2010

[10] 虚拟化与云计算小组. 云计算宝典:技术与实践[M]. 北京:电子工业出版社,2011

[11] 雷万云. 云计算:技术、平台及应用案例[M]. 北京:清华大学出版社,2011

[12] Sanjay Ghemawat, Howard Gobioff, Shun-Tak Leung. The googlefile system, http://labs.google.com/papers/gfs-sosp2003.pdf

[13] Google * http://www.cnblogs.com/forfuture1978/archive/2010/03/14/1685351.html

[14] 孙健,贾晓菁. Google 云计算平台的技术架构及对其成本的影响研究[J]. 电信科学,2010(1)

[15] 陈全,邓倩妮. 云计算及其关键技术[J]. 计算机应用, 2009(9)

[16] 陈康,郑纬民. 云计算:系统实例与研究现状[J]. 软件学报, 2009(5)

[17] 林嘉颖.自动化技术在云计算中的作用[J]. 电脑编程技巧与维护,2009(20)

[18] http://www.jifang360.com/news/2012624/n671437537.html

[19] 张猛. 云计算与数据中心自动化 [M].北京:人民邮电出版社,2012

[20] 王李跟,基于“云计算”的电子商务应用初探[J].电脑编程技巧与维护,2010(3):70-72

[21] 饶少阳. 向云计算靠拢[J]. 信息网络,2008(8): 5-9

[22] 张冬青. 云计算对电子商务发展的影响[J].学术交流,2010(4):135-138

[23] 中国云计算网. http://www.cloudcomputing-china.cn/Article/jh/200805/1.html 2010

[24] 中国云计算. http://www.chinacloud.cn/show.aspx? id=741&cid=17 2009

[25] 匡胜徽,李勃. 云计算体系结构及应用实例分析[J]. 计算机与数字工程,2010(3): 60-65

[26] 张为民,唐剑峰,罗治国.云计算深刻改变未来[M]. 北京:科学出版社,2009

[27] 刘鹏. 云计算[M]. 北京:电子工业出版社,2010

[28] 陈全,邓倩妮. 云计算及其关键技术[J]. 计算机应用,2009(9): 2562-2567

[29] 王倩,潘郁. 云计算平台下的电子商务[J]. 电子商务技术应用,2009(11):63-66

[30] 朱近之. 智慧的云计算[M]. 北京:电子工业出版社,2010

[31] 杨正洪,郑齐心,吴寒. 企业云计算架构与实施指南[M]. 北京:清华大学出版,2010

[32] 罗庆容,翟大昆. 基于云计算的电子商务模式[J]. 现代经济,2008(8):49-110·

[33] 王倩,潘郁. 云计算平台下的电子商务[J]. 电子商务期刊技术应用,2009(11):63-66

[34] 汤兵勇,刘凤鸣. 服务管理[M]. 北京:化学工业出版社,2013

[35] 汤兵勇,李文武. 电子商务原理[M]. 北京:化学工业出版社,2012

[36] 汤兵勇,李瑞杰,陆建豪. 云计算概论[M]. 北京:化学工业出版社,2014